소프트웨어 공학

-이론과 실제-

권영직 저

JN444851

대구대학교출판부

저자 - 권영직

<학력>

1976. 02 경북대학교 수학과 이학사

1980. 02 영남대학교 경영학과 경영학석사

1991. 02 계명대학교 경영학과 경영학박사

<경력>

2000. 01 ~ 2001. 01 Washington State University 교환교수

1980. 03 ~ 1983. 02 한사실업전문대학 전자계산과 조교수

1983. 03 ~ 1993. 02 대구대학교 전자계산소 간사, 소장

2002. 07 ~ 2005. 06 (사)한국산업정보학회 회장

2002. 04 ~ 2006. 05 대구대학교 BK21정보기술인력양성사업단장

2005. 09 ~ 2007. 08 대구대학교 정보통신대학장

2005. 09 ~ 2007. 02 대구대학교 산업정보대학원장

2005. 09 ~ 2007. 08 대구대학교 정보통신연구소장

1983. 03 ~ 현 대구대학교 컴퓨터 · IT공학부 교수

<연구실적>

저서: 컴퓨터소프트웨어응용, 홍릉과학출판사, 2003. 03 외 다수

논문: 신뢰도 측정을 통한 효과적인 웹사이트 구축 방안에 관한 연구, 한국멀티미디어학회지, 2011.06 외 다수

<관심분야>

소프트웨어 공학, 웹 응용기술

발행일 | 2011년 8월 30일
지은이 | 권영직
펴낸이 | 홍덕률
펴낸곳 | 대구대학교출판부
경북 경산시 진량읍 대구대로 201
전화 053) 850-5661~3 | 팩스 053) 850-5669
http://press.daegu.ac.kr/
찍은곳 | 남경기획
ISBN 978-89-7794-569-2-93560
정가 | 15,000원

머리말

컴퓨터가 최초에 개발되면서부터 지금까지 하드웨어는 급속도로 진전되어 왔으나, 소프트웨어는 하드웨어에 비해 심지어 소프트웨어 위기라고 할 만큼 상대적으로 발전의 속도가 느린 편이었다. 그러나 그동안 소프트웨어에 대해서도 새로운 방법이나 기법 및 도구들이 꾸준히 개발되어 왔으나, 체계적이고, 실무 위주이라기보다는 이론에 치우친 면도 없지 않다.

이에 본 저자는 근 30년 동안 대학에 재직하면서 소프트웨어 공학 분야의 이론과 실무를 병행할 수 있는 교재의 필요성을 인식하여 처음에는 본인의 부족한 전문지식으로 교재를 집필함에 있어 많이 주저하였지만, 용기를 내어 그동안 이 분야에 강의를 해오던 모든 자료들을 총 정리하여 이론과 실무를 병행할 수 있는 교재를 집필하게 되었다.

본 교재의 제 1장에서는 소프트웨어 공학을 이해하기 위해서 소프트웨어 공학의 개념과 특성 및 개요들을 소개하여 두었다. 제 2장에서는 소프트웨어도 하나의 시스템으로 보고 여러 유형의 소프트웨어 시스템에 대한 개발 방법론을 소개하여 두었다. 제 3장에서는 프로젝트 관리기법에 대한 개요와 소프트웨어 시스템을 개발하기 위한 여러 유형의 타당성 분석방법 및 프로젝트 기법에 대해 소개하여 두었다. 제 4장에서는 소프트웨어 시스템을 개발하기에 앞서 사용자들의 요구사항을 분석하는 방법에 대해 소개하여 두었다. 제 5장에서는 여러 가지 소프트웨어 시스템 분석 방법에 대해서 소개하여 두었고, 제 6장에서는 소프트웨어 시스템 설계 기법에 대해서 소개하여 두었다. 제 7장에서는 객체지향 개발 패러다임에 대해 소개하여 두었고, 제 8장에서는 소프트웨어 구현 방법에 대해서 소개하여 두었다. 제 9장에서는 컴포넌트 기반 개발 방법에 대해서 소개하여 두었다. 제 10장에서는 개발된 프로그램의 테스팅과 디버깅 방법에 대해서 소개하여 두었다. 제 11장에서는 소프트웨어 품질관리 방법에 대해서 소개하여 두었다. 제 12장에서는 소프트웨어 유지·보수 방법에 대해서 소개하여 두었고, 마지막으로 제 13장에서는 웹 기반 시스템 개발 방법에 대해서 소개하여 두었다.

따라서 본 교재는 컴퓨터 관련분야에 전공하는 학생이나 실무에서 종사하는 모든 분들에게 많은 도움이 되기를 진심으로 기원드리는 바이다.

끝으로 본 교재를 집필함에 있어 많은 도움을 준 인터넷정보응용기술연구소의 모든 연구원들에게 진심으로 감사를 드리며, 대구대학교 DU문화원 여러분들에게도 깊이 감사를 드립니다.

2011월 8월 저자

목 차

05 소프트웨어 시스템 분석 · 112

06 소프트웨어 시스템 설계 · 150

07 객체지향 분석 및 설계 · 201

08 소프트웨어 구현 · 246

09 컴포넌트 기반 개발 · 272

10 프로그램 테스팅과 디버깅 · 292

11 소프트웨어 품질관리 · 321

12 소프트웨어 유지·보수 · 362

13 웹 기반 시스템 · 380

01

소프트웨어 공학의 개요

학습목표

본 장에서는 소프트웨어 공학에 대한 기본 개념을 공부한다.

1.1 소프트웨어의 이해

소프트웨어를 이해하기 위해서 우선 프로그래밍 언어(programming language), 프로그래밍(programming), 프로그램(program)에 대한 개념을 먼저 알아보기로 한다.

1.1.1 프로그래밍 언어

"프로그래밍 언어"란 컴퓨터에게 작업을 할 수 있게끔 명령을 주는 언어 즉, 컴퓨터가 알아볼 수 있는 언어라고 할 수 있으며, 컴퓨터 언어라고도 한다. 예를 들면 C 언어, JAVA언어 등이 있다.

1.1.2 프로그래밍

"프로그래밍"이란 처리하고자하는 문제들을 컴퓨터가 처리할 수 있게끔 프로그래밍 언어를 해당 프로그래밍 언어의 문법에 맞게 모아주는 작업을 의미하며, 코딩(coding)이라고도 한다. 예를 들면 성적처리 업무를 컴퓨터로 하여금 C언어로 처리하고자 할 경우 C언어의 문법에 맞게 C언어의 명령어를 모아주는 작업을 "C프로그래밍"한다고 한다.

1.1.3 프로그램

"프로그램"이란 처리하고자하는 문제들을 프로그래밍 언어로 구현한 명령어 및 관련 데이터들의 집합체라 할 수 있다. 예를 들면, 성적처리 업무를 C언어로 프로그래밍 하였을 경우 "성적처리 C프로그램 또는 성적처리 프로그램"이라고 한다.

이상 고찰한 내용을 토대로 하여 소프트웨어(software)에 대한 개념을 알아보기로 한다.

1.1.4 소프트웨어란

"소프트웨어"는 하드웨어에서 작동되는 프로그램을 의미하며, 또한 이들 프로그램이 올바르게 작동되도록 하는데 필요한 모든 문서들을 의미한다. 예를 들면, 사용자들의 요구사항 명세서, 사용자 운영 지침서, 소프트웨어 설계 명세서, 프로그램 명세서, 프로그램 개발 보고서 등이 여기에 해당 한다.

소프트웨어도 일반 제품 즉, 전자, 가구, 의류 등과 마찬가지로 제품에 해당할 수 있다. 소프트웨어 제품에는 범용 제품과 맞춤형 제품으로 분류될 수 있는데 이들은 아래와 같다.

범용 제품 : 일반적으로 대중성을 가진 제품으로 게임프로그램, 문서편집기, 운영체제 프로그램, 자동화 도구(CASE: Computer-Aided Software Engineering) 등이 해당되며, 이들은 구매할 수 있는 제품들이다.

맞춤형 제품 : 이들은 특정 고객들을 위한 제품으로서 대형 댐 공사 프로그램, 도로 공사 프로그램, 선박 제어 프로그램 등이 여기에 해당된다.

1.2 소프트웨어 공학의 정의와 목표

1.2.1 소프트웨어 공학의 정의

"소프트웨어 공학"이라는 용어를 처음 사용하게된 것은 1968년 NATO 과학위원회의 국제회의에서다. 그 뒤 소프트웨어 설계방법, 프로젝트 관리, 소프트웨어 기술과 교육, 소프트웨어 가격, 유통 등에 관한 워크숍 등이 개최되어 1975년경에 "소프트웨어 공학"이라는 용어가 정착되기 시작하였다.

소프트웨어 공학에 대한 정의는 여러 학자나 기관에 의해서 조금씩 다르게 정의되고 있는데, 대표적인 몇 가지 정의를 아래에 요약하여 두었다.

[이주헌 93]에 의하면 "모든 개발 기법과 도구 및 방법론을 총합하여 최소의 경비로 품질 높은 소프트웨어 상품의 개발, 유지·보수 및 관리를 위한 전산학, 경영학, 심리학을 토대로 한 종합학문" 이라고 하였다.

[Bauer]에 의하면 "신뢰성 있고, 실제 기계에 효과적으로 작동하는 소프트웨어를 경제적으로 얻기 위해서 올바른 공학적 원리들을 체계화 시키고 이용하는 것"이라고 하였다.

[Boehm]에 의하면 "과학적인 지식을 컴퓨터 프로그램 설계와 제작에 실제 응용하는 것이며, 이를 개발하고 운영하고 유지·보수 하는데 필요한 문서화 작성과정"이라고 하였다.

[IEEE의 소프트웨어 공학 표준 용어 사전]에 의하면 "소프트웨어 개발, 운영, 유지·보수 그리고 폐기에 대한 체계적인 접근"이라고 하였다.

[Fairley]에 의하면 "허용하는 비용과 기간 내에서 소프트웨어 제품을 체계적으로 생산하고 유지·보수 하는데 관련된 기술적이면서 관리적인 원리"라고 하였다.

이들 여러 학자들의 정의는 서로 조금씩 상이하지만 이들 정의간의 공통점은 아래와 같다.

1. 개개의 프로그래머가 아닌 팀에 의해서 적어도 2~3개월 이상 소요되는 개발 대상 업무들을 공학적인 원리로 개발하려는 것이다.
2. 일련의 공학적이며, 논리적이고 체계적인 방법으로 소프트웨어를 개발하고 관리하려는 것이다.
3. 기술적인 측면뿐만 아니라 비 기술적, 관리적인 측면도 가질 것 등이다.

따라서 이들을 종합해 보면 **"소프트웨어 공학"**은 **"일련의 공학적이며, 논리적이고 체계적인 방법으로 소프트웨어를 개발하고 관리하려는 종합 학문"**이다.

소프트웨어 공학과 유사한 용어들을 아래 <표 1-1>에 요약하여 두었다.

<표 1-1> 소프트웨어 공학과 유사한 용어

용 어	해 설
소프트웨어	하드웨어에서 작동되는 프로그램이며, 이들과 관련된 문서이다.
소프트웨어 공학	일련의 공학적이며, 논리적이고 체계적인 방법으로 소프트웨어를 개발하고 관리하려는 종합 학문이다.
소프트웨어 공학과 컴퓨터 과학과의 차이점	소프트웨어 공학은 실무들을 개발하고 인도하는 실용 응용학문이고, 컴퓨터 과학은 이론과 기본을 다룬다.
소프트웨어 공학과 시스템 공학의 차이점	시스템 공학은 하드웨어, 소프트웨어, 프로세스 공학을 포함하는 컴퓨터 기반시스템의 모든 측면을 다루고, 소프트웨어 공학은 이들 중 주로 소프트웨어와 프로세스 공학에 중점을 둔다.
소프트웨어 프로세스	소프트웨어의 개발과 진화를 목표로 하는 활동들의 집합이다.
소프트웨어 프로세스 모델	소프트웨어 프로세스를 그림이나 글로 표현해 둔 것.
소프트웨어 공학의 비용	소프트웨어 개발 및 유지·보수에 소요되는 비용. 요즈음은 유지·보수비용이 개발 비용보다 더 많이 소요되는 경향이 있다.
소프트웨어 공학 방법	소프트웨어 개발에 적용되는 구조적, 모듈, 컴포넌트, 웹 기반 방법 등 여러 가지 개발방법들을 말한다.
CASE	소프트웨어 프로세스 활동을 자동으로 지원하기 위해 만들어진 도구이다. 보통 CASE는 소프트웨어 개발 방법을 지원하기 위해 이용된다.
좋은 소프트웨어의 특징	소프트웨어는 사용자에게 필요한 기능, 성능, 유지·보수성, 신뢰성, 사용의 편리성 등이 제공되어야 한다.
소프트웨어 공학이 직면한 주요 도전	사용자들의 다양한 요구, 급변하는 환경 변화에 대한 대응, 개발 기간의 단축 등이다.

(자료 : 권기태, 남영광 옮김, 소프트웨어 공학, 홍릉과학출판사, 2008.02 P.32)

1.2.2 소프트웨어 공학의 목표

소프트웨어 공학이 추구하는 목표들을 아래에 요약하여 두었다.

첫째, 소프트웨어 제품의 품질향상은 물론 소프트웨어 공학자들의 생산성을 향상시키는 데 있다.

둘째, 소프트웨어의 재사용 기술 지향

셋째, 소프트웨어 개발 기간의 단축

넷째, 소프트웨어의 부품화, 분산화, 통합화, 그리고 개방화를 지원하여 컴포넌트 기반 개발 기술 및 관리적인 지식과 웹 기반 개발 기술을 지향

다섯째, 유지·보수의 편리성 제공

여섯째, 신뢰성이 있고 사용하기에 편리한 소프트웨어 제공 등이다.

1.3 소프트웨어 공학의 발전과정

소프트웨어 공학의 발전과정을 시대별로 아래에 요약하여 두었다.

1.3.1 1960년대

이 시기에는 개발 제어가 어려웠던 시대였으며, 1968년에서 1969년에 NATO에서 "Software Engineering" 이라는 용어가 최초로 등장했던 시기이기도 하다.

1.3.2 1969~1971년대

이 시대에는 하향식 개발 방법이 등장했으며, 대형 프로젝트를 개발할 경우 이들을 모듈별로 세분화하여 단계적 정제에 의한 방법을 도입하였다. 또한 소프트웨어 품질과 생산성에 관한 관심을 두었고, 소프트웨어 테스트기간 중에 발견된 오류의 발생 원인이 통계적으로 보고되었던 시기이고 하다. 이때에는 코딩 오류(Coding Error)가 설계 오류(Design Error)보다도 적었던 시기이다.

1.3.3 1970년 이후

소프트웨어 개발 수명 주기(Software Development Life Cycle)와 각종 개발도구가 등장했던 시기이다.

1.3.4 1980년 전반

잭슨(Jackson)방법, 워니어-오(Warnier-Orr) 방법 등 구조적 분석·설계방법들의 활용과 소프트웨어 개발 전 분야에서 엄청난 기술발전을 이룩하였던 시기이다.

1.3.5 1980년대 후반

객체지향 개발 방법이 대두되었으며, 제4세대 언어의 도입과 소프트웨어 재사용 기법의 도입, CASE 도구의 활용, 피플웨어(Peopleware), 정보공학, 소프트웨어 품질보증, 형상관리, 프로토타이핑 기법 등이 도입되었던 시기이며, 소프트웨어 개발 및 관리를 새롭게 하자는 논리가 대두되었다.

1.3.6 1990년대에 초기

이 시대에는 객체지향 개발방법, 정보공학 기법, CASE 도구 등의 활용이 본격적으로 시작되었던 시기이다.

1.3.7 1990~1990년대 중반

전문가 시스템이 도입되었고, CASE 도구 등이 활발히 활용되었던 시기이다.

1.3.8 1990년대 중반~1999년대 후반

객체지향 개발 기법과 컴포넌트 기반 개발 기법이 활발히 활용되었던 시기이다.

1.3.9 2000년대 초반~현재

일반 제품의 조립 생산 라인과 마찬가지로 소프트웨어 제품에 있어서도 소프트웨어 부품들을 조립하여 개발하였던 시기이며, 웹 기반 개발 방법 등이 등장하였던 시기이다.

아래 <그림 1-1>은 시대별로 소프트웨어 공학의 발전과정을 요약해 둔 것이다.

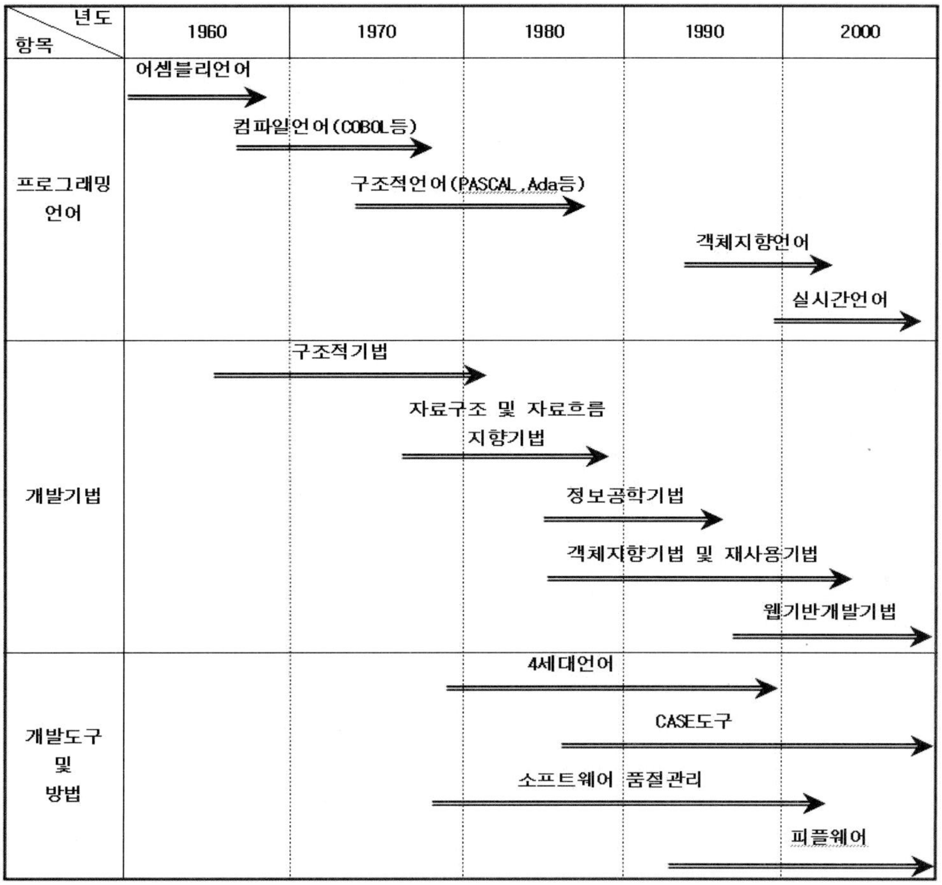

<그림 1-1>시대별 소프트웨어 공학의 발전과정

1.4 소프트웨어의 특성

1.4.1 소프트웨어의 유형성

소프트웨어는 아래 <그림 1-2>와 같이 작성된 프로그램을 인쇄 또는 화면에 출력시켜서 눈으로 볼 수 있을 뿐만 아니라, 각종 문서들(개발 계획서, 요구사항 명세서, 설계 명세서, 시험 계획서, 사용자 운영 지침서, 프로그램 명세서 등)을 일정한 형태로 가시화 시킬 수 있다.

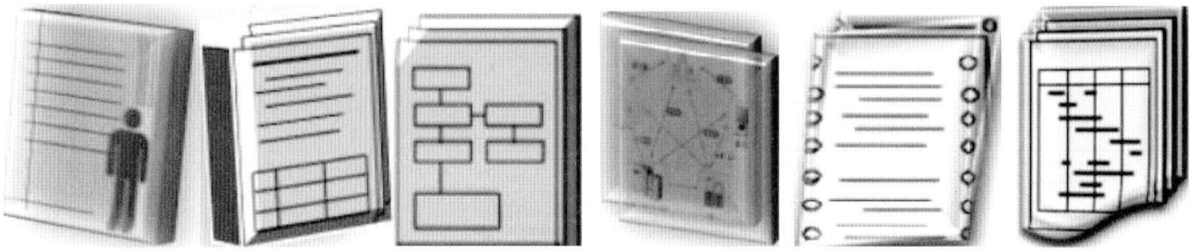

<요구사항 명세서> <개발 계획서> <설계 명세서> <사용자 지침서> <코드/프로그램> <시험 계획서>

〈그림 1-2〉 소프트웨어의 다양한 유형성

1.4.2 소프트웨어의 동적 행위성

프로그램은 하드웨어에 의해 수행되고 사용자와 상호작용할 때 비로소 소프트웨어가 된다. 그러므로 소프트웨어는 움직이는 형태이므로 동적 행위에 해당된다.

1.4.3 소프트웨어의 상품성

프로그램은 단순히 제품에 불과하며, 이들을 잘 포장하고 사용자들에게 사용할 가치가 생길 때 비로소 상품이 된다.

1.4.4 소프트웨어의 유지·보수성

소프트웨어는 고객의 요구가 있을 때 항상 유지·보수가 쉽도록 작성되어야 한다. 환경 변화로 인해 소프트웨어는 지속적으로 변하기 때문에 수정이 용이하지 않다. 특히 소프트웨어 체계가 한번 흐트러지면 유지·보수하기는 점점 힘들어지므로 소프트웨어의 유지·보수성은 아주 중요한 특성이라 할 수 있다.

1.4.5 소프트웨어의 비 마모성

소프트웨어는 하드웨어와 달리 마모되지 않고, 유지·보수만 잘 하면 어느 시점까지는 항상 수명을 유지할 수 있다.

1.5 소프트웨어 개발의 특성

1.5.1 소프트웨어 개발의 비 제조성

소프트웨어는 일반제품처럼 제조 되어지는 것이 아니라 개발되어진다. 그러므로 소프트웨어는 결과보다도 과정을 중요시 한다. 개발과정이 올바르면 결과도 정확하게 산출될 것이다.

1.5.2 소프트웨어 개발의 조립성

하드웨어가 부품의 조립으로 완성되는 것처럼 요즈음 소프트웨어 개발도 부품의 조립으로 개발되어 진다. 최근에는 컴포넌트 및 재사용 개발 기법이 많이 이용되고 있다.

1.5.3 소프트웨어 개발의 과학성

소프트웨어 개발은 논리적, 기호적 및 수학적인 알고리즘을 이용하여 체계적으로 개발을 하며, 관리적인 기술도 중요시 하고 있다.

1.6 소프트웨어의 분류

1.6.1 데이터처리 방법에 의한 분류

1. 일괄처리(Batch Processing) 소프트웨어

처리할 데이터를 일정기간 모아 두었다가 정해진 시각에 일괄적으로 처리하는 소프트웨어를 말한다. 예를 들면, 급여처리 프로그램, 성적처리 프로그램 등이다.

2. 온라인(Online) 소프트웨어

처리할 데이터가 발생하는 시점에서 즉시 처리하는 소프트웨어 형태이다. 예를 들면, 은행, 항공사, 백화점 등에서 변동되는 자료들을 즉시 처리하는 형태의 소프트웨어이다.

3. 실시간(Real Time) 소프트웨어

어떤 자극에 대해서 즉각적인 반응을 일으키는 소프트웨어를 말한다. 예를 들면, 엘리베이터의 무게 인식장치, 보일러의 온도감지 장치, 공장자동화 시스템, 경보 시스템, 항공관제 시스템 등과 같은 소프트웨어이다. 보통 이들은 하드웨어와 실시간 운영체제 등과 함께 고려되는 것이 보편적이다.

1.6.2 사용자와 하드웨어 사이의 위치에 의한 분류

1. 시스템(System) 소프트웨어

이는 하드웨어 쪽에 매우 가까운 소프트웨어를 의미한다. 예를 들면 "제어용 시스템 소프트웨어"에는 "운영체제"가 있고, "지원용 시스템 소프트웨어"에는 "유틸리티, 성능 모니터" 소프트웨어 등이 있으며, "개발용 시스템 소프트웨어"에는 "언어번역, 개발도구" 소프트웨어 등이 있다.

2. 응용(Application) 소프트웨어

응용 소프트웨어는 사용자들의 사용 목적에 따라 개발된 소프트웨어로써 그 유형은 다음과 같다.

가. 범용 소프트웨어 : 사무자동화(OA : Office Automation) 프로그램 및 일반기업용 소프트웨어로써 인사관리, 생산관리, 재고관리 등의 프로그램을 의미한다.

나. 특수용 소프트웨어 : 특수 목적으로 개발된 프로그램으로써 교육·오락·음악·법률·의학·국방 등에 이용되는 소프트웨어를 의미한다.

1.6.3 기능의 수행 방법에 의한 분류

1. 계산 중심 소프트웨어

수학적이거나 통계처리용 소프트웨어로서 Lotus와 같은 스프레드시트, CAD(Computer Aided Design), SPSS, SAS와 같은 통계 패키지 등이 여기에 해당된다.

2. 정보처리 중심 소프트웨어

입력된 자료를 출력정보로 처리 가공하는 소프트웨어로서 성적처리, 급여처리 등의 프로그램이 여기에 해당된다.

3. 절차 중심 소프트웨어

자료의 처리 가공보다는 주로 실시간 처리용 소프트웨어로서 어떤 자극에 대하여 즉각적인 반응을 일으키는 문제들을 처리하는 소프트웨어들이다. 예를 들면, 센서인식장치, 보일러온도감지장치, 경보장치 등이 여기에 해당된다.

4. 지식 기반(Rule-Based) 소프트웨어

이는 인공지능형 소프트웨어라고도 하는데, 지문인식 시스템, 기계번역 시스템, 로봇용 소프트웨어 같은 형태이다.

1.6.4 개발 목적에 의한 분류

1. 프로토타입(Prototype)형 소프트웨어

이는 사용자의 요구 사항을 상세히 분석하기 위해 개발된 소프트웨어로서 시제품 소프트웨어라고도 한다.

2. 프로젝트(Project)형 소프트웨어

이는 사용자의 주문형 소프트웨어로서 계약에 의해 흔히 단일 사용자를 위해 개발된 소프트웨어이다. 이 소프트웨어의 장점은 주문형태로 개발하기 때문에 사용자가 필요로 하는 바를 파악하기가 비교적 쉽고, 사용자들의 요구사항에 맞게 개발할 수 있다. 단점으로는 반드시 계약을 지켜야 하고, 고비용의 개발과 개발 기간이 오래 소요되며, 품질보증에 어려움이 있다.

3. 패키지 상품(Product)형 소프트웨어

이는 여러 사용자들을 대상으로 개발되는 패키지형 소프트웨어로서 대중성 및 상품성이 뛰어나야 시장 경쟁력을 갖출 수 있다. 또한 많은 사용자들을 위해 개발된 소프트웨어이기 때문에 품질이 보증되며 값이 저렴한 장점이 있는 반면, 특정 사용자들의 필요성을 모두 충족시켜주지 못하는 단점이 있다.

1.6.5 하드웨어 및 운영체제에 의한 분류

1. 하드웨어에 따른 분류

이는 대형(Mainframe), 중형(Mini), 워크스테이션(Workstation) 및 소형(Micro 및 PC) 소프트웨어로 분류

2. 운영체제에 의한 분류

OS/VMS, UNIX, MS-DOS, Windows 등으로 분류

1.7 좋은 소프트웨어란?

좋은 소프트웨어에 대한 몇 가지 기준별로 아래에 요약하여 두었다.

1.7.1 기본 기준에 대한 측면

첫째, 사용자들의 요구사양이 정확하게 반영되어 있을 것
둘째, 개발된 소프트웨어에 포함되어 있는 오류가 가능한 한 적을 것
셋째, 개발 비용 이내에 개발 할 것
넷째, 사용자들이 사용하기가 쉬워야 된다.
다섯째, 안전성이 높을 것
여섯째, 호환성이 있어야 된다.
일곱째, 보안이 완벽해야 된다.
여덟째, 신뢰성이 있어야 된다.

1.7.2 처리 효율적인 측면

첫째, 시간적 효율이 좋아야 된다. 예를 들면, 총 경과시간(Turn Around Time : 입력된 시간에서 출력되기까지의 총 소용시간)이 짧아야 되며, 응답시간(Response Time : 입력과 동시에 반응하는데 소요되는 시간)은 최소 2내지 3초 이내 이어야 한다.
둘째, 입력, 처리, 출력에 소요되는 효율적인 자원의 활용이 요망된다.

1.7.3 이해성에 대한 측면

개발된 소프트웨어를 이해하기 쉽게 하기 위해서는 아래의 조건들이 만족되어야 한다.
첫째, 프로그램의 구성이나 설계 구조가 간단명료해야 한다.
둘째, 작성된 각 문서들에 대해서 검사하기 쉬워야 된다.
셋째, 작성된 각 문서들에 대해서 유지·보수하기가 쉬워야 된다.
넷째, 각 문서들이 체계적으로 잘 작성되어 있어야 한다.
다섯째, 개발된 프로그램 내에 필요할 경우 주석을 부여하여야 된다.

이상 고찰한 내용을 요약해 보면 오늘날 좋은 소프트웨어의 기준은 하드웨어의 기술이 급진전됨에 따라 "처리의 효율적인 측면" 보다는 "이해성"에 대한 중점을 더 두고 있는 경향이 있다.

참고문헌

권영직, 강의자료, 자체개발, 2009. 02

송영재외 5인, 소프트웨어 공학, 이한출판사, 2004. 02

이주헌, 소프트웨어 공학, 법영사, 2000. 10

김행곤, 소프트웨어 공학, 도서출판 그린, 2003. 02

최은만, 소프트웨어공학, 정익사, 2007. 09

권기태, 남영광, 소프트웨어 공학, 홍릉과학출판사, 2008. 02

연습문제

1. 소프트웨어공학과 유사한 용어들에 대해 설명하세요.
2. 소프트웨어의 특성들에는 어떤 것이 있는가?
3. 소프트웨어의 분류기준에 대하여 논하세요.
4. 좋은 소프트웨어의 기준을 제시하세요.

02

소프트웨어 시스템 개발 방법론

학습목표

본 장은 소프트웨어 시스템을 개발하는데 있어서 활용되는 여러 가지 개발 방법들을 소개한다.

2.1 소프트웨어 생명주기

2.1.1 소프트웨어 생명주기와 시스템 개발 생명주기와의 차이점

소프트웨어 생명주기(Software Life Cycle : SLC)와 시스템 개발 생명주기(System Development Life Cycle : SDLC)와의 차이점을 알아보기 전에 시스템에 대한 개념을 먼저 살펴보기로 한다.

시스템은 영어 사전적 의미로는 통일된 조직, 체제, 체계 등으로 나와 있다. 그러나 이러한 의미로는 소프트웨어 시스템을 이해하기에는 어려운 면이 있다. 그러므로 소프트웨어 시스템을 이해하기위해 시스템의 개념을 아래에 고찰하여 두었다.

"시스템"이란 **"원하는 결과(또는 전체의 목적)를 성취하기 위하여 함께 기능을 수행하는 서로서로 관련된 부품들(구성 요소들)의 집합체"**라 할 수 있다.

이러한 개념으로 본다면 모든 매체들은 시스템으로 바라볼 수 있다. 예를 들면 컴퓨터만 하더라도 하드웨어만 있어서는 작동이 되지 않는다. 기능을 가진 하드웨어와 소프트웨어, 이들을 이용하는 사람들, 개발하고자 하는 대상 업무 등이 모여야만 컴퓨터의 목적을 달성할 수 있다. 따라서 컴퓨터도 단순히 컴퓨터라 하지 않고 **"컴퓨터 시스템"**이라고 한다.

교육도 마찬가지인데, 교육의 제 목적을 달성하기 위해서는 우수한 교수, 학생, 교육기자재, 각종 교육 시설 등이 모여야만 될 것이다. 따라서 교육도 요즈음은 **"교육 시스템"**이라고 한다. 이 이외에도 **"군사 시스템"**, **"생태 시스템"** 등 삼라만상에 존재하는 모든 매체들은 시스템의 개념으로 볼 수 있다.

소프트웨어도 소프트웨어의 제 목적을 달성하기 위해서는 소프트웨어를 개발하기 위한 하드웨어, 프로그래밍 언어, 사용하고자 하는 운영체제, 개발자 등 함께 기능을 수행하는 부품들의 집합체로 이루어져 있기 때문에 소프트웨어도 단순히 **"소프트웨어"**라 하지 않고, **"소프트웨어 시스템"**이라고 한다.

이와 같은 시스템은 아래와 같은 특성을 지니고 있다.

첫째, 목적성 - 어떠한 시스템도 명확한 목적이 있어야 된다.

둘째, 분류성 - 하나의 시스템은 또 다른 하위 시스템을 가질 수 있다.

셋째, 자동성 - 시스템은 자동화기기 등의 시스템을 자동화 할 수 있다.

넷째, 제어 및 피드백 - 시스템은 해당 업무에서 주어진 규칙이나 한계를 벗어난다면 이들이 한계를 벗어나지 않도록 제어하여 피드백을 시킬 수 있다.

다섯째, 상호의존성 - 모든 시스템은 항상 다른 시스템과 상호의존 또는 보완관계를 가진다.

이상 고찰한 시스템의 개념을 근간으로 하여 소프트웨어 생명주기와 시스템 개발 생명주기와의 차이점을 알아보기로 한다.

소프트웨어 생명주기(Software Life Cycle : SLC)는 소프트웨어를 개발(또는 전산화) 하기 위한 개발계획, 사용자들의 요구분석, 시스템 설계(또는 전산화 설계)로부터 코딩, 테스트, 운영(또는 이행), 유지 · 보수까지의 전 작업 공정을 의미한다.

시스템 개발 생명주기(System Development Life Cycle : SDLC)는 소프트웨어 시스템을 개발하는 절차 혹은 소프트웨어 시스템 전체 개발 단계의 반복 현상을 의미한다. 이와 같은 시스템 개발 생명주기는 소프트웨어의 개발방법, 개발환경, 개발기법 및 관리 등에 따라 다양한 모습을 나타내며, 다음과 같은 특징을 지니고 있다.

첫째, 무슨(What) 소프트웨어를 어떻게(How) 개발할 것인가를 결정하는 기술적인 요소들을 제시한다.

둘째, 소프트웨어 개발 방법을 지원해 주기 위해 필요한 각종 도구, 예를 들면 문서작성 도구, 그래픽 작성 도구, 자동화 도구(Computer Aided Software Engineering: CASE) 등을 포함한다.

셋째, 개발하고자 하는 소프트웨어를 효율적으로 적시에 개발할 수 있도록 필요한 공정 과정과 절차를 제시해 준다.

아래 <그림 2-1>은 시스템 개발 생명주기에 포함되는 작업 공정을 요약해둔 것이다.

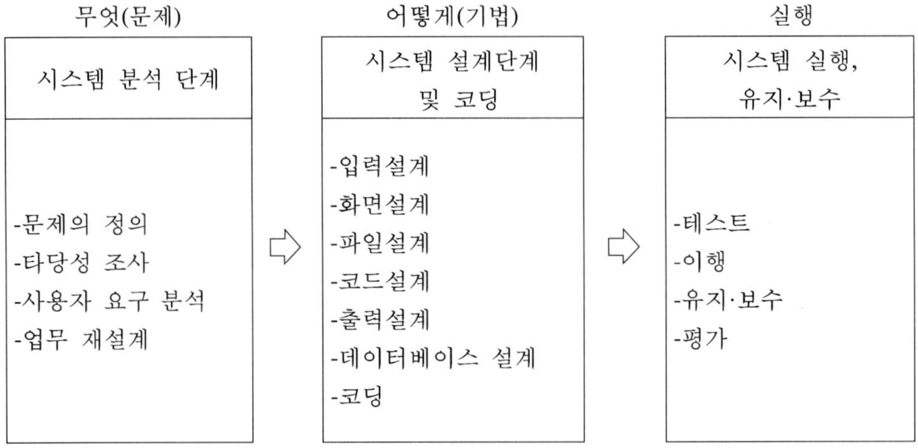

<그림 2-1> 시스템 개발 생명주기에 포함되는 작업 공정

2.2 프로세스, 방법론, 도구들

2.2.1 프로세스

소프트웨어 공학 프로세스는 각 작업 공정들을 결합시켜, 합리적이고 시의 적절하게 소프트웨어 시스템을 개발하고 유지하게 해주는 절차이다.

2.2.2 방법

소프트웨어 시스템을 개발하는 기술적인 "How(기법)"를 제공하고, 요구사항 분석, 시스템 설계, 코딩 또는 프로그래밍, 테스팅, 유지 · 보수의 각 영역을 지원하며, 또한 모델링 활동 지원과 다른 개발 기법 등도 포함한다.

2.2.3 도구

소프트웨어 공학 프로세스와 방법을 자동화나 반자동화시켜주는 기능을 지원하는 것을 의미한다.

이들 소프트웨어 공학 프로세스, 방법론, 도구들 간의 관계를 아래 <그림 2-2>에 요약하여 두었다.

<그림 2-2> 소프트웨어 공학 계층들

2.3 소프트웨어 시스템 개발 방법론

2.3.1 선형 순차적 모형

1. 선형 순차적 모형의 의의

이 개발 모형은 일반적으로 가정 널리 사용되는 모형이며, 폭포수 개발 모형과 유사한 개발 모형이다. 이것은 <그림 2-3>과 같이 개발계획(문제정의), 타당성 조사, 시스템분석, 시스템설계, 코딩, 시험, 이행, 유지 · 보수까지의 전체 개발 과정을 순차적으로 접근하는 소프트웨어 시스템 개발 모형이다.

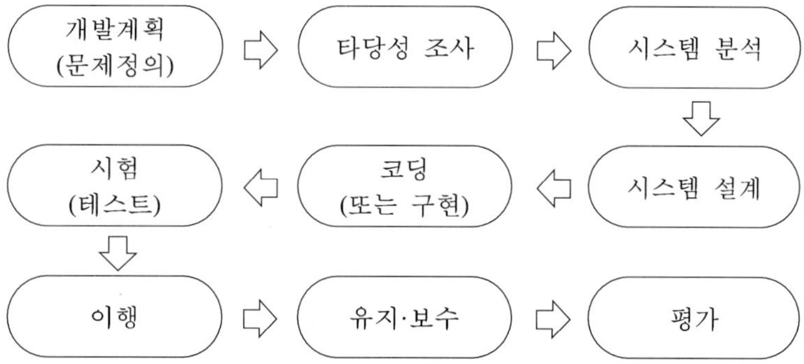

<그림 2-3> 선형 순차적 모형

2. 선형 순차적 모형의 장점

첫째, 소프트웨어 시스템의 개발과정을 순차적으로 자연스럽게 표현하고 있다.

둘째, 단계별로 작업을 진행하기 때문에 해당 단계의 진척도 관리가 쉽다.

셋째, 반드시 각 공정마다 가시적인 성과물이 출력된다.

넷째, 다음 공정의 개시 예정이 세워져 있어 일정관리가 쉽다.

다섯째, 유사한 시스템의 개발 경험이 있는 경우 효율적으로 활용할 수 있다.

3. 선형 순차적 모형의 단점

첫째, 만약 해당 작업 공정이 잘못되어서 앞 공정으로 되돌아갈 경우 많은 시스템 개발에서는 작업공정의 변경이 곤란한 경우가 많다.

둘째, 처음 단계에서부터 지나치게 개발을 강조하다 보면 뒷 단계의 작업 공정이 지연될 수 있다.

셋째, 사용자들의 요구 사항을 충분히 파악하기 전에 뒷 단계의 작업을 수행할 수 있다.

2.3.2 폭포수 모형

1. 폭포수 모형의 의의

이 개발 모형은 아래 <그림 2-4>와 같이 단계적 생명주기(Phased Life Cycle)라고도 하며, 가장 널리 이용 되고 있는 전통적인 소프트웨어 시스템 개발 방법론으로서 해당 작업 단계에서 오류가 발생하면 앞 단계로 피드백 할 수 있다는 것이 선형 순차적 모형과의 차이점이다.

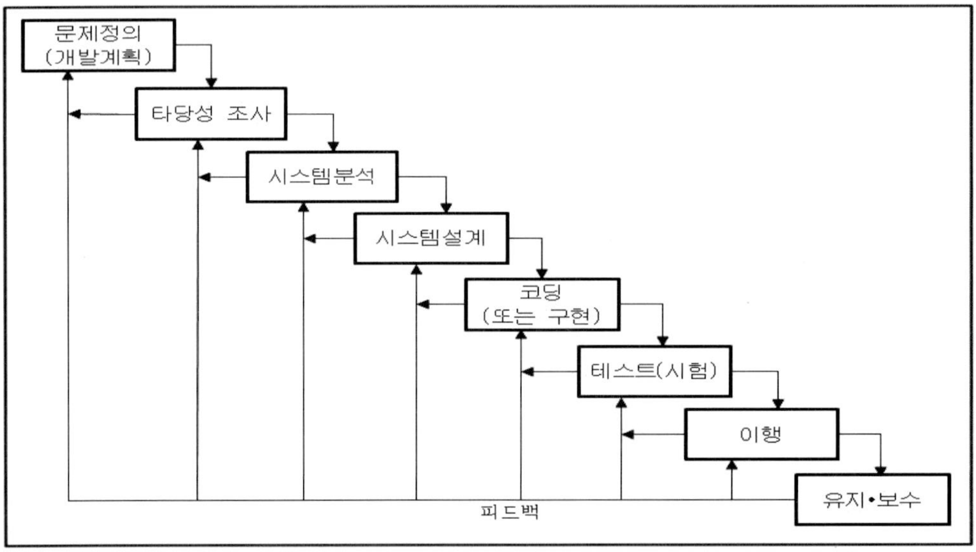

<그림 2-4> 폭포수 모형

2. 폭포수 모형의 특징

가. 각 단계마다 끝을 알리고, 다음 단계로 진행하여 각 단계가 확실히 마무리 되도록 작업 한다.

나. 소프트웨어 개발을 단계적이고, 체계적이며 순차적으로 진행한다.

다. 개발계획 단계에서부터 유지·보수 단계까지 하향식(Top-down) 접근방법을 사용한다.

라. 각 개발단계에서 중복이 발생하기도 하며, 문제가 발생되면 그 이전 단계로 피드백(Feedback)할 수 있다.

3. 각 단계에서의 활동

가. 계획단계

1) 개발할 시스템의 실현 가능성 즉, 타당성 분석(Feasibility Study)을 실시한다.

2) 개발할 시스템의 성격을 파악한다.

3) 소요되는 인적자원 등을 계획한다.

4) 개발하고자 하는 시스템에서 해결해야 할 문제의 정의와 여러 가지 해결 방안 및 손익 분석 등에 관한 계획도 수립한다.

나. 요구사항 분석단계

1) 개발할 시스템의 기능이나, 성능, 사용의 편리성, 호환성 등을 분석한다.

2) 이 단계에서도 타당성 분석을 실시한다.

3) 요구사항 분석이 종료되면 반드시 요구사항 명세서(Requirement Specification)를 작성해 두어야 한다. 이는 사용자의 요구에 어느 정도 부합하는지 평가하는 자료로도 사용된다.

4) 이 단계에서는 사용자들의 요구사항을 분석한 자료들을 토대로 하여 기존의 업무를 재설계할 수도 있다. 이것을 구조조정이라고도 한다.

다. 설계단계

1) 이 단계에서는 사용자들의 요구사항을 분석한 내용들을 토대로 하여 어떻게 컴퓨터 프로그래밍 할 것인지에 대해 청사진을 그리는 단계이다.

2) 입력설계, 화면설계, 출력설계, 코드설계, 파일설계, 데이터베이스설계, 프로그램설계 등의 작업을 수행한다.

3) 설계가 완료되면 반드시 설계 명세서(Design Specification)를 작성해 두어야 된다.

4) 설계의 분류

- 외부설계와 내부설계

· 외부설계 : 입력설계, 출력설계, 화면설계 등이 포함된다.

· 내부설계 : 코드설계, 파일설계, 데이터베이스 설계, 프로그램 설계 등이 해당된다.

- 기본설계와 상세설계

· 기본설계 : 개발할 소프트웨어 시스템에 대하여 개략적으로 설계하는 것을 의미한다.

· 상세설계 : 개발할 소프트웨어 시스템에 대하여 상세하게 설계하는 것을 의미한다.

라. 구현단계

1) 이 단계에서는 사용자들의 요구사항을 분석한 요구분석 명세서와 설계 명세서를 토대로 하여 실제로 프로그래밍 하는 단계이며, 개발할 소프트웨어 시스템이 실행 가능한 모습으로 나타나는 단계이다.

2) 이 단계에서의 결과물은 컴퓨터가 알아볼 수 있는 컴퓨터 프로그램 즉, 원시코드이다.

마. 시험단계

1) 이 단계에서는 계획 단계에서부터 사용자 요구사항 분석, 시스템 설계와 구현단계에 대해 숨겨진 오류를 찾아내는 과정이다. 즉, 숨겨진 오류를 찾아내는 작업이 시험이고, 찾아진 오류를 수정하는 작업을 디버깅(Debugging)이라고 한다.

2) 시험의 종류

시험의 종류에 대해서는 제 10장에서 상세하게 고찰해 두었기 때문에 여기서는 간략하게 언급하기로 한다.

- 단위 시험

각각 개발된 프로그램이 제대로 작동되는지를 시험하는 것을 의미한다.

- 통합 시험

단위 시험이 종료되면 이들을 통합하여 정확하게 작동되는지를 시험 하는 것이다.

- 시스템 시험

사용자들의 요구사항을 충분히 반영하였는지 여부를 시험하는 것을 의미한다.

- 인수 시험

사용자가 개발된 소프트웨어 시스템을 인수하기 전에 완전성 여부를 직접 시험하는 것을 의미하다.

3) 시험 계획서

- 시험을 하기 위해서는 시험계획서를 작성해야 되는데 시험계획서란 "통과해야 될 관문(Test Case)"을 의미한다. 예를 들면 2등변 삼각형이 되기 위해서는 양변의 각도가 60도가 되어야 되며, 여기에 벗어난 데이터가 입력되면 오류가 발생하는 것이다. 또한 성적처리 프로그램이라면 입력되는 점수 값이 0과 100사이에 있어야 된다. 만약 이들 값을 벗어난 데이터가 입력되면 오류가 발생한다.

- 시험계획서는 최소한의 시간과 비용을 투자해서 최대한의 오류를 찾을 수 있도록 작성되어야 한다.

바. 이행

이 단계에서는 만약 개발된 소프트웨어 시스템에 대해서 오류가 완전하게 찾아지고 찾아진 오류들을 모두 수정하였다면 사용자들이 실제로 운영하면 된다.

사. 유지·보수단계

1) 개념

개발된 소프트웨어 시스템이 설치된 후 사용과정에서 발생하는 여러 변경사항과 오류 발생에 대해 수정 및 보완하는 단계이다.

2) 유지 · 보수의 종류

- 잘못된 것을 수정하는 수정(또는 하자) 유지·보수
- 새로운 시스템 환경에 적응시키기 위한 환경적응 유지·보수
- 새로운 기능을 추가하는 기능 추가 유지·보수
- 향후 오류가 발생하지 않도록 사전에 예방하는 예방 유지·보수 등이 있다.

4. 폭포수 모형의 장점 및 단점

가. 장점

개발할 소프트웨어 시스템의 진행과정을 세분화 할 수 있으므로 각 단계에 대한 수행 관리가 쉽다.

나. 단점

1) 피드백이 발생하거나 병렬 작업 수행의 발생으로 인하여 개발 과정이 반드시 순차적으로 따르기가 어려울 때가 있다.

2) 순차적으로 개발하기 때문에 사용자들의 요구사항 파악이 어려울 때가 있다.

3) 앞 단계에 대한 충분한 작업이 없으면 유지·보수 단계에서 많은 노력과 비용이 소요되고, 코딩 및 테스트가 지연될 수 있다.

폭포수 모형의 위와 같은 문제점들을 보완하기 위하여 프로토타입(원형) 개발 방법론이 대두되었다.

2.3.3 프로토타입(Prototype : 원형개발) 모형

1. 개념

이는 사용자의 요구사항을 충분히 파악하고자 할 때 편리한 소프트웨어 시스템 개발 방법론(<그림 2-5>참조)이다. 이 방법론은 프로토타입(시제품)을 만들어 사용자에게 제시하고, 사용자들은 자신들이 원하는 내용이 모두 포함되어 있는지 어떤지를 검토한 후 자신들이 원하는 내용들을 전부 포함시켜서 기술 요원(예를 들면, 프로그래머)에게 제출하고, 기술 요원은 다시 기술상에 문제가 있는지 없는지를 검토한 후 다시 사용자에게 제출하고, 사용자가 만족할 때까지 이런 과정을 계속 반복하면서 사용자들의 요구사항을 충분히 파악하고자 하는 것이다. 또한, 사용자들은 자신이 스스로 원하는 것이 무엇인지 구체적으로 모르거나, 자신의 요구가 어떻게 변경될지 잘 알지 못하는 경우가 많은데, 좀 더 정확한 사용자의 요구사항을 파악하기 위하여 이용되는 개발 방법론이다.

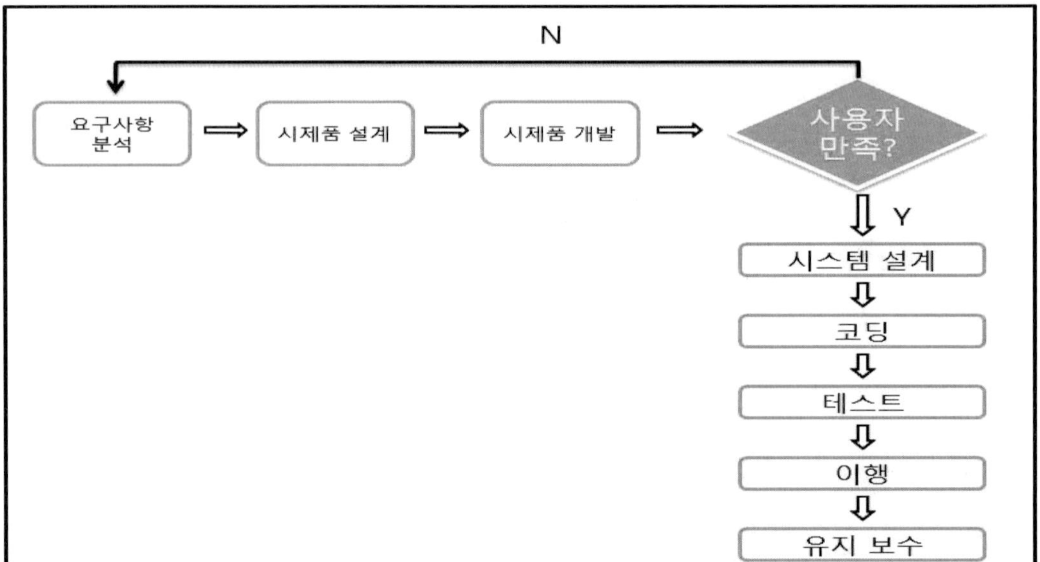

<그림 2-5> 원형 개발 방법론

2. 각 단계에서의 활동

가. 요구사항 분석 단계

이 단계에서는 시스템 분석가와 사용자가 만나 개발할 소프트웨어 시스템의 전반적인 사용자들의 요구사항을 정의한다. 경우에 따라서는 사용자들로부터 받은 일부의 요구 사항만 정의하기도하고, 완전치 않은 요구사항에 대하여서는 윤곽만 잡아 놓기도 한다.

나. 시제품 설계 단계

여기서는 시제품 개발을 위한 설계 단계로서 시제품 개발의 목표가 확립되고, 시제품에 포함될 시스템의 기능들이 선택되는 단계이다.

다. 시제품 개발 단계

이 단계에서는 어떻게 하면 시제품을 빨리 만들 수 있을까에 초점을 두어 시제품을 개발하는 단계이다.

라. 시제품 평가 단계

시제품의 평가는 사용자에 의해 평가되고, 개발될 소프트웨어의 요구사항을 구체적으로 정제하기 위해 사용된다. 시제품을 평가할 때에는 사용자들이 시제품을 사용하고 평가할 수 있도록 충분한 시간을 주어야 되고, 시제품에 대하여 익숙해지게 해야 한다. 평가를 한 후에는 추가되어야 하는 사용자의 요구사항들을 찾아낼 수 있게 해야 한다.

마. 시제품 정제 단계

사용자가 원하는 것을 만족시키기 위해 시제품에 대한 조율이 필요하고, 시제품은 사용자가 요구사항에 대하여 만족할 때까지 계속한다.

바. 완제품 생산 단계

여기서는 원하는 소프트웨어 시스템을 완전하게 개발하는 단계로서 시제품을 버리고 최종시스템을 새로 만들 것인지, 아니면 시제품을 확장하여 완제품을 만들 것인지를 결정하는 단계이다.

3. 원형 개발 방법론의 장점 및 단점

가. 장점

1) 개발시간이 폭포수 모형에 비해 빠를 수 있다.

2) 시스템 전체 혹은 일부의 개발 수준을 향상시킬 수 있다.

3) 이전에 밝혀지지 않았던 사용자의 요구사항 파악이 쉽다.

4) 사용자가 시스템 개발에 좀 더 적극적으로 참여할 수 있다.

5) 사용자와 시스템 간의 인터페이스를 원활하게 할 수 있다.

6) 개발자와 사용자간의 시스템에 대한 서로의 생각의 차이를 줄일 수 있으므로 합의사항 도출이 쉽다.

7) 개발할 소프트웨어 시스템에 포함되어야 하는 기능과 서비스를 발견할 수 있는 가능성이 높다. 또한, 설계의 기초자료로 활용할 수 있다.

8) 사용하기 어렵거나 사용 중 혼돈을 일으킬 수 있는 기능들이 미리 규명되어있어 명료화 될 수 있다.

9) 사용자들의 일치하지 않는 요구사항들을 시제품을 통하여 발견 할 수 있다.

10) 향후 개발될 시스템의 가능성과 유용성을 관리자에게 보여줄 수 있다.

11) 시제품은 소프트웨어 품질을 향상시킬 수 있는 기초를 제공할 수 있다.

나. 단점

1) 시제품이 완제품에 가깝다고 생각해서 완제품에 대한 재촉이 있을 수 있으며, 만들어질 완제품이 어떨 것이라는 것에 대한 오해가 있을 수 있다.

2) 시제품에서 완제품으로 개발되는 과정에서 많은 변화가 있을 수도 있다.

3) 다른 시스템들과의 교류 및 통합 등에 대한 결과가 쉽게 얻어지지 않을 수 있다.

2.3.4 RAD(Rapid Application Development) 모형

1. 개념

RAD(Rapid Application Development) 개발 모형은 기능이 완벽한 시스템을 매우 빠른 기간 동안, 예를 들면 약 60~90일내에 만들어 낼 수 있는 개발 방법론이다. 또한, 이 개발 방법은 아래 <그림 2-6>과 같이 여러 개의 개발 모형을 여러 개발팀들이 동시에 개발하는 것이다.

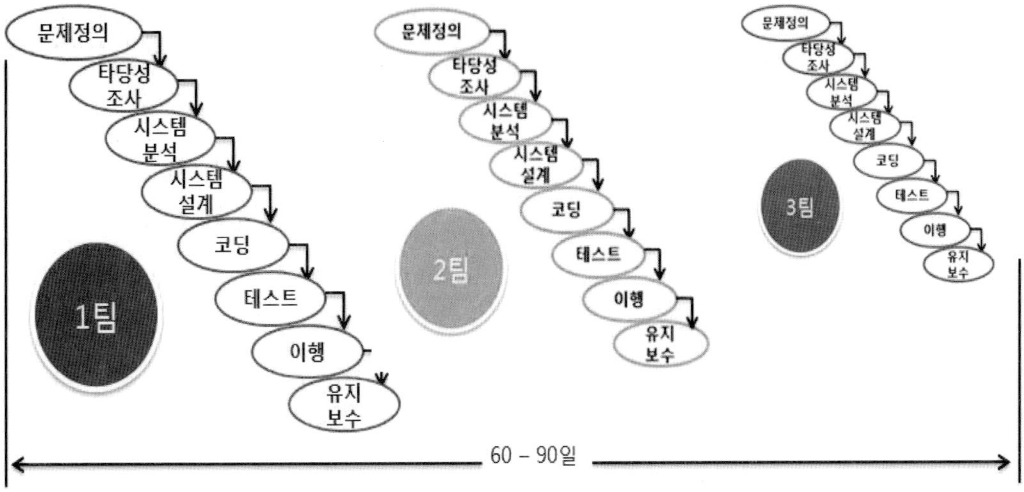

<그림 2-6> RAD 모델

2. 각 단계에서의 활동

각 단계에서의 활동은 폭포수 모형과 동일하다.

3. RAD 모형의 장 · 단점

가. 장점

짧은 기간 동안에 개발이 가능하고, 테스트 기간이 짧으며, 검증된 컴포넌트들의 재사용이 가능하고, 4세대 언어 또는 비주얼 툴의 사용이 가능하다.

나. 단점

대규모의 확장 가능한 프로젝트들을 수행하기 위해서 RAD에서는 필요한 RAD팀들을 구성하기 위해 충분한 인적자원이 요구된다. 또한 RAD 모형은 개발자와 고객 모두 제 시간에 시스템이 만들어지기 위해 신속한 행동이 필요하다. 그러나 성능이 중요한 시스템인 경우, RAD는 적당하지 않다. RAD는 기술적 위험이 클 경우에도 사용하기 부적합하다. 새로운 기술에 많이 의존하는 경우나, 새로운 소프트웨어가 기존의 컴퓨터 프로그램과 긴밀하게 연동되어야 하는 경우에도 부적합하다.

2.3.5 점진적 모형

1. 개념

점진적 개발 모형은 아래 <그림 2-7>과 같이 원형 개발 모형과 폭포수 모형을 결합시킨 형태이다. 점진적 모형은 우선 소프트웨어를 작지만 사용 가능한 부분들로 개발해 나간다. 그리고 각 부분들은 이전에 만들어진 것들을 이용하여 점진적으로 개발 한다. 즉, 소프트웨어의 기능들을 부분들로 나누어 점진적으로 개발해 나가는 개발 방법론이다.

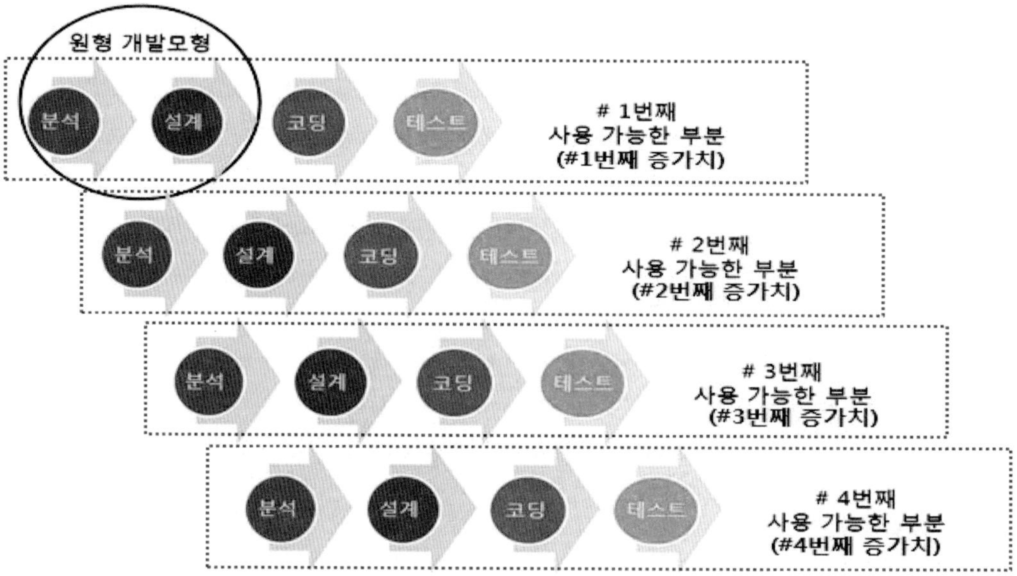

<그림 2-7> 점진적 모델

2.3.6 나선형 모형

1. 개념

이 모형도 점진적인 개발 방법론의 일종이며, 프로토타입 개발 모형의 반복적인 개발 방법론과 폭포수 모형의 체계적인 개발 방법론이라는 특성을 결합한 개발 방법론이다(<그림 2-8>참조). 또한 이 모형은 대규모 시스템 개발에 효율적인 개발 방법론으로서 개발할 소프트웨어 시스템의 위험 원인을 구명하는데 적합한 개발 방법론이다.

2. 각 단계에서의 활동

가. 계획 단계

여기서는 사용자의 요구사항을 수집하여 개발할 소프트웨어 시스템의 목표와 계획을 수립하고, 제약 조건을 파악하는 단계이다. 나선형 개발 방법은 개발할 소프트웨어 시스템의 성능, 기능 및 목표를 구명하는 것에서부터 시작하여, 시스템의 목표와 제약조건에 대한 차선책이 무엇인가를 고려하면서 개발해 나간다.

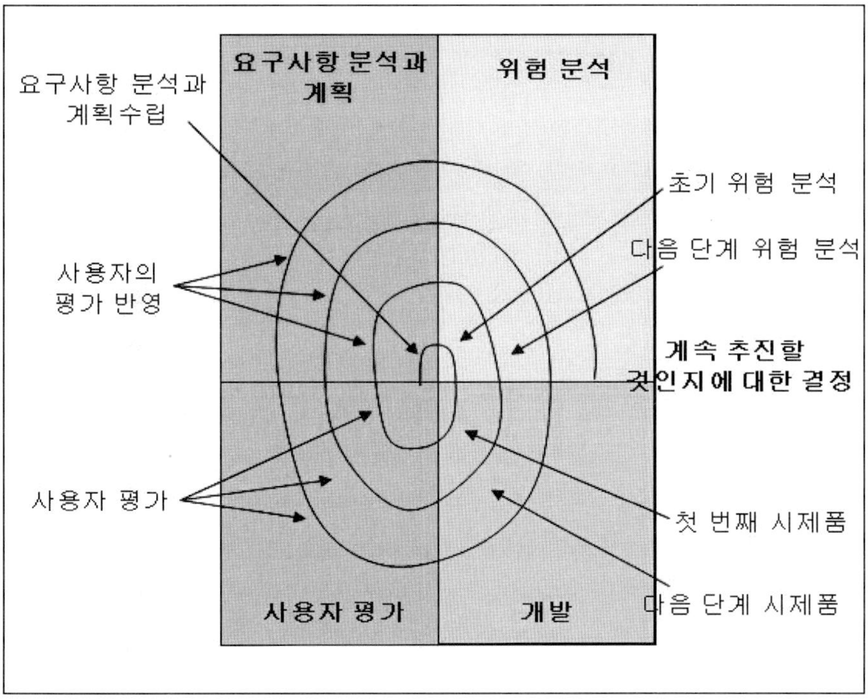

<그림 2-8> 나선형 개발 방법

나. 위험 분석단계

이 단계에서는 초기 사용자의 요구사항에 근거하여 위험을 구명하며, 위험은 일반적으로 부정확한 정보로부터 비롯된다. 또한 이 단계에서는 정보를 찾아내는 활동을 통하여 불확실성과 위험을 줄여나갈 수 있고, 위험의 평가 후 프로젝트의 계속 수행 또는 중단을 결정한다.

다. 개발 단계

앞 단계에서 위험이 없다고 판단된 기능들에 대해 실질적으로 개발하는 단계이며, 적절한 개발 방법론을 선택하여 개발하면 된다. 만약 사용자 인터페이스에 대한 위험이 주로 고려된다면 프로토타입(원형) 개발 방법론이 적절하다.

라. 사용자의 평가단계

이 단계에서는 개발 과정에서 산출된 결과물들을 사용자가 직접 평가하는 과정으로서 사용자에 의해 시스템에 대한 평가가 이루어지게 되고, 만약 문제가 있다면 사용자는 개발할 소프트웨어 시스템의 수정을 요구한다. 또한 사용자의 평가에 의하여 다음 단계의 활동이 계획되어진다.

3. 나선형 개발 방법론의 장점 및 단점

가. 장점

이 모형은 위험이 많고, 비용이 많이 소요되며, 개발 기간이 오래 걸리는 대규모 소프트웨어 시스템 개발에 주로 이용된다. 또한 소프트웨어 시스템을 개발하기 위해 경제적·기술적으로 부담이 큰 경우 위험분석을 해나가면서 점진적으로 개발해 나가는 개발 방법론이다. 이 모형을 이용한다면 위험을 사전에 미리 파악할 수 있고, 여기에 대한 대책을 세울 수도 있다. 기존의 개발 방법론들의 장점들을 선택하여 수용할 수도 있다. 요약하면 이 모형은 위험 관리(Risk Management) 위주의 개발 방법론이며, 대규모 소프트웨어 시스템 개발에 적합한 개발 방법론이다.

나. 단점

나선형 개발 방법론 자체가 다른 개발 방법론 보다 더 복잡하여 개발할 소프트웨어 시스템 관리 자체를 어렵게 만들 가능성이 있다. 이 모형은 많은 고객을 상대로 하는 상업용 제품의 경우에는 적용하기가 어렵다. 아직까지는 그렇게 많이 사용하지 않는 개발 방법론이기 때문에 충분한 검증을 거치지 못하였다. 대형 소프트웨어 시스템을 개발할 경우에는 이런 전체적이고 점진적인 개발을 거칠 경우 체계적인 설계를 갖춘 소프트웨어 시스템을 개발할 수 있을까에 대한 검토도 필요하다. 모형 자체가 복잡하여 프로젝트 진척관리가 어렵고 고객을 설득시키기도 어려운 면이 있다. 위험 평가를 위해서는 많은 전문가가 필요할 수도 있다. 위험 평가를 해서 중요한 위험이 발견되지 않을 때는 여러 가지 문제가 발생할 수도 있다.

이러한 문제점들을 해결하기 위해 객체지향 소프트웨어 개발 방법론이 대두되었다. 여기에 대해서는 2.3.9절에서 설명한다.

2.3.7 WINWIN 나선형 모형

1. 개념

나선형 개발 모형에서 발전된 형태로 <그림 2-9>와 같이 사용자와 개발자 모두가 원하는 결과를 도출하는 즉, 양측 모두 승자의 개념인 개발 모형이다.

2. 각 단계에서의 활동

가. 사용자와 개발자들의 작업들을 설정

나. 사용자와 개발자들의 서로 만족할 수 있는 사항들을 협상. 즉, 승자 조건들을

협상

다. 승자 조건들을 조정

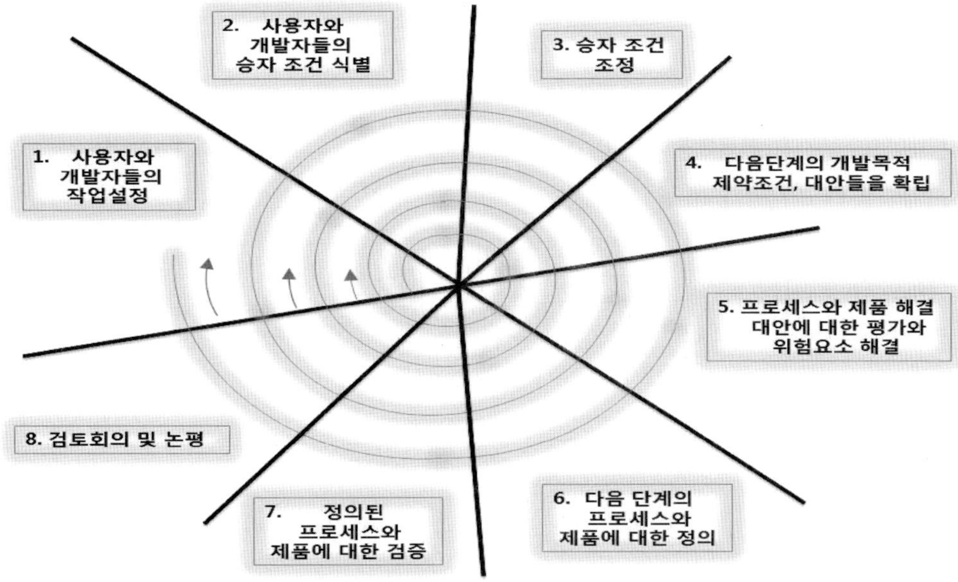

<그림 2-9> Win-win 나선형 모델

라. 다음 단계의 개발 목적, 제약조건, 해결 대안들을 확립

마. 프로세스와 제품 해결 대안에 대한 평가와 위험 요소 해결

바. 다음 단계의 프로세스와 제품에 대한 정의

사. 정의된 프로세스와 제품에 대한 검증

아. 검토회 및 논평

2.3.8 동시적 개발 모형

1. 개념

동시적 개발 모형은 동시적 공학이라고도 하며, Davis와 Sitaram에 의해 제안되었다. 이 모형은 <그림 2-10>과 같이 개발할 문제에 대해서 여러 활동들을 동시에 실행하는 개발 방법론이다. 동시적 개발 모형은 몇 가지 중요한 기술적 절차들과 작업 그리고 그와 관련된 상태들로 이루어진다.

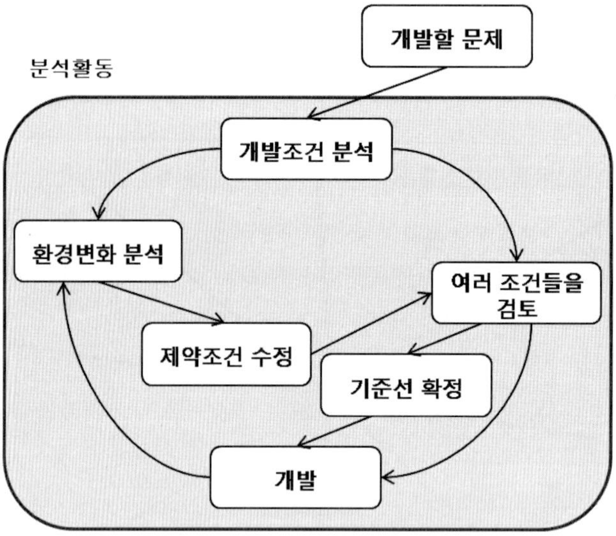

<그림 2-10> 동시적 개발 모형

2. 동시적 개발 모형의 장점

모든 유형의 소프트웨어 개발에서 사용 될 수 있으며, 현재 프로젝트의 현 상태를 정확히 알아보는데 사용될 수 있다. 기존의 개발 방법론들은 개발 절차들의 순서에 제한되었던 반면, 동시적 개발 모형은 개발 절차들을 네트워크 형태로 정의 할 수 있다.

2.3.9 객체지향 개발 모형

지금까지 고찰한 개발 방법론들은 다음과 같은 문제점들이 있다.

첫째, 전체 소프트웨어 시스템 개발 공정의 약 60%이상의 노력을 테스트 및 유지·보수에 소비하기 때문에 아주 비생산적인 개발 방법론들이다.

둘째, 만약 개발한 소프트웨어 시스템에 오류가 발생할 경우, 이를 수정하는데 애로점이 많으므로 개발한 소프트웨어 시스템의 신뢰성과 정확성의 문제가 대두 된다.

셋째, 개발한 소프트웨어 시스템을 수정할 경우에는 많은 비용이 소요되기 때문에 유지·보수하는데 많은 애로점이 있다.

넷째, 새로운 환경 변화가 일어날 경우에는 적응하기가 곤란하며, 결과적으로 소프트웨어 시스템의 융통성이 부족하다.

따라서, 이와 같은 문제점들을 보완하기 위하여 데이터와 업무처리절차를 하나의 단위로 묶어서 소프트웨어 시스템을 개발할 필요성이 대두되었는데, 이 방법론이 객체지향 개발 방법론이다.

1. 객체지향 개발 방법론의 개요

"객체란" 데이터와 업무처리절차(또는 연산)를 하나의 단위로 묶어놓은 것이다. **"객체지향 개발 방법론"**이란 이와 같은 객체 단위로 소프트웨어 시스템을 개발 하는 것을 의미한다.(<그림 2-11>참조)

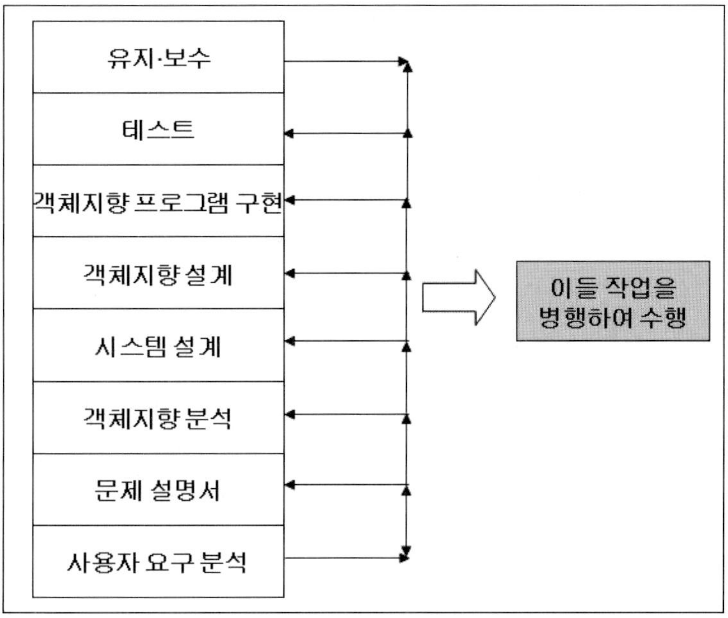

<그림 2-11> 객체지향 개발 방법론

2. 객체지향 개발 방법론의 특징

이 모형은 환경변화에 적응하기 쉽고, 한번 개발한 구성요소들(Components)을 다음에 다시 이용할 기회가 있을 경우에 이들을 재이용(Reuse)하는데도 아주 효과적이며, 상향식 개발방법이다. 객체지향 개발 방법론의 각 단계에 대한 활동은 "객체"라는 개념 이외에는 앞의 개발 방법론의 각 활동과 유사하다.

3. 객체지향 개발 방법론의 장점 및 단점

가. 장점

이 모형은 모듈들을 병행하여 개발이 가능하며, 프로그래밍 생산성을 도모할 수 있다. 또한 코드 재사용이 용이하다. 각 모듈간의 인터페이스 시험을 확실히 할 수 있고, 프로그램의 수정이 필요할 경우에는 우선 이 단계 보다 앞 단계인 설계 단계에서 필요한 사항을 수정한 후 해당 프로그램을 수정할 수 있는 기능을 두면 항상 프로그램과 설계정보와의 일치를 유지할 수 있다. 전체개발단계 중에서 분석 및 설계단계를 중요시하기 때문에, 분석 및 설계가 완벽하면 프로그래밍이 쉽고, 개발 완료 후에도 유지·보수 작업이 효과적이다.

데이터와 업무처리절차를 하나로 묶어 객체단위로 개발하기 때문에, 여러 개발팀이 서로 독립적으로 소프트웨어 시스템을 개발할 수 있다. 문제를 자연스럽게 이해할 수 있기 때문에 이 방법론은 소프트웨어 시스템 개발자뿐만 아니라 최종 사용자에게도 좀 더 쉽게 이해될 수 있다.

나. 단점

이 모형은 프로그래밍을 지원해 주는 정형화된 분석 및 설계방법이 없다는 점과 구현 시 처리 시간이 오래 소요된다.

2.3.10 컴포넌트 기반 모형

1. 개념

이 모형은 아래 <그림 2-12>와 같이 나선형 개발 모형의 많은 특징들을 결합시켰고, 또한 소프트웨어 시스템을 개발하는데 요구되는 반복적인 접근방법을 가진 진화적인 특성도 지니고 있다. 또한 컴포넌트 기반 개발은 이미 만들어져 있는 패키지화된 컴포넌트(부품들)들을 조립하여 개발한다. 컴포넌트 기반 개발 모형의 또 다른 특징은 소프트웨어 시스템을 개발할 때 컴포넌트들의 재사용을 활용한다.

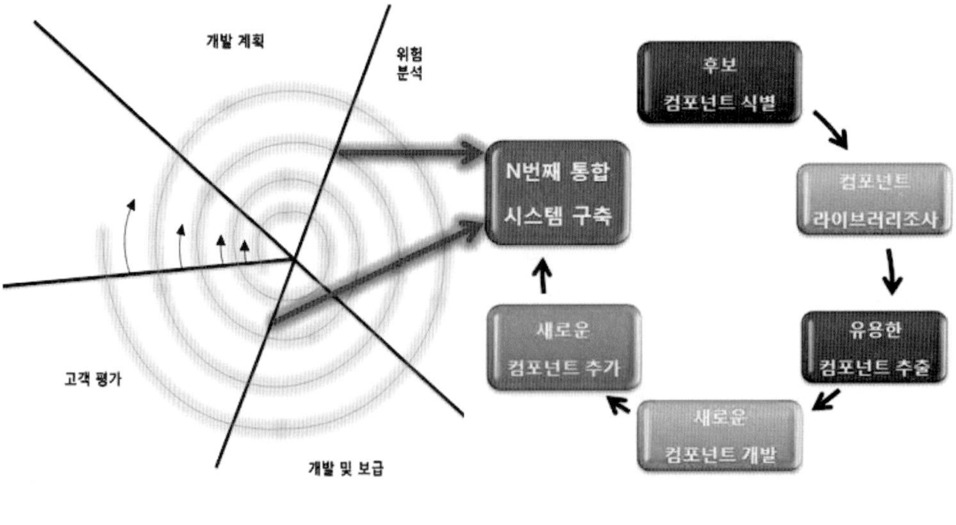

<그림 2-12> 컴포넌트 기반 개발 모형

2. 컴포넌트 기반 개발 모형의 장점

이 모형은 전체 개발 공정의 약 70% 및 개발비용의 80%의 단축을 가져올 수 있다. 또한 컴포넌트들을 재이용하기 때문에 프로그래밍 생산성 향상을 가져올 수 있다.

2.3.11 형식 개발 모형

1. 개념

이 모형은 소프트웨어 시스템의 개발을 수학적인 식으로 표현하여 시스템 분석 및 설계와 구현을 하는 방법론이다.

2. 장점

이 모형은 오류의 모호성과, 프로그램의 버그(Bug) 등 경험적 또는 직관적으로 발견하던 문제점들을 보다 과학적이고 쉽게 발견할 수 있고, 수정이 가능하다는 것이다.

3. 형식 개발 모형이 적용되기 위해 필요한 조건

가. 형식 개발 모형을 사용한 개발은 많은 개발 시간과 비용이 필요하다.

나. 개발자가 이 모형을 사용하여 개발을 수행하려면 많은 교육이 필요하다.

다. 이 모형을 이용하여 개발하면 그 내용을 잘 모르는 사용자와는 의사소통이 어려운 점이 있다.

2.3.12 자동화 도구에 의한 개발 방법론

1. 개념

자동화 도구에 의한 개발 방법론은 각종 개발 도구들을 이용하여 소프트웨어 시스템을 개발하는 것을 의미한다.

2. 자동화 도구의 종류

자동화 도구의 종류에는 여러 가지가 있는데 그 중 대표적인 몇 가지만 아래에 요약하여 두었다.

가. StarUML

StarUML은 UML(Unified Modeling Language)을 지원하는 소프트웨어 모델링 도구로서 UML 버전 1.4에 기반을 두고 있으며, UML 버전 2.0의 표기법을 적극적으로 지원하고 있다. UML 프로파일 개념과 템플릿 기반의 문서 및 코드 생성을 지원하여 MDA(Model Driven Architecture) 접근방법을 적극적으로 지원하고 있다.

이 도구의 특징은 사용자의 환경에 대한 맞춤 능력이 우수하고, 기능에 대한 확장성이 매우 뛰어난다는 것이다.

나. Rational Rose

정형화된 소프트웨어 명세서에 기반을 두고 있으며, 개발팀 전체의 개발을 지원해 주는 비주얼 모델링(Visual Modeling) 도구이다. 이 도구의 특징은 개발팀 구성원간의 의사소통을 원활하게 하고, 소프트웨어 시스템 개발의 복잡성을 좀 더 쉽게 관리할 수 있게 해주며, 재사용성을 지원해 주고, 개발 기간을 단축할 수 있다는 것이다.

다. Teamwork

이 도구는 소프트웨어 시스템 개발에 있어서 전체 단계 즉, 요구사항 분석에서부터 설계, 코딩, 테스트, 이행, 유지·보수단계에 이르기까지 전 단계를 지원해 주는 자동화 도구이다.

라. Plastic

이것은 객체지향 비주얼 모델링을 지원해 주는 자동화 도구이다.

마. Erwin

데이터베이스로 개발하려고 하는 모든 소프트웨어 시스템에서 필수적인 데이터모형을 작성하는데 이용하면 편리한 자동화 도구이다.

바. BOCS

소프트웨어 시스템과 기업 시스템 양쪽 모두에게 개발 모형을 지원해 주기 위한 객체지향 분석 및 설계용 자동화 도구이다. 또한 이 도구는 C++와 Smalltalk와 같은 프로그래밍 언어에 대하여 프로그램 코드를 자동으로 생성해 주며, 텍스트(Text)와 그래프(Graphics)를 조합하여 정형화된 문서를 자동으로 산출해 주는 도구이다.

사. Gdpro

이 도구는 Java, EJB, C++와 같은 프로그래밍 언어를 공동으로 사용하여 개발하고자 할 때 비주얼 모델링을 지원해 주기 위한 자동화 도구이다.

아. ICONIX power tools

이것은 객체지향 및 구조적 개발을 위한 다중사용자(Multi Users)용 시스템 분석 및 설계용 자동화 도구이다.

자. SDDGen

이것은 소프트웨어 시스템의 설계에 관한 정보를 수집하고, 조직화하고, 의사소통을 원활하게 하기 위한 그래픽 설계용 자동화 도구이다.

차. Visual Thought

이것은 소프트웨어 시스템 분석 및 설계를 할 시 여러 다이어그램을 그릴 때 이용되는 표기법(Notation)을 지원하기 위한 다목적용 UNIX 다이어그래밍 및 플로우차트(Diagramming and Flowchart) 작성용 자동화 도구이다.

3. 자동화 도구 사용의 장점 및 단점

가. 장점

소프트웨어 시스템의 개발과 유지·보수를 하는데 있어서 표준화를 지원해 주고, 시스템 검증에 대한 노력을 덜 수 있으므로 소프트웨어 시스템의 품질을 향상시킬 수 있으며, 자동화 도구들은 사람이 사용하는 고급 언어 수준에서 요구사항만 명시하면 자동적으로 프로그래밍이 될 수 있는 장점이 있다.

나. 단점

자동화 도구를 사용하는데 있어서 요구사항만 명시한 것을 완전한 실행 프로그램으로 바꾸어 줄만큼 완벽한 독수는 없다는 것이다. 또한 불필요한 많은 양의 코드가 생성될 수 있고, 유지·보수에도 많은 어려운 점이 있다는 것이다.

2.3.13 웹 기반 모형

1. 개념

지금까지 고찰한 소프트웨어 시스템 개발 방법론은 웹 기반 개발 방법론에 기초하고 있으며, 웹 기반 개발 모형은 아래 <그림 2-13>과 같이 각 단계별로 순차적으로 이루어지는 것이 아니라, 반복적으로 병행해서 개발이 이루어진다는 것이다.

2. 웹 기반 소프트웨어의 필요성

사회가 점점 더 복잡 다양화해지고, 정보통신 기술의 혁신적인 발달로 인해 웹 기반 소프트웨어 시스템 개발도 대규모화되어 가고 있으며, 전자거래, 온라인 고객정보지원센터와 같은 양방향 커뮤니케이션이라는 동적인 양상을 지원해야 할 필요성이 대두되었다. 따라서 조직에서의 정형적인 업무뿐만 아니라, 조직이든 개인이든 비즈니스(Business) 즉, 사업적인 측면에서 개발할 필요성이 대두되었으며, 이 때 사용하고자 하는 개발 방법론이 웹 기반 개발 방법론이다.

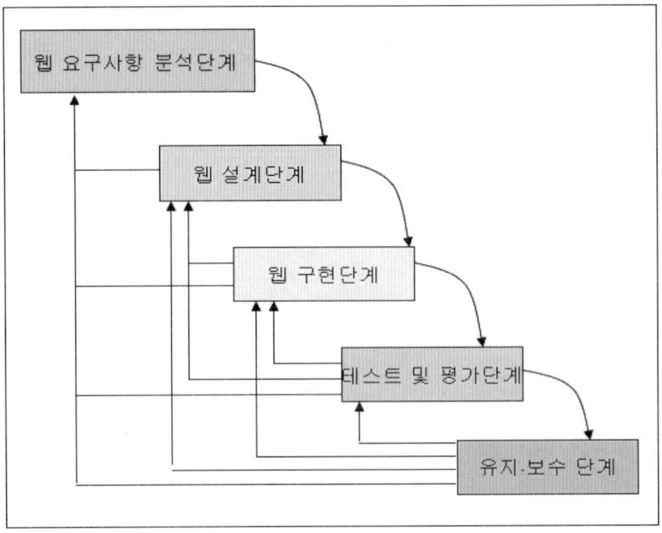

<그림 2-13> 웹 기반 개발 방법론

3. 각 단계에서의 활동

가. 웹 요구사항 분석단계

여기서는 비즈니스(사업) 모형, 사업전략, 시장 환경 조사, 웹 내용분석 등을 수행하는 단계이다. **비즈니스 모형의 유형**에는 "기업과 정부간(Business-to-Government : B2G)", "기업과 기업간(Business-to-Business : B2B)", "기업과 고객간(Business-to-Customer : B2C)", "고객과 기업간(Customer-to-Business : C2B)", "고객과 고객간(Customer-to-Customer : C2C)"이 있다.

사업전략의 유형에는 "공급자와 관련되는 전략", "고객과 관련되는 전략", "상품과 관련되는 전략", "시장과 관련되는 전략" 등을 분석해야 한다.

시장 환경 조사에는 "자신이 설정하였던 목표 고객이 어느 정도의 시장 구매력을 가지고 있는지", "경쟁사는 어느 정도인지" 등에 대해 분석해야 한다.

웹 내용분석에는 "웹에 포함시킬 내용을 무엇으로 할 것인지"와 이들 내용들에 대해서 "텍스트로 할 것인지", "그래픽으로 할 것인지", "동영상으로 할 것인지" 등에 대해서 분석해야 한다.

나. 웹 설계단계

이 단계에서는 웹에 포함시킬 구체적인 내용의 유형과 각 유형별로 적절한 설계 기법을 결정해야 한다.

"웹 구조의 종류"에는 순차구조, 격자구조, 네트워크 구조, 계층구조, 혼합구조 등이 있다. "페이지 구조"에는 전경, 중경, 배경이 있다.

또한 **"웹 항해설계"**에는 고객이 웹상에서 찾고자 하는 정보를 쉽게 찾아갈 수 있도록 설계하는 것을 의미하며,

"화면설계"에서는 크게 웹 페이지 내의 전반적인 틀을 설계하는 것과 그 위에 어떤 내용을 삽입할 것인가에 대해 설계하는 것을 의미한다.

다. 웹 구현단계

웹 구현단계에서는 대금결재, 배송, 고객보호 등을 고려하여 프로그래밍해야 한다. 프로그래밍할 시에는 JAVA와 같은 적절한 프로그래밍 언어를 이용하고, 개인 정보에 대한 보안이 철저히 유지되도록 프로그래밍해야 된다.

라. 테스트 및 평가단계

이 단계에서는 분석한 내용이 제대로 반영이 되었는지, 설계명세서 대로 구현이 되었는지 등에 대해 테스트 및 평가를 해야 한다. 설계단계를 평가하는 방법에는 "분석적(Analytic) 평가방법"을 적용하고, 웹 구현단계 이후에는 "실증적 평가방법"을 적용하는 것이 좋다. **"분석적 평가방법"**에는 GORMS(Goals, Operators, Method, Selection Rules)와 휴리스틱 평가(Heuristic Evaluation)방법 등이 있고, **"실증적 평가방법"**에는 실험적 평가방법, 관찰적 평가방법, 설문지에 의한 평가방법 등이 있다.

마. 유지·보수단계

이 단계에서는 시장환경 변화라든지, 구현한 결과에 대해 기능을 추가한다든지, 변경요구가 있다든지, 하자가 발생한다든지 할 경우에 수정·보완 작업을 수행하는 단계이다.

참고문헌

권영직, 강의자료, 자체개발, 2009. 02

김행곤, 한은주, 소프트웨어공학, 도서출판 그린, 2003. 02

StarUML사이트, http://staruml.sourceforge.net/docs/user-guide(ko)/ch01.html[한글 메뉴얼]

송영재외 5인, 소프트웨어공학, 이한출판사, 2004. 02, pp.30

우치수, 소프트웨어공학, McGraw-Hill Korea, 2001. 08, pp.20

www.mobicom.gnu.ac.kr/course/sd/chap2.ppt

최은만, 소프트웨어공학, 사이텍미디어, 2005

최은만, 소프트웨어공학, 정익사, 2007. 09

연습문제

1. 소프트웨어 생명주기란?
2. 프로세스, 방법론, 도구들에 대하여 간략하게 기술하세요.
3. 소프트웨어 시스템 개발방법론의 유형과 개개의 개발방법론에 대한 개념 및 그들의 장점과 단점에 대해 기술하세요.

03

소프트웨어 프로젝트 관리

학습목표

소프트웨어 프로젝트를 수행함에 있어 우선 프로젝트에 대한 개념, 프로젝트 관리의 유형 및 실패요인과 성공요인에 대해서 학습한다. 또한 소프트웨어 프로젝트를 수행할지 여부에 대한 타당성 분석에 대해 학습한다. 마지막으로 프로젝트 계획 수립을 위한 조직구성, 일정관리, 비용 산정 기법에 대해서 학습한다.

3.1 프로젝트의 개요

3.1.1 프로젝트의 정의

프로젝트의 일반적인 개념은 어떤 목표를 위한 명확하고(Unique), 종합적인(Integrate) 일련의(Sequence) 관련 있는 행위(Connected Activities)이다. 그리고 이는 반드시 정해진 예산(Within Budget)과 정해진 시간(Within Time) 및 정해진 인원(Within People)내에 주어진 명세서에 따라서(according to Specification) 목표를 완성해야 한다.

그러나 소프트웨어 프로젝트는 특정한 목적을 달성하기 위하여 개발 계획 프로그램을 수립하고, 개발할 프로그램에 대하여 분석 및 설계를 하고, 구현 등의 작업을 수행하는 것이다.

한편 프로젝트와 프로젝트 관리와의 차이점은 프로젝트 관리는 프로젝트를 원활하게 수행하기 위해 여기에 필요한 감독 및 통제를 하는 행위이다.

소프트웨어 프로젝트 관리와 일반적인 프로젝트 관리와의 차이점은 다음과 같다.

첫째, 소프트웨어 프로젝트 관리의 산출물은 무형인 반면에, 일반적인 프로젝트 관리의 산출물은 유형이다.

둘째, 소프트웨어 프로젝트 관리에 있어서 개발 과정을 파악하거나 이해하기에는 개발 과정이 눈에 보이지 않기 때문에 어렵다.

셋째, 소프트웨어 프로젝트 관리는 여기에 사용되었던 기법들을 "한 번 사용하고 끝나는" 경향이 있는 반면에 일반적인 프로젝트 관리는 여기에 사용되었던 기법들을 지속적으로 사용할 수 있다.

3.1.2 프로젝트의 관리의 유형

프로젝트 관리의 유형을 <표 3-1>에 요약하여 두었으며, 이들 세부 관리 영역에 대해 아래에 좀 더 구체적으로 고찰하여 두었다.

<표 3-1> 프로젝트 관리의 유형

관리 영역	관리 내용	주요산출물
통합관리 (Integration)	- 프로젝트의 다양한 관리영역을 적절하게 통합, 조정하기 위한 관리	통합관리명세서
범위관리(Scope)	- 프로젝트를 수행하기 위한 범위를 정의하고 검증하는 관리	작업분해도 범위기술서
일정관리(Time)	- 프로젝트를 성공적으로 수행하기 위해 활동을 정의하고, 활동기간을 산정하는 관리	일정관리도 활동도표 PERT도표
원가관리(Cost)	- 성공적으로 프로젝트를 완성하기 위한 계획수립, 개발비용 산정을 위한 관리	개발비용명세서
품질관리(Quality)	- 사용자들의 요구사항을 만족시키기 위해서 필요한 관리 - 사후검사보다 사전예방강조, 효율적인 품질활동, 조직차원의 품질활동, 품질보증, 품질관리 활동 등	품질보증명세서 품질측정명세서
인력관리 (Human Resource)	- 프로젝트 관리에 필요한 인원을 관리	조직도 인사평정명세서
의사소통관리 (Communication)	- 프로젝트 구성원 간에 의사소통을 원활하게하기 위한 관리	성과보고서 의사소통계획서
위험관리(Risk)	- 프로젝트의 위험을 체계적으로 식별, 분석, 대응, 통제하는 관리	위험관리명세서
조달관리 (Procurement)	- 조직외부에서 제품이나 서비스를 제공받기 위하여 필요한 관리활동으로서 구매관리, 외주관리 라고도 함	구매계획서 외주개발계획서

1. 통합관리

이는 프로젝트의 다양한 관리 영역을 적절하게 통합, 조정하기 위한 관리로서 주요 산출물은 통합관리 명세서이다.

2. 범위 관리

프로젝트를 착수하기 전에 프로젝트를 수행하기 위한 작업의 범위를 정의하고, 이들을 검증하는 관리 영역으로서 주요 산출물은 프로젝트를 수행하기 위한 작업분해도(WBS : Work Breakdown Structure)와 범위 기술서 등이 있다.

3. 일정관리

프로젝트가 주어진 기간 내에 완성되도록 주요 작업 활동(Activity별로 세부 일정 계획을 수립하는 관리 영역으로서 주된 산출물은 활동도표(Activity List), PERT(Program Evaluation and Review Technique)도표, 일정관리도 등이 있다. 여기서, 활동도표는 작업분해도 상에서 수행될 모든 작업을 포함한 목록표이며, PERT도표는 ADM(Arrow Diagram Method)이나 PDM(Procedure Diagram Method)등을 이용해서 작업들의 논리적 관계(선후관계)를 네트워크 형태의 그림으로 표현한 도표이다.

일정관리에는 납기관리도 포함되는데 이는 프로젝트의 납기를 준수하기 위해 필요한 관리 영역이다.

4. 원가관리

이는 프로젝트 수행에 필요한 비용을 각 작업 단위별로 계산하여 관리하는 활동으로서 주요 산출물로는 개발비용명세서, 자원소요명세서 등이 있다.

5. 품질관리

사용자들의 요구 사항을 만족시키기 위해서 필요한 관리 활동으로서 사후 검사보다 사전 예방 활동을 강조하고, 효율적인 품질활동, 조직차원의 품질활동, 품질보증, 품질관리 영역 등이 있으며, 주요 산출물로는 품질측정명세서, 품질보증명세서 등이 있다.

6. 인력관리

프로젝트 관리에 필요한 주된 인원을 관리하는 활동으로서 주요 산출물로는 조직도, 인사평정명세서 등이 있다.

7. 의사소통관리

프로젝트 구성원 간에 의사소통을 원활하게 하기 위한 관리로서 주된 산출물로는 의사소통계획서, 성공보고서 등이 있다.

8. 위험관리

프로젝트의 위험을 체계적으로 식별하고 분석하며, 여기에 적절하게 대응하고 통제하기 위한 관리 활동으로서 주된 산출물로는 위험관리명세서 등이 있다.

9. 조달관리

조직 외부에서 제품이나 서비스를 제공받기 위하여 필요한 관리 활동으로서 "구매관리", "외주관리"라고도 한다. 주요 산출물로는 구매계획서, 외주개발계획서 등이 있다.

3.1.3 프로젝트 관리의 중요성과 실패의 원인

1. 프로젝트 관리의 중요성

프로젝트 관리의 목적은 사용자의 요구사항을 반영하여 납기를 준수하고, 품질을 향상하여 고객의 만족을 도모하는데 있다. 그러나 아래와 같은 사유로 인하여 프로젝트의 소기의 목적을 달성하기 어려울 때가 있다.

첫째, 잦은 변경으로 인하여 사용자들의 요구사항 도출이 어렵고 프로젝트 진행 과정에서 잦은 변경요구로 주어진 납기는 물론 예산을 초과하는 경우도 많다.

둘째, 소프트웨어 프로젝트의 가시성 결여로 인한 위험 요인을 발견하기 어렵고 공기 막바지에 발견될 경우 프로젝트 실패로 이어질 우려가 있다.

셋째, 공정 및 산출물의 비표준화로 인하여 개발자들의 관리 통제가 어렵고, 품질 측정이 어려워서 경험이나 노하우에 의존하는 경향이 많다.

그러므로 프로젝트를 수행할 경우에는 과학적이고, 체계적인 관리 활동이 중요시 된다.

2. 프로젝트의 실패 기준

프로젝트의 실패 기준으로는 다음과 같다.

가. 시스템 개발을 위한 기술 요원 부족

나. 시스템 개발 방법을 가로지르기 즉, 예산이나 시간을 맞추기 위하여 일정이나 개발 단계를 뛰어넘는 경우

다. 프로젝트 범위가 서투르게 정의된 경우

라. 시간의 흐름에 따라 사업의 필요성이 변경되는 경우

마. 문제 분석이나 요구사항 분석을 제대로 하지 않고 예산이나 일정을 무리하게 정하는 경우

바. 개발기술을 잘못 선택할 경우

사. 인력관리의 실패

아. 불충분한 자원

자. 시대흐름의 역행과 계획 관리의 실패 등

3. 프로젝트의 실패 원인

가. 느슨한 시간관리 : 철저한 일정계획이 없이 프로젝트를 수행한다는 것은 프로젝트의 실패를 좌초하는 것이다.

나. 책임은 부여하되 권한은 주지 않는 경우 : 프로젝트 수행을 위해 책임을 부여받은 팀원들에게 프로젝트의 수행에 필요한 권한은 전혀 주어지지 않고, 책임만을 부여하는 것은 그들의 업무를 무력화시키는 결과를 초래한다.

다. 프로젝트 후원자들에게 프로젝트의 상황을 알려주지 않는 경우.

라. 프로젝트가 시작된 후에 환경이 변하더라도 계획을 변경하지 않는 경우.

마. 프로젝트 진행과정에만 집중하고 사람에게는 관심을 갖지 않는 경우.

바. 결과에 대한 품질을 전혀 고려하지 않는 경우.

사. 결과물에 대한 상세한 규정이 없는 경우.

아. 구성원들과 화합하지 않고 고립된 상태에서 프로젝트 팀을 운영하는 경우.

3.1.4 프로젝트의 성공요소

프로젝트의 성공요소들을 아래에 요약하여 두었다.

가. 사용자들의 적극적인 참여

나. 새로운 개발방법 및 도구들의 활용

다. 철저한 인원 관리 즉, 팀 구성원들 간의 의사소통의 원활화 및 투입인원 변동의 최소화

라. 프로젝트에 참여한 경험이 있는 사람들을 멘토(Mentor)로 활용

마. 필요할 경우 피드백을 적용

바. 철저한 프로젝트 추진 및 검토회 전략을 수립

사. 사용자 중심으로 프로젝트 수행 전략 수립

아. 프로젝트는 주어진 시간과 예산 및 인원으로 완성되어야 한다.

자. 프로젝트 수행 과정은 현재 운영되고 있는 업무에 최소의 영향을 미쳐야 한다.

3.2 타당성 분석

3.2.1 타당성 분석의 개요

타당성 분석은 현재 운영되고 있는 시스템의 문제점이 무엇인가를 분석하고, 사용자들의 요구 사항을 이해하여 이들 문제점들을 해결하기 위한 대안을 제시하는 과정이다. 타당성 분석 절차는 먼저 문제가 무엇인가를 파악하여 정의하고, 문제를 해결하기 위한 대안을 모색하여 대안 별로 타당성을 평가하여 최적안을 선택하는 것이다.

타당성을 분석한 후에는 반드시 문제의 정의, 사용자의 요구사항을 분석한 내용, 수립한 해결 대안, 선택된 최적안 등에 대해 타당성 분석 보고서를 작성하여야 한다.

3.2.2 타당성 분석의 유형

1. 경제적 타당성

경제적 타당성은 투입된 비용 대 효과분석(Cost Benefit Analysis) 또는 시장성(Marketability)을 따져 보는 것이다.

경제적 타당성의 특징은 개발에 투입된 비용이나 경비절감 등은 정확하게 예측할 수 있으나, 고객에게의 신뢰성 부여, 기업이미지 제고, 고객의 만족도 향상, 서비스의 고품질화 등과 같은 무형요소들은 비용을 측정하기가 어렵다. 그러므로 제공하고자 하는 여러 기능 하나하나에 대해 투입된 비용 대 효과분석을 비교해 보면서 개발의 우선순위를 결정해야 될 것이다.

경제적 타당성의 측정 방법으로는 투자비용을 현금으로 회수하기까지의 기간을 평가하는 "회수 기간 법", 화폐의 가치를 평가해서 측정하는 "현금 흐름법(Cash Flow)", 투자 수익률 또는 수익률을 평가하는 "내부 수익률 법(Internal Rate of Return)" 등이 있다.

2. 기술적 타당성

기술적 타당성은 개발하고자 하는 프로젝트에 대해 기술적으로 가능한지 여부를 평가하는 과정이다. 즉, 사용자가 요구하는 기능성과 성능을 기술적으로 제공할 수 있는지 여부를 측정하는 것이다.

기술적 타당성에 대한 제약 조건으로는 이용한 가능한 기술의 존재 여부, 개발 요원들의 기술력, 하드웨어에 대한 성능, 주어진 예산 등이 있다. 제약 조건들을 극복하기 위한 방법으로는 다음과 같다.

첫째, 사례연구(Case Study)로서 기존의 유사한 사례를 찾아 비교해 보는 것이다.

둘째, 최악의 사례분석으로서 가장 문제를 야기할 예상 조건들을 모두 모아서 최악의 경우를 예측하고 제약조건들이 이들을 충족시키는가를 검토해 보는 것이다.

셋째, 모의실험으로서 개발할 프로젝트의 주요 요소들을 고려한 모의실험 모델을 구축하여 여러 가능성을 모의로 분석해 보는 것이다.

넷째, 시제품(Prototyping)을 실제 개발하여 직접 이용해 보면서 기술적 타당성을 평가해 보는 것이다.

3. 운영적 타당성

운영적 타당성은 개발된 프로젝트에 대해 운영을 하는데 있어서 문제가 있는지 없는지 여부를 평가하는 것이다. 즉, 입·출력 및 화면의 구성 및 실행, 파일 및 데이터베이스의 구성 및 실행, 네트워크상의 문제점 여부, 운영할 인원 등에 대해 평가해 보는 것이다.

4. 법적 타당성

법정 타당성은 사용하고자 하는 프로그램 및 각종 도구들에 대해 소유권과 판권 또는 이용권 등에 대해 법적 요소들을 평가하는 것이다. 최근 지적 소유권의 강화로 인하여 개발자들이 프로젝트들을 개발하고 이용하는데 있어서 특히 조심해야 하며, 최근에는 다른 사람들의 아이디어도 지적 재산권에 해당되고 있다.

5. 기타 타당성

기타 타당성으로는 일정, 예산, 인원 등에 대한 타당성이 있다.

일정 타당성은 개발할 프로젝트가 주어진 시간 내에 개발이 가능한지를 평가하는 것이고, 예산과 인원에 대한 타당성은 예산은 적절하게 편성되었는지, 인원은 개발에 적정 인원으로 구성되었는지 여부를 평가하는 것이다.

3.3 프로젝트 계획 수립

3.3.1 문제의 정의

문제의 정의는 프로젝트 계획을 수립하는데 있어서 첫 번째 단계로서 프로젝트를 수행함에 있어 방해가 되는 요인들을 사용자가 잘 이해할 수 있도록 명확하게 기술해 놓은 것이다. 이 때 문제 정의서에는 사용자들이 사용하는 용어들을 이용해야 하며, 방해가 되는 요인 즉, 해결해야 할 문제와 그 해결을 위한 제약사항 등을 정확하게 기술해야 한다.

문제의 정의 절차는 아래 <그림 3-1>과 같다.

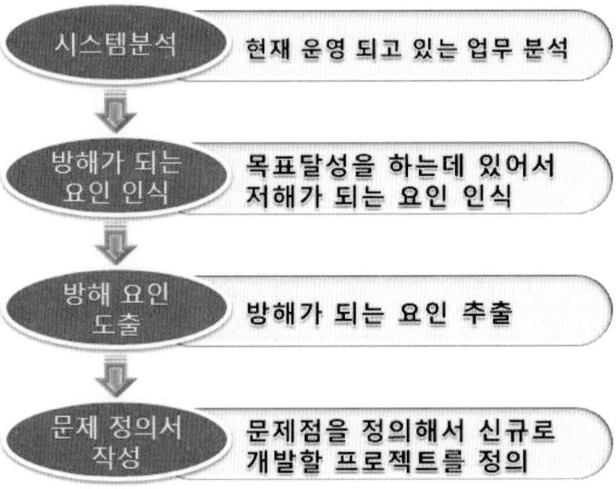

〈그림 3-1〉 문제의 정의 절차

3.3.2 목표와 요구사항

문제를 정확하게 정의하고 나면 개발할 프로젝트에 대한 목표와 사용자들의 요구사항들을 정의해야 한다. 목표에는 질적 목표와 양적 목표가 있는데 질적 목표는 "개발 제품은 사용하기 편리해야 된다."와 같은 것이고, 양적 목표는 "개발된 제품은 납기일을 5일 단축시켜야 된다."와 같은 정량적인 목표이다.

한편 프로젝트 계획 시 고려해야 할 사항과 프로젝트 목표를 설정할 시에 고려해야 할 요소들은 다음과 같다.

1. 프로젝트 계획 시 고려해야 할 사항

프로젝트 계획 시 고려해야 할 사항들은 다음과 같다.

가. 소요되는 개발비용, 개발기간 및 소요인원
나. 개발 목표에 대한 정확도의 요구 수준
다. 사용할 시스템 개발 방법론 및 개발 도구
라. 조직 구성도
마. 테스트 계획서
바. 요구되어지는 품질 보증 수준
사. 향후 유지·보수 방안

아. 교육 및 훈련 계획 등

2. 프로젝트 목표를 설정할 시에 고려해야 할 요소

프로젝트 목표를 설정할 시에 고려해야 할 요소들은 다음과 같다.

가. 보존 혹은 개선될 기존의 기능과 새로 제공되어야 할 기능

나. 사용자들의 수준 및 개발자들의 기술 수준

다. 결과물에 대한 요구사항

라. 신뢰도에 관한 요구사항

마. 보안에 관한 요구 수준

바. 환경 변화 및 사용자들의 요구사항 변경에 따른 변경 사항

사. 구현의 우선순위 등

3.3.3 조직구성 계획 수립

1. 조직구성 계획 수립의 개요

소프트웨어 프로젝트를 수행할 시에는 거기에 참여하는 인적 구성 및 구성원들의 역할이 아주 중요하다. 그러므로 소프트웨어 프로젝트 수행에 참여하는 구성원들의 역할 및 조직구성이 중요한데, 이들을 위한 것이 조직구성 계획이다. 소프트웨어 프로젝트를 수행하기 위한 조직구성에는 프로젝트 관리자, 시스템 분석가, 프로그래머, 오퍼레이터(운영요원), 데이터베이스 전문가, 네트워크 전문가 등이 한 팀이 되어 작업을 한다.

조직구성에는 인원 수, 경력, 수행할 프로젝트의 종류, 개인별 능력과 개성 등에 따라 좌우된다. 소프트웨어 프로젝트 수행을 위한 조직 구성의 유형은 다음과 같다.

가. 프로젝트 별 조직(Project Organization),

나. 기능별 조직(Functional Organization),

다. 행렬식 조직(Matrix Organization)으로 구분할 수 있다.

이들에 대해서 아래에 좀 더 구체적으로 기술하여 두었다.

가. 프로젝트 별 조직

프로젝트 별 조직은 아래 <그림 3-2>처럼 프로젝트 별로 구성된 조직으로서 새로운 프로젝트가 발생 되면 구성 되어져서 1~3년 동안 프로젝트가 완성 될 때까지 운영되는 조직 형태이다. 프로젝트가 완성되면, 일부 요원들은 남아서 설치 및 유지 보

수 작업을 담당하면서 동시에 다른 프로젝트에 참여하며, 나머지 요원들은 즉시 새로운 프로젝트에 투입된다. 이 조직은 중소 규모의 프로젝트를 수행할 시에 적합하다.

<그림 3-2> 프로젝트별 조직

나. 기능별 조직

기능별 조직은 아래 <그림 3-3>처럼 소프트웨어 개발 생명주기의 전체 단계 즉, 문제 정의, 타당성 조사, 시스템 분석, 시스템 설계, 구현, 테스트, 이행, 유지·보수의 각 단계별로 전문화가 필요한데, 프로젝트 관리자가 각 단계별로 소속된 구성원들의 일을 전문화 하고, 각 단계별로 프로젝트 관리자가 소속된 구성원들을 지휘 감독할 수 있도록 하는 조직 형태이다. 이 조직의 장점은 전문가들의 지식과 기술 및 경험을 효과적으로 활용하여 능력을 최대한 발휘 할 수 있는 기회를 제공받을 수 있으며, 대형 프로젝트에 적합하다. 단점으로는 팀 별로 많은 대화가 필요함으로 의사전달 방식에서 반드시 규정된 문서화 방법을 사용해야 된다는 것과 서로의 의견이 불일치될 경우에는 많은 혼란을 가져올 수 있으므로 중재가 필요하다는 것이다.

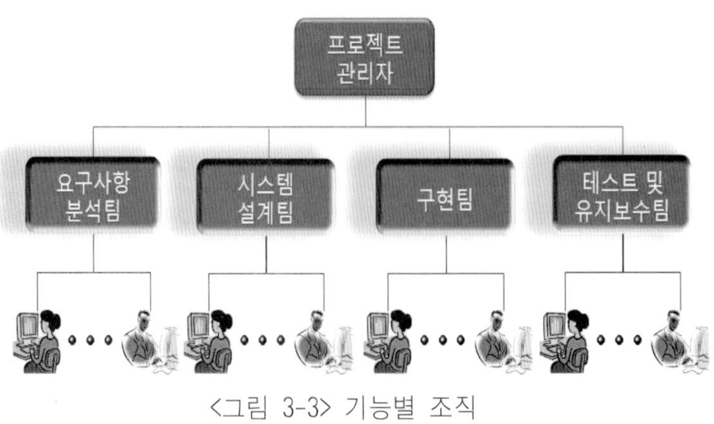

<그림 3-3> 기능별 조직

다. 행렬식 조직

이 조직은 아래 <그림 3-4>처럼 프로젝트 별 조직과 기능별 조직의 장점을 취합하여 구성된 조직 형태로서 각 구성원은 기능별 전문 분야 내에서만 활용하되, 프로젝트 팀의 구성원으로서도 활용하는 절충식 조직구조이다.

이 조직의 장점으로는 프로젝트 수행에 참여하는 구성원들의 관점을 다방면으로 넓혀주고 서로 관련이 있는 프로젝트와 구성원들 사이에는 서로서로 연결이 되어 있기 때문에 개발시간, 개발비용, 개발인력 등에 대해 균형을 유지할 수 있다. 또한 개발자들을 탄력적으로 운영할 수 있고, 경제적으로도 활용이 가능하다는 것이다.

반면에 단점으로는 조직구성의 다원화로 인해 관리비용이 증가될 수 있고, 조직 내의 의사소통문제, 조직 내의 균형유지, 프로젝트 수행상의 시간과 비용의 균형을 유지할 수는 있지만, 그렇게 하기 위한 노력이 필요하다는 것이다.

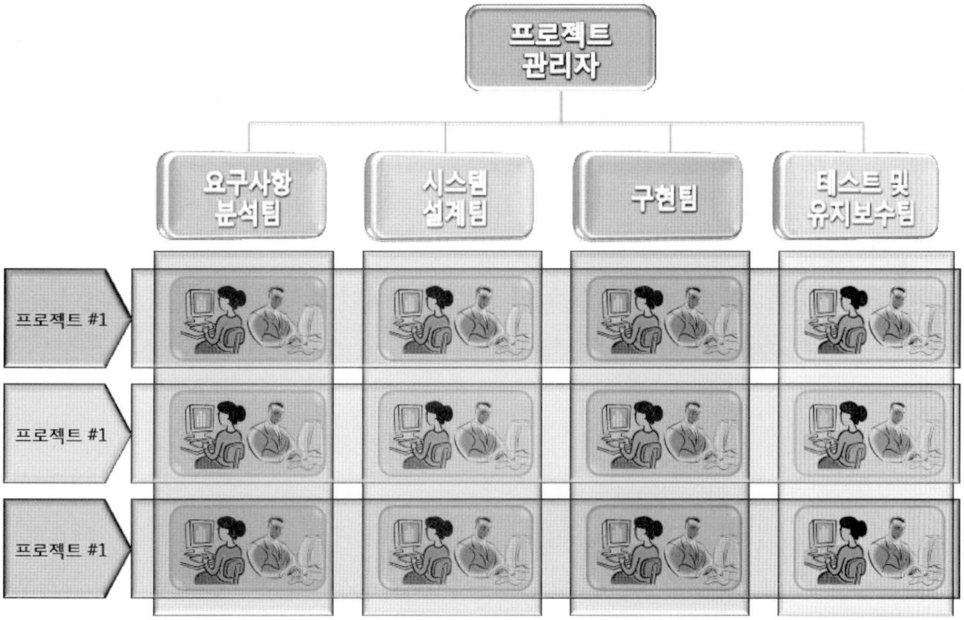

<그림 3-4> 행렬식 조직

2. 프로그래밍 팀 구성

앞에서는 프로젝트를 수행할 시 일반적인 조직의 구성 형태에 대해 살펴보았다. 그러나 여기서는 프로그램 작성 즉, 프로그래밍을 위한 팀 구성에 대해 기술하여 두었다.

가. 프로그래밍 팀 구성의 개요

프로그래밍 팀은 개개인(예를 들면 프로젝트 관리자, 시스템 분석가, 프로그래머, 오퍼레이터, 데이터베이스 전문가, 네트워크 전문가 등)의 목표를 갖는 사람들로 구성되며, 개개인의 목표는 프로젝트가 추구하는 전체 목표와 일치되어야 한다. 그러므로 프로젝트의 목표를 달성할 수 있도록 구성원들의 프로젝트 수행과정을 감독하여야 한다.

나. 프로그래밍 팀 구성의 유형

프로그래밍 팀 구성 방법은 의사 결정권이 누구에게 있느냐에 따라서 구별 되는데, 다음과 같은 유형이 있다.

1) 계층적 팀
2) 책임 프로그래머 팀
3) 민주주의식 팀
4) 매트릭스 팀
5) SWAT 팀
6) 그리고 혼합형 팀이 있다

1) 계층적 팀

계층적 팀 구성은 아래 <그림 3-5>와 같이 조직이나 프로젝트의 크기에 따라서 여러 계층 구조로 조직을 구성하는 형태이다. 계층적 팀 구성은 대형 프로젝트에 적합하다.

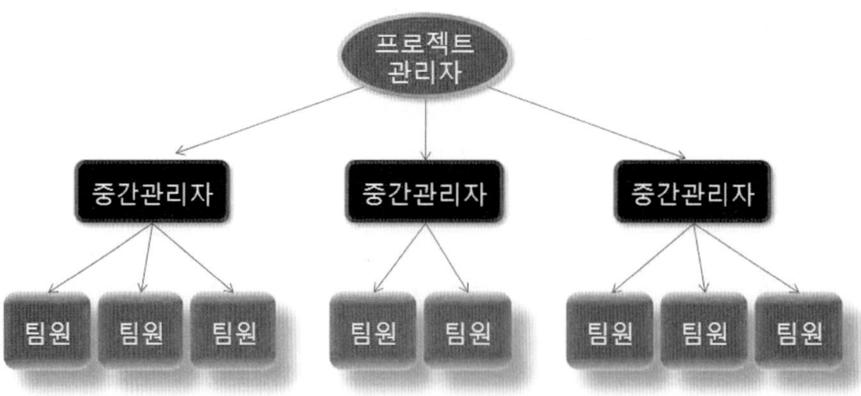

<그림 3-5> 계층적 팀

2) 책임 프로그래머 팀

책임 프로그래머 팀은 아래 <그림 3-6>과 같이 책임 프로그래머를 중심으로 프로그램 사서, 백업 프로그래머, 그리고 프로그래머로 위주로 조직이 구성된 형태이다.

여기서 책임 프로그래머는 팀 리더가 되며 시스템의 설계와 주요 부분의 구현 및 중요한 기술적 판단을 내린다. 프로그램 사서는 프로그램 개발보고서 작성, 각종 설계 문서 작성, 테스트 계획서 작성 등을 담당한다. 백업 프로그래머는 책임 프로그래머를 보좌하며 여러 기술적 문제를 책임 프로그래머와 상의하고, 여러 종류의 기억장소에 저장되어 있는 자료들을 백업하여 관리 한다. 또한 여러 사용자 및 소프트웨어 품질 보증 담당자 등과 접촉하여 부분적인 시스템 분석, 시스템 설계, 구현 업무 등도 담당한다.

책임 프로그래머 팀의 장점은 신속하게 의사 결정을 할 수 있으며, 불필요한 의사 교환 경로를 줄일 수 있다는 것이다. 단점은 책임 프로그래머 한 사람에게 업무가 집중되어서 업무량이 폭주 하게 되고, 책임 프로그래머 개인의 능력이 전체 프로젝트의 성패를 좌우 하게 되는 문제점이 있다.

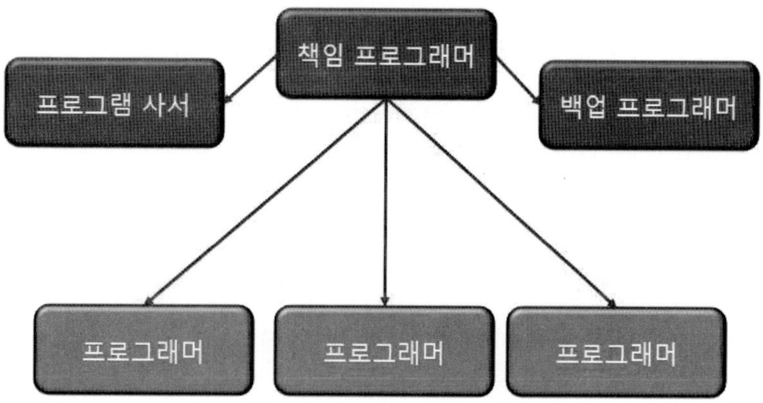

<그림 3-6> 책임 프로그래머 팀

3) 민주주의식 팀

민주주의식 팀의 구성은 <그림 3-7>처럼 1971년 Weinberg가 제안한 "비이기적인 팀" 형태로서 아주 이상적인 팀 운영 방식이다. 이 방법은 목표 설정과 의사 결정은 팀 전체의 의견을 따르고, 개개인의 의사를 최대한 존중하는 방식으로, 분산형 팀 구성이라고도 한다.

민주주의식 팀 구성의 장점은 기술적 난이도가 높고, 시간이 오래 소요되는 프로젝트에 적합하다는 것이다. 단점은 대규모 프로젝트에는 적합하지 않고, 결론에 이르는데 개개인의 의견을 모두 존중해야 되기 때문에 한 사람이라도 반대 의견을 주장할 경우 효율성이 저하되는 문제점이 있다. 또한 개개인의 권한과 책임이 애매모호할 수 있어서 진행에 어려움이 있다.

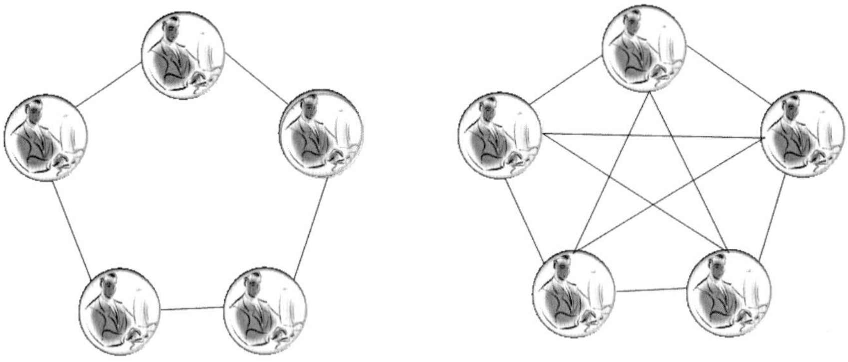

(a) 조직구조 (b) 의사교환형태

<그림 3-7> 민주주의식 팀

4) 매트릭스 팀

매트릭스 팀은 아래 <그림 3-8>과 같이 여러 프로젝트를 분야별 소프트웨어 개발 팀으로 나누어서 즉, 전문화된 소프트웨어 개발 팀으로 나누어서 프로젝트를 수행하는데 적합한 구성 방법이다. 또한 개발자는 직능별 전문 분야에서만 활용하되, 프로젝트 팀의 구성원으로도 활용한다는 절충식 팀 구성 방법이다.

프로젝트 관리자는 프로젝트 성공에 대한 책임을 지며, 전문화된 소프트웨어 개발 팀을 위하여 그 구성원들에게 지식과 전문성을 갖도록 교육을 시킬 의무도 있다. 또한 구성원들의 관계 개선에도 중점을 두어야 되고, 상호 신뢰성과 프로젝트의 전체 목표를 위한 구성원들의 협력의지를 증진시키는 역할도 담당해야 된다.

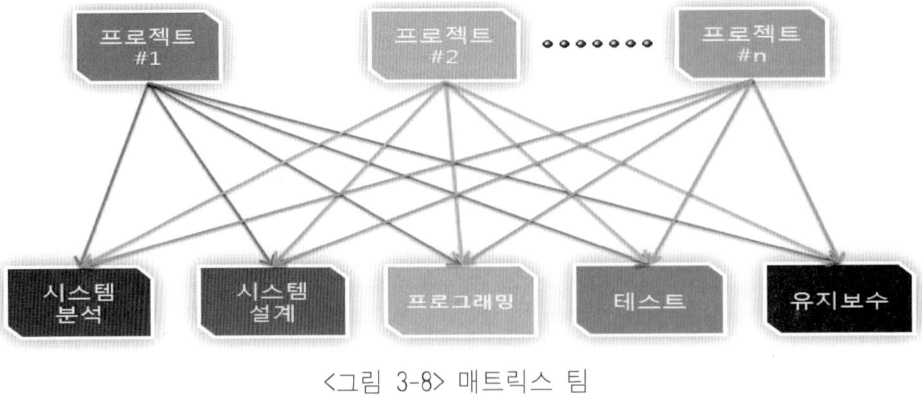

<그림 3-8> 매트릭스 팀

5) SWAT 팀

SWAT(Skilled With Advanced Tools) 팀 구성은 주로 4 내지 5명으로 구성되는 소규모의 팀 구성 형태이다. 이 방법은 RAD(Rapid Application Development)와 같이 점진적으로 소프트웨어를 개발하는 방식을 갖는 프로젝트에 주로 이용되며, 일상생활에서처럼 한 사무실에서 대화하며 워크샵(Workshop) 또는 브레인스토밍(Brainstorming)과 같은 형식으로 대화를 하면서 개발을 하기 위한 팀 구성 방법이다.

팀 리더는 관리자이면서 개발자 역할을 해야 하며, 전문적인 한 분야가 아닌 다양한 분야의 일을 모두 함께 해야 한다.

6) 혼합형 팀

혼합형 팀은 위에서 살펴본 여러 유형의 팀 구성 방법 중에서 2가지 이상을 혼합하여 팀을 구성하는 형태이다(<그림 3-9>참조). 이 방법의 장점은 계층적 형태로 팀을 구성하기 때문에 작업을 하위시스템으로 나누어서 할당하여 개발하기에 적합하다. 또한 주로 프로젝트 규모가 크고, 참여 인원이 많은 중형 이상의 프로젝트 개발에 이용하면 편리하다.

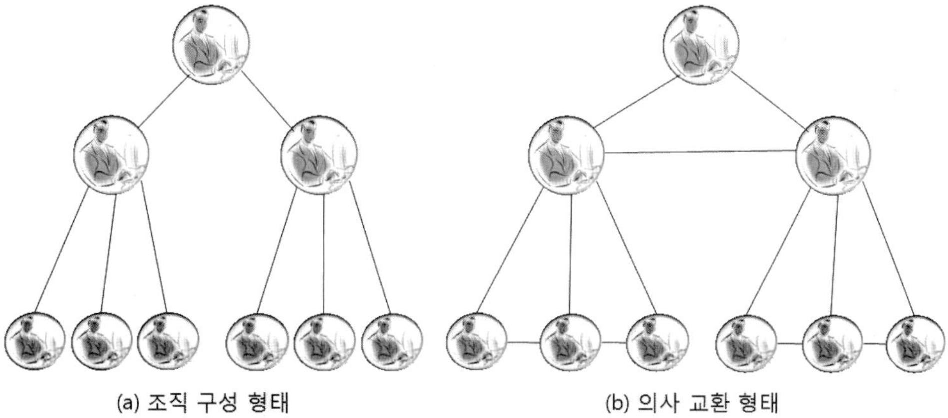

〈그림 3-9〉 혼합형 팀

3.3.4 프로젝트 일정관리 기법

1. 일정관리 기법의 개념

일정관리란 수행할 프로젝트에 대한 일의 순서를 정해주고, 정해진 일의 순서에 대해 주어진 기간에 일이 완성되도록 관리하는 것이다.

2. 일정관리의 필요성

일정관리의 필요성은 다음과 같다.

가. 프로젝트의 수행 기간을 단축할 수 있다.

나. 팀원들에게 프로젝트의 전체 흐름을 알 수 있게 할 수 있다.

다. 팀원들은 각각 자신이 하고 있는 일의 위치와 다른 일과의 연관 관계를 알 수 있다.

라. 먼저 작업을 진행하기 전에 미리 진행된 일을 다시 하는 일을 막을 수 있다.

마. 프로젝트의 전체적인 수행 기간을 예측할 수 있다.

바. 수행할 프로젝트에 투입될 예산을 예측할 수 있다.

사. 일정이 지연되는 것을 예측하고 여기에 대비할 수 있다.

3. 일정관리 절차

작업항목을 WBS(Work Breakdown Structure) 기법을 이용하여 세부단위로 분해한다. WBS는 "작업분해도"라고 하는데 수행할 프로젝트에서 작업항목을 계층적인 구조로 분해하는 방법이다. 이때 작업항목에서 분해된 요소는 반드시 서로 독립적이어야 하며, 상호관계를 갖지 않도록 해야 한다. 따라서 WBS 기법을 이용하여 작업을 세부 단위로 분해 할 수 있으며, 또한 분해된 작업항목으로 전체를 파악할 수 있다. 이들 분해된 요소들을 다시 전체로 모아두었을 때 "컴플리트(Complete)라고 한다. 컴퓨터 구성 부품에 대해 WBS 기법을 이용하여 분해해둔 작업 분해도를 아래 <그림 3-10>에 요약하여 두었다.

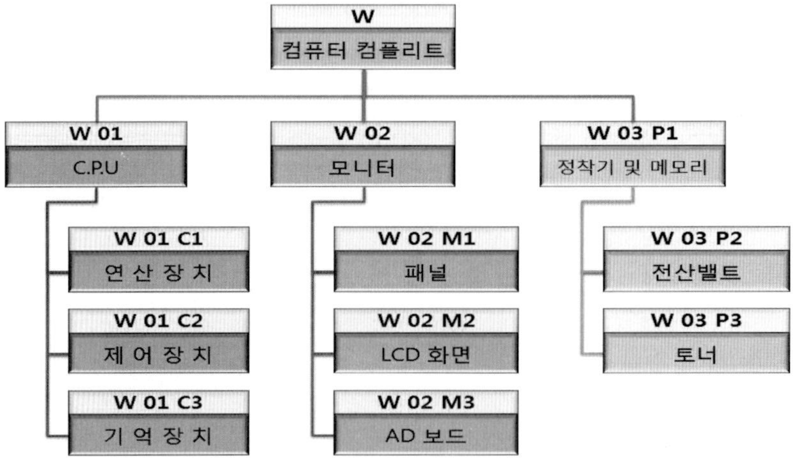

<그림 3-10> WBS의 예

4. 일정관리 기법

가. 간트 차트(Gantt Chart) 기법

간트 차트는 1916년 Henny Gantt가 개발하였으며, 개발 목적은 프로젝트를 구성하는 활동들의 기간을 계획하기 위해 개발되었다. 작성 방법은 수행할 프로젝트를 각 작업 활동(WBS)들로 분해하고, 분해된 각 작업들에 대해 작업의 진척관계를 막대도표로 그려나가면 된다. 막대도표에서 프로젝트 활동들은 수직으로, 시간은 수평으로 표시한다.

간트 차트의 특징은 작업의 선후관계가 비교적 잘 이해되며, 각 작업 활동들의 소요시간이 쉽게 추정될 수 있기 때문에 프로젝트 규모가 작고, 반복적인 프로젝트의 일정을 계획하는 데 유용하다.

간트 차트 기법의 장점은 일정계획을 단순하게 그림으로 그릴 수 있고, 항목별 작업 또는 활동계획과 실적을 일목요연하게 알 수 있으며, 전체적으로 진행상황을 쉽게 알 수 있다는 것이다. 단점으로는 갑작스런 또는 빈번한 변화나 사용자들의 요구사항 변경을 자주 수정할 경우에 약하고, 일정계획에 있어서의 정밀성을 기대하기 어렵고, 작업 상호간의 유기적인 관계가 명확하지 못하다는 것이다.

아래 <그림3-11>에 간트 차트 기법의 예를 그려두었다.

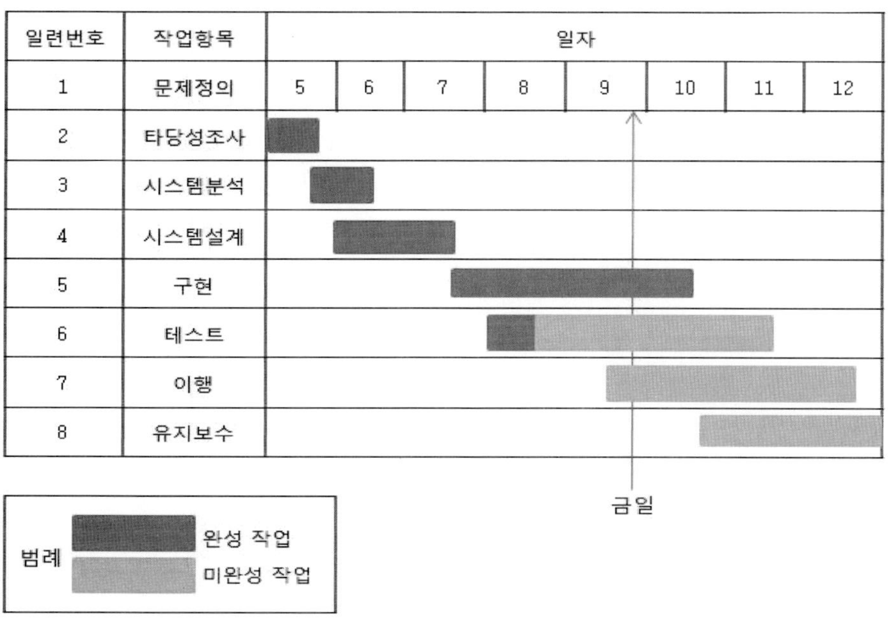

<그림 3-11> 간트 차트

나. 네트워크 기법

네트워크 기법은 아래 <그림 3-12>처럼 작업항목(T : task)사이의 선·후 관계를 화살표를 이용하여 네트워크 형태로 그려서 일정을 관리하는 기법이다. 작업 일정의 선·후 관계는 각 단계에서 지시되고, 모든 활동의 화살표는 새로운 활동이 시작되기 전에 완료 되어야 한다.

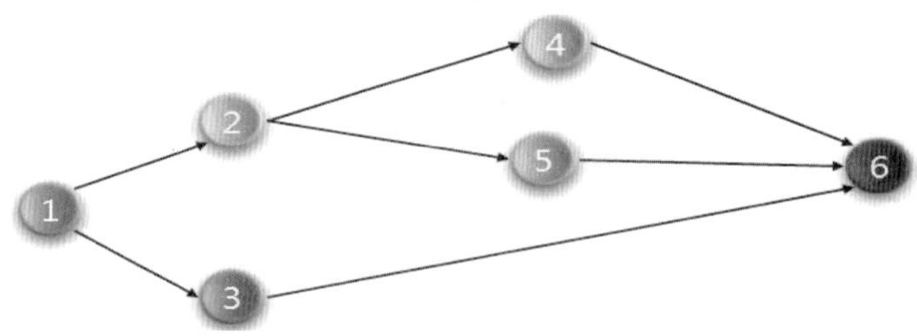

〈그림 3-12〉 네트워크 기법

네트워크 기법의 작성방법은 작업항목(또는 단계(Event 또는 Node))을 먼저 선정하고 이들 작업항목 간의 상호 의존관계를 찾아서 화살표를 이용하여 이들의 상호 의존관계를 서로 연결하면서 그려나가면 된다. 여기서 화살표는 활동(Activity 또는 Job)으로서 시작점과 종점을 나타낸다.

다음은 네트워크 기법을 이용하여 일정관리를 위한 예를 알아보기로 한다.

아래 <표 3-2>는 작업항목 기간과 작업항목간의 의존관계를 나타낸 것이다. 이 표에서 작업항목 T4는 T1에 의존하고, 작업항목 T5는 T1과 T2에 의존함을 알 수 있다. 이것은 T1은 T4를 시작하기 전에 작업을 끝내야 하고, T1과 T2는 T5를 시작하기 전에 작업을 끝내야 한다는 것을 의미한다. 나머지 작업항목들에 대해서도 마찬가지이다.

〈표 3-2〉 작업항목간의 의존관계

작업항목	작업기간(일)	작업항목간의 의존관계
T1	5	
T2	10	
T3	8	
T4	7	T1
T5	6	T1, T2
T6	5	T3
T7	7	T4, T5
T8	9	T6
T9	4	T7, T8

위의 <표3-2>를 이용하여 네트워크 기법을 이용한 일정관리의 예를 아래 <그림3-13>에 그려두었다.

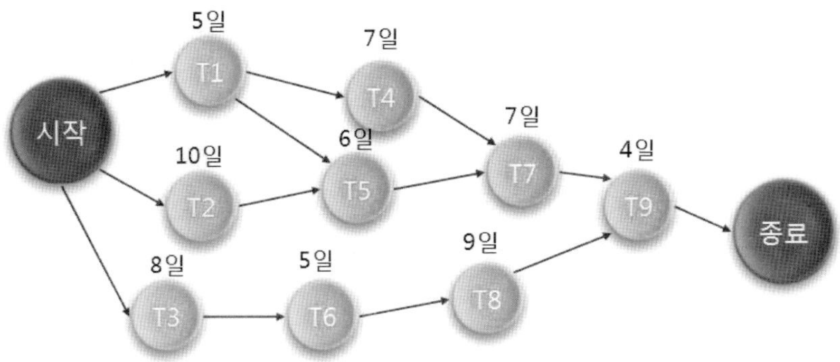

<그림 3-13> 일정관리를 위한 네트워크 모형

다. PERT(Program Evaluation and Review Technique) 기법

1) PERT 기법의 개요

PERT 기법은 네트워크 기법을 응용한 프로젝트 일정계획 수립기법이다. PERT 기법은 폴라리스 미사일을 개발할 때 필요한 약 20만개의 부품개발과 부품조달 및 조립에 관한 일정계획을 관리하고 통제하기 위해 즉, 프로젝트의 성공 및 개발 기간의 단축을 목적으로 개발되었다. 개발 기간을 고려하는 경우 PERT/time, 개발 비용을 고려하는 경우를 PERT/cost 기법이라고 한다.

2) PERT 기법의 수행단계

PERT 기법의 수행단계를 아래에 요약하여 두었다.

첫째, 프로젝트의 모든 작업항목들을 명확히 정의하여야 한다.

둘째, 선행 작업항목과 후행 작업항목의 관계를 구명한다.

셋째, 각 작업 항목들의 선·후 관계에 따라 네트워크 다이어그램을 작성한다.

넷째, 각 작업항목에 대한 소요기간 또는 예정기간을 추정한다.

다섯째, 네트워크 다이어그램에서 작업항목별로 여유기간을 산정하여 애로 공정 또는 주 공정을 찾아낸다.

여섯째, PERT 기법을 적용하고 실제 작업 결과와 수립한 일정계획을 서로 평가해서 일정을 수정할 사항이 있으면 수정한다.

3) PERT 작성 방법

PERT 작성 방법은 다음과 같다(<표 3-3>, <그림 3-14>, <표 3-4> 참조).

첫째, 예상되는 소요기간을 산출한다. 여기서는 "m"으로 표시하였다.

둘째, 낙관적인 소요기간을 산출한다. 이것은 예상보다 빨리 끝나는 기간인데 여기서는 "a"로 표시하였다.

셋째, 비관적인 소요기간을 산출한다. 이것은 예상보다 늦게 끝나는 기간인데, 여기서는 "b"로 표시하였다.

넷째, 각 작업항목들의 소요예측기간을 계산한다. 소요 예측기간을 산출하는 수식은 다음과 같다.

소요예측기간(ET : Estimated Time) = (a+4m+b)/6

다섯째, 각 공정에서 애로공정(여유가 없는 공정)을 추출하여 집중 관리한다.

<표 3-3> 각 작업 활동의 소요시간

작업 활동	선행 활동	a	m	b
T1		8	10	12
T2		10	18	20
T3		20	24	28
T4	T2, T3	18	21	24
T5	T3	19	21	23
T6	T4, T5	6	9	12
T7	T5, T6	25	30	35

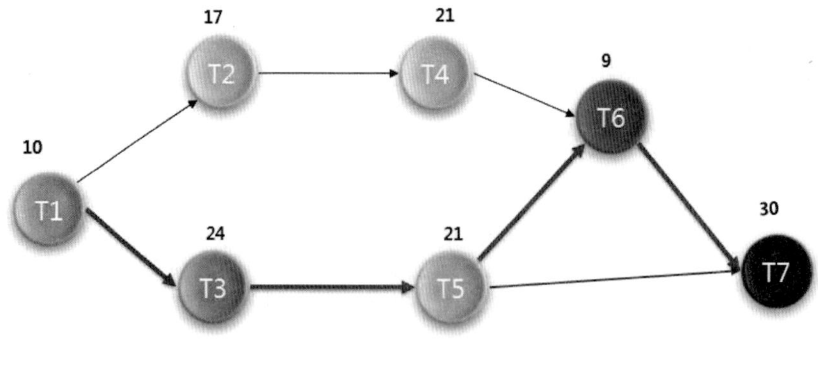

<그림 3-14> PERT 도표

<표 3-4> 각 작업 활동의 소요 예측 기간

작업 활동	선행 활동	a	m	b	ET
T1		8	10	12	10
T2		10	18	20	17
T3		20	24	28	24
T4	T2, T3	18	21	24	21
T5	T3	19	21	23	21
T6	T4, T5	6	9	12	9
T7	T5, T6	25	30	35	30

4) PERT의 효과

PERT의 효과를 아래에 요약하여 두었다.

첫째, 각 작업항목 상호간에 유기적인 관계를 밝혀 작업분배 및 진척관리를 명확히 할 수 있다.

둘째, 최적의 계획안을 선택함으로써 자원의 효율화를 기할 수 있다.

셋째, 업무수행에 따른 문제점을 사전에 예측해서 적절한 조처를 취할 수 있다.

넷째, 최저의 비용으로 공기단축이 가능하며, 불필요한 야간작업을 배제 할 수 있다.

다섯째, 주 공정 파악과 여유 있는 작업을 구분함으로써 중점관리가 가능하다.

여섯째, 계획 공정표상의 작업항목별로 책임부서가 명확해짐으로써 책임소재가 명확하다.

5) PERT의 중요한 한계점

PERT 기법은 일정계획을 수립할 시 여러 가지 면에서 효과가 있음에도 불구하고 다음과 같은 한계점이 있다.

첫째, 작업항목들을 구명하는 과정에서 소수의 중요한 항목들이 누락될 수 도 있다.

둘째, 작업항목들의 선·후 관계가 반드시 정확하지 않을 수도 있다.

셋째, 기간의 추정은 항상 부정확한 요소를 포함하고 있다.

넷째, 대규모 프로젝트를 수행하기 위해서는 컴퓨터를 사용해야만 하는 문제점들이 있다.

PERT 기법에 대한 자세한 내용은 본 장의 부록 부분을 참조하기 바란다.

라. CPM(Critical Path Method) 기법

1) CPM 기법의 개요

중공업분야의 제조업체들은 설비에 대한 유지·보수를 위하여 공장을 일시 가동 중지해야 하는 특징을 가지고 있다. 그러므로 설비 유지·보수에 들어가는 시간을 최소화시키는 것이 중요하다. 이러한 이유로 1975년 미국의 듀퐁사에 의하여 CPS(Critical Path Scheduling)라는 기법을 개발하여 평균 125시간이 소요되는 설비 유지·보수 시간을 73시간으로 단축시켜 약 100만 달러의 원가절감을 달성하였다. 듀퐁사가 이 기법을 공장건설에도 적용하여 CPS를 CPM으로 이름을 바꾸었다.

2) CPM 기법의 특징

CPM은 그 대상이 기존에 있었던 업무 예를 들면 설비 유지·보수나, 아니면 공장건설과 같은 대형 프로젝트에 주로 활용된다는 점이다. 그러므로 프로젝트의 목적 달성에 중점을 두는 것이 아니라, 어떻게 하면 가장 최소의 시간과 비용으로 프로젝트를 완성하는가에 중점을 둔다.

또한 각 작업 활동의 시간단축과 비용감소를 목적으로 하며, 프로젝트의 애로공정(경로)을 발견하기 위한 기법이다.

3) CPM 작성방법

CPM을 작성하기 위한 자세한 기법은 본 장의 부록 부분을 참조하기 바란다.

마. PERT와 CPM의 차이점

PERT와 CPM은 모두 수행할 프로젝트에 대해 네트워크 다이어그램을 그려서 일정을 관리한다는 측면에서는 동일하다. 그러나 아래와 같은 측면에 대해서는 다소 차이가 있다.

첫째, CPM은 각각의 활동에 대한 소요기간을 평균값 한 개만을 가지고 계산하지만, PERT는 낙관적인 소요기간, 비관적인 소요기간, 기대되는 소요기간 등 세 가지의 예측치를 가지고 소요되는 공정 기간을 계산한다.

둘째, CPM은 작업 항목 간에 소요기간 및 소요비용까지도 고려하지만, PERT는 일반적으로 작업 항목 간에 소요기간만 고려한다.

셋째, 프로젝트를 이미 많이 수행한 경험이 있고, 대상 업무도 명확하다면 CPM을 이용하는 것이 좋고, 수행할 프로젝트가 새롭고 해당업무에 대한 지식과 기술력이 부족하다면 PERT를 이용하는 것이 좋다. 왜냐하면 PERT는 확률 값을 가지고 계산하기 때문이다.

PERT와 CPM에 대한 구체적인 사례는 본 장 뒤편의 부록 부분을 참조하기 바란다.

3.3.5 프로젝트 비용 산정 기법

소프트웨어 프로젝트의 개발 비용을 정확히 예측한다는 것은 매우 어렵다. 왜냐하면 비용 산정을 위한 알려지지 않은 요소가 여러 곳에 산재해 있고, 개발비 산정을 위한 원가의 계산이 어려우며, 과거의 데이터가 필요하기 때문이다.

그러나 소프트웨어 프로젝트의 개발 비용을 산정하기 위한 몇 가지 이론들이 있는데 이들을 아래에 고찰하여 두었다.

1. 프로젝트의 개발 비용을 산정하기 위한 고려 요인

소프트웨어 프로젝트의 개발 비용을 산정하는데 있어서 고려해야할 요인들은 "소프트웨어 프로젝트 자체 요소(Project Factors)", "생산성 요소", "필요한 자원요소" 등이 있는데 이들에 대해 아래에 좀 더 구체적으로 고찰하여 두었다.

가. 소프트웨어 프로젝트 자체 요소

소프트웨어 프로젝트의 개발 비용을 산정하는데 있어서 "소프트웨어 프로젝트 자체 요소(Project Factors)"는 다음과 같다.

첫째, 무엇을 개발해야 하는가에 따라 소요경비는 크게 좌우된다.

둘째, 문제의 복잡도 라든가 시스템의 규모 및 소프트웨어 프로젝트에 요구되는 신뢰도 등은 대표적인 요소에 해당된다.

셋째, 소프트웨어 프로젝트의 개발 비용은 시스템의 크기, 신뢰도, 정확성, 견고성, 완벽성 및 일관성 등에 정비례하지 않고 크기의 정도에 따라 기하급수적으로 개발 비용이 높아지는 경향이 있다.

나. 생산성 요소

소프트웨어 프로젝트의 생산성 요소에는 "프로그래머의 자질", "개발 기간", "개발 방법론" 등이 있는데 이들에 대해 아래에 좀 더 구체적으로 고찰하여 두었다.

1) 프로그래머의 자질

유사 분야에 대한 개발 경험, 사용될 프로그래밍 언어에 대한 친숙도, 데이터베이스 구축 경험, 컴퓨터 네트워크의 구축 등 소프트웨어 프로젝트 개발에 필요한 전문 분야에 대한 지식, 응용 개발 분야에 대한 이해도, 그리고 기획력, 책임감, 창의력 등에 따라 소프트웨어 프로젝트의 생산성에 영향을 미치게 된다.

2) 개발 기간

개발 기간과 개발 비용은 밀접한 관계가 있다. 개발 기간이 길어질수록 생산성은 향상될 수 있지만, 개발 비용은 증가되는 경향이 있다.

3) 개발 방법론

최신 개발기법과 효율적인 개발관리 방법을 많이 채택하여 소프트웨어 프로젝트를 수행한다면 생산성이 향상될 수 있을 것이다. 즉, 소프트웨어 프로젝트 수행을 위한 개발 기법과 개발 방법론의 활용 정도는 개발 비용과 밀접한 상관관계가 있다.

다. 필요한 자원 요소

소프트웨어 프로젝트의 개발에 필요한 각종 자원들의 투자 정도에 따라 개발비용은 크게 달라질 수 있다. 자원의 종류에는 "인적자원", "하드웨어 자원", "소프트웨어 자원(개발 지원 도구 등)" 등이 있다.

2. 소프트웨어 프로젝트의 개발 비용에 영향을 미치는 요소

소프트웨어 프로젝트의 개발 비용에 영향을 미치는 요소로는 다음과 같은 것이 있다.

가. 소프트웨어 프로젝트의 크기

소프트웨어 프로젝트의 크기가 커짐에 따라 개발 비용은 기하급수로 늘어날 수 있다.

나. 프로젝트의 복잡도

"응용소프트웨어 프로젝트의 복잡도"와 "개발지원 소프트웨어 프로젝트의 복잡도" 및 "시스템 소프트웨어 프로젝트의 복잡도"관계는 아래와 같다.

"응용소프트웨어 : 개발지원 : 시스템 = 1 : 3 : 9"이다.

다. 프로그래머의 자질

프로그래머에 따라서 코딩이나 디버깅에 대한 기술능력에는 많은 차이가 있다.

라. 프로그래밍 언어, 응용분야에 대한 친숙도

마. 요구되는 신뢰도 수준

바. 기술 수준(개발 장비, 도구, 조직능력, 관리, 방법론 숙달 등)

사. 남은 기간

Putnam은 "프로젝트의 노력은 남은 개발 기간의 4제곱에 반비례"한다고 하였다.

3. 소프트웨어 프로젝트의 개발 비용 산정 기법

소프트웨어 프로젝트의 개발 비용 산정 기법에는 "하향식 비용 산정 기법", "델파이식 산정 기법", "전문가의 판단에 의한 기법", "원시코드 라인 수 기법", "COCOMO 기법", "Putnam의 추정모델 기법", "기능 점수 모델 기법" 등이 있는데 이들에 대해 아래에 좀 더 구체적으로 고찰하여 두었다.

가. 하향식 비용 산정 기법

이 기법은 수행할 소프트웨어 프로젝트에 대해 모듈별로 세분화 한 뒤 계층구조로 분류한 후 상위 모듈부터 개발 비용을 산정하고, 하위 모듈로 아래로 내려오면서 비용을 산정 한 후 나중에 비용을 총 합산하는 방식이다.

나. 델파이식 비용 산정 기법

델파이(Delphi)식 비용 산정 기법은 "회의의 부작용을 방지하면서 전문가의 의견일치"를 얻어서 수행할 소프트웨어의 프로젝트 비용을 산정하기 위한 기법이다. 이때 전문가들의 편견이나 분위기에 지배 받지 않도록 조정자가 반드시 필요하다.

비용 산정을 위한 진행과정은 다음과 같다.

첫째, 조정자가 수행할 소프트웨어 프로젝트의 정의서와 개발 비용 산출 양식을 전문가들에게 제공한다.

둘째, 조정자는 전문가들이 비용 산출을 위한 토의를 할 수 있도록 회의를 소집한다.

셋째, 전문가들은 익명으로 그룹별로 비용을 산정하고, 또한 개별로 비용 산정 작업을 완료한다.

넷째, 조정자는 그룹으로 산정한 비용과 개인별로 산정한 비용을 요약하여 제시한다.

다섯째, 조정자는 그룹별로 산정한 비용과 개인별로 산정한 비용 간에 차이가 많을 때는 그 문제에 초점을 맞추어 회의를 다시 소집한다.

여섯째, 전문가들은 다시 익명으로 비용 산정 작업을 실시한다.

일곱째, 조정자는 그룹별로 산정한 비용과 개인별로 산정한 비용 간에 차이가 없을 때까지 위의 작업을 계속한다.

다. 전문가의 판단(Expert Judgment)에 의한 기법

이 기법은 소프트웨어 프로젝트의 개발에 경험이 많은 전문가의 판단에 의하여 개발 비용을 산정하는 기법으로서 급하게 개발 비용을 산정해야 할 경우나 입찰에 응해야 하는 경우에 주로 많이 활용한다.

이 기법의 장점으로는 짧은 기간에 개발 비용을 산정할 수 있다는 것이고, 단점으로는 전문가의 개인적인 사고에 의한 또는 현재 프로젝트에 대한 경험 부족 등으로 인한 편차 또는 오차가 있을 수 있다는 것이다. 또한 그룹 내부에서의 개인적인 문제로 인한 결정이나 그룹 내의 한 사람에 의한 독단적인 비용 산정을 할 수 있다는 것이다.

라. 원시코드 라인 수 기법

이 기법은 원시코드의 라인 수(LOC : Line of Code)와 이들을 작성하는데 소요되는 인원수를 산정하여 개발에 소요된 인원 수 * 인건비를 기준으로 개발 비용을 산정하는 방식이다.

마. COCOMO 기법

Boehm이 주장한 COCOMO(Constructive Cost Model)모형은 소프트웨어 프로젝트 문제를 세 가지 유형으로 구분하여 개발 비용 산정 기법을 적용하였다.

1) 유기형(Organic Mode) 문제 : 일반 응용프로그램

유기형 문제는 회사내부에서 개발하는 중소 규모의 소프트웨어 프로젝트로서 일괄 처리 업무나 과학 기술 계산용 및 일반 업무용으로 프로그램 규모는 보통 3만 라인 이하인 소프트웨어 프로젝트이다.

2) 준 분리형(Semi-detached Mode) 문제 : 유틸리티 프로그램

준 분리형 문제는 거래 처리 시스템이나 운영체제, 데이터베이스 관리 프로그램 등과 같이 크기나 복잡도가 중간급 정도인 문제 유형이며, 프로그램 규모는 보통 3만에서 30만 라인 이하인 소프트웨어 프로젝트이다.

3) 내장형(Embedded Mode) 문제 : 시스템 프로그램

내장형 문제는 하드웨어와 소프트웨어 그리고 운영 체제 등이 하나의 시스템으로 형성되는 즉, 하드웨어 속에 내재된 형태의 문제 예를 들면 항공기 운항 제어 시스템과 같은 초대형 규모의 소프트웨어 프로젝트이다.

따라서 위와 같은 3가지 유형의 소프트웨어 프로젝트 문제에 있어서 적용되는 비용 산정 공식은 서로 상이한데, 이들에 대한 비용 산정 공식을 아래 <표 3-5>에 요약하여 두었다.

<표 3-5> COCOMO에 의한 비용 산출 공식

소프트웨어 프로젝트의 유형		기본 공식	
문제의 유형	설명	총 인월(MM)	개발기간(월)
유기형 (Organic)	일반 응용프로그램 (예: 자료처리 및 과학계산)	$2.4 \times [KDSI]^{1.05}$	$2.5 \times [MM]^{0.38}$
준 분리형 (semi-detached)	유틸리티 프로그램 (예: 사무자동화, 데이터베이스)	$3.0 \times [KISI]^{1.12}$	$2.5 \times [MM]^{0.35}$
내재형 (embedded)	시스템 소프트웨어 (예: 항공기 제어 시스템)	$3.6 \times [KDSI]^{1.20}$	$2.5 \times [MM]^{0.32}$

바. Putnam의 추정모델 기법

이 기법은 소프트웨어 프로젝트의 생명주기 전 과정 동안에 노력의 특수한 분포를 가정해주는 동적 다변수 모델 기법으로서 개발 비용을 산정하는 공식은 아래와 같다.

프로그램의 라인 수(DSI)=[개발기술지수]*[총인월]$^{1/3}$*[개발기간]$^{4/3}$

위의 수식을 이용하여 프로그램의 라인 수가 계산되면 이 라인 수를 이용하여 위의 <표 3-5>를 이용하면 개발 비용이 산정된다.

사. 기능 점수 모델 기법

소프트웨어 프로젝트의 개발 비용 산정은 위와 같이 라인 수를 기준으로 하여 계산하는데, 일반적으로 정확한 프로그램의 라인 수를 예측한다는 것은 거의 불가능하며, 보통 입력, 출력, 질의, 파일, 인터페이스 등의 개수로 소프트웨어 프로젝트의 규모를 나타낸다. 기능 점수(Function Points) 모델 기법은 위와 같은 각 기능에 가중 값을 부여하여 개발 비용을 산정한다.

기능 점수 1을 구현하기 위한 LOC 기준은 어셈블리 언어일 경우 324 라인, C언어인 경우 150 라인, Pascal인 경우 91 라인, Ada인 경우 71 라인, APL인 경우 32라인이다. 보통 복합 가중 값을 이용하여 기능점수를 산출하는데, 총 라인 수를 계산하는 공식은 다음과 같다.

총 라인 수 = 기능점수(FP) * 원하는 언어의 1점 당 라인 수(LOC)

개발 노력 = 총 라인 수 / 생산성(라인 수(LOC)/인월(MM))

위의 수식을 이용하여 프로그램의 라인 수가 계산되면 이 라인 수를 이용하여 위의 <표 3-5>를 이용하면 개발 비용이 산정된다.

아. 소프트웨어 프로젝트 비용 산정 기법상의 문제점

오늘날 웹 기반 및 멀티미디어를 대상으로 하는 소프트웨어 프로젝트와 같은 새로운 기술변화에 맞는 개발 비용 산정 방식이 없다는 것과 소프트웨어 프로젝트에 대한 덤핑 입찰과 저가 수주, 새로운 정보기술에 대한 인프라 부실화 및 소프트웨어 업계의 수익구조 악화 그리고 이들의 기술력에 대한 정확한 평가가 어려운 문제점들이 있다.

4. 소프트웨어 프로젝트의 개발 비용 산정을 위한 개선방안

위와 같은 문제점이 있음에도 불구하고, 소프트웨어 프로젝트의 개발 비용을 산정하기 위한 개선방안은 다음과 같다.

가. 협상에 의한 계약방식 지향

협상에 의한 계약을 함으로서 지식기반 산업에서 기술 우위 자가 선정될 가능성이 높다. 소프트웨어의 기술성 평가기준을 전면적으로 개정해야 하며, 덤핑 입찰 방지를 제도적으로 마련해야 될 것이다.

나. 소프트웨어 프로젝트에 대한 대가 기준 개정안

소프트웨어 프로젝트에 대한 대가 기준을 개정해야 될 것이다. 소프트웨어 프로젝트 개발비와 데이터베이스 구축비용 등 이들에 대한 비용 산정 기준을 현실성 있게 수정해야 될 것이다. 소프트웨어 개발 공정을 현 8단계에서 13단계로 세분화(ISO/IEC12207)할 필요성이 있다. 라인 수를 기준으로 한 개발 비용 산정 방식에서 기능점수 기법으로 개정할 필요성이 있다. 또한 원가분석을 위한 데이터 확보가 필요하다.

참고문헌

권영직, 강의자료, 자체개발, 2009. 02

송영재 외 5인, 소프트웨어공학, 이한출판사, 2004. 02, pp.50~87

권영직, 실무적용을 위한 프로젝트이론, 자체개발, 2006, pp.1~8

송영재외 5인, 소프트웨어공학, 이한출판사, 2007. 02, pp.15~87

이주헌, 소프트웨어공학, 법영사, 1994. 08, pp.109~135

http://www.ubitizn.com/07_theory/pms013.htm

http://honey.kwangju.ac.kr/~moonjai/link203.htm

연습문제

1. 프로젝트와 프로젝트 관리의 개념에 대해 기술하세요.
2. 프로젝트 관리의 유형에 대해 요약하세요,
3. 프로젝트의 실패 요인과 성공 요인에 대해 기술하세요.
4. 타당성 분석의 유형 및 개개의 타당성 분석 방법에 대한 개념을 기술하세요.
5. 소프트웨어 프로젝트 관리를 위한 조직구성의 유형에 대해 기술하세요.
6. 프로그래밍 팀 구조의 유형을 요약하세요.
7. 소프트웨어 프로젝트의 일정관리 기법의 유형을 요약하세요.
8. 여유시간에 대해 기술하세요.
9. 소프트웨어 프로젝트의 개발 비용에 영향을 미치는 요인에 대해 기술하세요.
10. 소프트웨어 프로젝트의 개발 비용 산정 기법의 유형을 요약하세요.

부록 PERT/ CPM 기법

1. PERT의 개요

경영 관리자가 프로젝트를 효과적으로 수행하기 위하여 수학식을 이용한 일정 계획을 수립하기 위한 기법이다.

PERT(The Program Evaluation and Review Technigue)의 발달 과정은 미국국무성에서 Polaris Missile 개발 담당국인 S · P · O(Special Project Office)에 담당하였고, Booz Allen Hamilton 등이 중심이 되어 개발하였다. 이후 유도탄 연구 개발 사업의 계획 및 관리를 위하여 수학과 통계적 방법을 이용한 연구를 개시하였으며, 1958년 S · P · O를 중심으로 하는 프로젝트 팀이 PERT기법을 최초로 개발하였다.

PERT의 목적으로는 대단위 프로젝트의 계획 수립을 위하여 주어진 자원(인원, 예산, 기간)의 제약 하에 비용을 적게 쓰면서 최단 기간 내에 목적 달성을 위한 계획을 수립하는 것이다.

PERT의 사례로서는 1958년 9월에 발사된 Polaris Missile에 대한 계획에서 PERT의 개념을 실제에 적용해본 결과 계획관리 기법으로서 실용적 가치를 인정받게 되었다.

2. CPM의 개요

CPM(Critical Path Method)은 미국 DuPont 사의 Mogan R. Walker가 중심이 되어 개발 하였으며, 당시 이 회사의 신규설비 및 투자수요에 대한 전망이 너무 거대하고 복잡하여 여기에 대처할 수 있는 집단 기술력의 증진과 투자자금의 효과적인 사용에 주안점을 두고 새로운 계획 관리기법을 개발하였는데, 이때에(1957년 3월) 사용되었던 기법이 CPS(Critical Path Scheduling)이고 이것이 나중에 CPM이라고 불리었다.

이 당시 CPM기법을 적용한 결과 납기상 문제가 되던 품목이 156개에서 7개 품목으로 축소되었고, 총 소요기간은 2개월 단축되었으며, Du Pont사의 1년간 총 절약금액은 $ 100만 달러나 되었다.

3. PERT 와 CPM과의 차이점

PERT는 비용과 결부시키지 않고 공정과 공정 간에 소요 기간에 대해서만 고려하지만, CPM은 공정과 공정 간에 소요 비용과 기간을 동시에 고려한다는 것이다. 요즈음은 소요 비용과 기간을 동시에 고려하는 기법을 PERT/Cost라고 한다.

4. Network Diagram

Archibald와 Viloria는 사업 계획을 수립할 시 고려 요인을 아래와 같이 제시하였다.
1)사업의 목표 2)사업 책임자 3)필요한 지원 4)필요한 정보 등

※Gantt chart: 계획공정기간을 일시적으로 나타낸 도표이다.

Network Diagram작성 시 기본원칙은 다음과 같다.
1) 한 작업이 시작하려면 그 이전의 모든 작업이 끝나야 한다.
2) 화살표는 공정상의 순서만을 의미하며, 길이나 방향각 등은 의미가 없다
3) 단계의 번호들은 반복해서 사용 할 수 없다.
4) 두 개의 단계를 직접 연결하는 작업 활동은 2개 이상이 될 수 없다.
5) 전체 공정상에는 1개의 시발점과 1개의 종점을 가지고 있다.

5. PERT를 위한 Network Diagram작성 기법

1) 단계(Event)
가. 단계는 일정 계획 중에서 중요한 사항을 표시한다.
나. 작업의 개시 또는 완료를 표시한다.
다. 시간 또는 자원을 소비하지 않는 순간적인 점이다.
라. 단계는 원("O")으로 표시한다.
2) 활동(Activity)
활동은 작업의 실시를 표시한다. 이러기 위해서는 시간과 인원, 물자, 장소, 설비 등의 자원을 필요로 하는 것이다. 활동은 화살표("➔")로 표시한다. Dummy Activity는 시간과 자원을 소비하지 않는 활동으로서 점선 화살표로 나타낸다.
3) 전체적 계획의 입장에서 단계와 단계 간에 상호관계를 맺게 한다.
4) 선행 작업과 후행 작업 (앞 공정 혹은 후 공정)이 존재한다.
5) 병행작업은 서로 순서를 갖지 않으며, 독립적으로 행할 수 있는 작업을 의미한다.
병행작업과 병렬작업(합병작업)에 대해 아래 <그림 1>에 그려 두었다.

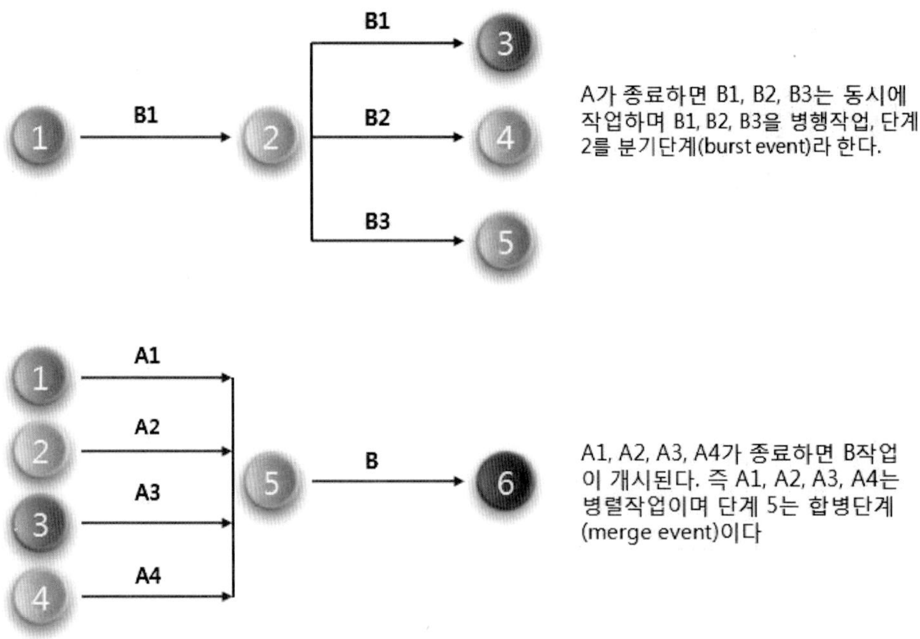

<그림 1> 병행작업과 병렬작업(합병작업)

6) 단계번호: 단계 번호는 원(O)내부에 번호를 붙인다. 즉 ⓘ→ⓙ로 표시하고, i<j I 값이 j값 보다 적게 함으로서 큰 번호가 후행 공정임을 표시한다.

6. 소요 시간의 추정

PERT/Time 기법에서 3가지 소요시간 추정방법은 다음과 같다.

첫째, 낙관 시간치 (to : Optimistic Time) : 작업 활동이 정상적인 상태보다 더 잘 진행될 때 그 활동에 필요한 최소시간을 의미한다.

둘째, 최적 시간치(tm : Most Likely Time) : 가장 정확하다고 생각되는 견적시간을 말하며, 그 활동을 완성시키는데 필요한 시간 중 최량 추정치를 말한다.

셋째, 비관 시간치(tp : Pessimistic Time) : 만사가 뜻대로 되지 않았을 경우 그 활동을 완성시키는데 소요되는 최장시간을 의미한다.

위 세가지 시간치(to, tm, tp)에 대한 상호관계는 다음과 같다.

넷째, 낙관 시간치(to)≤최적 시간치(tm)≤비관 시간치(tp)

각 수치는 작업 일수로 표시하며, 그 단위는 시간, 일, 주, 월 등 임의로 선택할 수 있으나, 동일계획 공정 중에서는 통일해야 한다.

다섯째, 예정 시간치(te, Expected Time)

세가지 추정시간치가 정해지면, 이것을 평균하여 하나의 소요시간을 산출하는 것이다.

7. PERT/time 계산방법의 기본원리

1) 계산방법의 개요

작업공정의 각 단계에 도달하기 위해서는 우선 예정기일이 어느 정도 소요 될 것인가를 계산할 필요가 있다. 이와 같은 예정기일을 TE(Earliest Expected Time)라고 한다. 환언하면, 어떤 단계의 TE는 그 단계에 도달할 수 있는 가장 빠른 예정 기일인 것이다.

2) TE의 계산(전진계산)

(1) 계산법

TE는 Network Diagram의 각 단계에 가장 빨리 도달할 수 있으리라고 생각되는 기일이다. 다시 말하면, 이와 같은 가장 빠른 예정기일 이전에는 그 다음 작업 활동을 착수 할 수 없는 것이다. TE의 계산을 최초 단계에서부터 전진해 나가면서 선행단계의 TE에 다른 작업 활동시간 te를 가산하여 합병단계에 이르면 최대치 하나를 취하면서 최종에 이르기까지 계산해 나간다.

(2) 예제

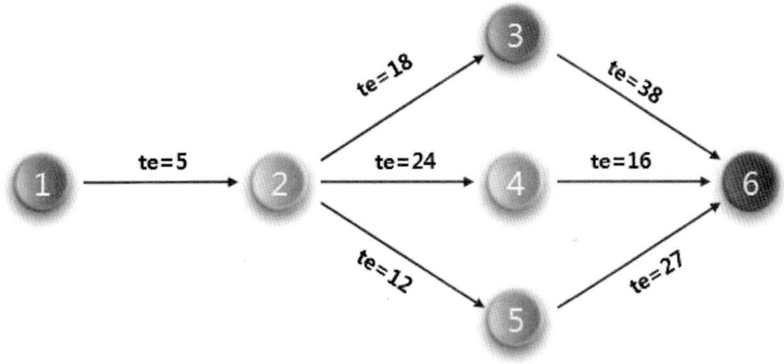

<그림 2> TE를 계산하기 위한 예제

가. 맨 처음 단계의 TE는 O이다.

왜냐하면 이 단계 이전에는 활동이 존재하지 않으므로 여기에 도달하는데는 시간이 전혀 걸리지 않는다. 따라서 단계 ①의 TE는 O이다. 즉 (TE)1 = 0

나. 최초단계를 제외한 각 단계의 TE는 선행단계의 TE에 선행활동의 te을 더하면 다음 단계의 TE가 된다.

위의 <그림 2> Network Diagram에서

$(TE)_2=(TE)_1+(te)_{1.2}=$ 0 + 5 = 5

$(TE)_3=(TE)_2+(te)_{2.3}=$ 5 + 18 = 23

$(TE)_4=(TE)_2+(te)_{2.4}=$ 5 + 24 = 29

$(TE)_5=(TE)_2+(te)_{2.5}=$ 5 + 12 = 17

다. 합병(Merge Event) 단계의 경우, 각 경로(Path)별로 선행단계의 TE에 선행활동의 te를 더해서 그중 최대치를 가지고 그 활동(Event)의 TE로 한다.

위의 <그림 2>의 활동(Event) ⑥에서

$(TE)_3+(te)_{3.6}$=23 + 38 = 61

$(TE)_4+(te)_{4.6}$=29 + 16 = 45

$(TE)_5+(te)_{5.6}$=17 + 27 = 44이다.

따라서 $(TE)_6$ = 61이 된다. 즉 이 61은 최소한 61(시, 일, 월, 주, 등)이후에 최종단계(Terminal Event) ⑥에 도달할 수 있다는 것을 의미한다.

라. Dummy Activity에 대해서도 적용되며, 이때 te = 0이 된다.

3) TL의 계산(후퇴계산)

TL(Latest Allowable Time)은 공정과 공정 간에 가장 늦은 허용기일을 의미한다. 환언하면 프로젝트를 일정 계획대로 추진함에 있어서 최종단계까지 완료하는데 걸리는 가장 늦은 기일을 말한다. 즉, 늦어도 그때까지는 그 작업 활동을 완전히 달성해야 되는 최종일을 말한다.

TL의 계산방법은 후퇴하면서 선행단계의 TL에서 te를 감산하고, 분기단계에 이르면 최소치를 취하면 된다. 이 계산방법은 후퇴계산(Backward Pass Computation)이라고도 한다.

TL의 계산과정을 아래에 요약하여 두었다.

(1) 최종단계의 TL은 예정달성 기일인 프로젝트 관리자의 지시가 없는 한 최종단계의 TE와 같다. 즉, 최종단계에서는 TE = TL이 된다. 만일 프로젝트 관리자가 일정을 지시하면 그것이 최종단계의 TL이 된다.

위의 <그림 2>에서 프로젝트 관리자가 일정을 별도로 지시하지 않았으므로 $(TE)_6$ = 61$(TL)_6$ 이 된다.

(2) 어떤 단계(Event)가 분기 단계(Burst Event)가 아닐 경우, 그 단계의 TL은 후속 단계의 TL에서 후속 활동(Activity)의 te을 감하여 구한다.

즉, $(TL)_3 = (TL)_6 - (te)_{3.6} = 61 - 38 = 23$

$(TL)_4 = (TL)_6 - (te)_{4.6} = 61 - 16 = 45$

$(TL)_5 = (TL)_6 - (te)_{5.6} = 61 - 27 = 34$

(3) 어떤 단계(Event)가 분기단계 일 경우는 각 경로(Path)마다 후속 단계(Event)의 TL에서 후속 활동(Activity)의 te을 감해서 얻은 각 수치 중에서 최소치를 그 단계의 TL의 값으로 한다.

예제) 단계 ②가 $(TL)_2$ 의 값에 해당된다.

즉, $(TL)_3 - (te)_{2.3} = 23 - 18 = 5$

$(TL)_4 - (te)_{2.4} = 45 - 24 = 21$

$(TL)_5 - (te)_{2.5} = 34 - 12 = 22$

따라서 $(TL)_2 = 5$ 가 된다.

(4) Dummy Activity에 대해서 te = 0이 적용된다.

TE와 TL의 계산방법을 요약하면 다음과 같다.

TE의 계산방법 : ① 최초단계를 0으로 하여 화살표(➔) 방향으로 순차적으로 계산해 나간다.

② 합병단계로서 둘 이상의 값이 되었을 때는 최대치를 그 단계의 TE로 한다.

TL의 계산방법 : ① 최종단계에서부터 화살표(➔) 반대방향으로 TL을 계산해 나간다.

② 분기단계에서 둘 이상의 값이 되었을 때는 최소치가 그 단계의 TL 값이 된다.

PERT/ time 기법의 계획공정 상에 있어서 중요한 특성은 다음과 같다.

① 최초 및 최종단계에서 TL-TE의 값은 0이 된다.

② TL-TE의 값이 0이 되는 것은 이 이외에도 존재한다. 그리고 이것은 최초단계에서부터 최종단계까지 상호 연결하는 것이다. 그렇지 못하면 계산착오다.

4) 여유(Slack) 시간의 계산

여유시간은 S = TL - TE의 값이다. 또한 이것은 프로젝트의 최종단계의 완료기간을 변경하지 않는 범위 내에서 각 단계에서 허용 할 수 있는 여유시간(Slack)을 말한다. 각 단계의 여유시간은 “정 여유”, “영 여유”, “부 여유”로 분류되는데 이들에 대해 아래에 좀 더 구체적으로 기술하여 두었다.

① **정 여유 :** 계획된 일정보다 빠른 상태 또는 작업 여유시간이 있는 상태로서, 즉 S = TL - TE > 0인 상태를 의미한다.

② **영 여유 :** 계획된 일정대로 진행되는 상태로서 즉, 예정기일 및 자원의 적정 상태를 나타내지만 여유는 없는 상태를 의미하며, S = TL - TE = 0인 상태를 의미한다. 이것을 애로공정(Critical Path)이라고도 한다.

③ **부 여유 :** 계획된 일정보다 늦은 상태 또는 작업 여유시간이 없는 상태로서, 즉 S = TL - TE < 0인 상태를 의미한다.

5) 애로공정(Critical Path)

애로공정은 계획공정표를 작성 한 후 TL-TE에서 여유시간(Slack)을 구하면 상대적으로 여유치가 영("0")인 단계가 몇 개 생긴다. 이와 같이 여유치가 영의 값을 가진 단계는 그 시간보다 늦어지면 최종단계의 계획사업의 완성이 그 만큼 지연되므로 이 공정을 집중적으로 관리해야 되는데, 이것을 애로공정 혹은 최장경로(Critical Path)라고 한다. 즉, 영 여유를 연결한 것이므로 "위험공정"이라고도 한다.

6) TE, TL 및 여유시간과 애로공정 계산 8

아래 <그림 3>의 Network Diagram에서 TE, TL 및 여유시간과 애로공정을 계산하기 위한 과정을 살펴보기로 한다. 아래 <그림 3>에서 적색 화살표는 애로공정(여유가 하나도 없는 공정)을 나타낸다. 이후 나머지 그림에 대해서도 동일하다.

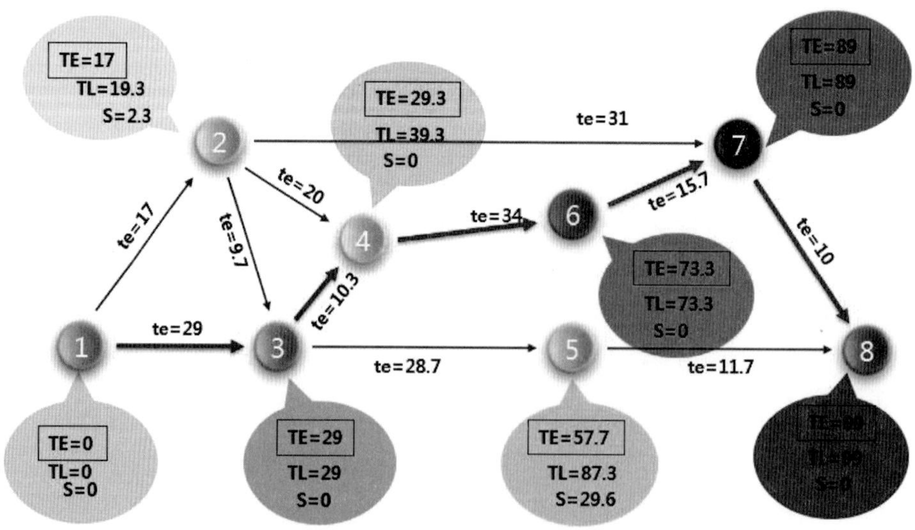

<그림 3> TE, TL 및 여유시간과 애로공정을 계산하기 위한 다이어그램

이들 즉, TE와 TL 및 여유시간과 애로공정을 계산하기 위한 계산과정은 아래와 같다.

(1) TE의 계산

(TE)1 = 0

(TE)2 = ① → ② = 17

(TE)3 = ① → ② → ③ = 17 + 9.7 = 26.7

① → ③ = 29(max)

① → ② → ④ = 17 + 20 = 37

(TE)4 = ① → ② → ③ → ④ = 17 + 9.7 + 10.3 = 37

① → ③ → ④ = 29 + 10.3 = 39.3(max)

(TE)5 = ① → ② → ③ → ⑤ = 17 + 9.7 + 28.7 = 55.4

① → ② → ⑤ = 29 + 28.7 = 57.7(max)

(TE)6 = ① → ② → ④ → ⑥ = 17 + 20 + 34 = 71

① → ② → ③ → ④ → ⑥ = 17 - 9.7 + 10.3 + 34 = 71

① → ③ → ④ → ⑥ = 29 + 10.3 + 34 = 73.3(max)

(TE)7과 (TE)8의 계산과정은 위와 동일하다.

(2) TL의 계산

(TL)8 = 99

(TL)7 = (TL)8 - (te)7.8 = 99 - 10 =89

(TL)6 = (TL)7 - (te)6.7 = 99 - 15.7 =73.3

(TL)5 = (TL)8 - (te)5.8 = 99 - 11.7 = 87.3

(TL)4 = (TL)6 - (te)4.6 = 73.3 - 34 = 39.3

(TL)3 = (TL)4 - (te)3.4 = 39.3 - 10.3 = 29(min)

(TL)5 - (te)3.5 = 87.3 - 28.7 = 58.6

(TL)7 - (te)2.7 = 89 - 31 = 58

(TL)2 = (TL)4 - (te)2.4 = 39.3 - 20 = 19.3(min)

(TL)3 - (te)2.3 = 29 - 9.7 = 19.3(min)

(TL)1 = (TL)2 - (te)1.2 = 19.3 - 17 = 2.3(min)

(TL)3 - (te)1.3 = 29 - 29 = 0(mini)

(3) 여유시간의 계산

위의 TE와 TL의 계산 값을 가지고 여유시간을 계산한 결과가 아래 <그림 4>와 같다.

단계 번호	여유 시간(S=TL-TE)
1	0 - 0 = 0
2	19.3 - 17 = 2.3
3	29 - 29 = 0
4	39.3 - 39.3 = 0
5	87.3 - 57.7 = 29.6
6	73.3 - 73.3 = 0
7	89 - 89 = 0
8	99 - 99 = 0

<그림 4> 여유시간

한편 여유시간에는 여러 유형이 있는데 이들에 대해서 아래에 좀 더 구체적으로 고찰하여 두었다.

가. 활동여유(Activity Slack on Float)

단계여유는 각 단계에서 가질 수 있는 여유시간을 표시하지만 여유의 유・무와 관계가 있는 것은 활동 여유인 것이다.

활동여유를 계산하기 위해서는 다음과 같은 시간개념을 알아두어야 한다.

(1) 가장 빠른 개시시간(ESij, Earliest Start Time)

① 어떤 활동이 개시될 수 있는 가장 빠른 시간을 의미한다.

② 선행단계의 가장 빠른 시간은 다음과 같다.

계산식 : (ES)ij = (TE)i

(2) 가장 늦은 개시시간(LSij; Latest Start Time)

① 어떤 활동이 출발 할 수 있는 가장 늦은 시간을 의미한다.

② 이것은 이보다 늦게 시작하면 공기를 지킬 수 없는 한계시간을 의미한다.

계산식은 가장 늦은 완료시간에서 그 활동의 경과시간을 감함으로써 얻어진다.

계산식 : (LS)ij = (TL) - (te)ij

(3) 가장 빠른 완료시간(EFij; Earlist Finish Time)

가장 빠른 개시시간에 어떤 활동을 시작했을 경우 그 활동이 완료될 수 있는 가장 빠른 예정완료일을 말한다.

계산식은 활동의 경과시간(Duration Time)에다 가장 빠른 개시시간을 보탬으로써 얻어진다.

계산식: (EF)ij = (TE)i + (te)ij

(4) 가장 늦은 완료시간(LFij; Latest Finish Time)

① 어떤 활동을 늦어도 언제까지 완료하지 않으면 안 될 한계시간을 말하며,

② 한 활동이 완료되어 다음단계로 넘어 갈 때까지의 가장 늦은 시간을 의미한다.

계산식: (LF)ij = (TL)j

ESij, EFij, LSij, LFij 및 TEi와 TLj 의 관계를 그림으로 표하면 아래 <그림 5>와 같다.

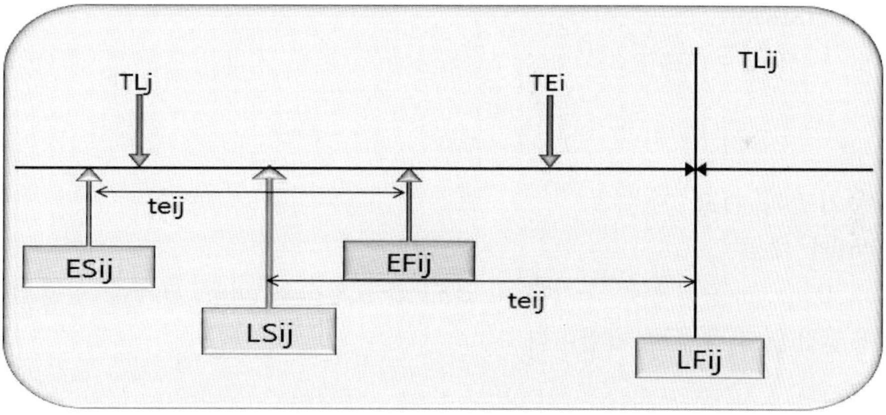

<그림 5> ESij, EFij, LSij, LFij 및 TEi와 TLj와의 관계

이와 같이 우리가 작업 일정관리를 하는데 각 작업 활동마다 ES, EF, LS, LF등을 파악 한 후 작업 진행 상태를 감시 감독해 나간다면 아주 과학적으로 관리할 수 있을 것이다.

이 이외에도 Network Diagram에서 중요한 것은 여유시간의 계산인데, 그것은 총 여유시간(Total Float), 자유여유시간(Free Float), 독립여유시간(Independent Float)등이 있다. 여기서도 애로공정을 찾아 낼 수 있으며 각 경로의 총 여유시간이 "0"이 되는 경우, 그 경로를 "애로공정"이라고 한다.

나. 총 여유시간 (TF; Total Float)

가장 늦은 완료시간(TL)j에서 가장 빠른 개시시간(TE)i를 빼면 이용 가능한 최대시간이 된다. 여기에서 또 활동의 경과시간 (te)ij를 빼면 총 여유시간이 나온다.

또한 가장 늦은 개시시간 LS와 가장 빠른 개시시간 ES와의 차이에서도 총 여유시간을 구할 수 있으며, 가장 늦은 완료시간 LF와 가장 빠른 완료시간 EF와의 차이를 총 여유시간 이라고도 한다.

이 이상으로 총 작업이 정체되면 공정기간을 지킬 수 없게 되는 것이다.

계산식: (TF)ij =(TL)j - {(TE)i + (te)ij}

=(LS)ij - (ES)ij

=(LF)ij - (EF)ij

다. 자유여유시간 (FF; Free Float)

이것은 후속단계의 작업에 영향을 미치지 않는 작업시간을 의미한다.

계산식 : (FF)ij = (TE)j - {(TE)i + (te)ij}

= (TE)j - (EF)ij

= (TF)ij - (Slack)j

= (TF)ij - {(TL)j - (TE)j}

8. CPM 기법

1) CPM기법의 개요

(1) CPM의 개념

Network Diagram 중심으로 구성되어 있고, 소요일수와 비용 관계를 상호연결 시키면서 비용절감을 모색하는 기법이다.

(2) CPM의 목적

① 최소의 비용으로 공기를 단축하자는 것

② 선형계획을 사용하여 공사를 일정기간 내에 완공

③ 공사계획이 최소비용에 의해서 수행될 수 있도록 최적공기를 산출하자는 데 있다.

(3) CPM기법의 운용체계

입찰 → 계약 → 프로젝트 팀의 구성 → 예상편성 → 결정 → 준비 → 착공 → 진행 → 변경 → 진행 → 준공 → 성과분석 → 피드백(Feedback) 순서로 진행한다.

(4) CPM기법의 장점

① 상세계획을 쉽게 수립할 수 있다. 왜냐하면 Network Diagram에 의하여 분석되기 때문이다.

② 중점관리가 가능하다. 왜냐하면 Network Diagram상의 문제점을 종합적으로 파악할 수 있기 때문이다.

③ 총 소요기간의 정확도가 높다진다.

④ 제 자원 활동의 효율화를 기할 수 있다

⑤ Network Diagram은 상호간의 유력한 의사소통의 수단이 된다.

⑥ 정확한 계획분석이 가능하다.

⑦ 시간단축 및 비용절감을 가져올 수 있다.

⑧ 관계자 전원이 참여하므로 팀웍(Teamwork)이 좋아진다.

(5) 비용경사(Cost Slope)

작업공정을 진행함에 있어서 비용절감을 하는 경우는 다음과 같다.

첫째, 정상작업(Normal)을 단축하여 특급(Crash)으로 하는 경우

둘째, 특급으로 하던 작업을 연장(Uncrash) 함으로써 비용절감을 시도하는 경우가 있다.

여기서 **특급(Crash)은** 인원과 장비를 더 투입하여도 이 이상 작업일정을 단축 할 수 없는 상태를 말한다. 이것은 최소의 시간과 최대의 비용이 동시에 대응하는 특급점(Crash Point)을 의미한다.

반면에 **정상상태(Normal)는** 최대시간과 최소비용이 대응되는 정상적(Normal Point)인 상태를 의미한다.

따라서 Normal에서 Crash 까지 선형적인 관계가 비용경사가 된다(<그림 6>참조). 이와 같이 Crash로 하든 Uncrash로 하든 간에 문제는 시간과 비용의 상호관계이다. 그러므로 Network Diagram상의 각 작업 활동에서 시간과 비용 견적(Time and Cost Estimates)을 해야 된다.

견적에는 정상견적과 특급견적이 있는데 이들은 다음과 같다.

첫째, 정상견적(Normal Estimates) : Normal Time Schedule에 의한 Normal Cost와 대응되는 견적을 의미한다.

둘째, 특급견적(Crash Estimates) : Crash Time Schedule에 의한 Crash Cost와 대응되는 견적을 의미한다.

따라서 모든 작업에는 정상적인 작업일정을 사정에 의하여 점차 단축하거나, 일단 단축된 것을 역으로 연장할 수 있는 신축성이 있어야 한다.

작업을 단축할 필요가 있는 경우는 다음과 같다.

첫째, 작업 인원수 혹은 장비 대수의 증가

둘째, 교대제 야간업무 혹은 잔업제 채택

셋째, 숙련된 작업자의 고용 혹은 보다 우수한 장비의 사용 등이 있다.

그러므로 이러한 방법에 의한 작업일정의 단축은 결국 직접비의 증가를 초래하게 된다.

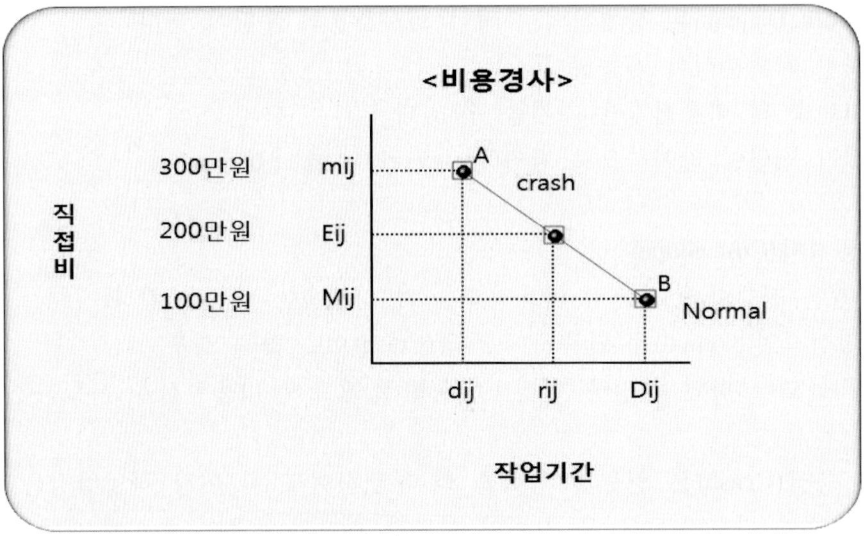

<그림 6> 비용경사

(6) 비용경사의 산출 공식

비용경사의 산출 공식은 아래와 같다.

$Cost\ slope = \frac{mij - Mij}{Dij - dij}$ 여기서, Dij : 정상시간

dij : 특급시간

mij : 특급비용

Mij : 정상비용

이것은 단위시간만큼 일정을 단축시키는데 소요된 비용의 증가분을 의미한다. 비용에는 노무비, 재료비, 기계설비비 등 직접 필요한 직접비와 반면에, 관리비, 사무비 등 간접비가 있으며, 작업 일정이 단축되면 이와 비례하여 비용은 감소된다.

아래 <그림 7>은 직접비에 대한 비용경사의 예이다.

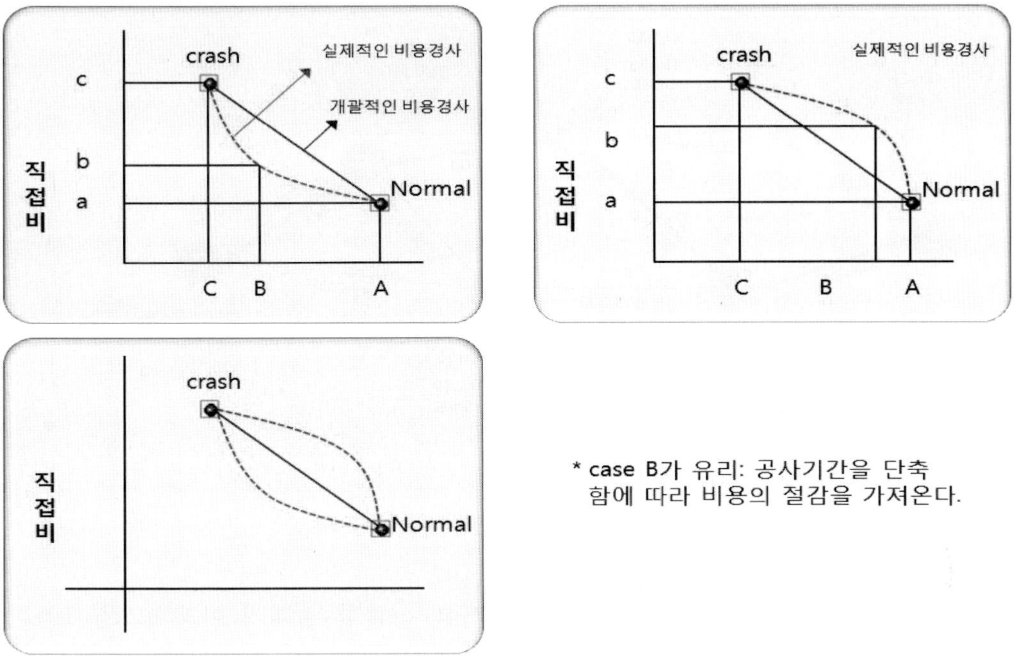

<그림 7> 직접비에 대한 비용경사의 예

2) CPM에 의한 일정 단축과 비용

CPM에 의한 일정 단축과 비용을 절감시키기 위한 초기의 정상(Normal)상태와 특급(Crash)상태의 Network Diagram은 아래 <그림 8>과 <그림 9>와 같다.

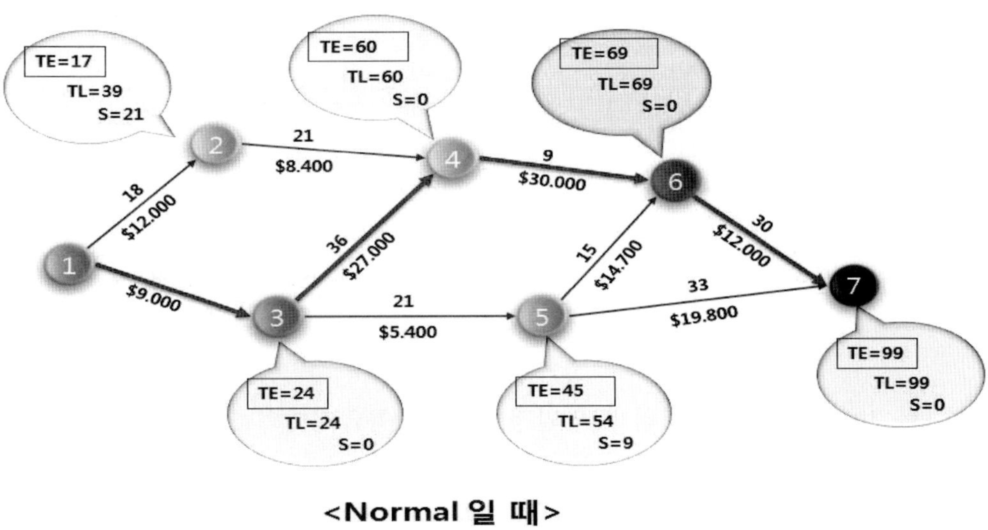

<그림 8> Normal일 때의 Network Diagram

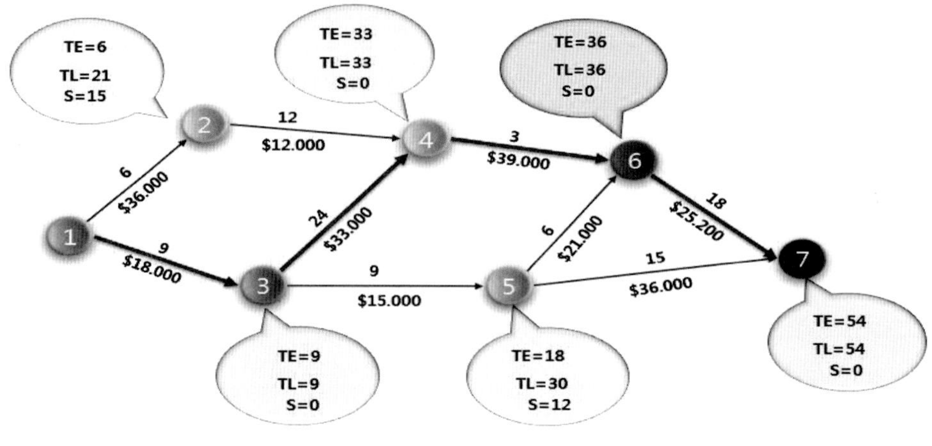

<그림 9> Crash일 때의 Network Diagram

위의 <그림 8>과 <그림 9>를 가지고 비용경사를 산출한 결과가 아래 <그림 10>과 같다.

활동	Normal		Crash		단축가능 일수	비용증가	비용경사
	일수	비용	일수	비용			
1 - 2	18	12,000	6	36,000	12	24,000	2,000
1 - 3	24	9,000	9	18,000	15	9,000	600
2 - 4	21	84,000	12	12,000	9	3,600	400
3 - 4	36	27,000	24	33,000	12	6,000	500
3 - 5	21	5,400	9	15,000	12	9,600	800
4 - 6	9	30,000	3	39,000	6	9,000	1,500
5 - 6	15	14,700	6	21,000	9	63,00	700
5 - 7	33	19,800	15	36,000	18	16,200	900
6 - 7	30	12,000	18	25,200	12	13,200	1,100
계	99	$138,300	54	$235,200	45	$96,900	

<그림 10> 비용경사의 산출

위의 <그림 10>에서 정상상태의 작업일정 99일을 특급상태의 작업일정인 54일로 단축시키고 직접비를 $235,200이내로 절감할 수 있는 순서와 그 단계를 살펴보기로 한다.

(1) 총공정을 단축시키는 방법

① 애로공정 상의 요소작업 하나하나를 검토
② 비용경사가 최소가 되는 공정부터 우선적으로 단축
③ 몇일을 단축시킬 수 있느냐는 것은 특급계획을 우선적으로 파악하여 결정

(2) 단축하는 기법과 단축과정

일정을 단축하는 기법과 단축과정은 다음과 같다.

가. 제1차 단축

위의 <그림 8> 및 <그림 10>에서
① 총 공기는 99일, 직접비는 $138,300이다.
② 애로공정은 ➔ ①→③→④→⑥→⑦이다.
③ 비용경사가 최소가 되는 공정은 ➔ ③→④이다.
④ 이때의 비용경사는 ➔ $ 500이다.
⑤ 정상일 때는 36일, 특급일 때는 24일이므로 일정은 단축이 가능하다.
⑥ 이때의 비용증가는 ➔ $500 × 12일 = $6,000
⑦ 새로운 애로공정은 ➔ ①→③→⑤→⑥→⑦이 형성된다.
따라서 TE=90이 되므로 ➔ 99-90=9일이 단축가능하다.

제1차 단축결과는 아래 <그림 11>과 같다.

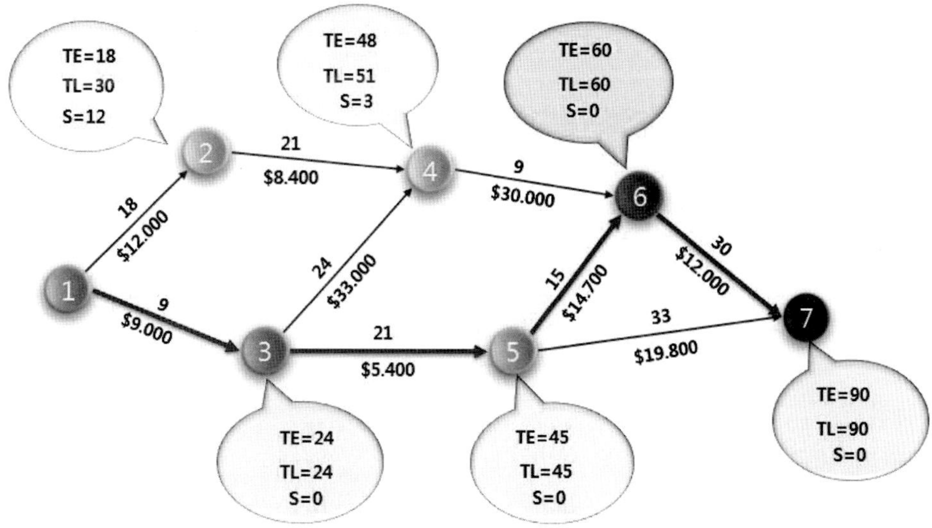

<그림 11> 제1차 단축결과

나. 제2차 단축

① 위의 <그림 11>에서 애로공정 중 비용경사가 최소가 되는 작업공정은 ①→③이다.

② 이때의 비용경사는 $600이다(<그림 10>참조>)

③ 정상일 때의 작업일정은 24일, 특급일 때의 작업일정은 9일이므로 24-9=15일이 단축가능하다.

④ 이때의 비용증가는 ➔ $600×15일=$9,000이다.

⑤ 위에서 계산한 결과 새로운 애로공정 ➔ ①→②→④→⑥→⑦이 형성된다.

⑥ 제2차 단축결과는 아래 <그림 12>와 같다.

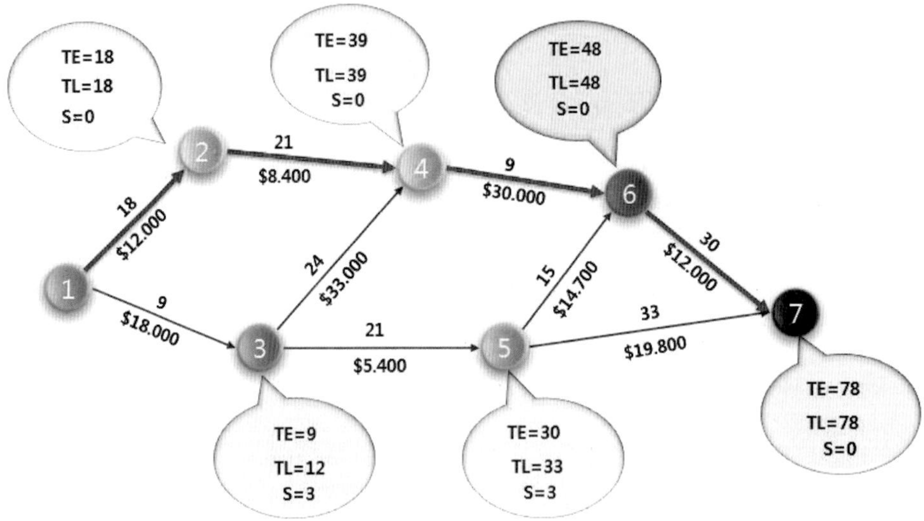

<그림 12> 제2차 단축결과

다. 제3차 단축

① 위의 <그림 12>에서 새로운 애로공정 상에서 비용경사가 최소가 되는 경로는 ➔ ②→④공정이다.

② 이때의 비용경사는 $400이다.

③ 정상일 때의 작업일정은 21일, 특급일 때의 작업일정은 12일이므로 ➔ 9일 이 단축가능하다.

④ 이때의 비용증가는 ➔ $400×9일=$3,600이다.

⑤ 새로운 애로공정은 ➔ ①→③→⑤→⑥→⑦이 형성되고, 이때의 TE=75일 이 된다.

⑥ 제3차 단축결과는 아래 <그림 13>과 같다.

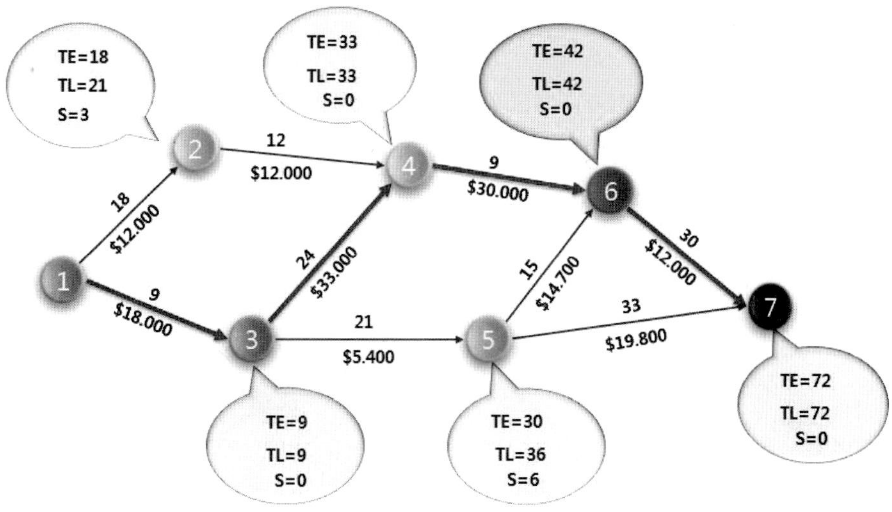

<그림 13> 제3차 단축결과

라. 제 4차 단축

① 위의 <그림 13>에서 애로공정은 ①→③→⑤→⑥→⑦인데, 여기서 이미 단축된 ①→③공정은 제외하고 비용경사가 최소가 되는 공정은 ➔ ⑤→⑥공정이다.

② 이때의 비용경사는 $700이다.

③ 정상일 때의 작업일정은 15일, 특급일 때의 작업일정은 6일이므로 ➔ 9일 이 단축가능하다(15-6=9일).

④ 이때의 비용증가는 ➔ $700×9일=$6,300이다.

⑤ 새로운 애로공정은 ➔ ①→③→④→⑥→⑦이 형성되고, 이때의 TE=72일이 된다.

⑥ 제4차 단축결과는 아래 <그림 14>와 같다.

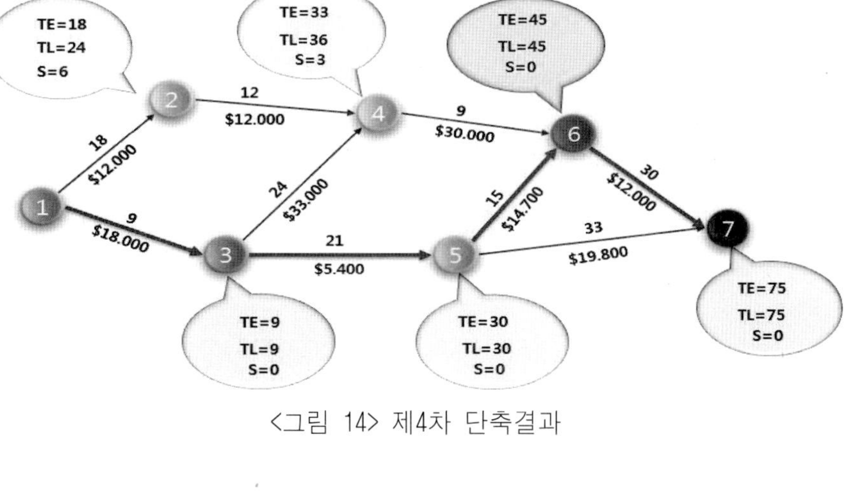

<그림 14> 제4차 단축결과

마. 제5차 단축 ➔ 동일한 방법을 적용하여 일정을 단축하면 된다.

바. 제6차 단축

동일한 방법을 적용하여 작업일정을 단축한 결과 아래 <그림 15>와 같다.

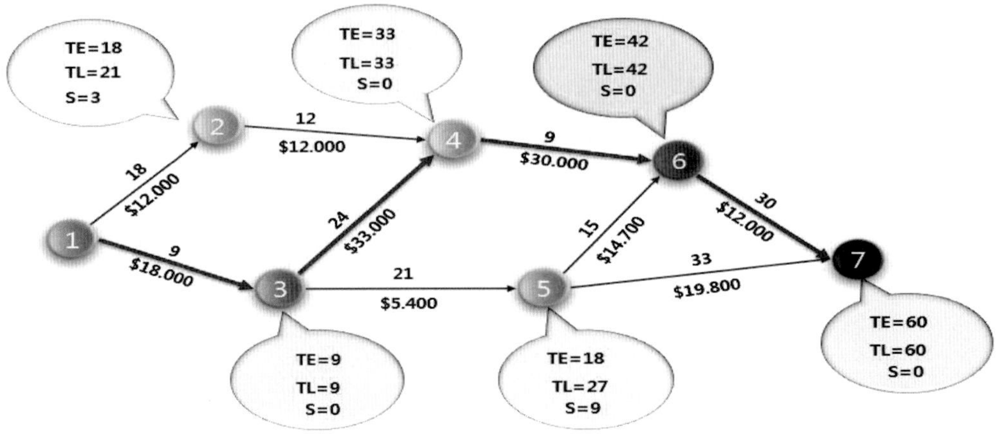

<그림 15> 제6차 단축결과

사. 제7차 단축

① 위의 <그림 15>에서 애로공정은 ①→③→④→⑥→⑦이므로 이 공정을 관찰한 후 비용이 최소가 되는 공정을 단축해야 한다.

② ①→③, ③→④, ⑥→⑦공정은 이미 일정단축으로 특급화 하였으므로 ④→⑥ 공정만 해당된다.

③ 이때의 ④→⑥ 공정은 비용경사가 $1,500이고, 작업일정은 9일에서 3일로 단축이 가능하므로 즉, 6일로 단축이 가능하다.

④ 이때의 비용증가는 : $1,500×6일=$9,000이 된다.

⑤ 제7차 단축 결과는 아래 <그림 16>과 같고, 새로운 애로공정은 ①→③→④→⑥→⑦에서 다른 곳으로 이동하지 않고 TE=54일까지 단축된다.

⑥ 애로공정 상에 있는 전체의 작업 공정은 이미 일정단축이 되어 전부 특급화 하였으므로, 이 이상 일정단축에 의한 특급화는 무의미 하다.

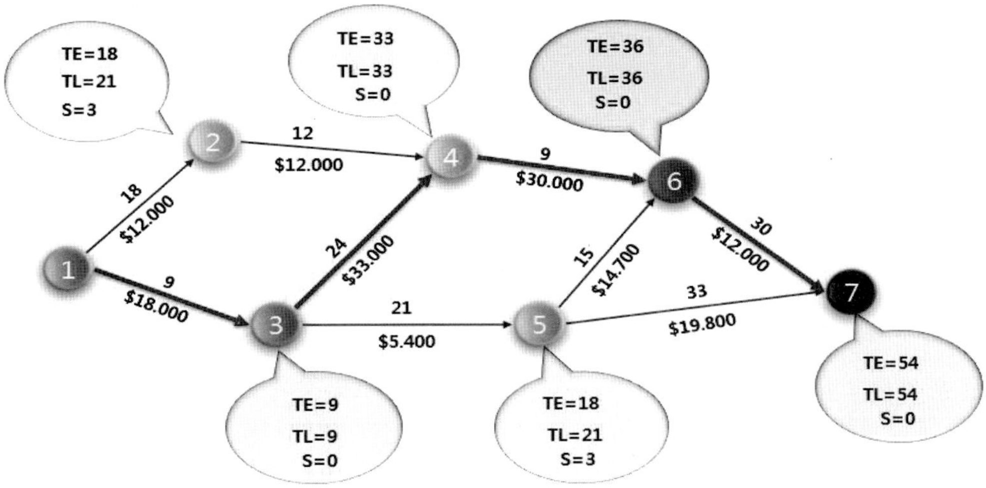

<그림 16> 제7차 단축결과

특급화로 작업 일정을 단축하고, 그 결과 비용증가에 대한 최종 결과는 아래 <그림 17>과 같다.

Activity	단축된 일수	비용증가
1 - 2	무단축	-
1 - 3	15	$9,000
2 - 4	9	$3,600
3 - 4	12	$6,000
3 - 5	12	$9,600
4 - 6	6	$9,000
5 - 6	9	$6,300
5 - 7	무단축	-
6 -7	12	$13,200
특급조치 결과 비용 증가		$56,700
정상상태 하의 비용 합계		$95,000(그림9에 의함)
특급조치 결과 비용 합계		$138,300

<그림 17> 특급화(crash)로 작업일정의 단축결과

3) 작업 일정 연장에 의한 비용절감(Uncrash Scheduling)

(1) 목적

이것은 일정단축의 범위 내에서 증가된 비용을 좀 더 절감할 수 있는 방법을 규명하는 작업이다.

(2) 방법

① 단축된 일정을 연장해 나가면서 구한다.

② 여유경로(Slack Path)를 취하고 비용경사가 높은 것을 취한다.

③ 특급개념과 반대 개념이다.

(3) 작업 일정 연장에 의한 비용절감 방법

① 위의 <그림 16>에서 ①→③→④→⑥→⑦은 애로공정이고, ①→②, ⑤→⑥, ②→④, ⑤→⑦, ③→⑤는 여유경로(Slack Path)이다.

② 여기서 ①→②, ⑤→⑦ 공정은 정상상태에서 특급화하지 아니했으므로 제외시킨다. 따라서 ②→④, ③→⑤, ⑤→⑥ 공정을 연장하면 비용을 절감할 수 있을 것이다.

③ 정상 시간을 초과하지 않는 범위 내에서 연장해야 한다.

④ ②→④, ③→⑤, ⑤→⑥ 중에서 ③→⑤의 비용경사가 $800로서 가장 많다(<그림 10> 참조).

⑤ 그러므로 ③→⑤공정부터 역으로 연장해 나간다. 그러나 <그림 10>에서 보면 정상일 때 작업일수는 21일이고, 특급일 때는 9일이므로 21일까지 연장이 가능하나 12일로 연장해야 최종단계에서 TE=54일이 된다.

⑥ 이때의 절감된 비용은 ➔ $800×3일=$2,400이다.

⑦ 다음으로 ⑤→⑥ 공정을 연장하면 된다.

⑧ 이 공정은 정상일 때 작업 일정이 15일이고, 특급일 때 6일이므로 15일까지 연장이 가능하며, 15일까지 연장을 하여도 TE=54일에는 영향을 미치지 않는다. 즉, 15-6=9일이 연장 가능하다.

⑨ 이때의 절감된 비용은 ➔ $700×9일=$6,300이다.

⑩ 마지막으로 ②→④ 공정을 연장하면 된다.

⑪ 이 공정은 정상일 때 작업일정은 21일이고, 특급일 때 12일이므로 15일까지 연장이 가능하다. 즉 15-12=3일이 연장 가능하다.

⑫ 이때의 절감된 비용은 $400×3일=$1,200이 된다.

⑬ 따라서 절감된 총 비용합계는 ➔ 1,200+2,400+6,300=$9,900이 된 다.

⑭ TE=54일 범위 내에서 최소비용은 ➔ 195,000-9,900=$185,100 이 이상 비용절감은 할 수 없다.

⑮ 작업 일정 연장<Uncrash의 결과>에 의한 비용절감 결과는 아래 <그림 18>과 같다.

활동	정상일정	특급일정	연장일정	비용경사	연장에 의한 비용절감	비고
1 - 2	18	6	0	2,000	0	특급조치 없었으므로 연장계획도불가
2 - 4	21	12	3	400	1,200	12일→15일로 연장
3 - 5	21	9	3	800	2,400	9일→12일로 연장
5 - 6	15	6	9	700	6,300	6일→15일로 연장
5 - 7	33	15	0	900	0	특급조치 없었으므로 연장계획도불가
합계					$3,900	

<그림 18> 작업 일정 연장에 의한 비용절감 결과

⑯ 작업 일정 연장(Uncrash의 결과)에 의한 최종 Network Diagram은 아래 <그림 19>와 같다.

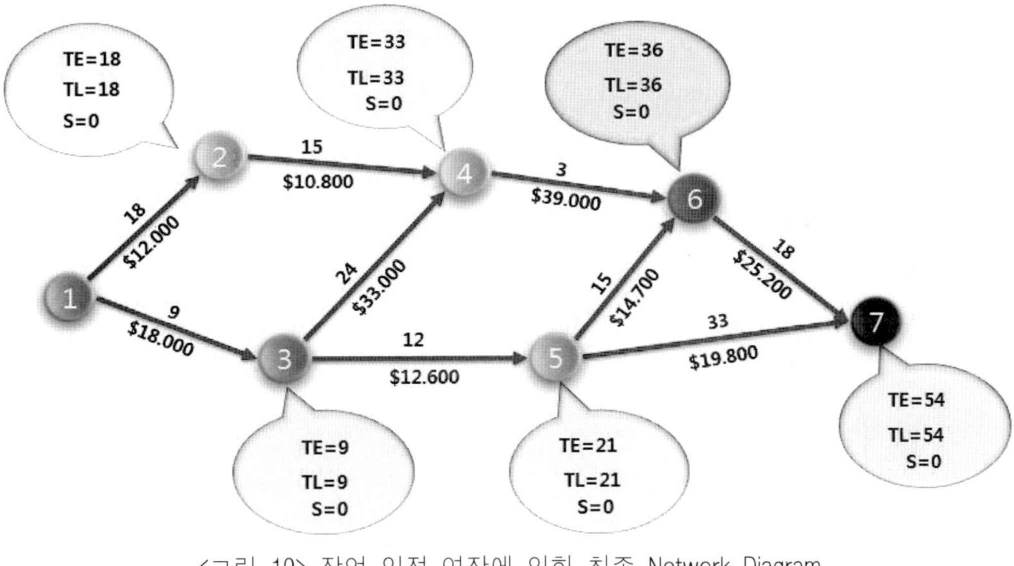

<그림 19> 작업 일정 연장에 의한 최종 Network Diagram

위의 <그림 19>를 보면 전체 공정이 애로공정으로 변하였음을 볼 수 있다.

9. 종합비용과 최적공기

아래 <그림 20>은 직접비와 작업일정과의 관계를 보여주고 있다.

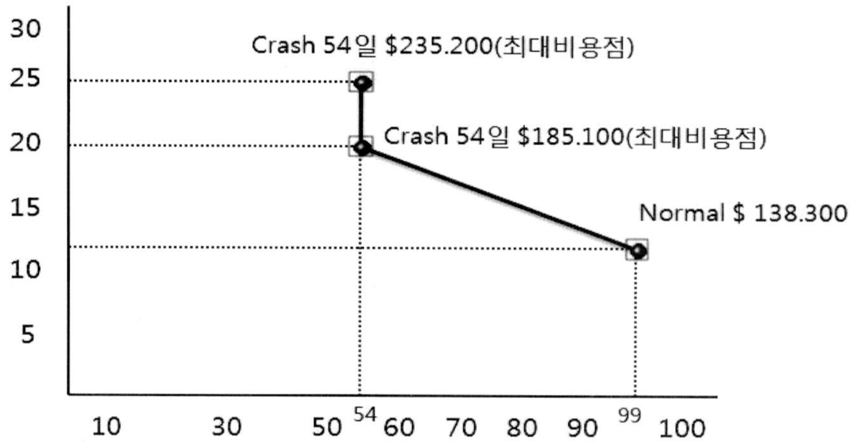

<그림 20> 직접비와 작업일정과의 관계

위의 <그림 20>에서 보면 정상상태(Normal)하에서는 작업일정이 99일이 소요되나, 특급화(Crash)로 작업을 진행한다면 54일에 완료할 수 있다. 그러나 이렇게 했을 경우 최대비용은 ➔ $235,200이 소요되고, 최소비용은 ➔ $185,100이 소요된다. 따라서 기대되는 최소비용(Minimum Cost Expediting(Mcx))을 취할 것이다.

이 때 직접비와 간접비를 합산한 종합비용을 고려해보자.

관리비 등 간접비는 작업시간이 길면 상승하는 경향이 있고, 기계구입비 등 직접비는 작업시간이 길면 하강하는 경향이 있다.

따라서 비용은 직접비와 간접비를 합한 종합비용 곡선이 최저가 되는 시점을 찾아야 되며, 이 시점이 최적공기가 된다(<그림 21>참조).

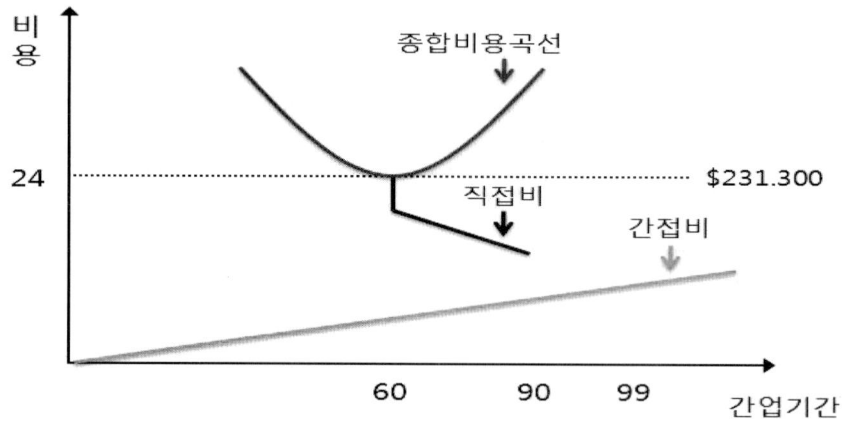

<그림 21> 종합비용 최적공기

위의 <그림 21>을 보면 직접비+간접비=종합비용은 U곡선과 같이 된다. 이때, U곡선의 최저점은 60일경이다. 따라서 54일에서 ➔ 60일까지 연장 조정이 가능하다. 연장 조정 방법은 다음과 같다.

1) 연장 조정 방법

① 비용경사가 제일 큰 작업공정을 선택. 즉, ④→⑥을 선택한다(<그림10> 참조)

② 이때 3일에서 9일로 연장하면 ➔ TE=60일로 된다(<그림 22>참조).

③ 이때의 애로공정은 ①→②→④→⑥→⑦과 ①→③→④→⑥→⑦이 된다.

④ 이때의 절감비용은 1.500×6일=$9,000이 된다. 이것은 직접비의 최저점을 나타내며, 이때의 최저비용은 $176,100(185,100-9,000)이 된다.

⑤ 그런데, ③→⑤, ⑤→⑥, ⑤→⑦ 공정은 여유경로(Slack Path)이다.

⑥ 이 중에서 ⑤→⑥, ⑤→⑦ 공정은 더 이상 연장할 수 없는 작업공정이므로, ➔ ③→⑤공정을 12일에서 18일로 연장할 수 있다.

⑦ 이때의 직접비는 $800×6일=$4,800까지 절감할 수 있다.

⑧ 최종적으로 직접비 합계는 ➔ $185,100-9,000-4,800=$171,300이 된다.

⑨ 이때의 간접비 합계를 $60,000로 보면, ➔ 종합비용곡선의 최저점은 : $171,300+60,000=$231,300이 된다.

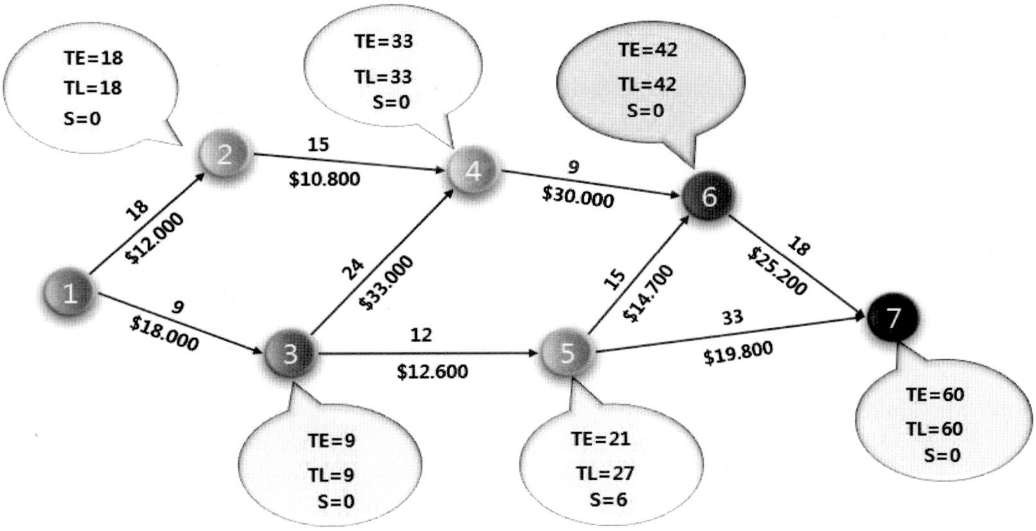

<그림 22> 작업 일정 연장을 위한 Network Diagram

이상 고찰한 PERT/CPM의 계산과정을 종합해서 Network Diagram으로 그리면 아래 <그림 23>과 같다.

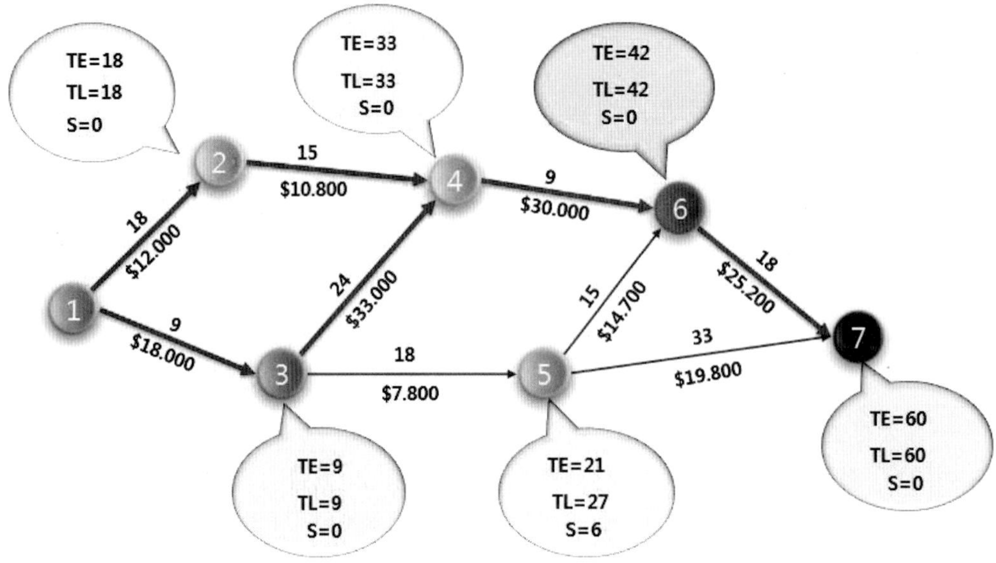

<그림 23> 최종 Network Diagram

2) CPM의 계산을 위한 결론(Rule)

CPM의 계산을 위한 규칙은 다음과 같다.

가. Crash Scheduling(Normal→Crash) ➔ 특급계획의 경우

① 전체 공정 중에서 특급화 할 애로공정을 먼저 선택한다.(Crash Critical Path First)

② 선택된 애로공정 중에서 비용경사가 최소인 공정을 선택한다.(Crashing Cost Slope Minimum)

나. Uncrash Scheduling(Crash→Uncrash) ➔ 작업일정의 연장계획 경우

① 작업일정을 연장할 여유경로를 먼저 선택한다.(Uncrashing Slack Path First)

② 선택된 여유경로 중에서 비용경사가 최대인 경로를 선택한다.(Uncrashing Cost Slope Maximum)

04

요구사항 분석

학습목표

소프트웨어 시스템을 개발함에 있어 우선 사용자들의 요구사항을 분석해야 하는데 본 장에서는 요구사항 분석의 개념, 요구사항 분석의 중요성, 요구사항 분석을 하는데 있어서 오류의 원인, 좋은 요구사항 명세서의 조건, 요구사항의 유형, 요구사항 기법, 요구사항 검증 및 관리에 대해서 학습한다.

4.1 요구공학의 개요

4.1.1 소프트웨어 요구사항 분석의 개요

1. 소프트웨어 요구사항 분석의 개요

가. 소프트웨어 요구사항 분석의 개념

원래 **"요구란"** 시스템으로부터 사용자들이 원하는 서비스와 시스템 운용과 개발 도중의 제약조건들을 설정하는 과정을 의미한다. 요구 자체는 업무처리 동안 발생된 시스템의 서비스와 제약조건의 명세를 말한다. 이와 같이 사용자들의 요구 사항은 시스템이 제공하여야 할 서비스나 제약 조건들을 포괄적으로 기술한 것에서부터 수학 기호로 자세히 표현한 것까지 아주 다양하다.

"소프트웨어 요구사항 분석"은 소프트웨어 시스템 전체에 대한 사용자들의 요구사항들을 추출하여, 컴퓨터 시스템이 처리할 수 있도록 분류하는 작업을 말한다. 또한 프로젝트와 관련된 이해 관계자들로부터 요구사항을 추출, 구성 및 문서화하고 변경에 대한 동의를 설정해 관리하는 시스템적 활동을 의미한다.

이와 같은 "소프트웨어 요구사항 분석"은 참여자들 사이에서 효과적인 의사소통 전략을 사용하여 충분한 합의와 협의를 통해 공통의 이해를 구축하고, 소프트웨어 개발 수명주기의 전체 기간 동안 지속적인 관리를 제공해 주며, 목표를 설정하고 어떤 방법으로 문제를 해결할 것인지를 결정해 주는 역할을 한다.

이 이외에도 "소프트웨어 요구사항 분석"은 다음과 같은 역할을 담당한다.

첫째, 프로젝트 수주를 위한 제안의 기초자료로 활용된다.

둘째, 프로젝트의 계약을 위한 기초자료로 활용되며, 이는 상세히 기술되어야 한다.

나. 요구사항의 유형

요구사항의 유형에는 사용자 요구사항과 시스템 요구사항이 있으며, **"사용자 요구사항"**은 "시스템이 제공할 서비스와 수행될 때의 제약 조건들을 그림이나 글로 표현한 것"이며, 이는 사용자를 위하여 작성된다.

반면에 **"시스템 요구사항"**은 "시스템이 제공하여야 할 서비스를 체계적으로 자세히 적은 것"을 말하며, 이는 계약자와 개발자 사이의 계약 문서로도 사용된다.

2. 요구사항 분석 과정

요구사항 분석 과정은 "인간공학적 측면의 요구"와 "하드웨어적 측면의 요구" 및 "소프트웨어적 측면의 요구"사항으로 대별될 수 있다. 인간공학적 측면의 요구는 사용의 편리성 등 주로 컴퓨터를 사용하는 측면에 대한 요구사항이고, 하드웨어적 측면의 요구사항은 하드웨어 기기 및 성능 등에 대한 요구사항이며, 소프트웨어적 측면의 요구사항은 컴퓨터를 이용하기 위한 각종 소프트웨어에 관한 요구사항을 분석한 명세서이다. 사용자들의 요구사항 분석이 종료되면 전산화 설계 즉, 소프트웨어 설계를 해야 되는데 소프트웨어 설계가 종료되면 반드시 소프트웨어 설계 명세서를 작성해야 되며, 소프트웨어 설계 명세서가 작성되면, 구현 단계로 넘어가야 된다. 이들의 관계를 아래 <그림 4-1>에 요약하여 두었다.

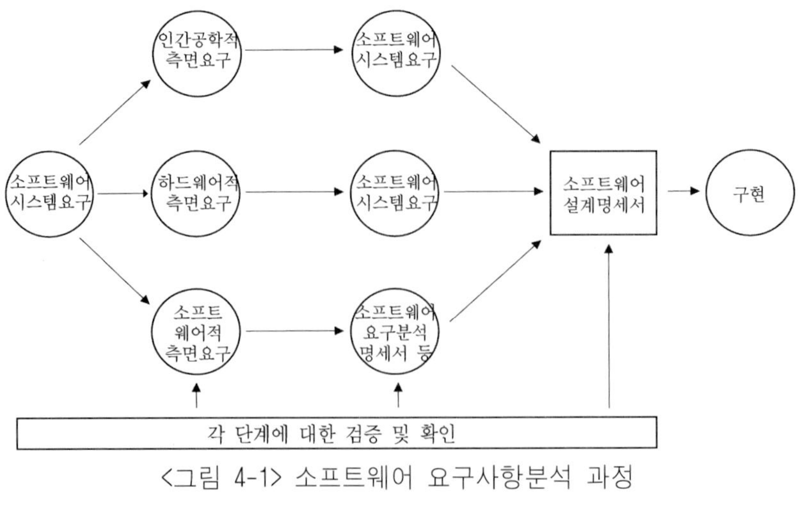

<그림 4-1> 소프트웨어 요구사항분석 과정

3. 요구사항 분석 단계

요구사항 분석 단계는 소프트웨어에 관한 요구가 무엇인가를 추출하여 소프트웨어 요구 사항 명세를 작성하는 작업 단계이다. 각 요구사항 분석 단계의 작업내용을 아래 <표 4-1>에 요약하여 두었다.

<표 4-1> 각 요구사항 분석단계에 대한 작업내용

요구사항 분석단계	작 업 내 용
현 업무에 대한 분석	- 문서, 자료의 처리과정 및 담당자의 업무 분석 - 업무의 규모, 처리시기, 다른 업무와의 연관관계, 처리비용 - 업무의 주요 기능 및 처리 범위 - 업무 조직도 - 업무 처리상에서의 주요 문제점 등
컴퓨터 처리상에서의 요구사항 분석	- 하드웨어에 대한 요구사항 ➔ 처리시간, 응답속도, 용량, 병렬처리 등 - 요구되는 정확도 - 입·출력에 대한 요구 - 데이터베이스 및 네트워크 구성 - 화면구성 등
제어에 대한 요구사항 분석	- 처리 레코드 및 파일건수 - 트랜잭션 및 실시간 처리건수 - 예외처리 사항 - 백업관리 등
인수·인계에 대한 요구사항	- 개발된 전산시스템의 변환에 대한 요구 ➔ 입·출력 자료테스트, 성능조건, 작동여부 등 - 사용자 교육계획 - 품질보증 등에 대한 분석

4. 요구사항 분석의 다섯 과정

요구사항 분석 과정은 다섯 과정으로 분류할 수 있으며, 이들은 다음과 같다.
첫째, 문제인식(Identification)
둘째, 전개(Elaboration)
셋째, 종합(Synthesis)
넷째, 검토(Review)
다섯째, 문서화(Documentation) 과정이다.

이들에 대해서 아래에 좀 더 구체적으로 고찰하여 두었다.

가. 문제인식 과정

문제인식 과정은 문제 영역 안에 중요한 사항들을 인식하고, 문제와 관련된 개체, 관계, 기능, 프로세스, 제약 등을 인식하며, 새로운 시스템에 대한 요구사항 등을 파악하기 위해 사용자와의 인터뷰, 설문조사, 실사 등을 통하여 현황을 파악하는 단계이다.

나. 전개 과정

전개 과정에서는 정해진 양식이 없는 임시 보고서와 같은 것은 명확한 항목으로 정의를 해야 하고, 전개 중 자세한 정보는 사용자에게 제공해야 한다. 사용자의 질의, 분석방법, 자료 분산 방법 등에 대해서도 살펴보아야 한다.

다. 종합 과정

종합 과정에서는 분석된 요구를 통합 모형으로 표현하는 단계이고, 이 단계에서는 주로 다이어그램 형태로 표현하며, 자동화 도구를 사용할 때도 있다.

라. 검토 과정

검토 과정에서는 요구분석 작업 결과에 대한 품질 보증 활동을 하는 단계이며, 작업 후 결과나, 일정 및 조직 등을 검토하고 재정비를 하는 과정이다.

마. 문서화 과정

문서화 과정은 사용자들의 요구사항을 분석한 결과를 요구 명세서로 작성하는 과정이며, 문서화에는 시스템의 기능, 성능, 정보 표현, 제약, 검증 평가 기준 등을 기술해야 한다.

5. 소프트웨어 요구 명세서

소프트웨어 요구 명세서는 소프트웨어 개발에 참여하는 모든 사람들의 공통 기반이 되는 것으로서, 어떤 기능을 구현 할 것인가에 대해 기술하고, 또한 소프트웨어 제품이 무엇을 어느 정도 잘 달성하지 않으면 안 되는가를 기술하며, 사용자가 소프트웨어에 대해 무엇을 원하고 있는가를 조사하여 그것을 소프트웨어 요구 명세서로서 정의하는 것이다. 정의 단계는 다음과 같다.

첫째, 조사 단계 : 이 단계는 사용자가 어떠한 시스템을 원하고 있는가의 개요를 파악하는 것이다.

둘째, 개념 단계 : 조사 보고서를 상세화하고, 시스템 개념의 모델을 정리 하는 단계이다.

셋째, 요구정의 단계 : 시스템 사용자로부터의 요구 사항을 명세화하는 단계이다.

4.1.2 요구사항 정의의 중요성

1. 요구사항 분석이 잘못된 경우

사용자들의 요구사항 분석이 잘못되었을 때에는 시간과 노력을 들여도 원하는 결과가 나오지 않을 가능성이 높다. 이처럼 잘못된 요구사항 분석은 시스템에 엄청난 파장을 일으킬 수 있다. 요구사항 분석 에러는 틀린 시점에서 빨리 발견하여 수정하지 않으면, 나중에는 몇 십 배 더 큰 곤란을 겪게 될 수 있다.

실제로 요구 사항 정의의 에러로 인해 설계를 변경하거나, 프로그램 수정의 필요가 발생할 수도 있고, 소프트웨어 개발 계획이 지연되거나 비용이 증가될 수 도 있다. 요구사항 분석 및 정의가 복잡하게 되면, 나중에 테스트도 복잡해 질 수도 있다.

2. 요구사항 분석에 대한 불확실성의 경우

요구사항 분석이 불확실할 경우에는 다음과 같은 경우가 발생할 수 있다.

첫째, 크고 복잡한 경우의 요구정의가 어렵다.

둘째, 요구사항이 분명하게 기술되지 않을 수도 있다.

셋째, 작성자의 의도가 잘 전달되지 않을 경우도 있다.

3. 요구사항 정의에서 발생되는 에러의 유형

요구사항 정의에서 발생되는 에러의 유형에는 다음과 같은 것들이 있다.

첫째, 틀린 요구

둘째, 일관되지 않은 요구 혹은 호환성이 없는 요구

셋째, 불명확한 요구

넷째, 대상 범위 이외의 요구

다섯째, 빠진 것이 있고, 불완전한 요구와 부적당한 요구

여섯째, 타이핑 오류 등이 있다.

4.1.3 요구사항 정의의 에러 원인

1. 요구사항 정의 에러의 원인

요구사항 정의를 하는데 있어서 에러의 원인을 아래에 기술하여 두었다.

1) 의사소통의 문제

사용자와 개발자 간에 정확한 의사소통과 목표에 대한 기대를 명확하게 하기 위해 문서화가 반드시 필요하다.

2) 요구사항의 계속적 변화

어느 정도 사요자들의 요구사항을 동결(Freezing)하는 것은 프로젝트 관리상 필요하다.

3) 분석도구의 미비

자동화 도구(CASE)를 이용하여 요구사항 명세서를 시뮬레이션 하여 검증하는 것은 프로젝트 초기에 오류를 잡아낼 수 있도록 도움을 준다.

4) 문서화의 어려움

사용자들의 요구사항을 분석하는데 있어서 분석의 복잡도를 해결하기 위해 사용하는 효과적인 방법은 복잡한 사용자들의 요구사항을 분할하여 정복(Divide and Conquer) 하는 것이다.

5) 정치적인 문제

사용자들의 요구사항 분석 시 개발방법론을 도입하여 접근하면 요구사항 분석과정을 더욱 체계적이고 공식적인 과정으로 만들 수 있으며, 정치적인 영향력을 최소화할 수 있다.

6) 일 할당 문제

일의 할당 문제는 처음부터 분야(Subject)별로 나누어 하는 것이 이상적이다. 개발 중에 일을 분할하거나 인력이 확충될 시 분할하면 시간이 더 오래 걸릴 가능성이 높아진다.

이 이외에도 요구사항 정의를 하는데 있어서 에러의 원인은 아래와 같은 요인들이 있다.

7) 자유 형식인 자연어의 사용
8) 자동화 특성의 결여
9) 불명확한 기능 계층의 개념
10) 부분적인 기술
11) 매우 빠른 설계적 사고

12) 불확실한 시뮬레이션의 사용
13) 공학적 방법론의 결여
14) 요구 분석 및 정의 활동의 경시
15) 프로젝트 요원 간의 커뮤니케이션 문제 등이 있다.

2. 소프트웨어 시스템 요구정의 에러의 비중

소프트웨어 시스템의 요구사항 정의 항목에 대한 각 항목별 에러의 비중을 아래 <표4-2>에 요약하여 두었다.

<표 4-2> 소프트웨어 시스템의 요구사항 정의 및 에러 비중

요구사항	에러비중
- 불명확 하거나 애매모호한 요구	10%
- 누락되거나 불완전한 요구	20%
- 부정확한 요구, 테스트 불가능한 요구, 과도한 제약조건을 가진 요구	35%
- 추적 불가능한 요구, 대상 범위 외의 요구	15%
- 모순된 요구, 호환성이 없는 요구	10%
- 타이핑 에러	10%

위의 <표 4-2>에 의하면 "부정확한 요구나 테스트가 불가능한 요구, 과도한 제약조건을 가진 요구"에 대한 에러의 비중이 "35%"로 가장 많고, "누락되거나 불완전한 요구"가 "20%", "추적 불가능한 요구 및 대상 범위 외의 요구"가 "15%"이고, 이 이외의 에러 비중이 각각 "10%"를 차지하고 있다.

4.1.4 좋은 소프트웨어 요구사항 명세서의 조건

좋은 소프트웨어 요구사항 명세서의 조건을 (1)과 (2)로 나누어서 아래에 요약하여 두었다.

1. 요구사항 명세서의 조건(1)

우선 요구사항 명세서는 정확하여야 한다. 또한 그것을 사용하는 사람과 만드는 사람 양쪽 모두에게 명백해야 하며 완전해야 한다. 요구사항 명세서는 일관성이 있어야 하고, 요구사항은 중요도와 안정성을 위해 순위가 정해져 있어야 한다. 아울러 요구사항 명세서는 증명 가능하여야 하며, 수정이 가능해야 한다. 마지막으로 요구사항 명세서는 추적이 가능하여야 한다.

2. 요구사항 명세서의 조건(2)

요구사항 명세서는 사용자와 개발자가 모두 쉽게 이해할 수 있도록 만들어져야 한다. 사용자와 개발자 서로가 동의한 것이 명확히 이해될 수 있어야 한다. 명시되어 있는 조건들은 사용자와 개발자가 동의한 것이어야 한다. 제안된 시스템이 수행할 모든 기능을 명확하게 기술해 놓아야 한다. 시스템이 수행할 기능은 요구사항 명세서의 핵심이며, 제안된 시스템에 영향을 미치는 모든 제약 조건들을 요구사항 명세서에 명시하여야 한다. 시스템을 사용하기 위해 필요한 조항들을 검증할 수 있도록 요구사항 명세서에 검증 기준을 제시해 두어야 하며, 원하는 시스템의 품질, 상대적인 중요성, 품질의 측정 및 검증 방법 등을 요구사항 명세서에 명시하여야 한다. 마지막으로 요구사항 명세서에는 시스템의 포용성과 오류 조건을 명시해 두어야 한다.

이상 고찰한 내용들을 아래 <표 4-3>에 요약하여 두었다.

아래 <표 4-3>의 요인들에 대해서 각 프로젝트 별로 품질목표, 작업목표 혹은 소프트웨어를 운용하는 조직의 목적에 따라서 지향해야 할 특성을 선택하여 우선순위를 설정하여 적용하면 좋을 것이다.

<표 4-3> 좋은 소프트웨어 요구사항 명세서의 조건

(1) 완전성 (Completeness)	(10) 자동 처리성 (Automatability)
(2) 일관성 (Consistency)	(11) 필요성 (Necessity)
(3) 정당성 (Correctness)	(12) 실현가능성 (Feasibility)
(4) 테스트 용이성 (Testability)	(13) 형식성 (Formality)
(5) 명확성 (Unambiguity)	(14) 작성의 용이성 (Constructability)
(6) 독립적인 설계 (Design Freedom)	(15) 이해성 (Comprehensibility)
(7) 추적 가능성 (Traceability)	(16) 최소성 (Minimality)
(8) 전달성 (Communicability)	(17) 적용성 (Applicability)
(9) 모듈화 및 변경에 대한 강건성 (Modularity/Change Robustness)	(18) 확장성 (Extensibility)

4.2 요구사항의 유형

4.2.1 기능적 요구사항과 비 기능적 요구사항

요구사항의 유형에는 **"기능적 요구사항과 비 기능적 요구사항"** 및 **"사용자 요**

구사항"과 **"시스템 요구사항"**이 있는데, 우선 기능적 요구사항과 비 기능적 요구사항에 대해서 아래에 고찰하여 두었다.

1. 기능적 요구사항과 비 기능적 요구사항

가. 기능적 요구사항과 비 기능적 요구사항의 분류

기능적 요구사항과 비 기능적 요구사항에 대해 아래 <그림 4-2>에 분류하여 두었다.

기능적 요구사항에는 "업무처리절차"와 "입 · 출력" 등에 관한 요구사항이고, 비 기능적 요구사항에는 "성능", "품질", "비용", "응용 및 환경" 등에 관한 요구사항이다.

기능적 요구사항과 비 기능적 요구사항에 대해서 아래에 좀 더 구체적으로 기술하여 두었다.

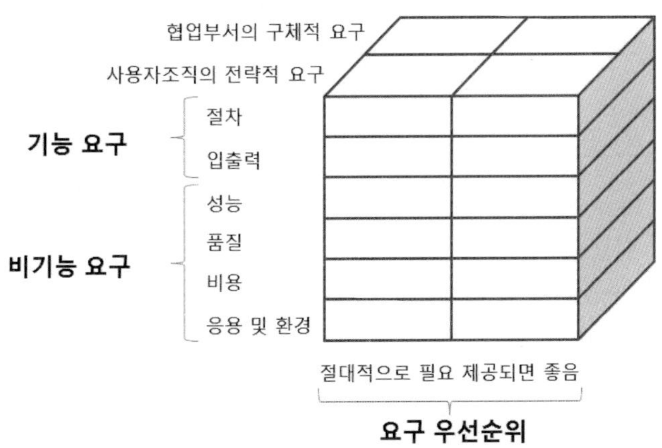

<그림 4-2> "기능적 요구사항과 비 기능적 요구사항"의 분류

나. 기능적 요구사항과 비 기능적 요구사항

1) 기능적 요구사항

기능적 요구사항으로서는 "시스템이 가져야 할 기능과 능력"에 대한 요구사항으로서 자료흐름도나 자료사전 및 소단위 명세서로 표현할 수 있다. 각 기능의 개괄적인 설명과 각 기능의 우선순위를 나타낼 수 있으며, 사용자에게 제공되는 시스템 서비스나 기능들을 설명할 수도 있다. 기능적 요구사항으로서는 "업무처리절차나 입·출력 등에 대한 요구사항이 있다.

2) 비 기능적 요구사항

비 기능적 요구사항으로는 사용자의 요구사항 중 시스템의 기능과 관계없는 것들이 여기에 해당된다. 여기에는 특정 데이터의 표현 방법이나, 응답시간 및 메모리 요구사항 등이 포함될 수 있다. 예를 들면, 시스템에 대한 제약사항으로서 비용, 응용 및 환경 등이 여기에 해당된다.

비 기능적 요구사항의 3가지 분류에는 "제품 요구사항", "조직적 요구사항", "외부 요구사항"이 있는데 이들의 관계를 아래 <그림 4-3>에 나타내 두었다.

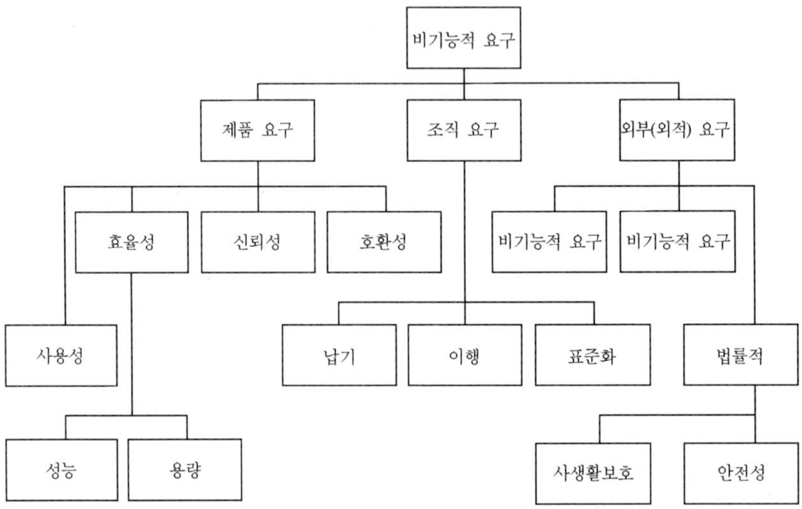

<그림 4-3> 비 기능적 요구사항의 분류

4.2.2 사용자 요구사항

사용자 요구사항은 사용자가 기대하는 시스템에 대한 요구 사항을 의미하며, 이들에 대하여 요구한 사항을 분석한 것은 반드시 문서로 작성해 두어야 한다. 사용자들의 요구사항은 주로 사용자 인터페이스, 하드웨어 플랫폼 등 기술적인 명세 사항을 포함하며, 시스템의 기능적 요구 사항을 적은 기능적 요구 사항 명세(Functional Requirements Specification : FRS)로도 사용된다.

사용자 요구사항 분석 시 유의사항은 다음과 같다.

1) 확인

사용자는 시스템이 어떤 기능을 수행할 필요가 있다고 생각할 수 있다. 그러나 더 많은 생각과 분석으로 기능을 첨가하고 다른 기능이 있다는 것을 확인할 수도 있다. 시스템은 다양한 사용자가 다양한 기능을 원하기 때문에 요구 사항들을 정리하기 위해서 사용자들 간의 협의가 필요하다.

2) 일치성

어떤 요구 사항은 다른 요구 사항들과 상충되지 않아야 한다.

3) 완전성

시스템 사용자가 원하는 모든 요구사항과 제약조건을 다 정의해야 한다.

4) 현실성

비현실적인 요구 사항들을 명세화 할 필요는 없다. 하드웨어 개발은 예상할 수 있지만 소프트웨어 기술 개발은 예측할 수 없다.

4.2.3 시스템 요구사항

어떤 요구사항들은 일부가 시스템 기능이라기보다는 시스템 전체에 영향을 주는 제약조건이 될 수도 있다. 요구사항에 대한 검토 및 업무분담까지 마치고 난 시스템은 실제 작업자에게 넘어가기 전에 아래 <그림 4-4>와 같은 작업 진행 과정을 겪는다.

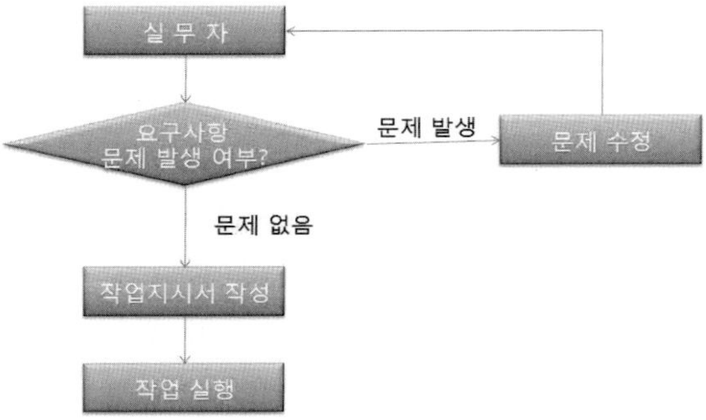

<그림 4-4> 작업 진행 과정

작업할 시스템 모델이 설정된 후에는 실무자와의 조율을 통해 모든 사항을 마친 후에 작업지시서를 작성하여 개발자에게 전달한다. 특히 이 경우 작업할 시스템에 대한 보안이 철저히 요구된다.

4.2.4 인터페이스 명세서

대부분의 소프트웨어 시스템들은 다른 시스템들과 연계하여 작동 되어야 하기 때문에 타 시스템들과 서로 다른 방식으로 인터페이스 되어져야 한다.

인터페이스 형태에는 다음과 같은 것들이 있다.
첫째, 절차적 인터페이스(Procedural Interfaces)
이것은 하위 시스템들이 하나의 서비스 영역을 담당하는 것을 의미 한다.
둘째, 데이터 인터페이스(Data Interfaces)
이것은 자료와 자료 간에 인터페이스를 담당하는 역할을 한다.
셋째, 표현 인터페이스(Representation Interfaces)
이것은 규정된 표준 데이터 표현 양식을 사용하여 인터페이스를 담당하는 것을 의미한다.

4.2.5 소프트웨어 요구사항 문서

소프트웨어 요구사항 문서는 사용자와 공급자 또는 계약자 사이에서 소프트웨어 시스템이 무엇을 수행할 것인지 또는 수행하지 않을 것인지에 대한 협의를 위한 기초자료로 활용되어 진다. 여기에는 소프트웨어 요구사항 명세서와 소프트웨어 요구사항 정의 문서가 있는데, 소프트웨어 요구사항 명세서는 소프트웨어 엔지니어를 대상으로 작성하며, 소프트웨어 요구사항 정의 문서는 비전문가를 대상으로 작성한다.
소프트웨어 요구사항 문서의 만족 조건은 다음과 같다.
첫째, 시스템의 외부 행위만 명세화해야 한다.
둘째, 구현상의 제약 조건만 명세화해야 한다.
셋째, 변경하기 쉬워야 한다.
넷째, 시스템 유지·보수 관리자를 위해서 참조 도구들을 제공해야 한다.
다섯째, 시스템의 생명주기에 대해서 미리 생각해야 한다.
여섯째, 원하지 않는 외부 사건에 대해서 수용해야 한다.

4.3 요구사항 프로세스

4.3.1 요구사항 분석 및 추출 기법

사용자들의 요구사항 분석 및 추출 기법에는 “회의”, “인터뷰”, “설문조사”, “업무관찰”, “프로토타이핑” 기법 등이 있는데 이들에 대하여 아래에 좀 더 구체적으로 고찰하여 두었다.

1. 회의

회의는 관련된 사람들이 함께 모여 의견을 나누고 자료를 제시하여 토론을 하면서 사용자들의 요구사항을 분석하는 방식이다. 회의의 목적은 문제정의, 해결전략수집, 분쟁조정, 현황분석, 자료 수집 등이며, 회의 개최 시 명심할 점은 회의가 반드시 생산적이어야 한다는 것이다.

회의 시 유의할 사항으로는 다음과 같다.

첫째, 회의의 목적을 참석 대상자에게 사전 통보해야 한다.

둘째, 회의의 목적, 안건, 시간, 장소 등이 사전에 통보 되어야 한다.

셋째, 참석자들의 답변을 유도 할 수 있는 분위기로 진행해야 한다.

넷째, 여러 기법 및 방법 등을 이용하여 원활한 진행을 한다.

다섯째, 회의록을 작성하여 결과를 문서화 한 후 배포하여 참석자들로 하여금 오해 소지를 없애야 한다.

2. 인터뷰

인터뷰는 개발될 시스템과 관계된 조직의 구성원 및 필요한 분야의 전문가와 직접 대화를 하면서 사용자들의 요구사항을 분석하는 방법이다. 이 방법은 시스템 분석가와 사용자간의 친밀성을 가져오므로 대인관계가 아주 중요한 역할을 한다.

효과적인 인터뷰 진행 방식은 다음과 같다.

첫째, 조직도 상에서 차지하는 위치와 일정 등을 협의하여 인터뷰할 대상을 선정한다.

둘째, 인터뷰할 계획을 작성한다. 계획은 육하원칙에 입각하여 작성해야 한다.

셋째, 인터뷰 계획에 의거하여 인터뷰를 수행한다. 인터뷰 수행은 질문자의 주관이나 의견이 개입되지 않도록 해야 하며, 응답자의 구두 언어뿐만 아니라 신체 언어에도 유의해야 한다.

넷째, 인터뷰 관련자들과 신뢰관계를 쌓기 위해서 인터뷰한 결과를 반드시 문서화해야 한다.

아울러 인터뷰를 할 때에는 여러 가지 유형의 질문들이 있는데 이들의 유형을 아래에 요약하여 두었다.

첫째, 열린 형태의 질문(Open Questions).

이것은 고정되어 있는 형태의 응답을 원하는 것이 아니라 최선을 다하여 자신의 의사를 말하게 하는 질문형태이다.

둘째, 닫힌 형태의 질문(Closed Questions)

이것은 인터뷰에 응하는 사람들에게 지정되어 있는 몇 가지 답 중에서 선택하도록 제약을 가하는 형태의 질문 유형이다.

셋째, 추가 질문(Probe Questions)

이것은 답변에 대하여 명확히 알고자 할 때 추가적으로 질문하는 형태이다.

3. 설문조사

설문조사는 질문사항을 만들어 우편이나 인터넷 등의 통신망을 통하여 보내거나 설문지를 전달하여 간접적으로 사용자들의 요구사항을 분석하는 방법이다.

설문조사가 적당한 경우는 "사람들이 지역적으로 널리 분산되어 있는 경우", "개발할 업무에 대해서 전체 의사가 필요한 경우", "현행 업무의 문제점을 파악하고 싶은 경우" 등이다.

설문조사 기법의 장점은 조사자 입장에서는 간편하게 사용자들의 기본적인 요구사항을 파악하기 쉽다는 점과, 응답자의 입장에서는 익명을 통한 자신의 견해를 밝힐 수 있다는 것이다.

설문조사 기법의 단점으로는 설문의 내용이 구체적일 수 없다는 점과, 성실성이 조금 부족하다는 것이다.

4. 업무관찰

업무관찰 기법은 실무현장을 직접 방문하여 사용자들의 현 업무수행 방식을 관찰하고, 이해하면서 사용자들의 요구사항을 분석하기 위한 방법이다. 현장에서 직접 업무를 관찰함으로써 관련 자료들을 정의하거나, 업무양식 등을 이해하고, 업무의 흐름을 파악하는데 많은 도움이 될 것이다.

5. 프로토타이핑

프로토타이핑 기법은 사용자들의 기초적인 요구사항을 최대한 반영한 소규모 모형 즉, 시제품을 개발하여 이를 토대로 구체적인 사용자들의 요구사항 분석 및 사용자와의 합의를 통하여 사용자들의 요구사항을 수정 보안해 나가면서 최종 시스템을 개발하는 방법이다.

프로토타이핑 기법을 이용하여 사용자들의 요구사항을 분석하기 위한 6단계는 다음과 같다(<그림 4-5>참조)

- 1단계 : 실무환경에서 프로토타이핑 기법의 적용 여부를 검토
- 2단계 : 사용자들의 요구사항 중 핵심적인 요구사항들을 정리
- 3단계 : 사용자들의 핵심 요구사항들을 명세화 한다.

· 4단계 : 프로토타입(시제품)을 개발하고 시험한다.

· 5단계 : 개발된 시제품에 대해서 사용자들이 만족하는지 어떤지를 검토한다. 사용자들이 만족하지 않으면 요구사항을 수정하여 실무환경으로 다시 피드백(Feedback)을 하고 사용자들이 만족하면 최종 시스템을 개발한다.

· 6단계 : 위의 4, 5단계를 반복 실행하면서 최종 시스템을 개발한다.

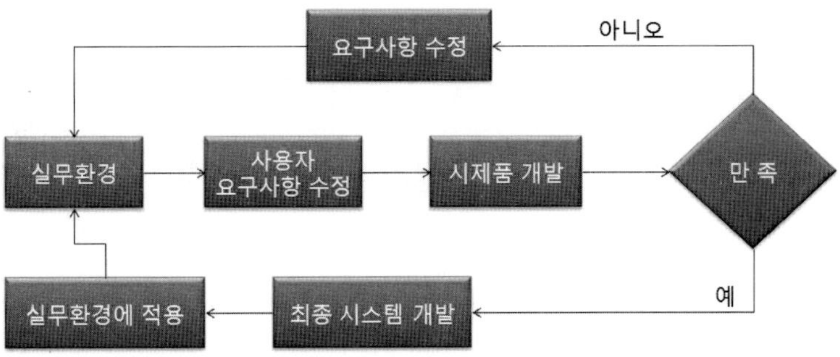

<그림 4-5> 프로토타이핑 기법의 적용절차

프로토타이핑 기법의 장점으로는 사용자 요구사항이 불명확할 때 용이하며, 다른 사람들의 아이디어를 신속하게 테스트 할 수 있어 시스템을 잘못 설계할 위험부담이 적고, 사용자들이 직접 시스템 개발에 참여할 수 있도록 동기부여를 할 수 있으며, 사용자들이 개발할 시제품에 대하여 만족하지 않을 경우에는 시스템 개발 초기에 피드백이 가능하다는 것이다.

프로토타이핑 기법의 단점으로서는 프로토타이핑의 결과는 어디까지나 시제품에 불과한데, 시제품이 마치 최종 프로젝트의 결과물인 것처럼 오해할 수도 있고, 완성이 되어도 시제품이기 때문에 바로 업무환경에 적용하기가 어려우며, 개발비용이 많이 소요되는 문제점들이 있다.

4.3.2 요구사항 검증

1. 요구사항 검증의 개념

요구사항 검증은 사용자들의 요구사항을 분석한 후 요구사항 명세서가 작성되면 사용자들의 요구가 올바르게 기술되었는지에 대해 검토하고, 시스템 설계를 위한 기초자료로 설정하는 활동이다. 요구사항 검증은 요구사항의 결함이 개발 후반부 또는 개발이 완료되고, 사용 중에 요구사항 결함이 발견되었을 경우의 비용을 고려할 경우 소프트웨어 요구사항 명세서(Software Requirement Specification; SRS)가 작성된 바로 직후에 이를 검증하는 것은 필요하다.

요구사항 검증은 적합한 검토자가 검토계획을 수립하고, 사용자 대표 및 참여자들과 협력관계를 조성하여 다양한 시각으로 요구사항 검증을 수행하며 검토결과에 대해서 문제점이 있다면 즉시 피드백을 해야 한다.

요구사항 검증 내용으로는 "요구사항 명세서 검토", "요구사항 용어검증", "요구사항 베이스라인 설정" 등이 있다.

2. 요구사항 검증 항목

요구사항 검증 항목으로는 다음과 같은 것들이 있다.

1) 유효성

유효성은 시스템이 제공하는 기능이 사용자들의 요구를 최대한 지원하는가?에 대한 검증이다.

2) 일관성

이것은 요구사항에 중복 항목들이 있는가에 대한 검증이다.

3) 완성도

이는 사용자가 요구한 기능들을 모두 포함하여 완성할 수 있는가에 대한 검증이다.

4) 현실성

이는 주어진 예산과 현재 기술력으로 시스템이 구현 가능한가에 대한 검증이다.

5) 검증 가능성

이는 요구사항들을 검증 할 수 있는가에 대한 검증이다.

6) 시험가능성

이는 요구사항들이 현실적으로 시험 가능한가에 대한 검증이다.

7) 이해성

이는 사용자와 중계자가 요구 사항을 충분히 이해할 수 있는가에 대한 검증이다.

8) 추적성

이는 요구사항을 명확하게 추적할 수 있는가에 대한 검증이다.

4.3.3 요구사항 관리

1. 요구사항 관리의 개념

요구사항 관리의 필요성은 컴퓨터 활용기술이 일반화됨에 따라 요구사항이 많아질 뿐만 아니라 요구 수준도 고도화 되어가고 있다. 또한 소프트웨어 개발 환경이 점차 대형화와 분산화됨에 따라 이해 당사자들끼리 요구사항이 다양화되어지면서 이들 요구사항에 대한 참여자들 간의 공통의 이해와 체계적인 관리가 중요시 되었으며, 대부분의 프로젝트 실패의 원인을 분석해보면, 사용자들의 입력 오류, 불완전한 요구사항 정의 및 요구사항 변경 등으로 인해 전체의 시스템 개발 생명주기(SDLC) 중에서 대부분의 에러가 요구사항 분석단계에서 발생하는 경향이 있었다.

따라서 요구사항 관리가 대두되었으며, 이는 수행할 프로젝트와 관련된 이해 관계자들로부터 요구사항들을 분석한 후 문서화하고 요구사항 변경에 대해서는 동의를 구하면서 지속적으로 시스템적 측면에서 요구사항들을 관리해나가는 활동을 의미한다. 이는 참여자들 사이에서 효과적인 의사소통 전략을 수립하여 충분한 합의와 협의를 통해 공통의 이해를 구축하고, 시스템개발생명주기(SDLC) 동안 지속적으로 관리를 해나는 것을 의미하기도 한다.

2. 요구사항 관리의 중요성

요구사항 관리의 중요성은 수행할 프로젝트의 성공을 위한 기반자료로 활용할 수 있고, 참여자간의 효과적인 의사소통 수단이 되며, 요구사항 관리가 철저하면 개발비용과 개발시간을 절약할 수 있고, 요구사항들을 일관성 있게 유지할 수 있다는 것이다.

3. 요구사항 변경 단계

요구사항을 변경할 때는 아래와 같은 단계를 거치는 것이 좋다.

첫째, 문제분석 단계

요구사항을 변경하기 위해서 제안된 요구사항들에 대해 문제점들을 논의하고 분석하는 단계이다.

둘째, 변경사항분석 단계

이 단계에서는 기타 요구사항에 대해 변경의 효과를 평가를 하는 단계이다.

셋째, 변경을 실행하는 단계

이 단계에서는 변경 사항들을 실제적으로 반영하여 변경을 실행하는 단계이다.

4. 요구사항 관리의 한계 및 극복방안

요구사항 관리의 한계로는 사용자들의 빈번한 변경과 다양한 경로를 통한 요구사항들을 수렴해야 하거나, 지나친 요구를 함으로서 현행 업무 처리에 상당한 영향을 미칠 수도 있고, 상충적인 기능을 수행하는 사용자들에게는 상호간에 이익과 손실이 발생할 수도 있다.

위와 같은 요구사항 관리의 한계에 대한 극복방안으로는 프로젝트 초기에 요구사항을 명확히 정의하거나, 분야별로 필수적으로 필요한 인력을 포함한 요구사항 변경관리 위원회 설치 및 변경요구에 대해서 적절한 통제기능이 필요하며, 사용자들의 요구사항에 대해서 융통성 있는 요구에 대응 가능한 설계 및 영향도 분석을 철저히 해둘 필요가 있다.

참고문헌

권영직, 강의자료, 자체개발, 2009. 02

최은만, 소프트웨어 공학론, SciTech, 1999, pp.75~p77, pp.106~109

이주헌, 소프트웨어 공학, 법영사, 2000, pp.156, pp.164~p167

Sommerville, Ian. Software Engineering 9th Edition. Addison-Wesley, Harlow, England. 2010

김상근, 성결대학교 강의자료, Software Engineering Lab, 요구사항 명세서의 조건, 분석의 중요성 및 문제점

한국 정보통신 기술 협회 homepage, http://word.tta.or.kr, TTA 용어사전 - 요구사항이 유형

송영재외 5인, 소프트웨어공학, 이한출판사, 2004. 02, p.30

Chungbuk National University, Network & Database Lab

Sungkyul University, Software Engineering

Wiegers, Karl E., Software Requirements 2nd edition, Microsoft Press, 2003. 03

조형식, 테라노바(새로운 세계), CAD&Graphics, 2009. 09, http://www.cadgraphics.co.kr/instrument/upload/028,030,032_%EC%B9%BC%EB%9F%BC-%EC%A1%B0%ED%98%95%EC%8B%9D.pdf

프로젝트 시스템 요구 사항, http://kr.e-articles.info/t/i/1596/

역량 성숙도 모델 (CMM) 개론, 영림원웹진 19호, 2006. 02, http://www.ksystem.co.kr/www/Knowledge/it_read.html?seqno=29

http://www.dbguide.net/guid/data/method3/e-TQM1-3.pdf

연습문제

1. 사용자들의 요구사항 유형에 대해 기술하세요.
2. 시스템의 요구사항 유형에 대해 기술하세요.
3. 사용자들의 요구사항 분석을 위한 다섯 단계의 과정을 그림으로 그려서 설명하세요.
4. 사용자들의 요구사항 정의에 있어서 발생되는 에러의 유형을 요약하세요.
5. 기능적 요구와 비 기능적 요구 사항을 기술하세요.
6. 사용자들의 요구사항 분석 및 추출 기법의 유형 및 이들의 특성에 대해 기술하세요.
7. 사용자들의 요구사항 검증 항목들을 요약하세요.

05

소프트웨어 시스템 분석

학습목표

소프트웨어 시스템을 개발하기 위해서는 우선 개발하고자 하는 업무 시스템을 분석해야 하는데 본 장에서는 여러 가지 업무 시스템 분석 방법에 대해서 공부한다.

5.1 소프트웨어 시스템 분석의 개념

"시스템"이란 "어떤 목적을 달성하기 위하여 기능을 가진 부분들의 집합체"를 말하며, 이들 부분들은 반드시 부분 부분들 간에 상호작용을 하여야 한다. 예를 들면, "사람"을 두고도 일반적으로는 "사람"이라고 하지만 의학이나 공학에서는 "인체"라고 한다. 사람이라는 목적을 달성하기 위해서는 각각 두뇌부분, 복부 부분, 하체 부위로 기능을 가진 부분들로 구성이 되어 있고, 이들 부분들은 각각 상호작용을 하고 있다.

이러한 측면에서 우주에 존재하는 모든 매체들은 모두 시스템의 개념으로 볼 수 있다. 교육기관도 "교육시스템"으로, 군대조직도 "군사시스템"으로, 생명체도 "생명시스템"으로 볼 수 있으며, 컴퓨터도 "컴퓨터시스템"으로 볼 수 있는 것이다. 어떤 조직체이든 간에 업무처리 과정도 "업무처리시스템" 또는 "업무시스템"으로 볼 수 있으며, 소프트웨어도 그 구성 요소들을 보면 모두 하나의 기능을 부분 부분들로 구성이 되어 있으므로 "소프트웨어 시스템"으로 보는 것이다.

"시스템 분석의 개념"은 개발하고자 하는 문제가 크고 복잡할 경우 시스템의 개념에 근거하여 기능을 가진 구성 요소들로 분해하여 문제를 해결하고자 하는 기술이다. 또한 그 구성 요소들이 본래의 목적을 위해서 잘 작동하고 상호작용하는 지에 대해서도 구명해야 된다. **"소프트웨어 시스템 분석의 개념"**도 "시스템 분석의 개념"에 근거하여 소프트웨어도 시스템의 한 일부분이라고 보고 소프트웨어 문제를 해결하고자 하는 기술이다.

결론적으로 **"소프트웨어 시스템 분석 기법"**은 전체의 목적을 달성하기 위해서 그들의 부품들이 어떻게 상호작용하고 있는지를 연구할 목적으로 개발하고자 하는 소프트웨어 문제들을 부품단위로 분해하여 해결하는 기법이다.

반면에 **"시스템 설계 기법"**은 분해된 시스템(또는 개발하고자 하는 문제)의 부품들을 시스템을 개선시킬 목적으로 역으로 다시 조립시키는(시스템 분석에 대한) 문제해결 기법이며, 이들은 원래 시스템에 대해 추가하고, 삭제하고 변경해 나가는 과정을 말한다.

"정보저장장소(Repository)"는 시스템 분석가나 시스템 설계자 및 시스템 개발자들이 작업한 하나 또는 그 이상의 개발할 문제들이나 프로젝트와 연관된 모든 문서들을 컴퓨터 저장 매체에 저장해 놓은 장소를 말한다.

5.2 소프트웨어 시스템 분석의 범위

소프트웨어 시스템 분석의 범위는 크게 5가지 범주로 나누어지는데 이들을 아래 <그림 5-1>에 요약하여 두었다.

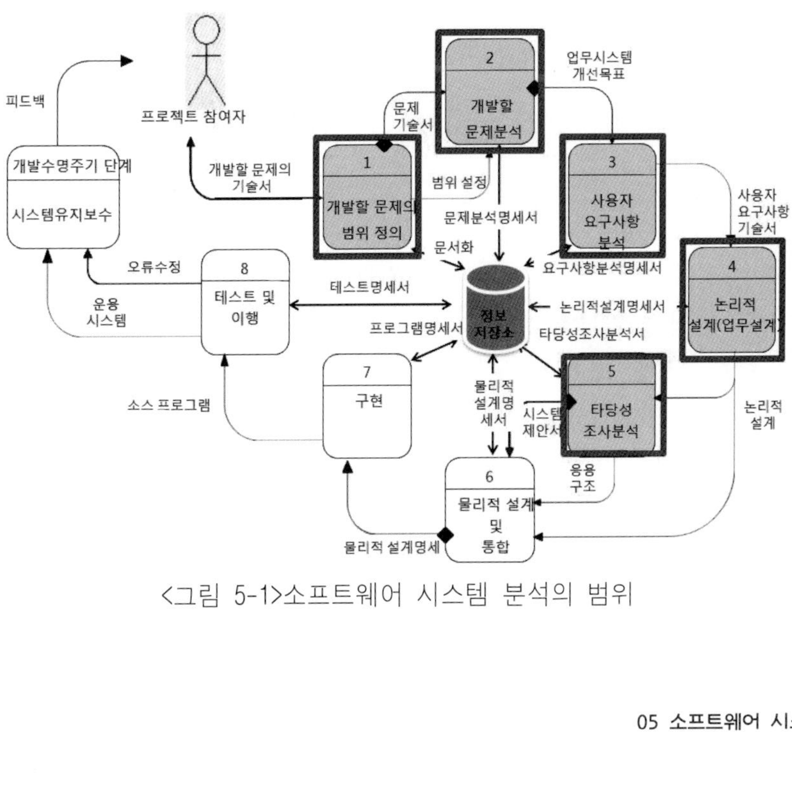

<그림 5-1>소프트웨어 시스템 분석의 범위

위의 <그림 5-1>에서 소프트웨어 시스템 분석 범위 5단계를 아래 <그림 5-2>에 요약하여 두었다.

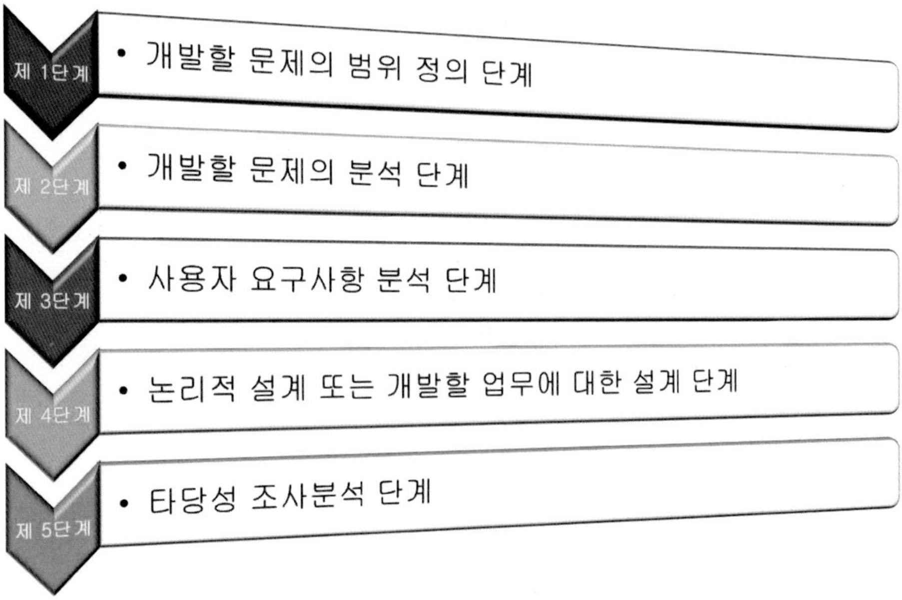

<그림 5-2>소프트웨어 시스템 분석의 범위 5단계

이들 각 단계에 대해서 작업한 내용은 반드시 "정보저장소"에 저장해 두어야 한다. 저장된 정보들은 다음 개발 단계인 시스템 설계나 또는 다른 업무 시스템들을 분석할 때에 재이용 할 수 있다.

아래에 이들 5단계에 대한 설명을 좀 더 구체적으로 기술하여 두었다.

5.2.1 개발할 문제의 범위 정의 단계

소프트웨어 시스템 분석의 제 1단계는 개발할 문제의 범위를 정의하는 것이다. 이 단계에서는 "이 문제는 개발할 가치가 있는가? 에 대한 해답을 하는 단계이다. 이 단계를 **사전 탐색 단계, 초기 연구 단계, 계획 단계**라고도 한다. 이 단계에서는 개발할 문제의 범위와 개발전략, 개발일정, 개발비용, 개발에 필요한 자원 등을 정의해야 한다. 이 단계는 다시 아래 <그림 5-3>과 같이 5단계로 세분화될 수 있다.

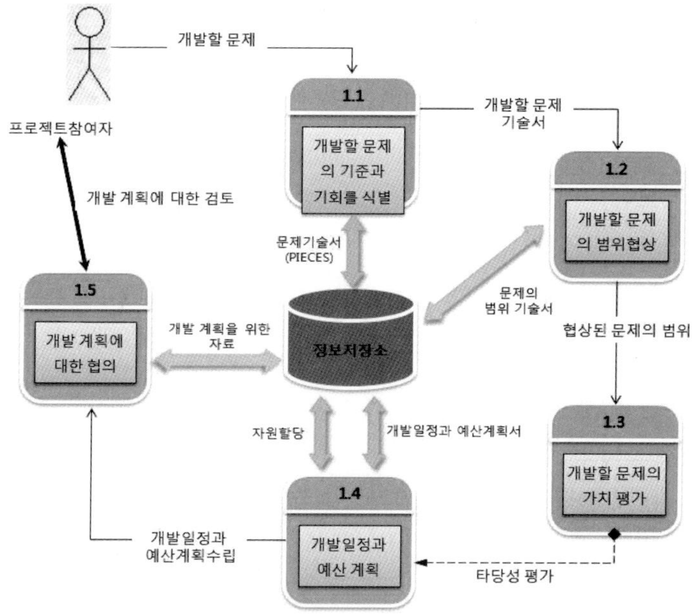

<그림 5-3> 소프트웨어 시스템 분석의 범위 정의 단계를 위한 업무

위의 <그림 5-3>의 세부 5단계에 대하여 아래에 좀 더 자세히 설명하여 두었다.

1. 개발할 문제의 기준과 기회를 식별

이 단계에서 수행하는 업무는 개발을 촉진시키는 문제, 개발 기회와 지침을 위한 최초의 기준을 설정하는 것이다. 개발할 문제의 기준과 기회에 대한 평가는 **각각의 문제, 기회와 지침, 긴급성, 가시성, 이익과 우선순위에** 따라서 이루어진다.

여기서 긴급성이란 어떤 시간 내에 문제를 해결해야할 것인가이다. 가시성이란 해결책이나 새로운 시스템이 고객이나 최고관리자(CEO)에게 어느 정도 보일 것인가이다. 이익이란 해결책이나 새로운 시스템이 대략 어느 정도 연간 자산을 증대시키거나 비용을 감소시킬 것인가이다. 우선순위란 각각의 문제, 기회, 지침에 대한 우선순위를 말한다.

어떤 조직에서는 개발할 문제의 요청을 아래 <그림 5-4>의 표준 양식에 따라 제출하기를 요구한다. 개발할 문제의 요청서에 대하여 각각의 문제, 기회와 지침, 긴급성, 가시성, 유형의 이익과 우선순위를 중심으로 문제 기술서를 작성해둔 예가 아래 <그림 5-5>이다.

개발할 문제 요청서	
요청일자 : yyyy.mm.dd	**개발할 문제 :** 소품 쇼핑몰 개발
제안한 사람	**책임자**
성명 : 권영직 제목 : 소품 쇼핑몰 개발 연락처 : 850 - 6581	성명 : 김말동 직책 : 최고관리자 연락처 : 850 - 1234
서비스 요구사항 : ☐ 쇼핑몰 개발 계획 ☐ 문제분석 ☐ 웹 사이트 디자인	☐ 소품 콘텐츠 기획 ☐ 프로그램 기획 ☐ 사이트 맵 작성 ☐ 기타
문제, 기회, 지침에 대한 간단한 설명 : 액세서리 제품을 10대를 대상으로 판매하는 쇼핑몰 구축 프로그램 임	
기대효과 : 매월 5,000만원의 매출액을 목표로 하며 웹 사이트 디자인 및 콘텐츠 내용이 기존의 사이트와는 차별화 함	
해당부서용 : ☐ 요구사항 수락 ☐ 요구사항 취소	담 당 자 : 박호순 소요예산 : 1억원 시작 일자 : yyyy.mm.dd 종료 일자 : yyyy.mm.dd
담당자 : (인)	**최고관리자(CEO) :** (인)

<그림 5-4>개발할 문제의 요청서

개발할 문제 : 소품 쇼핑몰 개발		책임자 : 김말동			
작성자 : 권영직		담당자 :박호순			
작성일자 : yyyy.mm.dd		종료일자 : yyyy.mm.dd			
문제, 기회, 지침에 대한 설명	긴급성	가시성	년간 이익	우선순위	해결방안
1. 주문접수시간에서 고객에게 배달 시간까지 평균 48시간 증가	가급적 빠른 시일내	높다	1억	1	긴급수정
2. 현재 운영중인 쇼핑몰 사이트에 대한 처리량이 증가.	1개월	중간	0.5억	2	적정수준까지 수정

<그림 5-5> 문제의 기술서

2. 개발할 문제의 범위 협상

범위는 개발할 문제의 경계를 의미하는데, 경계는 개발 중에 언제든지 수정될 수 있다. 개발 계획을 수립할 때에는 반드시 개발할 문제의 범위를 설정해야 하고, 범위는 관리자, 개발자, 사용자 간에 협의를 통해 결정을 해야 한다.

개발할 문제의 범위에 대한 사례는 다음과 같다.

▶개발할 문제에서 사용되는 데이터는 무슨 형태인가? 예를 들면, 소품 쇼핑몰을 개발할 시 사용되는 데이터(콘텐츠)는 액세서리로 할 것인가 아니면 주방품 또는 인형으로 할 것인가 등이다.
▶어떤 비즈니스 프로세스를 대상으로 할 것인가? 예를 들면, 제품 카탈로그 관리, 고객 관리, 주문 관리에 대한 비즈니스 프로세스를 대상으로 할 수 있다.
▶개발할 문제는 사용자 및 다른 문제들과 어떻게 인터페이스를 해야 하는가? 예를 들면, 소품 쇼핑몰을 위한 인터페이스에는 고객, 재고품 등이 포함될 수 있다.

개발할 문제에 대한 범위는 주로 관계자들의 회의를 통해서 많이 이루어진다.

3. 개발할 문제의 가치 평가

개발할 문제에 대한 가치 평가는 "이 문제는 개발할 가치가 있는가?" 에 대한 답변이다. 개발하고자하는 문제는 문제점을 해결하고, 기회를 이용할 수 있고, 지침을 충족시켜줄 수 있을 때에 개발할 가치가 있는 것이다. 이 단계 이후의 업무는 개발할 업무가 가치가 있고, 최고관리자의 승인이 있을 때에 진행된다.

4. 개발일정과 예산 계획

개발할 문제가 개발할 가치가 있다고 평가되면 개발일정과 예산 계획을 수립하여야 한다. 개발일정과 예산 계획 수립 방법은 제 3장 소프트웨어 프로젝트관리에서 언급한 내용들을 참조하기 바란다.

5. 개발 계획에 대한 협의

개발 계획이 수립되면 주어진 자원과 일정 및 예산으로 개발이 가능한지를 평가해 보아야 한다. 만약 개발 계획에서 요구하는 자원이나 예산이 조직에서 보유하고 있는 것보다 초과하게 되면 운영위원에 회부하여 조정을 해야 된다. 이 경우 운영위원회에서는 우선순위를 정하거나 개발을 취소할 것과 수행할 문제를 선정해야 한다.

이상과 같이 개발할 문제의 범위가 정의되면 제 2단계인 개발할 문제에 대해 분석을 해야 하는데 여기에 대해서 아래에 고찰하여 두었다.

5.2.2 개발할 문제의 분석 단계

이 단계에서는 시스템 분석가로 하여금 개발할 문제와 기회와 지침에 대한 철저한 이해를 하게 해주는 단계이다. **"문제"**의 정의는 "목표를 달성하는데 있어서 방해가 되는 요인"이다. 이와 같이 목표를 달성하는데 있어서 방해가 되는 요인이 무엇이 있는지를 분석하는 것이 개발할 문제의 분석 단계이다. 또한 문제 분석 단계에서는 **"해당 문제가 개발할 가치가 있는가?"**에 대한 타당성 분석을 하는 단계라고도 한다. 그러므로 문제 분석 단계를 **"타당성 분석 단계"**, 또는 **"현 시스템 연구 단계"**라고도 한다. 문제 분석 단계의 목적은 개발할 문제의 영역을 잘 이해해서 문제점과 기회 및 제약 조건들을 잘 분석하는데 있다.

아래 <그림 5-6>은 문제 분석을 위한 6단계를 제시한 것이며, 이들 6단계에 대해서 좀 더 구체적으로 살펴보기로 한다.

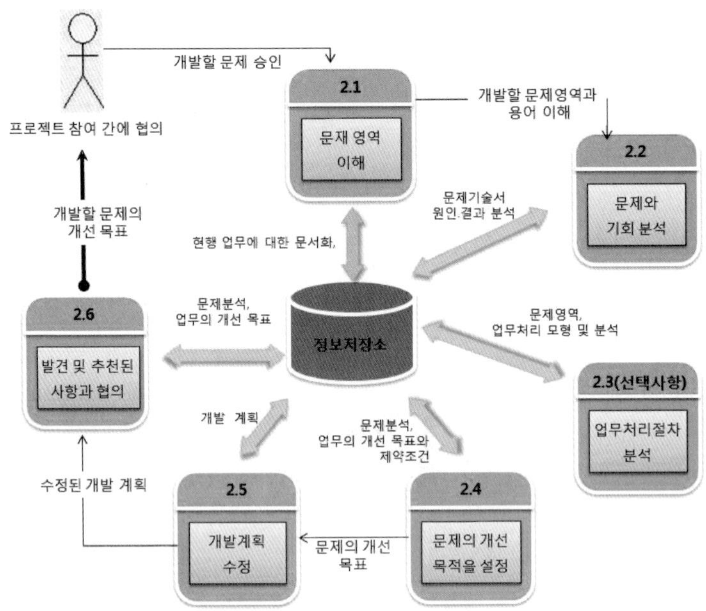

<그림 5-6> 개발할 문제 분석 단계를 위한 업무

1. 문제 영역의 이해 단계

이 단계에서는 개발할 문제에 대한 개발할 영역을 이해하는 것이다. 개발할 문제의 영역을 이해하기 위해서는 이들 문제에 포함되어 잇는 용어들을 잘 이해해야 한다. 문제 영역의 흐름에 대해서는 그림을 그려서 이해하는 것이 좋다. 문제의 영역을 이해하였으면 반드시 이들을 문서로 작성하여 정보저장소에 저장해 두어야 한다.

2. 문제와 기회 분석

이 단계에서는 개발할 문제가 목표를 달성하는데 있어서 방해가 되는 요인과 개선할 점이 어떤 것이 있는가를 분석하는 것이다. 여기에 사용되는 기법이 **"원인과**

결과 분석(Cause-and-Effect Analysis)"이다. 이 기법은 문제의 원인과 결과를 연계시켜서 문제와 기회를 분석하는 것이다. 원인과 결과 분석 기법은 문제를 진실로 이해하게 하고, 아주 명백하지는 않지만 더 창의적이고 가치 있는 해답을 주는데 도움을 주는 방법이다. 모든 시스템의 관리자와 사용자는 원인과 결과 분석을 하는 과정에 적극적으로 참여해야 한다.

원인과 결과 분석에 대한 예를 아래 <그림 5-7>에 제시하여 두었다.

개발할 문제 : 주문처리시스템	**프로젝트 관리자 :김말동**
작성자 : 박호순	최종 수정자 : 이수정
일자 : yyyy.mm.dd	갱신일자 : yyyy.mm.dd

원인-결과 분석		시스템 개선 목표	
문제 혹은 기회	원인과 결과	시스템 목표	시스템 제약조건
1. 주문처리 시간이 지연 됨.	1.. 주문 처리량 증가 2. 담당 직원 이직 3. 주문 데이터의 입력이 지연 4. 원 자재 부족 등	1.. 업무 처리 시스템 개선 2. 담당 직원 수 증원 3. 입력 방법 개선 4. 원자재 확보	1. 업무처리 구조가 단순화 되어야 함 2. 이원 증원 계획이 없음 3. 입력 기기 확보가 요망 4. 원자재 확보를 위한 예산 부족

<그림 5-7> 원인과 결과 분석에 대한 예

3. 업무 처리 절차 분석

업무 처리 절차 분석은 현재 운영 중인 업무의 처리 과정을 분석하는 단계이다.

이 단계에서 분석할 내용으로는 "업무처리에 부과되는 데이터의 양", "각 업무 처리에 대한 반응시간", "업무처리에서 발생하는 지연사항이나 애로공정" 등이다. 업무처리 데이터 분석으로는 "각 업무처리에서 발생하는 원가", "각 업무처리에 대한 부가가치" 등이 있다. 업무 처리 절차를 분석한 결과 현재 운영 중인 업무에 여러 가지 문제점들이 있다면 기존의 업무 처리 절차를 재설계를 해야 한다. 이것을 BPR(Business Process Reengineering)이라고 한다.

업무 처리 절차 분석은 "As-is"와 "To-be"분석이 있는데, "As-is"분석은 현재 운영 중인 업무 분석을 의미하고, "To-be"분석은 향후 추진할 업무 분석을 의미한다.

여기에 사용되는 도구로서는 자료흐름도(DFD : Data Flow Diagram)나 실체관계도표(ERD : Entity Relationship Diagram)등이 있다.

업무 처리 절차 분석을 하는 분석가는 위와 같은 여러 도구들을 사용해야 하므로

BPR방법에 경험이 많고, 훈련되고 자격증이 있어야한다.

4. 문제의 개선 목적을 설정

이상과 같이 개발할 문제의 범위와 기회 및 업무 처리 절차를 분석하였다면 개발할 문제에 대하여 어떻게 개선할 것인지를 설정해야 한다. 개발할 문제를 개선하려면 개선목표와 목표 달성을 위한 제약조건들을 분석하여야 한다. **"목표"**는 성공의 척도이며, 여러분들이 성취하고자 하는 기대를 말한다. 반면에 **"제약조건"**은 목표를 달성하는데 있어서 한계를 말한다. 예를 들면, "주어진 시간, 인력, 예산, 자원"등을 말한다.

개발할 문제에 대한 개선 목표는 반드시 정확해야하고, 측정이 가능한 것이어야 한다.

5. 개발 계획의 수정

개발할 문제에 대해 개발 계획대로 진행하다 보면 예상보다 문제의 영역이 더 클 수도 있고, 개발 기간이 촉박할 수도 있고, 예산이 부족할 수도 있으며, 개발 인력에 있어서도 문제가 있을 수 있다. 이러한 상황이 발생하면 개발 계획을 수정해야 하는데 한번 수립된 계획을 수정하여 작성된 계획을 **"연동계획"**이라고 한다. 어떤 문제이든 우리가 개발을 하다보면 이러한 경우는 자주 발생하는데 한번 수립된 계획을 변경하는 것을 두려워해서는 안된다.

6. 발견 및 추천된 사항과 협의

이 단계는 개발할 문제의 분석 단계 중 마지막 단계로서 개발할 문제에 대하여 지금까지 분석한 업무를 중심으로 문제 및 기회의 발견과 목표 달성을 위해 추천할 사항이 있으면 프로젝트관리자, 시스템분석가, 개발자, 사용자들과(이들을 Stakeholder라고 함)협의를 해서 추진해야 한다. 이와 같이 해서 개발할 문제에 대해 개선 목표를 설정하여 개발을 추진하면 된다.

5.2.3 사용자 요구사항 분석 단계

사용자 요구사항 분석 단계에 대해서는 제 4장 요구공학에서 이미 살펴보았기 때문에 여기서는 소프트웨어 시스템 분석을 위해서 필요한 부분만 간단하게 고찰하기로 한다. 이 단계에서 수행해야 될 업무들을 아래<그림 5-8>에 요약하여 두었다.

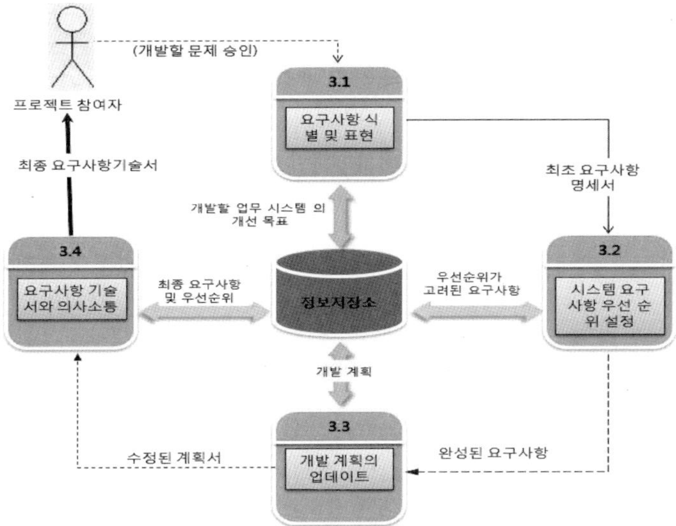

<그림 5-8> 사용자 요구사항 분석 단계에서의 업무

1. 요구사항 식별 및 표현

요구분석 단계의 처음 업무는 "요구사항을 식별하고 이들을 표현하는 것"이다.

요구사항에는 "기능적 요구"와 "비 기능적 요구"사항으로 대별할 수 있다.

기능적 요구는 "시스템이 제공해야 될 활동 및 서비스에 대한 요구사항"으로서 예를 들면 입력, 출력, 처리, 저장할 데이터 등에 대한 요구사항 등이다. 반면에 비 기능적 요구사항은 "만족할만한 시스템을 만들기 위한 특징, 특성, 제약 사항들에 대한 요구사항"으로 예를 들면 사용의 편리성, 예산, 종료 기간, 문서화, 보안성, 내부 감사 등에 대한 요구사항이다.

기능적 요구와 비 기능적 요구사항들은 유스 케이스(Use Case)를 사용해서 시스템의 개선 대상들을 그림으로 그려놓은 것이다. 유스 케이스는 새로운 시스템에 의해서 처리되어져야 하는 업무적인 시나리오나 사건을 그림으로 그려놓은 것이다. 따라서 이 단계에서는 요구사항들을 식별하여 유스 케이스를 이용하여 그림으로 표현해 두어야 한다.

2. 시스템 요구사항 우선순위 설정

만약 개발하려는 문제가 개발 기간, 예산 및 인원이 계획했던 것보다 초과된다면 사용자들의 요구사항에 대해서 우선순위를 설정해야 한다. 요구사항에 대한 우선순위 설정은 "Timeboxing"을 사용할 수 있다. Timeboxing은 버전관리를 통해 소프트웨어 시스템의 기능이나 요구사항들을 처리하는 기술로서 예를 들면 v1.0, v2.0…등으로 관리하는 것이다.

3. 개발 계획의 업데이트 및 정제

막상 문제를 개발하다 보면 예기치 않은 상황이 많이 발생하는데 이럴 경우에는 주저하지 말고 개발 계획을 수정해야 한다. 한번 작성된 계획을 여러 사정에 의하여 수정하여 다시 작성된 계획을 "연동계획" 이라 한다. 따라서 연동계획을 수립할 시에는 개발 기간과 및 예산을 조정해야 한다.

4. 요구사항 기술서와 의사소통

요구사항 분석 단계에서는 실무부서의 요구사항과 개발 요원 및 시스템 관리자와 의사소통을 해야 한다. 의사소통은 서로간의 의견의 차이를 줄이는 과정이다. 그러므로 요구사항에 대한 우선순위라든가 Stakeholders(프로젝트에 참여하는 모든 사람들)간에 요구사항 기술서에 대해서 의사소통을 해야 한다.

이상과 같이 수행한 업무들에 대해서는 모두 문서화하여 정보저장소에 보관해 두어야 한다. 이렇게 함으로서 다음에 다른 업무를 개발할 시에 참고자료로 활용할 것이다.

5.2.4 논리적 설계(업무설계) 단계

논리적 설계 단계에서는 사용자들의 업무에 대한 요구사항들을 분석한 결과 여러가지 문제점들이 도출되었을 때 이들을 수정 보완하여 업무를 다시 설계하는 과정이다. 이 단계를 업무 재설계 단계라고도 한다. 여기에 포함되는 업무들을 아래 <그림 5-9>에 요약하여 두었다.

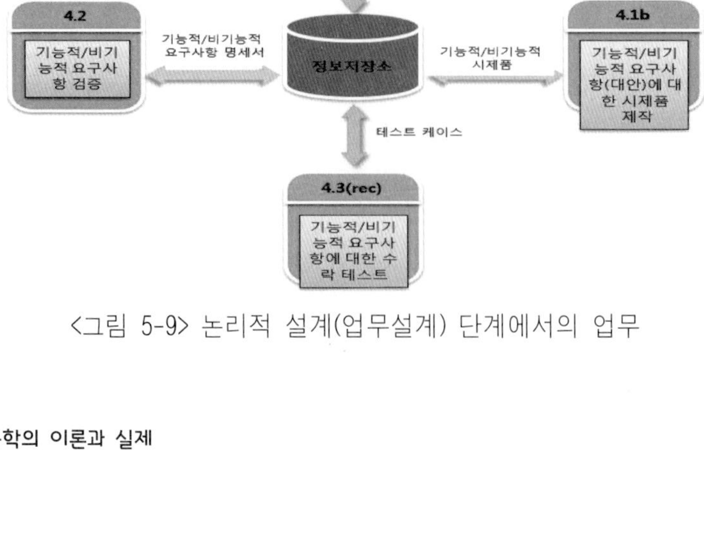

<그림 5-9> 논리적 설계(업무설계) 단계에서의 업무

1. 기능적/비 기능적 요구사항 구조

이 단계에서는 앞에서 공부한 기능적 요구사항들을 구조화 하는 업무이다. 즉, 입력, 출력, 처리, 저장할 데이터 등에 대해서 구조화해야 한다. 구조화는 구조도표로 나타낼 수 있다.

2. 기능적/비 기능적 요구사항에 대한 시제품 제작

시제품은 기능적 요구사항들을 구조화하기 위한 하나의 대안이다. 그러나 기능적 요구사항들을 구조화하기란 그리 쉬운 일이 아니다. 기능적 요구사항들을 구조화하기 위한 대안이나 보완적인 접근 방법이 시제품을 제작하는 것이다. 시제품 제작은 선택적이지만, 이것은 문제를 개발할 때에 자주 이용되는데 사용자들이 업무에 대한 요구사항들을 기술하거나 표현하는데 어려움이 있을 때 주로 이용된다.

3. 기능적/비 기능적 요구사항 검증

기능적 요구사항들을 구조화 한 모형과 시제품들은 완전성과 정확성에 대해서 검증을 받아야 한다. 사용자와 개발자들은 상호 협의하여 사용자들의 요구사항들에 대해 누락된 요구사항이나 애매모호한 요구사항, 부정확한 요구사항 등에 대하여 체크를 하여야 한다.

4. 기능적/비 기능적 요구사항에 대한 수탁 테스트

위와 같이 기능적 요구사항들에 대해 검증을 한 결과 별 다른 문제점이 없으면 사용자들로 하여금 이들에 대해 수락 테스트를 하야야 한다.

5.2.5 타당성 조사 분석 단계

타당성 조사 분석 단계에서는 개발할 문제에 대한 해결 대안을 식별하고, 그 대안의 해결책을 분석하고, 설계되고 구현할 목표 시스템을 추천하는 단계이다. 이 단계에서 수행할 업무들을 아래 <그림 5-10>에 요약하여 두었다.

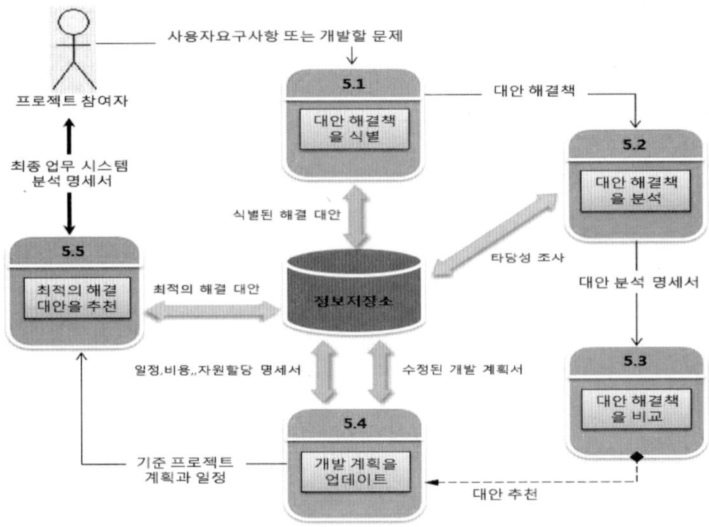

<그림 5-10> 타당성 조사 분석 단계의 업무

1. 대안 해결책을 식별

사용자들의 요구사항 분석이 종료되었으면 이들을 해결하기 위한 대안을 식별해야 한다. 이 단계에서는 후보 대안들에 대해서는 평가하지 않고, 단지 고려할만한 가능한 후보 대안들을 단순히 정의하는 단계이다.

2. 대안 해결책을 분석

개개의 대안에 대한 해결책은 타당성을 위해서 분석되어야 한다. 대안에 대한 평가는 보통 아래와 같이 4개의 기준에 의해 이루어진다.

첫째, 기술적 타당성 : 개발하려는 문제는 기술적으로 실현이 가능한가? 개발 요원들은 전문지식이 있는가?

둘째, 운영적 타당성 : 개발된 시스템은 운영을 하는데 문제점은 없는가? 개발된 시스템은 사용자들의 요구사항을 충족시킬 수 있는가?

셋째, 경제적 타당성 : 개발될 시스템은 비용 대 효과는 어느 정도인가?

넷째, 일정 타당성 : 수탁된 기간 내에 설계 및 구현은 가능한가?

다섯째, 법적 타당성 : 법적으로 문제는 없는가?

타당성 분석은 다른 대안의 타당성에 관계없이 개별 대안에 대해서 이루어지기 때문에 시스템 분석가는 후보 대안들 가에 비교를 해서는 안 된다. 각각의 대안에 대한 타당성 분석을 한 결과는 향후 다른 대안과 비교를 하기 위해서 정보저장소에 저장을 해두어야 한다.

3. 대안 해결책을 비교

각각의 대안에 대한 해결책을 분석하고 나면 각 대안을 비교해서 시스템 관리자와 사용자에게 추천하기 위한 하나 또는 그 이상의 해결 대안을 채택한다. 이때 가능하지 않은 대안은 제거하고 더 이상 고려하지 않는다. 제거하고 남은 대안들 중에서 기술적, 운영적, 경제적, 일정, 법적 타당성을 분석한 후에 가장 적합한 대안을 제안한다. 아래 <그림 5-11>은 여러 가지 대안들에 대해서 타당성 분석을 한 예이다. 여기에서 보면 "대안 2"가 "82"점으로서 최고 점수이기 때문에 해결 대안으로 추천될 것이다.

타당성 척도	가중치	대안 1	대안 2	대안 3	대안 …
운용 타당성 개발된 시스템을 운영하는데 문제가 없는지를 분석하기 위하 타당성	20%	문제가 되는 사항 점수 : 100	문제는 없지만 수정을 하면 좋은 사항 점수 : 80	수정을 해도 좋고, 수정을 하지 않아도 별 문제가 없는 사항 점수 : 60	
기술적 타당성 개발하려는 문제에 대해 기술상에는 애로 사항이 없는지에 대한 타당성	30%	기술지원 상에 문제가 많음 점수 : 50	문제가 전혀 없음 점수 : 100	기술지원 상에 다소 문제가 있음 점수 : 70	
경제적 타당성 개발하려는 문제에 대해 개발비용과 투자 대 효과성에 대한 타당성	40%	대략 1000만원 점수 : 80	대략 1500만원 점수 : 70	대략 2000만원 점수 : 60	
일정 타당성 개발하려는 문제에 대해 개발 일정에 대한 타당성	10%	1개월 점수 : 90	1~3개월 점수 : 80	3개월 이상 점수 : 70	
평가	100%	76	82	64	

<그림 5-11> 타당성 분석 행렬

4. 개발 계획을 업데이트

이 단계에서는 여러 상황이 변화됨에 따라 개발 범위를 수정하거나 개발 계획을 수정하는 단계이다. 개발 계획을 수정 할 시에는 개발자와 사용자 및 관계자들을 모두 포함시켜야 한다.

5. 시스템 해결책을 추천

이상과 같이 모든 업무가 종료되면 시스템 해결을 위한 대안을 추천한다.

이와 같이 소프트웨어 시스템분석 업무의 범위는 "개발할 문제의 범위 정의", "개발할 문제 분석", "사용자 요구사항 분석", "논리적(업무) 설계", "타당성 조사 분석"으로 요약될 수 있다. 여기에 대한 상세한 내용은 다른 문헌이나 자료들을 참조하기 바란다.

5.3 소프트웨어 시스템 분석 방법

5.3.1 관점지향 분석

1. 관점 지향 분석의 개념

이 방법은 1970년대에 제안된 것으로 조직에서 서로 다른 사람들은 개발하려고 하는 문제에 대해 <그림 5-12>와 같이 보는 관점에 따라서 업무 시스템을 분석 하는 기법이다.

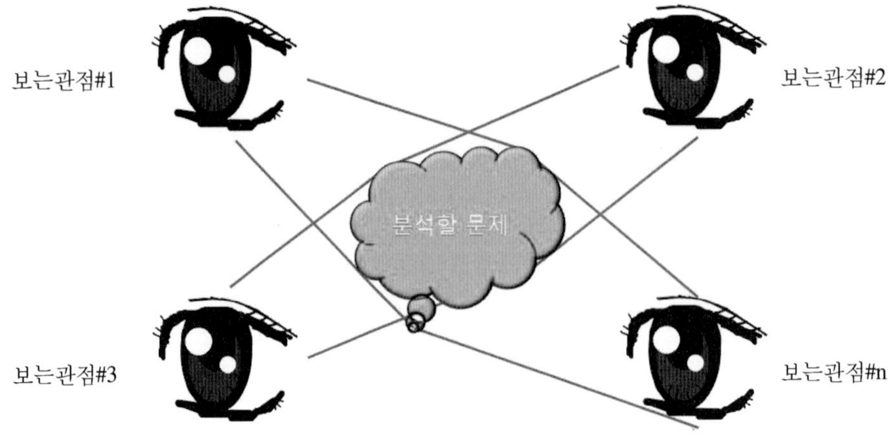

<그림 5-12> 분석할 문제에 대한 여러 관점

2. 관점의 유형

가. 개발자의 측면

개발하려는 업무 시스템에 대해 신뢰성, 성능(응답속도), 정확성 등에 관점을 두고 업무 시스템을 분석 하는 것을 의미한다.

나. 관리자 측면

개발하려고 하는 업무 시스템에 대해 개발 비용이나 관리의 효율적인 측면에 관점을 두고 업무 시스템을 분석 하는 것을 의미한다.

다. 사용자 측면

개발한 시스템의 사용의 편리성 등에 관점을 두고 업무 시스템을 분석 하는 것을 의미한다.

3. 관점 지향 분석의 예

쇼핑몰에 있어서 관점 지향 분석의 예를 아래에 고찰하여 두었다.

가. 개발자의 관점

이들은 상품의 검색속도, 개발한 프로그램의 신뢰성, 정확성 등에 관심이 있을 것이다.

나. 관리자의 측면

이들은 쇼핑몰의 개발 비용, 개발 기간, 개발 인력 등에 관심이 있다.

다. 사용자 측면

이들은 상품의 종류나 개발된 쇼핑몰의 사용의 편리성 등에 관심이 있다.

4. 관점 지향 분석의 장 · 단점

가. 장점

이 방법은 분석하려는 업무 시스템에 대해 보는 관점에 따라서 분석하기 때문에 각각 수혜자 측면에서 업무를 분석할 수 있다.

나. 단점

개발하려고 하는 업무 시스템에 있어서 동일한 서비스라 하더라도 각각 다른 관점에서 보면 다를 수 있기 때문에 개발하려는 업무 시스템을 분석하는데 있어서 혼돈을 가져올 수 있다는 것이다.

5.3.2 방법기반 분석

방법기반 분석은 업무 분석에 사용되는 가장 효과적인 방법으로, 여러 유형의 방법들을 이용해서 업무 시스템을 분석하는 것을 의미한다. 이것은 또한 그림 같은 모델을 이용해서 업무 시스템을 분석하기 때문에 "모델 중심 분석(Model-Driven Analysis)" 방법이라고도 한다. 업무 시스템을 분석한 결과는 반드시 문서로 작성해 두어야 한다. 방법기반 분에는 "구조적 분석", "자료 흐름도에 의한 분석", "정보공학 분석 방법", "객체지향 분석 방법", "신속 응용 개발 방법(Rapid Application Developing)", "프로토타이핑(Prototyping) 방법", "자동화 도구(Computer-Aided Software Engineering(CASE) Tools)"에 의한 방법 등이 있다.

여기서 **"구조적 분석"** 방법은 해결하고자 하는 문제가 아주 크고 복잡할 경우에는 이것을 하나의 기능을 가진 단위(이것을 "모듈"이라고 함)로 세분화 하고, 세분화한 모듈들을 계층 구조화해서 업무 시스템을 분석하는 방법이다. 본 장에서는 여기에 대해서 간단하게 언급하며, 제 6장 시스템 설계에서 상세하게 언급하여 두었다.

"자료흐름도에 의한 분석" 방법은 업무처리에 중점을 두어서 업무처리들 사이의 자료의 흐름과 자료가 저장되는 장소들을 그림으로 그려서 분석하는 방법이다. 여기에 대해서는 "5.3.3 자료흐름지향 분석"에서 상세하게 언급하여 두었다.

"정보공학 분석 방법"은 업무 시스템 내에 있는 자료의 구조에 초점을 두어서 업무 시스템을 분석하는 것이다. 일명 "데이터 중심 분석 방법"이라고도 하는데, 데이터의 요구사항 분석을 강조한다. 여기에 사용되는 모델링 도구로는 "실체-관계 도표(Entity-Relation Diagram : E-R 도표)"이다. 여기에 대해서는 "데이터 베이스 분석"방법에서 상세하게 다룬다.

따라서 "자료흐름도"는 업무 시스템의 프로세스를 모델링하고, "실체-관계 도표"는 데이터를 모델링 하는데 활용된다.

"객체지향 분석 방법"은 "업무 프로세스(처리절차)"와 "데이터"를 하나의 단위로 묶어서(이것을 "객체"라고 함) 업무 시스템을 분석하는 방법을 의미한다. 여기에 대해서는 "제 7장 객체지향 분석" 방법에서 상세하게 다룬다.

"신속 응용 개발 방법"은 사용자와 개발자가 함께 모여서 업무 시스템을 분석하는 방법이다.

"프로토타이핑" 방법은 개발하려는 업무 시스템에 대해 시제품을 만들어서 분석하는 방법이다. 즉, 개발하려는 업무 시스템에 대해 시제품을 사용자에게 보여주고 사용자가 이들을 검토한 후에 수정할 부분을 수정하여 개발자에게 주면 개발자가 이들을 다시 검토한 후에 수정할 부분을 수정하여 사용자에게 주면 다시 사용자가 이들을 검토하여 수정하고, 수정한 시제품을 다시 개발자에게 주면 개발자가 다시 이들을 검토하여 수정하고, 수정한 시제품을 사용자에게 주면 사용자가 다시 이들 시제품을 검토하여 수정하는데, 이러한 과정들을 사용자가 만족 할 때까지 계속 반복하여 개발하려는 업무 시스템을 분석하는 방법이다. 여기에 대해서는 "제 2장 소프트웨어 시스템 개발 방법론"에서 이미 언급하여 두었다.

"자동화 도구"에 의한 분석 방법은 각종 자동화 도구들을 이용하여 개발하려는 업무 시스템을 분석하는 방법인데, 여기에 대해서도 "제 2장 소프트웨어 시스템 개발 방법론"에서 이미 언급하여 두었다.

"방법기반 분석의 장점"으로는 체계적으로 업무 시스템을 분석할 수 있다는 것이다. **"단점"**으로는 모든 업무 시스템이 구조적으로 분석할 만큼 체계적이지 못하다는 것이다.

5.3.3 자료흐름 지향 분석

자료흐름 지향 분석은 자료의 흐름에 기반을 두어서 업무 시스템을 파악하는 것이다. 여기에는 “자료흐름도”, “자료사전”, “미니 명세서” 등이 있는데 이들에 대해 아래에 좀 더 구체적으로 살펴 두었다.

1. 자료흐름도

가. 자료흐름도의 정의

자료흐름도(Data Flow Diagram : DFD)란 데이터를 수집, 저장, 분배하는 절차를 나타내기 위한 도형화 한 기법이다. 또한 이것은 외부실체(부서)와 업무 처리절차와 데이터의 이동과정을 그림으로 나타낸 것이다. 이것은 정확하고 잘 구조화된 프로세스 모델을 이끌어 내고, 시스템 환경 업무처리절차, 데이터가 어떻게 상호 연관되어 있는지를 나타내기 위한 문서화하는데도 가장 좋은 도구이다.

또한 자료흐름도는 자료가 업무 시스템 내의 각 절차에 따라 흐르면서 변환되는 과정을 그림으로 그려놓은 것이다. 이것은 업무 시스템을 넓은 시각에서 분석하는 매우 편리한 도구일 뿐만 아니라 설계의 기본이 된다는 점에서 가장 많이 사용되는 자료흐름 지향 분석 기법이다.

나. 자료흐름도를 그리기 위한 기호

1) 자료흐름(Data Flow)

자료흐름은 업무 시스템에서 처리되는 자료의 흐름을 추적하며, 자료흐름의 방향은 아래 <그림 5-13>과 같이 화살표로 표시하고, 이것은 처리공정들 간의 연관관계를 나타낸다.

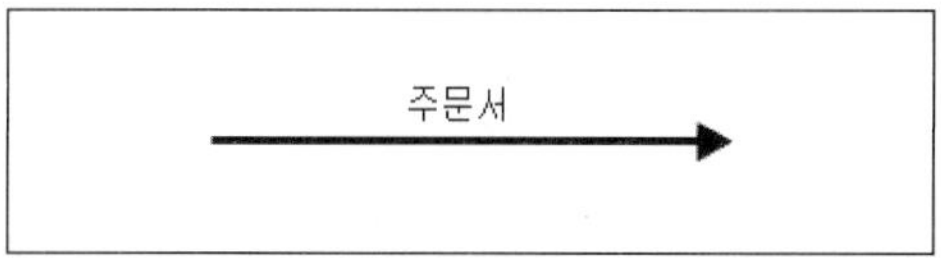

<그림 5-13> 자료흐름 기호

2) 처리공정(Process)

처리공정은 업무 시스템에서 처리 과정이나 연산과정을 나타내며, 아래 <그림

5-14>와 같이 "원" 또는 "둥근 사각형"으로 표시하며, 우리나라에서는 주로 "원"을 이용한다. 처리공정에 관한 이름을 반드시 도형 안에 표시하여야 하고, 처리공정의 내용과 반드시 일치하는 의미의 명칭을 사용해야 한다.

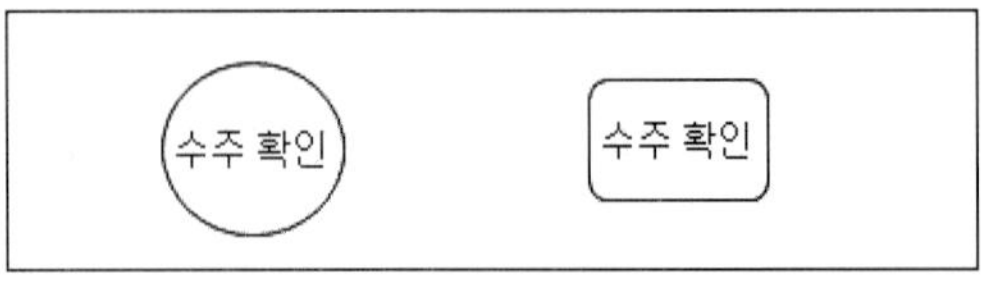

<그림 5-14> 처리공정 기호

3) 자료저장소(Data Store)

저자앙소는 업무 시스템상의 자료보관소를 의미하며, 사용되는 기호는 아래 <그림 5-15>와 같이 두 개의 평행선 또는 (ㄷ)자로 표시하나 우리나라에서는 주로 두 개의 평행선을 이용하며, 자료흐름에 의해 처리공정에 연결되고, 자료의 작성과 동시에 행해질 수는 없다.

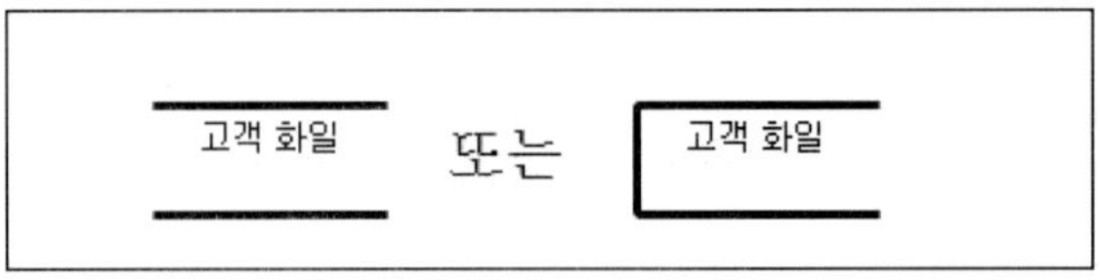

<그림 5-15> 자료저장소

4) 외부 입·출력 또는 외부 실체(External Entity)

외부 입·출력은 자료의 입력공급처(Input Source) 혹은 출력처(Output Sink)를 뜻한다. 외부조직, 고객, 공급선 등 업무 시스템의 외부 실체(External Entity)를 의미하며, 시스템 밖의 조직을 뜻한다. 사용되는 기호는 아래 <그림 5-16>과 같이 "정사각형" 또는 "직사각형"으로 표시하며, 터미네이터(Terminator)나 외부종착지점(External Sink)이라고도 한다.

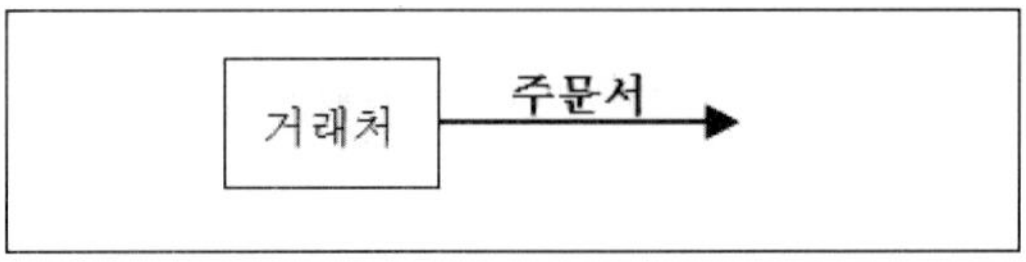

<그림 5-16> 외부 입·출력(외부 실체) 기호

다. 자료흐름도의 예

아래 <그림 5-17>은 도서관리 업무의 자료흐름도에 대한 예를 그림으로 그려 두었다.

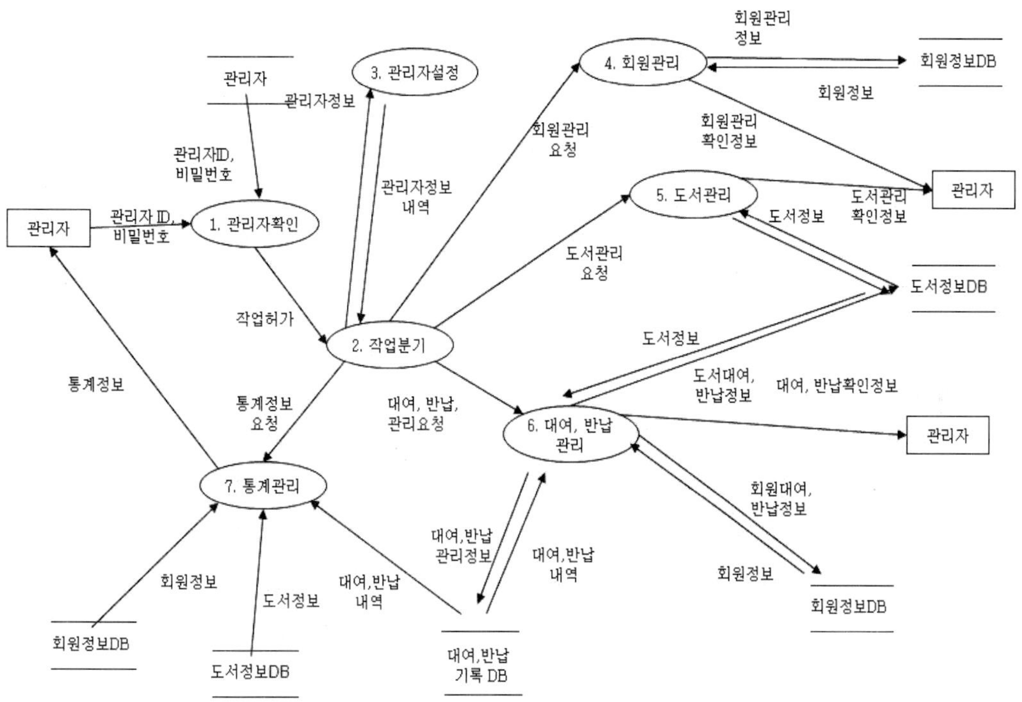

<그림 5-17> 자료흐름도의 예

라 자료흐름도 작성 시 유의사항

1) 입력이 없는 출력과정은 없다. 마찬가지로 출력이 없는 입력과정도 없다.

2) 저장 장소에서 저장 장소로는 바로 못가고 반드시 처리과정을 거쳐야 한다.

3) 외부 실체에서 저장장소로 바로가지 못한다. 마찬가지로 저장장소에서 외부 실체로 바로가지 못한다. 반드시 처리공정을 거쳐야 한다.

4) 외부 실체에서 외부 실체로 바로가지 못한다. 반드시 처리공정을 거쳐야 한다.

5) 화살표 한 개를 사용해서 반복과정을 표시하면 안된다. 두 개의 화살표로 작성해 주어야 한다.

6) 분기할 때는 공통 영역에서 나가야 한다.

7) 결합(조인)할 때도 마찬가지이다.

8) 처리공정에서 떠난 자리로 되돌아 갈 수 없음

9) 처리과정은 반드시 동사구 이어야 하며, 데이터 저장 장소나 외부 실체는 명사구이어야 한다. 화살표는 단지 데이터의 흐름만 나타낸다.

마. 자료흐름도의 유형

1) 현재의 물리적 자료흐름도

맨 처음에 작성된 자료흐름도를 의미한다.

2) 현재의 논리적 자료흐름도

데이터를 변경해서 불필요한 처리 절차를 제거한 자료흐름도를 말한다.

3) 새로운 논리적 자료흐름도

저해되거나 방해되는 업무처리 절차를 제거 한 자료흐름도를 의미한다.

4) 새로운 물리적 자료흐름도

더 이상 수정할 수 없는 최후의 자료흐름도를 의미한다.

바. 자료흐름도의 지침서

1) 완전성

자료 흐름도 상에서의 모든 필요한 부분을 다 포함시키고 기술하여야 한다.

2) 일관성

자료 흐름도 내에 또 다른 자료 흐름도가 있을 때에는 같은 수준의 레벨을 부여해야 된다.

3) 적시성

자료흐름도는 적시에 작성되어져야 한다.

4) 반복적 개발법

자료흐름도는 계속 개발하고 수정 보완되어져야 한다.

5) 최소단위의 자료흐름도

더 이상 분해될 수 없는 자료흐름도를 의미한다.

사. 자료흐름도의 상세화

1) 개념

하나의 자료흐름도만으로는 큰 업무 시스템을 표현하기가 어렵기 때문에 하나의 큰 자료흐름도는 세분화할 필요성이 있다. 이것은 아래 <그림 5-18>과 같이 맨 처음에 작성된 자료흐름도 즉, 배경도(Background Diagram) 또는 개략도(Context Diagram)에서부터 시작해서 한 단계씩 수준(레벨(Level))을 내려가면서 세분화하게 되며, 자료흐름도의 세분화는 "하향식" 기법을 취한다.

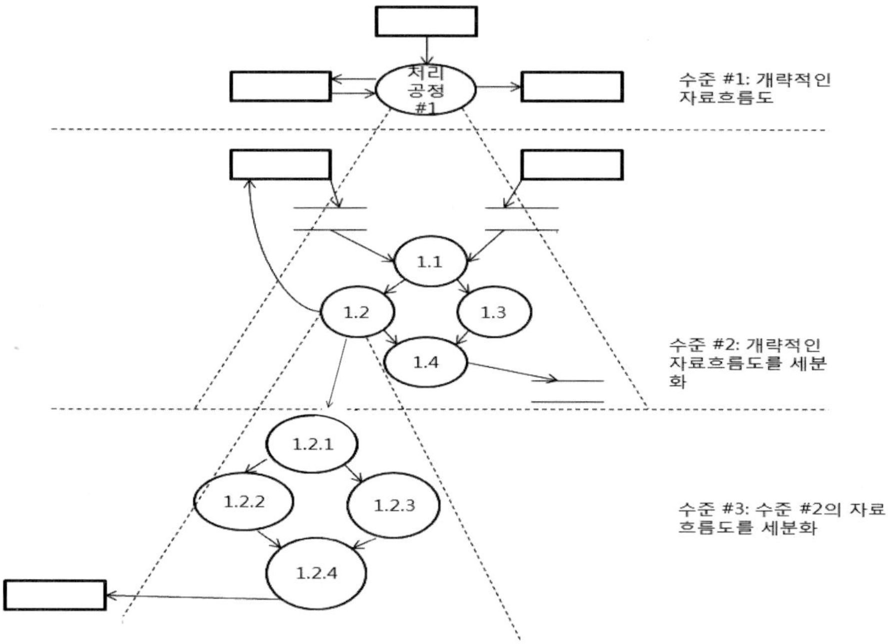

<그림 5-18> 자료흐름도의 상세화 예

2) 자료흐름도의 상세화 시 유의사항

가. 각 처리공정 즉, 버블(Bubble : 원모양)은 처리과정의 혼돈을 없애기 위하여 한 페이지에 모두 포함되도록 해야 한다.

나. 각 단계마다 업무처리 절자 버블은 약 6~7개가 적당하다.

다. 한 페이지에 12개 이상의 버블이 포함되면 이해하기가 곤란하다.

라. 레벨 2나 레벨 3에 이르면 웬만한 소프트웨어는 설계에 임할 수 있을 만큼 구체화된다.

마. 최종단계(레벨)의 각 업무처리 절차 버블은 프로그램으로 코딩될 수 있어야 한다.

2. 자료사전

가. 자료사전의 개념

자료사전(Data Dictionary : DD)은 아래 <그림 5-18>과 같이 자료흐름도상에 있는 자료요소들을 수학적 표기법으로 표시해 놓은 것을 의미한다.

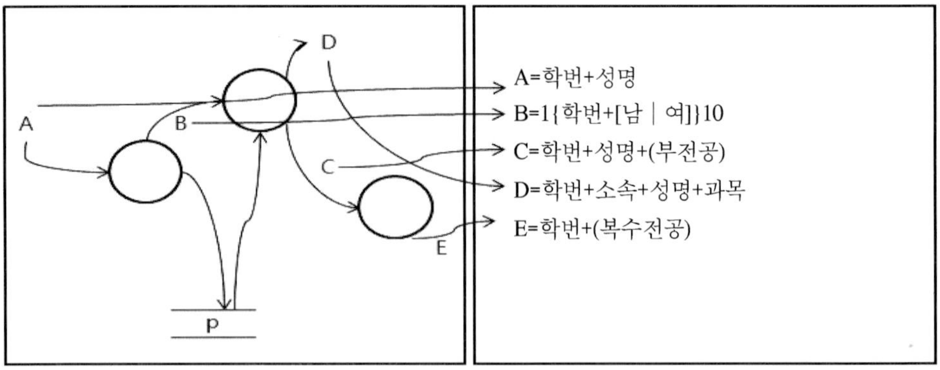

<그림 5-18> 자료흐름도와 자료사전과의 대응관계

나. 자료사전에 사용되는 기호

자료사전에 사용되는 기호들은 아래 <그림 5-19>와 같다.

자료 표기 내역	사용기호	기호에 대한 설명
자료항목 구성	=	좌측항목은 우측항목들로 구성됨
순차(Sequence)	+	~과(and개념)
선택(Selection)	[|]	괄호 안에 있는 내용은 반드시 하나이상을 선택
반복(Repetition)	{ }	n번을 반복
선택사양(Option)	( )	있어도 되고 없어도 됨

<그림 5-19> 자료사전에 사용되는 기호

다. 자료사전의 예

아래에 도서관리 업무에 대한 자료사전의 예를 살펴 두었다.

· 신규회원정보=회원이름+(회원주민등록번호)+회원생년월일+회원주소+회원전화번호
· 회원검색질의=[회원번호|회원이름|회원전화번호]
· 회원수정내용=[회원이름|회원주민등록번호|회원생년월일|회원전화번호|회원주소]
· 회원번호=1{십진수 }10
· 회원정보=회원번호+신규회원정보

라. 자료사전의 단순화

아래와 같이 도서 관리업무의 회원정보 관리에 있어서 자료사전이 길고 복잡할 경우에는 분리해서 단순화 할 수 있다.

회원정보관리=회원구분+신규회원정보+회원검색+회원수정+회원인적사항+회원확인

· 회원구분=기존회원+신규회원

· 신규회원정보=회원이름+회원주민등록번호+회원생년월일+회원주소+회원전화번호

· 회원검색=[회원번호|회원이름|회원전화번호]

· 회원수정=[회원이름|회원주민등록번호|회원생년월일|회원전화번호|회원주소]

· 회원인적사항=1{주민번호+성명+전화번호+주소}n

· 회원확인=[회원번호|오류번호]

3. 미니명세서

가. 미니명세서의 개념

미니 명세서는 1~2페이지 정도의 소규모 분량으로 입력자료가 출력자료로 처리 가공되는 절차를 요약한 문서이다. 아래 <그림 5-20>은 미니 명세서를 작성하는 도구인데, 아래부터 기재한 순서대로 효율이 좋은 도구이다.

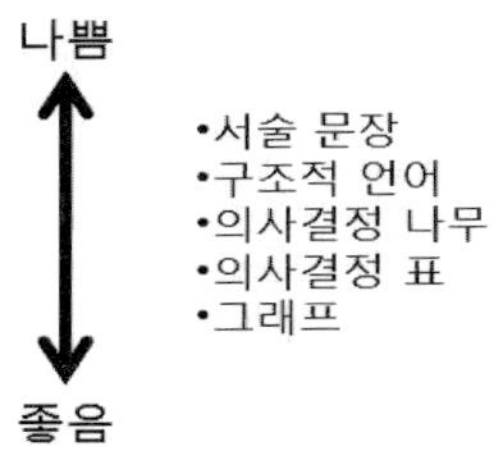

<그림 5-20> 미니 명세서 작성 도구

위의 도구들에 대해서 아래에 좀 더 구체적으로 고찰하여 두었다.

나. 미니 명세서 작성 도구

1) 그래프

그래프는 아래 <그림 5-21>과 같이 어떤 내용을 한 눈에 알아볼 수 있도록 일목요연하게 나타내는데 유용하다

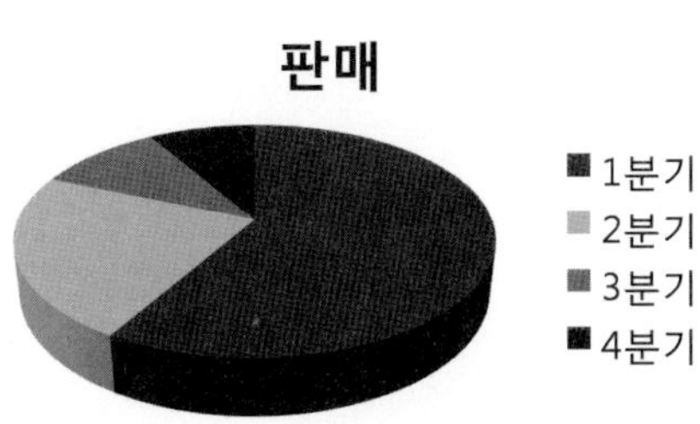

<그림 5-21> 그래프와 표

2) 의사결정 표

의사결정 표(Decision Table)는 아래 <그림 5-22>와 같이 주어진 조건에 따라서 의사결정을 하는 표이다.

조건과 처리항목 \ 규칙		1	2	3	4
조건	등록된 회원	Y	Y	N	N
	등록된 도서	Y	N	Y	N
처리항목	대여,반납	Y	N	N	N
	회원가입	N	N	Y	Y
	회원삭제	Y	Y	N	N
	회원수정	Y	Y	N	N
	도서등록	N	Y	N	Y
	도서수정	Y	N	Y	N
	도서삭제	Y	N	Y	N
	회원검색	Y	Y	N	N
	도서검색	Y	N	Y	N

<그림 5-22> 의사결정 표

3) 의사결정 나무(Decision Tree)

의사결정 나무는 아래 <그림 5-23>과 같이 의사결정을 하는 논리를 나무 가지 모양으로 도형화하는 것이다.

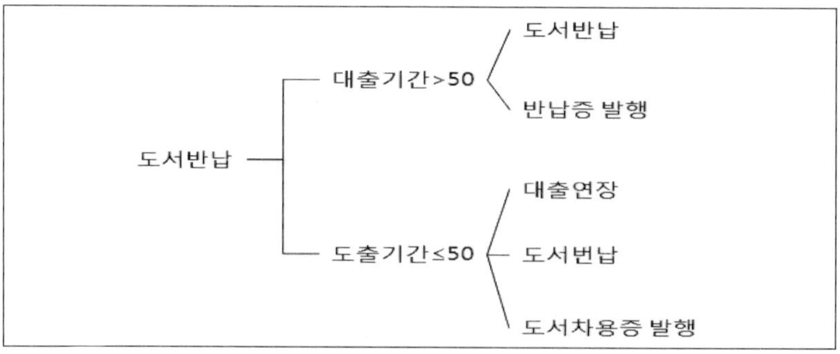

<그림 5-23> 의사결정 나무

4) 구조적 언어(Structured Language)

구조적 언어는 프로그래밍언어에 가깝도록 업무를 분석해 놓은 것이다. 구조적 언어를 작성할 때에는 아래의 구성요소들을 참조해야 한다.

첫째, 제한된 단어를 사용해야 되는데, 자료사전에서 정의된 자료 명을 주로 사용한다.

둘째, 제한된 문장형태를 사용해야 되는데, 간단한 명령형 문장으로 표현해야 한다.

셋째, 블록구조를 이용해야 되는데, 순차, 선택, 반복의 세 가지 구조 형태를 이용해야 한다.

구조적 언어로 작성한 예를 아래 <그림 5-24>에 나타내 두었다.

```
 <회원검색에 대한 구조적 언어>

 <회원검색에 대한 구조적 언어>
회원검색질의=회원정보
If 회원ID=없음1 then
  오류메시지출력
Else
  회원확인번호=회원ID
  회원정보 출력
End if
<회원가입에 대한 구조적 언어>
If 회원가입확인 = 가입된 회원 then
  해당 사항 처리
Else
  회원이름=회원이름입력
  주민등록번호=회원주민등록번호
  주소=회원주소
  전화번호=회원전화번호
  회원정보구성
End if
```

<그림 5-24> 구조적 언어

만약 구조적 언어를 작성할 시 조건이 3개 이상이면 "CASE" 구문을 이용하는데 여기에 대한 예를 아래 <그림 5-25>에 나타내었다.

<도서대여프로그램- 통계관리를 위한 구조적 언어>
<통계결산수행>
통계결산번호=결산요청번호
Case 1: (도서자료검색)
모든 도서정보출력
Case 2: (회원자료검색)
모든 회원정보출력
Case 3: (결산자료검색)
모든 대여, 반납중인 도서정보 출력
<우수회원검색>
대여횟수가 많은 회원부터 차례대로 출력
<인기도서검색>
대여횟수가 많은 도서부터 차례대로 출력
<결산>
월간 총 대여도서정보 출력
월간 총 신규가입회원 정보 출력
월간 총 수익금 출력
월간 총 대여횟수 출력

<그림 5-25> CASE문을 이용한 구조적 언어

5) 미니명세서의 역할

미니명세서는 자료흐름도 상에서 설명되지 않은 처리과정을 설명할 수 있으며, 자료흐름도 상의 최하위 버블(기능요소) 각각에 대해서도 하나의 미니명세서를 작성할 수 있다. 입력자료를 출력자료로 변환시키기 위한 업무내용도 기술할 수 있다.

6) 미니명세서의 작성기준

미니명세서는 반 페이지 내지 한 페이지 정도의 분량이 되도록 미니명세서의 분량을 염두에 두고 자료흐름도를 분할해야 한다.

다음의 조건일 때는 위의 기준에 얽매이지 않고 자료흐름도를 분할할 수 있다.

첫째, 시간적으로 동일하지 않은 두 개의 기능을 수행할 때

둘째, 미니명세서에 대한 이름을 적절하게 부여하기 어려울 때

셋째, 미니명세서의 분량이 적어짐으로써 사용자의 업무 시스템에 대한 이해가 용이할 때 등이다.

4. 구조적 분석 방법론

구조적 분석 방법은 크고 복잡한 문제를 각 기능별로 세분화하여 구조화 시켜 쉽게 이해할 수 있도록 하는 것이다. 어떤 문제의 분석이라도 이 방법은 하향식으로 모듈화하여 계층적 또는 구조적으로 실행해야 한다.

구조적 분석 방법의 예를 아래 <그림 5-26>에 도시하여 두었다.

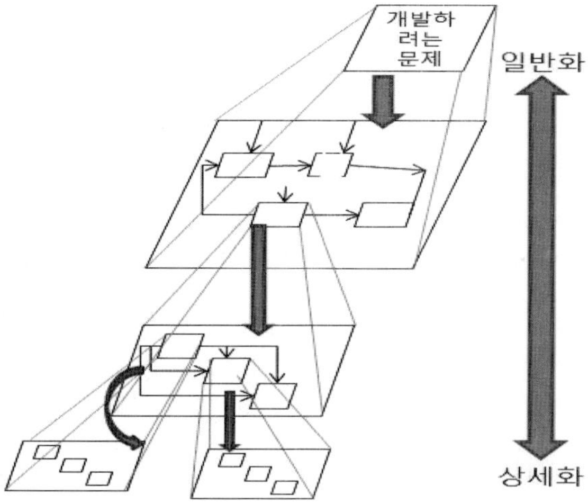

<그림 5-26> 구조적 분석 방법의 예

위의 <그림 5-26>에서 “직사각형”은 하나의 모듈을 나타내며, 입력, 출력, 처리, 제어 기능을 수행한다. 이와 같은 하나의 모듈이 크고 복잡하면 또 다른 모듈로 세분화하여 계층 구조화해서 분석해 나가는 방법이 구조화 분석 방법이다.

구조화 분석 방법의 장점으로는 시스템을 체계적으로 개발 할 수 있고, 쉽게 실현이 가능하다는 것이다. 반면에 단점으로는 해석을 하면서 명세서를 작성하지 않는다는 것이다.

5.3.4 자료구조지향 분석

1. 자료구조지향 분석 방법의 개요

문제를 분석하는 데는 자료흐름, 자료의 내용, 자료구조를 포함하는데, 자료구조지향 분석은 자료구조에 초점을 맞추어 업무 시스템을 분석하는 기법으로 다음과 같은 가정 하에 진행된다.

첫째, 정보의 체계는 계층화(Hierarchical)되어 있어야 한다.

둘째, 자료는 순차(Sequence), 선택(Selection), 반복(Repetition)구조로 표현 되어 있어

야 한다.

이와 같이 계층화된 자료구조는 일정한 단계를 거치면서 프로그램 구조로 변환이 가능하다. 자료구조지향 분석 방법에는 **"워니어-오르 분석", "잭슨 분석과 데이터베이스로 업무 시스템을 구출할 시 사용되는 "실체 관계 도표"**에 의한 분석 방법 등이 있는데, 여기에 대해서 아래에 간단하게 고찰하여 두었다.

2. 자료구조지향 분석 방법의 유형

가. 워니오-오르 분석 방법

J.D Warnier가 제안한 자료의 계층화 방법에 K.Orr가 정보흐름과 기능의 특성을 추가해서 보완한 방법으로 그들의 이름을 따서 워니어-오르 방법이라고 한다. 이 방법은 출력 자료를 먼저 정해 놓고 거꾸로 거슬러 올라가면서 처리과정과 입력시킬 자료를 분석해 나가는 방법이다. 워니어-오르 방법의 예를 아래 <그림 5-27>에 도시하여 두었다.

(A)출력양식

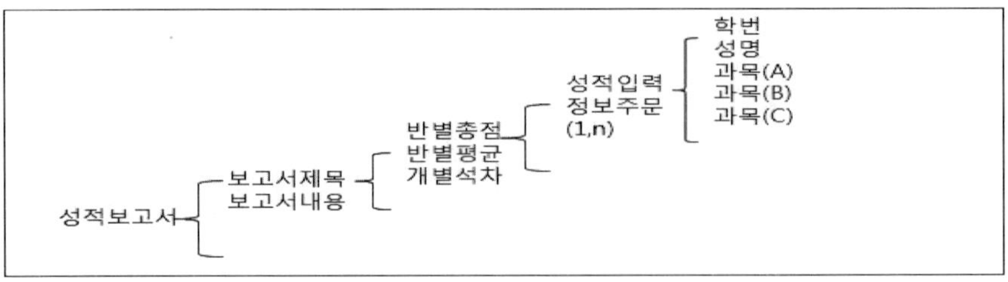

(B)워니오-오르 다이어그램

<그림 5-27> 워니어-오르 방법

나. 잭슨 분석 방법

잭슨 분석 방법은 입력자료와 출력자료의 구조를 대응시켜서 프로그램의 구조화를 도모하는 방법이다. 잭슨 분석 방법의 단계는 아래 <그림 5-28>과 같고, 잭슨 분석 방법의 예는 아래 <그림 5-29>와 같다.

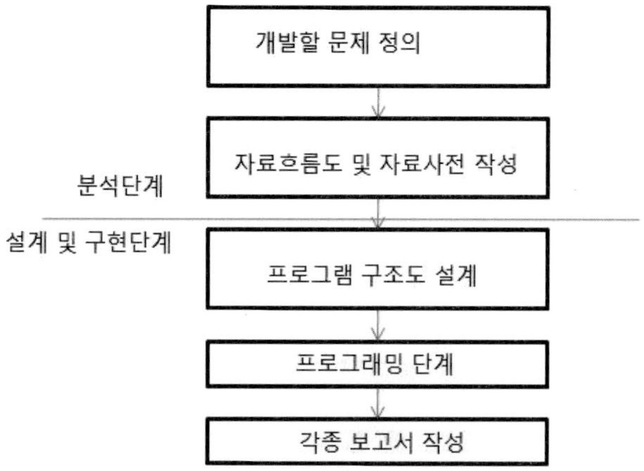

<그림 5-28> 잭슨 분석 방법의 단계

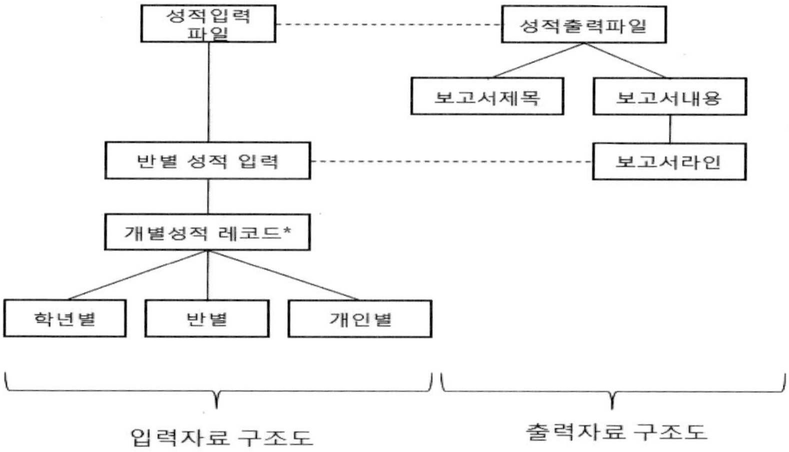

<그림 5-29> 잭슨 분석 방법의 예

3. 실체 관계 도표

가. 실체 관계 도표의 개요

실체 관계 도표(Entity Relation Diagram : ERD)는 데이터가 어떻게 처리되는가와는 상관없이 데이터와 데이터 간의 관계 즉 실체의 관계에 관심이 있고, 실체의 대상이 무엇인지를 기술하고, 이들의 상호관계에 대한 규칙을 규명해 줌으로서 특별히 요구되는 정보가 아니라 실체 간의 관계를 규명하는데 있다.

여기서 실체(Entity 또는 Class는 유일하게 식별될 수 있는 것으로서 보통 명사로 나타내는데, 예를 들면 "부서", "사람", "대상"(예, 기계, 도구, 장비, 문서 등)과 "개념" 등을 의미한다.

실체 관계 분석은 데이터베이스로 개발하고자할 시 많이 활용되는 방법이다.

나. 실체 관계 도표에 사용되는 기호

1) 실체

실체는 아래 <그림 5-30>과 같이 "직사각형"으로 나타낸다.

<그림 5-30> 실체의 기호

2) 관계

관계는 두 개 또는 그 이상의 실체 간의 연관성을 나타내는데, 동사구를 사용한다. 관계는 "방향", "사건", "발생하는 일", "서로간의 연결" 등을 의미한다. 관계를 나타내는 기호는 아래 <그림 5-31>과 같이 "마름모"이다.

<그림 5-31> 관계의 기호

관계의 정도는 관계에서 포함되는 실체의 수를 의미하는데, "Unary (Recursive)"는 실체가 한 개인 경우를 말하며, "Binary"는 실체가 두 개인 경우이고, "Ternary"는 실체가 세 개인 경우를 말한다.

이들의 관계를 아래 <그림 5-32>, <그림 5-33>, <그림 5-34> 에 나타내 두었다.

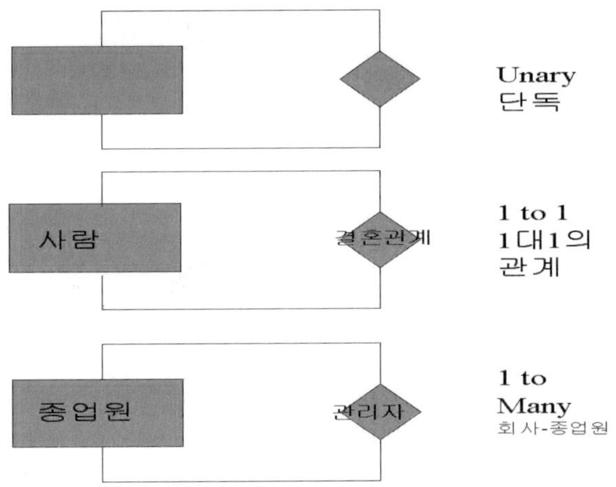

<그림 5-32> "Unary" 관계

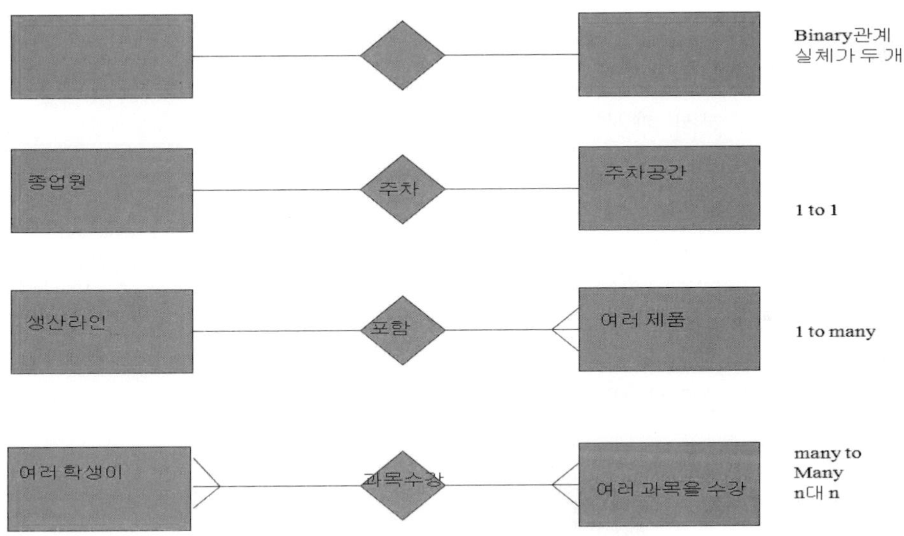

<그림 5-33> "Binary" 관계

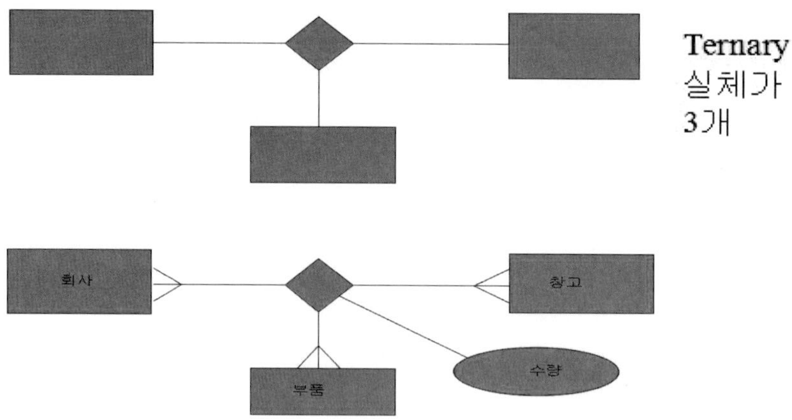

<그림 5-34> “Ternary” 관계

다. Cardinality

Cardinality는 관계의 측면에 포함된 발생되는 관계의 경우수를 의미 한다. 관계의 경우 수는 다음과 같다.

첫째, “0”의 수 즉, 전혀 관계가 없는 경우를 의미한다.

둘째, “1”의 수 즉, 하나의 관계가 있는 경우를 의미한다.

셋째, “다”의 수 즉, 여러 관계가 있는 경우를 의미한다.

넷째, “특수 관계”가 있는 경우 등이 있으며, 이들의 기호는 다음과 같다.

1:1, 1:n, m:n

위와 같은 여러 관계의 경우에 대해 아래 <그림 5-35>에 도시하여 두었다. <그림 5-36>은 여러 관계의 경우에 대한 예이다.

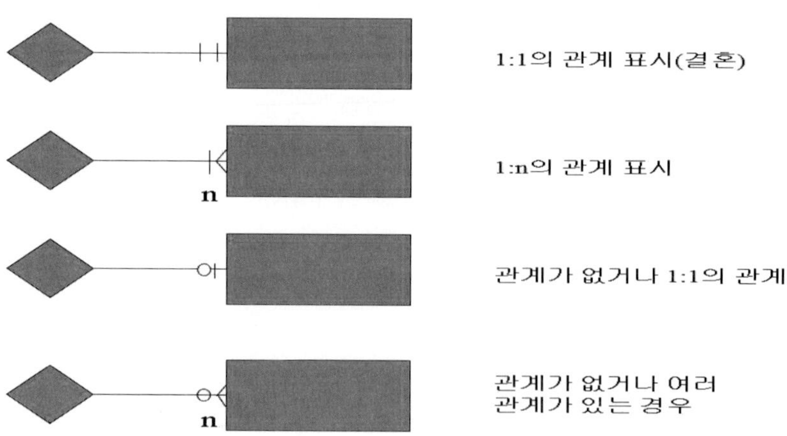

<그림 5-35> 여러 관계를 나타내는 기호

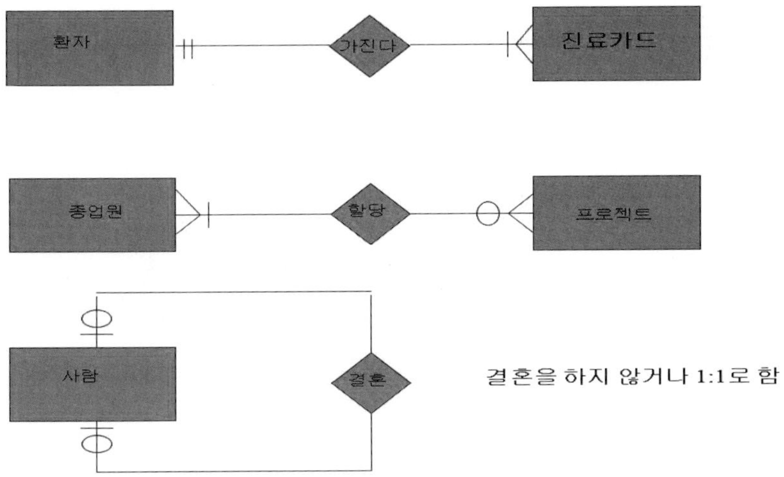

<그림 5-36> 여러 관계의 경우에 대한 예

라. 속성(Attribute)

속성은 실체 또는 관계의 특성을 의미하는데, 보통 키(Key)로 나타낸다. 키의 유형은 아래와 같다.

첫째, Primary Key

키가 하나이며, 숫자 또는 숫자와 문자의 복합으로 구성된다.

둘째, Nonkey

이것은 키가 없는 경우이다.

셋째, Multivalued Key

이것은 여러 개의 키를 주는 경우이다.

위와 같은 키를 나타내는 기호는 아래 <그림 5-37>과 같고, 키를 표시한 예는 아래 <그림 5-38>과 같다.

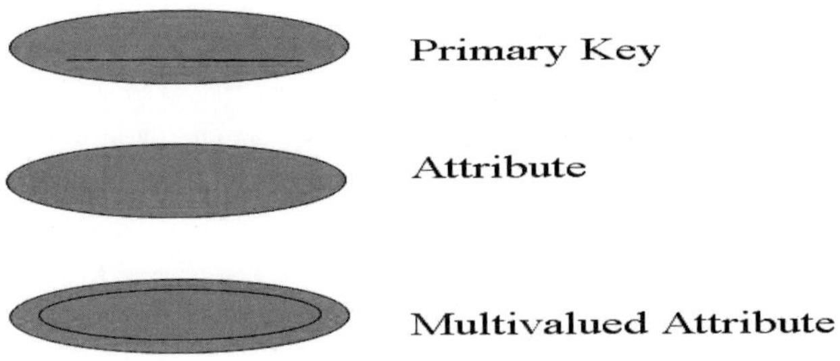

<그림 5-37> 키를 나타내는 기호

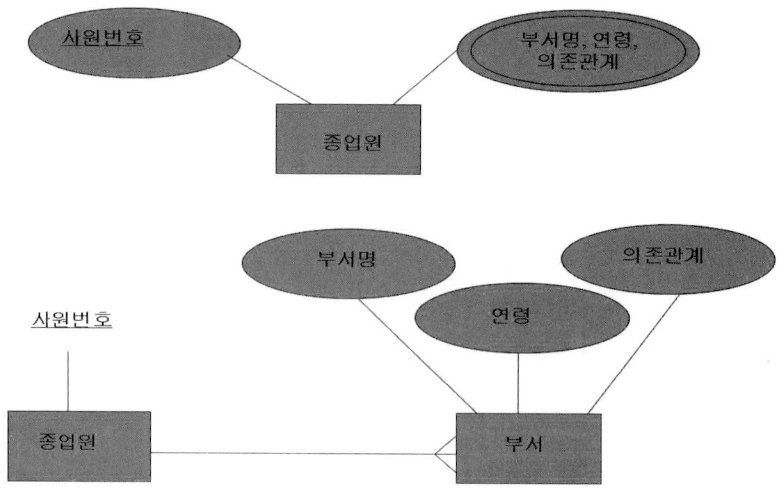

<그림 5-38> 키를 표시한 예

5.3.5 실시간 시스템 분석

일반적인 온라인(Online) 시스템과는 달리 실시간(Realtime) 시스템은 어떤 자극에 대해서 즉각 반응을 나타내는 시스템을 의미하는데, 예를 들면,보일러 온도 감지장치 시스템, 도난경보장치, 센서 가지 장치 등이 여기에 해당된다. 이와 같은 실시간 시스템은 고속의 데이터 취득과 통제작용이 필요하며, 이와 같은 특성 때문에 실시간은 흔히 단일 목적의 응용분야에서만 활용된다.

실시간 시스템을 분석할 시에는 "실시간 테스크(Task)들 간의 조정"과 "시스템 인터럽트의 처리", "데이터 분실을 방지하기 위한 입·출력 처리", "시스템 내부·외부적 시간 제약", "데이터베이스의 정확성 보장" 등에 관심을 두어야 된다.

또한 실시간 시스템을 분석할 시에는 "인터럽트 처리순서", "실시간 데이터베이스", "실시간 운영체제(Realtime OS : RTOS)", "실시간 프로그래밍 언어"등도 고려하여야 한다.

이 이외에도 실시간 시스템을 분석할 시에 고려해야 될 요인으로는 다음과 같다.

첫째, 응답시간(Response Time)

시스템의 내, 외부 사건을 탐지한 때부터 응답을 보낼 때까지의 소요시간을 의미한다.

둘째, 자료전송속도(Data Transfer Rate)

아날로그나 디지털 형태의 직렬, 병렬 데이터가 얼마나 빨리 입·출력되는가를 말한다.

셋째, 비동기 자료처리(Asynchronous)

연속적으로 자료가 입력될 경우 자료의 손실이 없어야 한다.

넷째, 신뢰성

고장허용이나 고장에 대비한 백업 기능을 내장할 필요가 있다.

5.4 소프트웨어 시스템 분석의 명세화

이상과 같이 여러 가지 분석 방법을 이용하여 업무 시스템을 분석하였으면 이들을 문서로 작성해 두어야 하는데(이를 명세화 한다고 함) 업무 시스템을 분석한 내용을 명세화하기 위한 원리는 다음과 같다.

첫째, 업무 분석 명세서는 구현과 독립시켜야 한다.

둘째, 업무를 분석한 내용에 대해 전반적으로 명세화하여야 한다.

셋째, 업무 시스템의 이용환경도 명세화하여야 함

넷째, 각 업무 분석 명세서는 운용 가능하여야 하다.

다섯째, 불완전성을 수렴할 수도 있어야 한다.

반면에 명세서의 특성은 다음과 같다.

첫째, 일정한 형식(Formality)을 갖추어야 한다.

둘째, 작성하기에 용이한(Constructibility) 형태이어야 한다.

셋째, 이해하기가 쉬어야(Comprehensibility) 한다.

넷째, 최소의 정보만(Minimality) 포함하여야 한다.

다섯째, 설계와 구현에 적용 가능하여야(Applicability) 한다.

여섯째, 확장이 가능하여야(Extensibility) 한다.

업무 시스템 분석 명세서를 작성할 시 참고할 만한 목차와 양식을 아래 <그림 5-39>에 요약하여 두었다.

제1장 소프트웨어 시스템 분석의 개요
· 분석의 필요성
· 분석의 목적 및 범위

제2장 소프트웨어 시스템 분석의 범위
· 개발할 문제의 범위 정의
· 개발할 문제의 분석 내용
· 사용자 요구사항 분석 내용
· 논리적 설계 내용
· 타당성 조사 분석 내용

제3장 소프트웨어 시스템 분석 방법
· 관점지향 분석 내용
· 방법기반 분석 내용
· 자료흐름지향 분석 내용
· 자료구조지향 분석 내용
· 실시간 시스템 분석 내용

제4장 기타 분석 내용
· 기능에 대한 요구사항
· 비 기느에 대한 요구사항

참고문헌
첨부자료

<그림 5-39> 업무 시스템의 분석 명세서 양식

참고문헌

권영직, 강의자료, 자체개발, 2009. 02
Sommerville, Ian. Software Engineering 9th Edition. Addison-Wesley, Harlow, England. 2010
이주헌, 실용 소프트웨어 공학론, 법영사, 2000
Lonnie D. Bentley, Jeffrey L. Whitten, Systems Analysis & Design for the Global Enterprise, McGraw-Hill International Edition, 7e, 2007
김동수외4 공역, Introduction to Systems Analysis & Design, 사이텍미디어, 2009
한판암, 시스템분석과 설계, 이한출판사, 2008

연습문제

1. 소프트웨어 시스템 분석의 범위는?
2. 개발할 문제의 범위를 정의하는데 있어서 해야 될 일은?
3. 개발할 문제의 분석 단계에서 해야 될 일은?
4. 사용자 요구사항 분석 단계에서 해야 될 일은?
5. 논리적 설계(업무설계) 단계에서 해야 될 일은?
6. 타당성 조사 분석 단계에서 해야 될 일은?
7. 관점의 유형은?
8. 방법 기반 분석의 장·단점은?
9. 자료흐름도에 사용되는 기호는?
10. 자료사전에 사용되는 기호는?
11. 미니 명세서의 종류를 기술하세요
12. 구조적 분석 방법의 장· 단점은?
13. 위니어-오르 기법의 개념
14. 잭슨 분석 기법의 개념
15. 실시간 시스템의 개념
16. 실시간 시스템 분석 시 고려 요인
17. E-R도표를 그릴 때 개체들 간의 관계 표기법
18. 시스템 분석 명세서의 특성은?

06

소프트웨어 시스템 설계

학습목표

소프트웨어 시스템 분석 단계에서 개발할 업무 시스템을 분석한 명세서를 토대로 실제로 구현할 소프트웨어 시스템의 청사진을 그리는 방법 즉, 다양한 소프트웨어 시스템 설계 방법에 대해서 공부한다. 본 장에서는 "소프트웨어 시스템 설계 방법"에 대한 내용을 다루고 있으나, 편의상 "소프트웨어 설계"란 용어를 사용하였다.

잠깐 쉬어 갑시다.

1. 일반적으로 우리에게는 쓰레기가 들어가면 쓰레기가 나온다(Garbage in Garbage out : GIGO)는 속담이 있다. 컴퓨터 시스템에 있어서도 입력이 잘되면 출력도 잘 된다는 말인데, 좋은 결과물을 산출하기 위해서는 입력설계를 잘 해야 된다.
2. 가능한 만큼만 간단하게 생각할 뿐 너무 간단하게는 생각하지 말라 -앨버트 아인슈타인-
3. 문제가 복잡할수록 복잡한 문제를 해결하려면 간단하게 생각하라

6.1 소프트웨어 설계의 개요

6.1.1 소프트웨어 설계의 개념 및 목적

1. 소프트웨어 설계의 개념

업무 시스템 분석에서 얻은 결과 즉, 소프트웨어 시스템 요구 명세서를 기초로 하여 소프트웨어의 속성 즉, 기능과 성능 등을 가장 적합하게 실현시킬 수 있는 논리적 절차 및 구현을 위한 청사진을 그리는 것이다. 또한 소프트웨어에 요구되는 기능과 성능 조건들을 만족하는 소프트웨어의 내부 기능과 구조 및 동적 행위들을 모델링 하여 표현하고 분석 및 검증하는 과정 혹은 그러한 과정의 산출물이다.

2. 소프트웨어 설계의 목적

소프트웨어 설계의 목적은 **"무엇(문제 : What)"**으로부터 **"어떻게(기술 : How)"**로 관점이 바뀌면서 구현할 소프트웨어의 청사진을 만드는 것이다.

3. 체계적인 소프트웨어 설계를 위해 필요한 것

첫째, 표준화된 소프트웨어 설계 언어, 설계 방법 및 설계 도구가 있어야 한다.

둘째, 위의 설계 언어, 설계 방법 및 설계 도구들은 설계 명세서에 대한 변경이 용이하도록 유연성을 지녀야 한다.

셋째, 소프트웨어 설계자는 전문 지식, 개발 경험, 통찰력, 창의성 등을 지니고 있어야 한다.

6.1.2 소프트웨어 설계 시 고려사항

소프트웨어 설계 시 고려사항으로는 소프트웨어 설계는 변경이 용이하도록 구조화 되어져야 한다. 또한 한 함수 안에는 특정 기능을 수행하는데 필요한 자료만을 사용하도록 규제해야 한다. 소프트웨어 설계는 분석 모델까지 추적이 가능하도록 해야 한다. 제작되는 과정에 품질이 평가되어야 하며, 결과물이 산출된 후에 품질이 평가되어서는 안 된다. 자료구조는 조직적 계층구조이어야 하며, 모듈적이어야 한다. 자료와 업무처리절차에 대한 분명하고 분리된 표현으로 기술해야 한다. 독립적이고 기능적인 특성들을 지닌 모듈화로 유도되어야 한다.

6.1.3 소프트웨어 설계의 원리

소프트웨어 설계의 원리는 크게 **추상화, 모듈화, 정보은폐, 구조화, 단계적 상세화의 원리**로 분류할 수 있다. 이들에 대해 아래에 좀 더 구체적으로 기술하여 두었다.

1. 추상화의 원리

가. 추상화의 개념

추사화의 사전적인 의미로는 "낱낱의 다른 관념 속에서 공통되는 부분을 빼내어 이를 일반적인 개념으로 파악하는 작업"으로 되어 있다. 그러나 **소프트웨어 공학에서의 추상화는** 아래 <그림 6-1>과 같이 "크고 복잡한 문제를 해결하고자 할 때 이들을 바로 해결하려면 어렵기 때문에 실제의 문제와 동일한 형태로 축소하여 축소된 문제를 해결해 보고 해결이 되면 여기에 적용했던 해결 방법들을 실제의 문제에 적용하여 해결하고자 하는 방법"이다. 즉, 불필요한 부분을 생략하고 객체의 속성 중 가장 중요한 것에만 중점을 두어 개략화시키는 것이다. 추상화는 완전한 시스템을 구축하기 전에 그 시스템과 유사한 모델을 만들어서 여러 가지 요인들을 테스트 해볼 수 있기 때문에 적은 시간과 적은 비용으로 실제 상황에 대치 할 수 있다는 것이다.

<그림 6-1> 추상화의 원리

나. 추상화의 유형

1) 기능 추상화(Functional Abstraction)

해결하고자 하는 문제에서 많은 기능이 있을 경우 이들 중에서 몇 가지 기능만 가지고 추상화하는 방법이다. 이것은 또한 업무처리절차를 추상화하기도 하며, 이들은 서브프로그램 정의 시 유용하게 활용된다. 입력 자료를 출력 자료로 변환하는 과정에 대해서도 추상화하기도 한다.

2) 자료 추상화(Data Abstraction)

해결하고자 하는 문제에서 자료구조가 복잡할 경우 이들을 추상화하는 방법이다. 자료와 자료간의 관계에 대해서도 추상화하기도 한다.

3) 제어 추상화(Control Abstraction)

제어구조가 복잡할 경우 이들에 대해서 추상화하는 것이다. 이것은 또한 병행 프로그래밍에 대한 제어구조를 추상화하기도 한다.

2. 모듈화의 원리

가. 개요

모듈은 "하나의 기능을 가진 단위"를 말한다. 크고 복잡한 문제를 해결하고자할 경우 이와 같은 모듈 단위로 분해해서 해결할 필요성이 있다.

만약 문제 x에 대해 인식된 복잡도를 C(x)라고 하자(Complexity). 문제 x를 해결하는데 필요한 노력을 정의하는 함수(Effort)를 E(x)라고 두자. p1과 p2가 해결하려는 문제(Problem)라고 보면 다음과 같은 수식이 성립한다.

만약 C(p1) 〉 C(p2) 이면 E(p1) 〉 E(p2)이다.

즉, 문제(p1)이 문제(p2)보다가 크고 복잡하면 문제(p1)을 해결하려는 노력이 이 문제(p2)를 해결하려는 노력보다도 더 많은 시간이 필요하다. 그러므로 만약 E(p1+p2)〉 E(p1)+E(p2)이면 즉, 문제(p1)과 문제(p2)를 하나로 만들었을 때의 해결 노력은 문제(p1)과 문제(p2)를 분리하여 만들었을 때의 노력보다도 더 많이 소요된다는 것이다. 따라서 크고 복잡한 문제는 모듈단위로 분리해서 해결하는 것이 더 효과적이라고 볼 수 있다.

아래 <그림 6-2>는 모듈 당 비용과 모듈간의 접속관계에 소요되는 비용 관계를 그림으로 그려놓은 것이다.

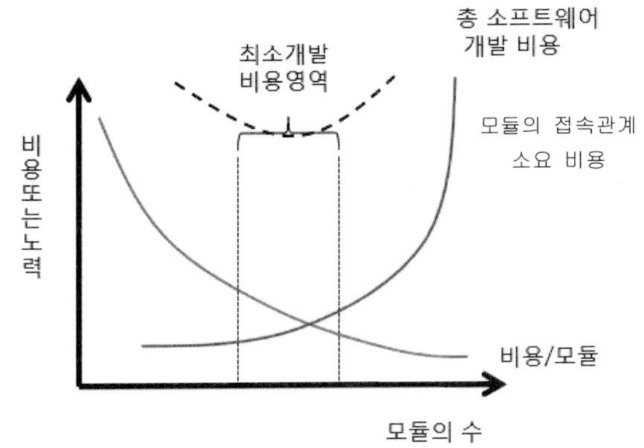

〈그림 6-2〉 모듈당 비용과 모듈의 접속관계 소요 비용

위의 <그림 6-2>에서 보면 모듈의 수가 증가함에 따라 모듈 당 개발하는데 소요되는 비용은 감소하지만 그들 모듈간의 접속 관계를 정의하고 기술하는 노력과 비용은 증가하고 있음을 알 수 있다. 그러므로 해결하고자 하는 크고 복잡한 문제에 대해 적절한 크기의 모듈로 분해하는 것이 최소 개발 비용을 가져올 수 있다.

나. 모듈화 동기

소프트웨어의 모듈화 동기나 이유 중에서 가장 중요한 목표는 다음과 같다.

첫째, 복잡도 해소

해결하고자 하는 크고 복잡한 문제에 대하여 복잡도를 해소할 수 있다. 그러므로 프로그래밍 작업이 쉬워질 수 있다. 또한 나중에 확장이 필요할 경우 확장을 쉽게 할 수 있다.

둘째, 작업 분담이 쉬움

해결하고자 하는 크고 복잡한 문제를 모듈 단위로 분해함으로서 개개인에 대한 작업 분담이 쉬워지며, 다수의 작업자에 의한 프로그램의 병행 개발이 가능하다.

따라서 모듈화의 필요성은 한 사람이 거대한 프로그램을 작성하는 것은 거의 불가능하며, 다수의 인원으로 분담하여 프로그래밍을 할 필요성이 있는데, 이를 위해서는 모듈화로 분해하는 것이 필요하다.

다. 모듈의 응집도와 결합도

해결하고자 하는 크고 복잡한 문제에 대하여 모듈로 분해했을 때 분해된 모듈이 잘 구성되었는지 아닌지를 평가하는 기준치가 모듈의 **"응집도와 결합도"**인데 이들에 대하여 아래에 좀 더 구체적으로 고찰하여 두었다.

1) 모듈의 응집도(Cohesion)

모듈의 응집도는 한 모듈 내에 중복 기능이 있는지 없는지를 평가하는 척도이다. 즉, 하나의 모듈 내에는 중복되는 기능이 없어야 좋은 모듈이다. 아래 <그림 6-3>은 여러 가지 유형의 모듈의 응집도에 대해 요약하여 두었다.

(나쁨) 약	①우연적 응집도 (또는 동시적 응집도) (Coincidental Cohesion)	모듈내의 구성요소들이 뚜렷한 목적 없이 한 모듈 내에 존재하는 경우.
⇑	②논리적 응집도 (Logical Cohesion)	논리적으로 유사한 기능을 갖지만 서로간의 관계는 밀접하지 않는 경우.
	③시간적 응집도 (또는 임시적 응집도) (Temporal Cohesion)	모든 구성요소들이 한번에 실행되나 수행 순서를 필요치 않는 경우
	④절차적 응집도 (Procedural Cohesion)	모듈 내 구성 요소들이 연관성이 있고, 특정 순서에 의해 수행되는 경우. 이는 수행순서가 더 중요. (예) 점수들을 읽고, 평균점수를 계산하는 모듈
⇓ 강 (좋음)	⑤정보적 응집도 (또는 교환적, 통신적) (Communication Cohesion)	모든 구성요소들이 동일한 입력 또는 출력 자료를 이용하여 서로 다른 기능을 수행하는 경우 (예) 하나의 파일(성적파일)을 대상으로 여러 경우를 갱신(평균성적, 성적 순 등)하는 작업
모듈의 응집도	⑥순차적 응집도 (Sequential Cohesion)	한 구성요소의 출력이 다른 구성요소의 입력이 되는 경우
평가 척도	⑦기능적 응집도 (또는 함수적 응집도) (Functional Cohesion)	모듈내의 모든 구성요소들이 단일 기능을 수행하기 위해 반드시 필요한 경우로서 라이브러리 함수 등을 의미한다. (예) 삼각함수, 지수함 수 등

<그림 6-3> 모듈의 응집도 유형

2) 모듈의 결합도(Coupling)

모듈의 결합도는 모듈과 모듈간의 상호 의존도 즉, 중복성 여부를 평가하는 척도이다. 아래 <그림 6-4>는 여러 가지 유형의 모듈의 결합도에 대해 요약하여 두었다.

모듈의 결합도 평가 척도	유형	설명
약 (좋음)	①자료 결합도 (Data Coupling)	모듈과 모듈 간에 단일 매개변수로 대화를 주고받는 경우,
⇑	②스탬프 결합도 (Stamp Coupling)	공통의 자료를 필요로 하는 모듈사이에서 선별적으로 자료를 공유하는 경우이며, 이때 자료란 레코드나 배열 등을 의미한다.
⇓	③제어 결합도 (Control Coupling)	한 모듈이 타 모듈내의 기능을 제어하기 위해 제어용 신호를 주고받는 경우. 이때 제어구조가 중복되는 것이 없어야 한다.
강 (나쁨)	④외부적 결합도 (External Coupling)	외부 변수로 선언된 데이터를 서로 다른 모듈에서 참조하는 경우
모듈의 결합도	⑤공통 결합도 (Common Coupling)	서로 다른 모듈 간에 공통의 변수를 사용하는 경우 (예)FORTRAN의 COMMON명령, PL/1의 EXTERNAL속성 등
평가 척도	⑥내용 결합도 (Content Coupling)	어느 한 모듈이 다른 모듈의 제어구조나 자료를 이용하는 경우

<그림 6-4> 모듈의 결합도 유형

3. 정보은폐(Information Hiding)

정보은폐의 원리는 아래 <그림 6-5>와 같이 모듈 사이의 정보 즉, 데이터와 연산기능(업무처리절차) 등의 상호작용을 제거하기 위하여 필요한 최소한의 정보만을 외부에 보이고 그 이외의 자세한 것은 외부의 모듈로부터 엑세스할 수 없도록 모듈 내부에 감추어 버리는 것이다. 따라서 프로그램을 효과적으로 수행하기 위하여 필요한 정보만 다른 모듈과 교환하도록 하자는 것이다.

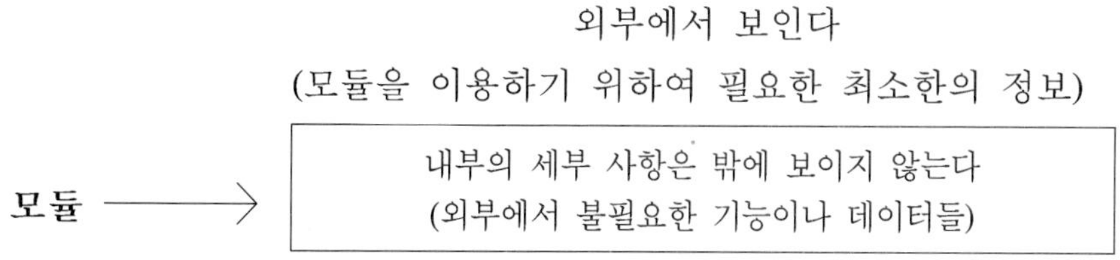

<그림 6-5> 정보은폐의 원리

4. 구조화의 원리

구조화의 원리는 "해결하고자 하는 크고 복잡한 문제에 대하여 모듈화로 세분화한 후에 이들을 다시 아래 <그림 6-6>과 같이 계층 구조화"하여 설계를 하는 원리이다. 크고 복잡한 문제들은 작은 문제 즉 모듈 단위로 분해하여 구조화 할 필요성이 있다. 그 구조는 일반적으로 계층적 구조이다.

이렇게 계층구조화한 후 위에서부터 아래로 내려오면서 설계하는 기법을 "하향식 기법"이라하고, 밑에서부터 위로 올라가면서 설계하는 기법을 "상향식 기법"이라 한다. 반면에 중간에서 시작하여 위로 올라가면서도 설계하고, 아래로 내려오면서도 설계하는 기법을 "절충식(또는 샌드위치) 기법"이라고 한다.

계층적 구조의 측정방법은 7±2 이라는 마법의 수에 근거를 두는데 7에서 2를 빼면 5이고, 2를 더하면 9이다. 따라서 제어 수준의 깊이나, 넓이, 제어도 및 공유도는 아무리 많아도 5에서 9이내이어야 한다.

제어 수준의 깊이, 넓이, 제어도 및 공유도의 개념은 다음과 같다.

첫째, 제어 수준의 깊이 : 제어 수준의 개수

둘째, 제어 수준의 넓이 : 전체적인 제어의 폭

셋째, 제어도 : 다른 모듈을 직접 제어하는 모듈 개수

넷째, 공유도 : 한 모듈을 호출하는 상위 모듈의 수

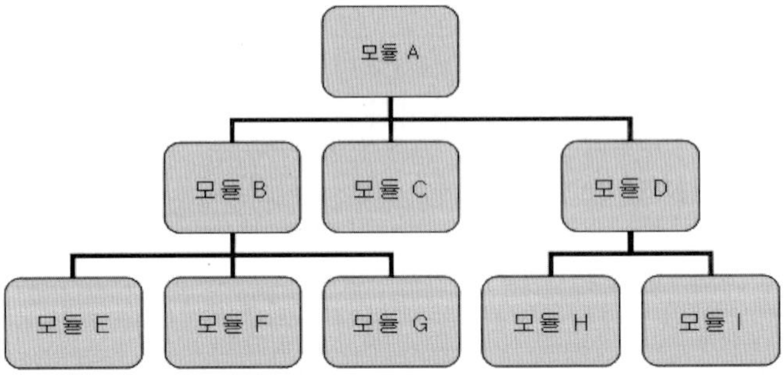

<그림 6-6> 계층구조화 시킨 모듈

5. 단계적 상세화의 원리

단계적 상세화의 원리는 "해결하고자 하는 크고 복잡한 문제에 대하여 우선 개략적으로 분해를 하고, 이들을 다시 차츰차츰 상세하게 세분화하여 문제를 해결하고자 하는 방법"이다. 또한 이 방법은 문제를 상위 수준에서 보다 상세하게 하위 수준으로 분해하는 하향식 기법이다. "단계적 설계", 또는 "계통적 명세화 (Successive Refinement)"라고도 한다. 이 방법의 주의할 사항은 실제로 상호 의존적이 아닌 설계 형태로 분리를 해야 하고, 명세화 과정에서 각각의 연속적인 단계가 이전 단계를 충

실히 확장한 것인가를 주의 깊게 관찰해야 된다.

이 방법의 주요 이점은 세부 사항을 쉽게 추가할 수 있고, 계속적으로 일관성 검증이 가능하고, 하나의 문제는 관리 가능한 작은 단위로 분리되며, 특정 시간에 다루어야 할 상세 내용이 가능하다는 것이다.

6.2 소프트웨어 설계 대상

6.2.1 구조 모델링과 행위 모델링

소프트웨어의 설계에 포함되는 모델로는 크게 "구조모델"과 "행위모델"로 대별될 수 있다(<그림 6-7>참조)

1. 구조모델

구조모델은 소프트웨어를 구성하는 컴포넌트들의 유형, 인터페이스, 내부 설계 구조 및 이들의 상호 연결 구조를 모델링해 놓은 것이다. 이는 행위 모델에서 실제로 작동할 수 있는 틀(Framework)과 장치 요소들(Facilities)을 제공한다.

2. 행위 모델

행위모델은 소프트웨어의 구성 요소 즉, 컴포넌트들의 기능들과 이들이 언제, 어떠한 순서로 기능을 수행하고 상호 작용하는지를 모델링해 놓은 것이다. 구조 모델에 표현된 특성들이 소프트웨어에 요구된 기능과 행위들을 수행하는데 어떻게 기여하는가를 보여준다.

모델유형	개요	내용
구조모델 (Structure Model)	시스템의 구성요소들과 이들 사이의 구조적인 관계와 특성들을 모델링	구성요소 : 프로시저, 데이터 구조, 모듈, 파일 구조
행위모델 (Behavior Model)	시스템의 각 구성요소들의 기능적인 특성들으 모델링	입력데이터, 출력데이터, 데이터 흐름, 데이터 변환, 데이터 저장 등
	시스템의 구성요소들의 언제 어떠한 순서로 수행되는가와 같은 동적인 특성들을 모델링	상태 전이도표, 데이터 흐름 경로, 사건 발생 순서, 실행 경로 등

<그림 6-7> 구조모델과 행위모델

6.2.2 소프트웨어 설계 모델의 정적요소와 동적요소

위에서 살펴본 구조모델과 행위모델에는 다시 정적요소와 동적요소로 분류될 수 있는데 이들 각각에 포함되는 내용들은 아래 <그림 6-8>과 같다. 여기서 정적인 요소는 시간이나 순서에 관계없이 성립하는 특성들을 나타내며, 동적인 요소는 시간이나 순서에 영향을 받는 특성들을 나타낸다. 또한, 구조모델에서는 주로 정적인 요소와 특성들을 표현하지만 동적인 요소들도 포함하며, 여기에는 구성요소들의 동적인 결합 및 연결과 위치 이동 및 복제, 다이나믹(Dynamics)한 구조를 나타낸다. 그러나, 행위모델에서는 주로 동적인 요소와 특성들을 표현하지만 정적인 요소들도 포함하며, 여기에는 실행 시간이나 순서에 관계없이 입력과 출력의 매핑으로 정의되는 데이터의 흐름 채널을 나타낸다.

정적요소와 동적요소는 상호보완적이며, 상호 의존적이면서 양립하여 설계한다.

	정적(Static)요소	동적(Dynamic)요소
구조모델 (Structure Model)	시간이나 순서에 관계없이 성립하는 특성	구성요소들의 동적인 결합 및 연결과 위치 이동 및 복제, 다이나믹한 구조를 나타냄
행위모델 (Behavior Model)	시간이나 순서에 영향을 받는 특성	실행시간이나 순서에 관계없이 입력과 출력의 매핑으로 정의되는 데이터의 흐름 채널을 나타 냄

<그림 6-8> 설계모델에서 정적요소와 동적요소

6.3 소프트웨어 설계 프로세스

6.3.1 요구명세로부터 설계 명세로의 이전

요구명세로부터 설계 명세로의 전환은 <그림 6-9>와 같이 제 5장에서 고찰한 소프트웨어 시스템 분석 명세서를 토대로 소프트웨어에 요구되는 기능적, 품질적, 형태적 행위들을 "구조설계"와 "행위설계"를 하는 것이다.

여기서 행위설계는 구성요소들의 움직이는 행위들을 설계해 놓은 것이다. 그러나 구조설계는 행위설계에서 표현된 소프트웨어의 행위들을 실제로 수행하는데 필요한 구성요소들 간의 구조나 구성요소들의 기능과 역할, 구성요소들 사이의 관계 등을 설계해 놓은 것이다.

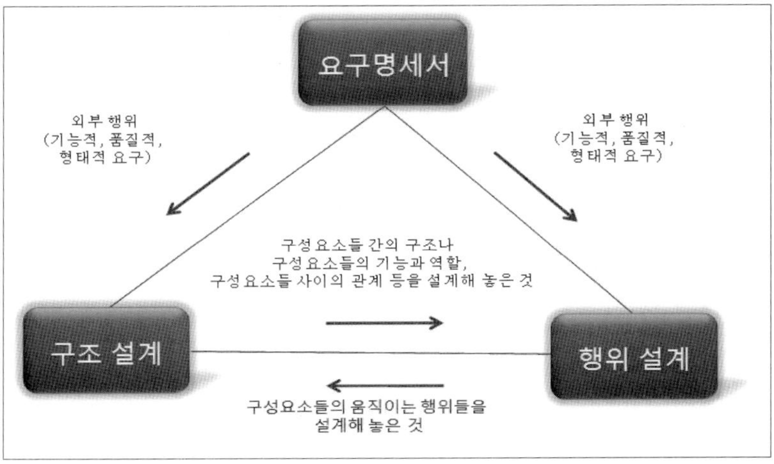

<그림 6-9> 요구사항 명세서와 설계 명세서 간의 관계

6.3.2 아키텍쳐 설계와 상세 설계

아키텍쳐설계는 소프트웨어 설계에서 예비설계 또는 개략적인 설계라고도 하며, 상세설계는 아키텍쳐설계에 나타난 구성요소들에 대하여 상세하게 설계하는 것을 말한다. 이들에 대한 상세한 내용을 아래 <그림 6-10>에 요약하여 두었다.

설계유형	개요	내용
아키텍쳐 설계 (Architecture Design)	예비설계(Preliminary Design) 또는 개략설계라고도 하며, 시스템의 전체적인 구조를 개략적으로 나타냄	모듈(구성요소들의 기능, 역할, 입출력, 인터페이스 등)과 시스템 행위(상태전이, 모듈 상호작용 패턴, 모듈 상호작용 프로토콜 등)에 대하여 개략적으로 설계
상세 설계 (Detailed Design)	시스템의 각 구성 요소(모듈)의 내부구조(자료구조와 알고리즘)와 동적 행위 등을 상세하게 설계	모듈의 내부구조(자료구조와 자료처리의 구성요소)와 모듈의 내부행위(알고리즘, 연산실행순서 등)에 대하여 상세하게 설계

<그림 6-10> 아키텍쳐 설계와 상세 설계

6.4 소프트웨어 설계 방법

6.4.1 기본적인 설계 방법

1. 프로그램의 구조도

프로그램의 구조도는 개발하고자 하는 문제가 크고 복잡할 경우 하나의 기능을 가진 단위 즉, 모듈 단위로 분해하여 계층구조로 나타내는 방법이다.

구조도에서 사용되는 기호는 다음과 같다.

첫째, 모듈은 사각형으로 나타낸다.

둘째, 백색 원의 화살표는 상태변수로서 자료의 연결이나 이동을 나타낸다.

셋째, 흑색 원의 화살표는 통제변수로서 통제 및 제어의 연결을 나타낸다.

넷째, 선택은 마름모로 나타낸다.

다섯째, 반복은 곡선 화살표로 나타낸다.

프로그램 구조도에 대한 예는 아래 <그림 6-11>과 같다.

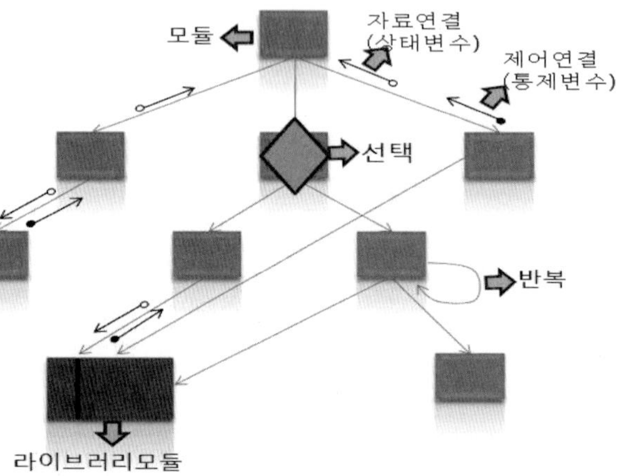

<그림 6-11> 프로그램 구조도의 예

프로그램 구조도의 특징으로는 의사결정 박스를 갖지 않는다는 점과 각 작업에 대한 순서를 표시하지 않는다는 점에서 순서도와 차이가 있다. 하지만 구조도는 보통 위에서 아래로, 왼쪽에서 오른쪽으로의 순서로 실행된다. 또한 구조도는 순차, 선택, 반복의 제어구조를 쉽게 나타낼 수 있다. 기본 설계에 적절하고 가장 널리 알려진 설계 방법으로서, 모듈의 기본 순서와 이들 상호간의 관련성을 표시함으로서 프로그램 전체의 구조를 잘 이해할 수 있다.

프로그램의 구조도에서 펜 입력(Fan-In)은 특정 모듈을 직접 제어하는 모듈의 수로서 7±2개의 개수가 적당하며, 펜 출력(Fan-Out)은 한 모듈에 의해 직접 제어되는 모듈의 수를 말하며, 이것도 7±2개의 개수가 적당하다. 하나의 모듈에 영향을 받는 모듈은 대부분 하위 모듈로 두는 것이 좋다.

2. HIPO 다이어그램

HIPO 다이어그램(Hierarchical Input Process Output Diagram)은 IBM회사에서 개발한 것으로 프로그램을 기능 중심 위주로 설계하는 방법으로 입력과 처리 및 출력과정을 수평 또는 수직으로 계층 구조로 나타낸다(그림 6-12>참조). 이 방법은 프로그램의 기능과 데이터의 의존관계를 동시에 나타내는 것이 가능하다.

<그림 6-12> HIPO 다이어그램

HIPO 다이어그램의 특징으로는 Top-down 개발기법 즉, 계층적 구조로 나타낼 수 있으며, 프로그램의 전체적인 흐름을 파악하기 쉽고, 프로그램의 변경 및 유지보수가 용이하고, 논리적인 기술보다는 기능중심으로 설계하기 때문에 신뢰성은 조금 떨어지는 경향이 있다.

HIPO 다이어그램의 장점으로는 개발하고자 하는 문제에 대해 전체적으로 입력, 처리, 출력 모듈별로 설명이 가능하고, 전체 중에서 개개의 기능을 발견하기 쉽고, 이해가 용이하다는 것이다.

반면에 단점으로는 시스템 설계자를 위한 어떤 지침이나 설계전략, 설계절차 등을 제시하지 못하기 때문에 소규모의 업무를 개발할 시에 유용하다는 것이다.

3. 액션 다이어그램

액션(Action) 다이어그램은 아래 <그림 6-13>와 같이 프로그램의 구조를 설계하기 위하여 대괄호(Brackets)형태로 순차(Sequence), 조건(If-else), 선택(Case), 반복(대괄호 위의 두 줄), 입·출력(Box로 표현), 출구(화살표) 등의 표기법을 이용하여 나타낸 그림이다. 이 방법은 소프트웨어 구조도나 HIPO 다이어그램의 세부적인 논리표현에 적합하지 않은 면을 보완시킨 것이다.

액션 다이어그램의 장점은 그리기 쉽고, 수정이 쉬우며, 기본설계에서 코딩까지 응용이 가능하며, 일반 사용자도 쉽게 교육받을 수 있다는 것이다.

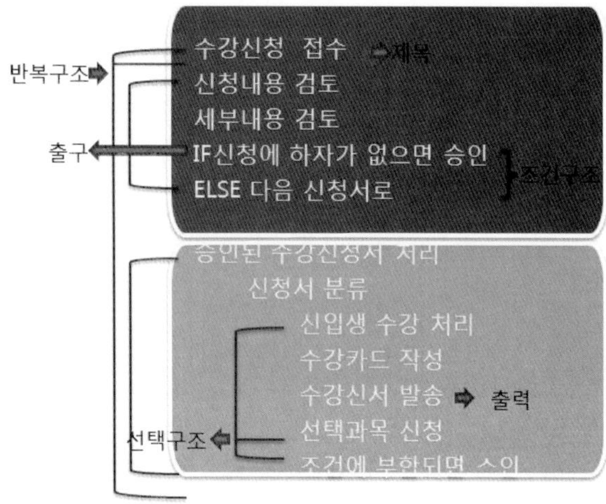

<그림 6-13> 액션 다이어그램

4. HOS 다이어그램

HOS 다이어그램은 Hamilton과 Zeldin에 의해 처음 소개되었으며, 2진 트리구조를 기본으로 하는 기능분해 방법이다. 이 방법은 3가지 기본구조로 설계한다.

첫째, JOIN은 두 작업이 함께 필요할 경우 구조이다.

둘째, INCLUDE는 두 작업을 각기 독립적으로 실시할 경우의 구조이다.

셋째, OR는 두 작업 중 하나를 선택할 경우의 구조이다.

HOS 다이어그램의 예를 아래 <그림 6-14>에 그려두었다.

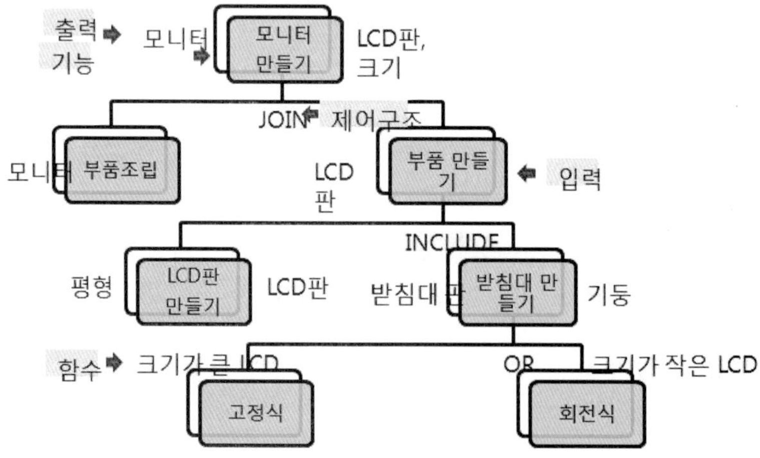

<그림 6-14> 액션 다이어그램

6.4.2 자료흐름지향 설계

자료흐름지향 설계 방법은 아래<**그림 6-15**>와 같이 4 단계를 거쳐 작업이 이루어진다.

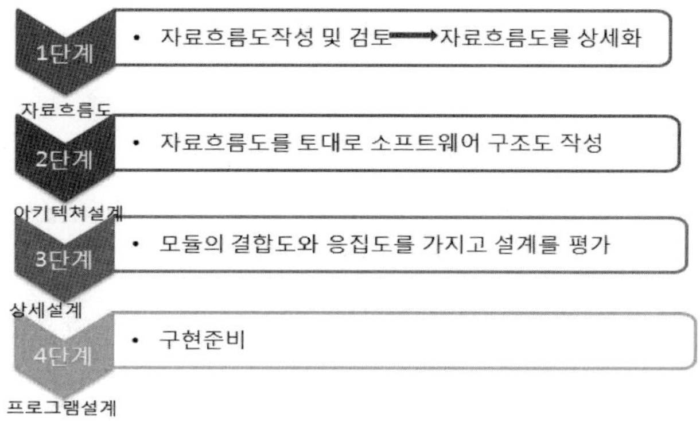

<그림 6-15> 자료흐름 지향 설계 절차

위의 4단계에 대하여 아래에 좀 더 구체적으로 고찰하여 두었다.

1. 제 1단계 : 자료흐름도 작성 및 검토단계

자료흐름지향 설계의 첫 단계는 분석단계에서 작성된 자료흐름도를 검토하고 필요에 따라 상세화시키는 단계이다. 아래 <그림 6-16>는 성적 처리에 관한 자료 흐름도이다.

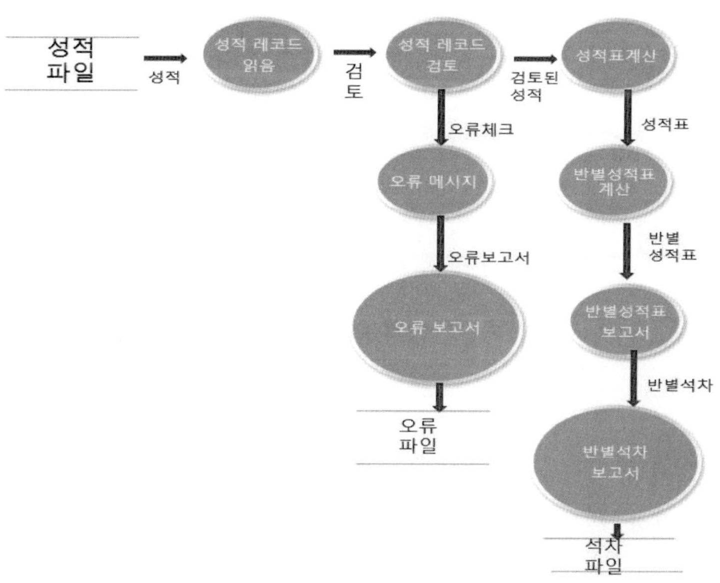

<그림 6-16> 성적관리 업무의 자료흐름도

2. 제 2단계 : 자료흐름도를 토대로 한 프로그램의 구조도 작성단계

자료흐름도를 토대로 한 프로그램의 구조도 작성은 변환분석과 거래분석을 실시하여 그리는데, 이들에 대해서 아래에 좀 더 구체적으로 기술하여 두었다.

가. 변환분석

변환분석은 개발할 업무의 중요한 기능이나 입·출력 등에 대해서 분석하는 것이다. 변환분석은 아래와 같은 3단계를 거쳐 실시한다.

1)자료흐름도를 입력·처리·출력으로 3등분(전반부·중심부·후반부로 경계를 긋고 구분한다)으로 구분한다.

2)구조도의 상세화 : 상위부분 구조도를 정제시켜 가면서 세부적인 기능을 추가시키는 분해 작업을 진행(라이브러리모듈 등 공통모듈을 명시하는 일도 포함한다.)

프로그램의 구조도를 작성하기 위한 변환분석은 아래 <그림 6-17>과 같다.

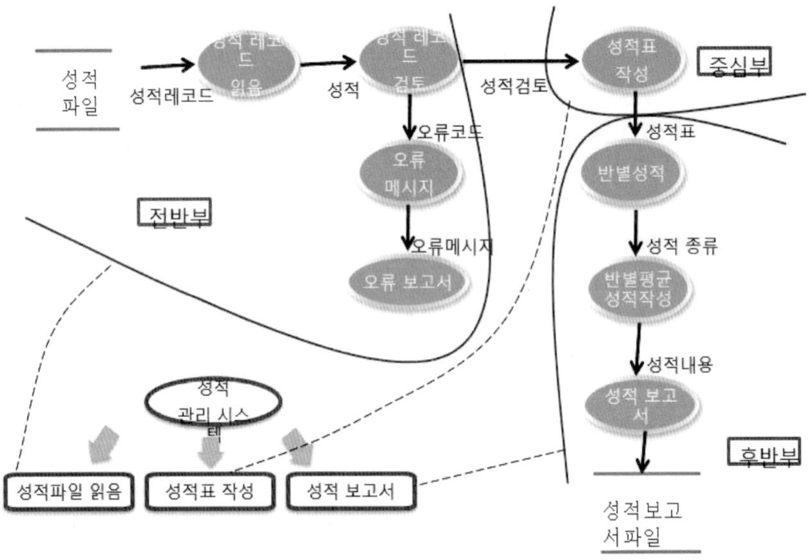

<그림 6-17> 성적관리 업무의 변환분석

나. 거래분석

거래란 어떠한 행위(Action)를 유발시키는 자료의 단위 즉, 변동되는 자료를 말한다. 거래 처리는 최상위에 거래센터모듈이 있고 그 아래에 각종 거래모듈들이 있다. 각 거래모듈은 그 하위의 모듈들과 함께 주어진 한 종류의 거래를 처리하고 거래센터 모듈은 거래의 유형을 결정하여 적절한 거래모듈을 호출한다.

거래센터모듈과 거래모듈들 간의 관계를 아래 <그림 6-18>에 요약하여 두었다.

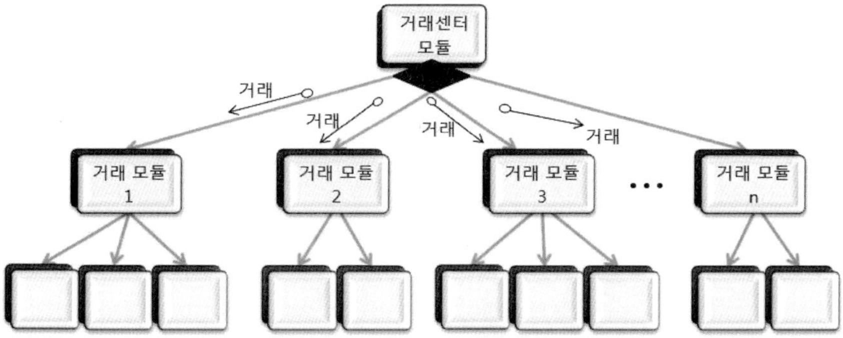

<그림 6-18> 거래센터 모듈과 거래 모듈들

거래분석을 위한 4단계는 다음과 같다.

1) 거래원천지의 식별

: 자료흐름도로부터 거래를 발생시키는 원천지를 찾는다.

2) 거래센터의 지정

: 자료흐름도를 검토하여 거래센터를 지정한다.

아래 도서대출 업무를 예를 들면 세가지 유형(신규대출, 대출연장, 대출취소)의 거래를 처리하는고 대출 요금을 청구 혹은 반환해 주는 시스템이다. 아래 <그림 6-19>는 도서 대출 업무의 자료흐름도를 나타내는데 여기서 "대출" 처리 기능이 거래센터가 된다. 거래의 원천지는 도서 대출 내역을 입력시킨 "도서 대출 거래 파일"이다.

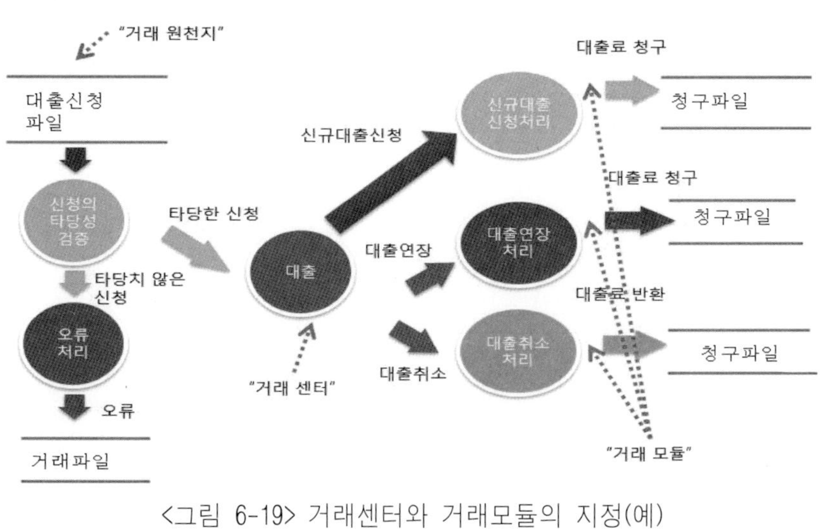

<그림 6-19> 거래센터와 거래모듈의 지정(예)

3) 거래모듈의 지정과 상위 구조도의 작성

자료흐름도상에서 거래모듈을 지정하고 해당하는 구조도를 아래 <그림 6-20>과 같이 작성한다. 도서 대출업무 시스템에서는 "신규대출처리", "대출연장처리", "대출취소처리"등이 거래모듈에 해당한다.

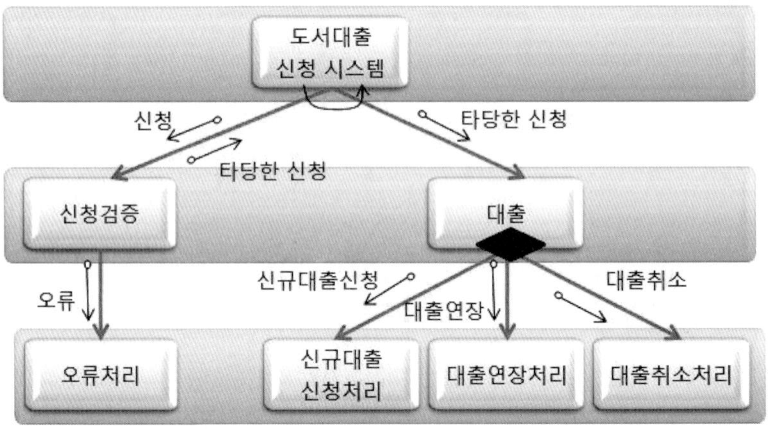

<그림 6-20> 간단한 구조도의 예

4)구조도의 상세화

위와 같이 구조도가 개략적으로 그려지면 이들을 차츰차츰 분해 작업(Factoring)을 하여 상세화 시킨다.

다. 거래분석과 변환분석의 병합

대부분의 대형 업무시스템은 거래분석과 변환분석이 병합되어 사용된다(그림 6-21>참조). 예를 들어 변환분석만으로 변환의 중심부를 명시하기 힘든 경우에는 거래분석을 통해 업무를 분할한 후 추가적인 변환분석과 거래분석으로 각 부분의 업무시스템을 설계한다.

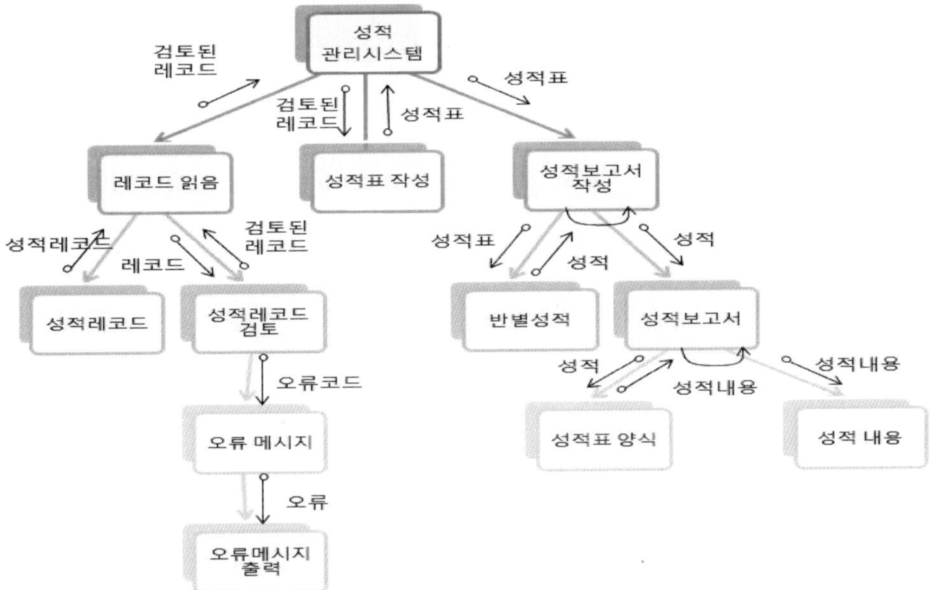

<그림 6-21> 거래분석과 변환분석을 병합한 예

3. 제 3단계 : 설계의 평가 단계

이상과 같이 자료흐름지향 설계를 하였으면 여기에 대하여 아래와 같이 평가를 해야 한다.

가. 결합도는 줄이고 응집도는 개선한다.

나. Fan-out구조는 최소화하고, 깊이가 증가할수록 Fan-in구조에 중점을 둔다.

다. 모듈의 제어영역 안에서 제어가 되도록 통제해야 한다.

라. 복잡성과 중복성을 줄이고 설계는 단순해야 된다.

마. 실행 가능한 모듈을 정의하고, 제약사항이 많은 모듈은 피한다.

바. 하나의 입구와 하나의 출구를 갖도록 한다.

사. 설계 내용을 패키지화한다.

4. 제 4단계 : 구현 준비 단계

이 단계는 이상과 같이 작성된 설계 명세서를 토대로 프로그래밍 언어를 선택하여 프로그래밍을 하기 위한 준비단계이다. 이때 프로그래머는 이용하려는 프로그래밍언어를 잘 선택해야 한다. 여기에 대해서는 제 8장에서 설명하여 두었다.

6.4.3 자료구조지향 설계방법

1. 자료구조지향 설계방법의 개요

자료구조지향 설계방법은 입·출력되는 자료구조로부터 프로그램의 구조로 변환시키는 것이다. 대표적인 학자들로는 J.D. Warnier, Kent Orr, Jackson 및 Chand와 Yaday 등이 있다. 자료구조지향설계 절차는 다음과 같다.

첫째, 자료구조의 특성을 평가한다.

둘째, 자료를 순차, 선택, 반복구조로 나타낸다.

셋째, 위에서 얻어진 자료구조를 프로그램의 계층구조로 나타낸다.

넷째, 프로그램의 계층구조는 하향식으로 전개한다.

다섯째, 프로그램의 계층구조는 개략설계와 상세설계 간에 명확한 구분 없이 진행한다.

자료구조지향 설계의 예를 워니어-오기법과 잭슨기법을 중심으로 좀 더 구체적으로 고찰하여 두었다.

2. 워니어-오 설계기법

가. 워니어-오 설계기법의 개요

이 기법은 Warnier가 제안한 것을 1970년 중반에 K.Orr가 수정한 것으로 먼저 출력자료를 중심으로 진행하기 때문에 상향식 기법이라고도 볼 수 있다. 이 기법은 프로그램의 내부구조를 설계하기 위한 것이며, 자료구조로부터 프로그램의 구조를 유도한다.

워니어-오 설계기법의 진행단계는 <그림 6-22>와 같다.

사용자	체질강화 기능	수량
A	운동종류	3
B	식단	3
C	일정	4
D	추천운동	2

(출력자료)

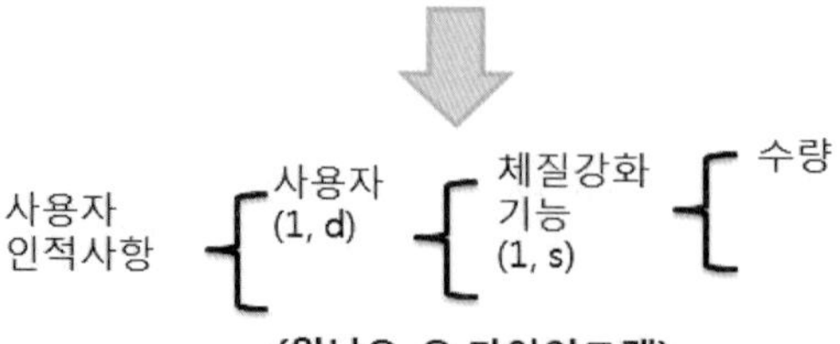

(워니오-오 다이어그램)

<그림 6-22> 워니어-오 설계기법의 진행단계

위의 <그림 6-22>가 도출되는 과정에 대해서 아래에 좀 더 구체적으로 고찰하여 두었다.

1) 출력자료 정의단계

먼저 출력자료 항목을 계층적 배열로 정의 한다. 계층적 배열 지침은 자료항목의 중복여부를 살피고 중복되는 자료항목은 삭제하고, 나머지 자료항목들에 대해서 계층구조화 한다.

2) 입 · 출력 자료구조 정의단계

이 단계는 아래 <그림 6-23>과 같이 프로그램 구조를 정의하기 위한 입 · 출력자료구조를 정의한다. 작업절차는 다음과 같다.

첫째, 출력자료의 모든 자료항목들을 나열한다.

둘째, 출력자료 항목들을 논리적 출력구조로 정의한다.

셋째, 논리적 출력구조로부터 논리적 입력구조를 도출한다.

넷째, 중간과정에서 생성되는 모든 자료항목들은 제거한다.

다섯째, 논리적 입력구조로부터 중복되는 자료항목들은 전부 제거한다.

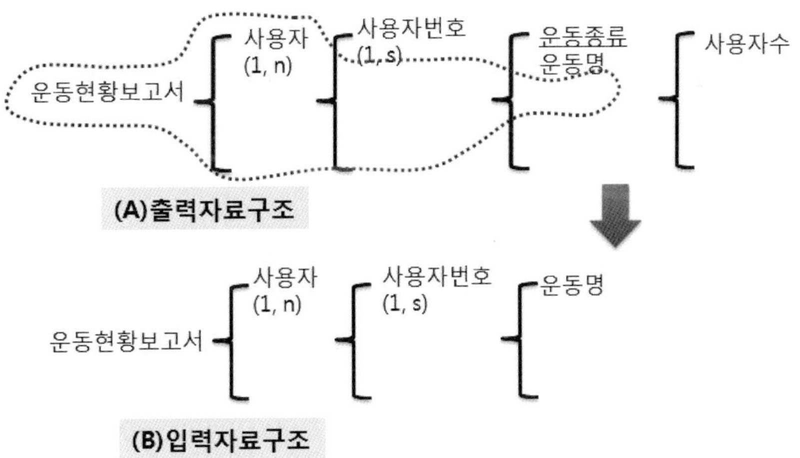

<그림 6-23> 입·출력 자료구조

3) 자료항목과 자료의 속성 간에 미치는 영향 분석

이 단계는 자료항목과 자료의 속성 간에 미치는 영향을 분석한다. 예를 들어 성적관리에서에서 수강번호 항목을 다시 정하면 수강번호라는 속성은 수정되어야 한다. 그러므로 이들의 관계를 분석하여 프로그램의 구조설계에 반영해야 한다.

아래 <그림 6-24>에서처럼 운동관리 시스템에는 세 개의 자료항목이 있으며 "운동의 종류"와 '체질강화기능"만이 속성을 갖는다. 그러므로 이들 두 개의 자료항목에 대해서 속성 간에 미치는 영향을 분석해야 한다.

자료항목(Items)	속성(Attributes)
- 운동현황보고서 - 사용자 - 체질강화	- 사용자번호 - 기능 명

<그림 6-24> 개체와 어트리뷰트

4) 입력파일 설계 단계

이 단계는 입력파일을 설계하는 단계로서 입·출력 구조로부터 하나의 레코드를 구성한다. 예를 들어 운동관리 시스템의 경우 운동현황보고서 작성에 필요한 자료항목들은 "사용자번호"와 "운동 명"임을 입력구조에서 알 수 있다. 이들 두 자료항목들로부터 "체질강화" 기능이라는 자료항목을 생성하여 <그림 6-25>와 같이 하나의 입력 파일이 형성된다.

각 사용자에 대한 레코드를 만들기 위해 아래 <그림 6-25>와 같이 합성된다.

사용자번호	운동명	체질강화기능

<그림 6-25> 입력파일의 레코드 구조

5) 입력 자료에서 출력형태로 변환

이 단계는 입력 자료를 원하는 출력형태로 변환시키는 설계 절차이다.

6) 구조적언어의 설계단계

이 단계는 마지막 단계로서 구조적언어 설계 단계인데, 아래<그림 6-26>과 같이 곧바로 프로그래밍으로 연결될 수 있는 상세설계 단계이다.

```
IF (사용자입력사항입력)
  IF 일정설정을 하면
    월별목표량 체크
  ELSE 일정설정을 안 함
    맞춤일정표시
    일정을 선정토록 유도
ELSE (아무것도 입력하지 않으면)
    사용자 신체사이즈 입력사항 출력
```

<그림 6-26> 구조적언어

7) 워니어 - 오 설계 기법의 장 · 단점

장점으로는 전체 설계 과정을 간단하게 표현해 줄 수 있고, 간단한 보고서 중심의 설계에 효과적이며, 순차, 선택, 반복구조가 쉽게 표기되며 구조적 프로그래밍에 적합하다.

반면에 단점으로는 크고 복잡한 문제에는 부적합하며, 계층적 구조가 아닌 자료는 처리가 불가능하고, 제어 논리를 충분히 다룰 수 없고, 데이터베이스 설계능력이 없다는 것이다.

3. 잭슨 설계기법(JSD)

가. 개념

잭슨 설계(Jackson System Design : JSD)기법은 입 · 출력 자료의 구조를 동시에 고려하면서 프로그램의 구조를 설계하는 것이며, 이것이 워니어-오 기법과의 차이점이다.

나. 잭슨 설계기법의 4단계 설계과정

잭슨 설계기법의 4단계 설계과정은 아래 <그림 6-27>과 같다.

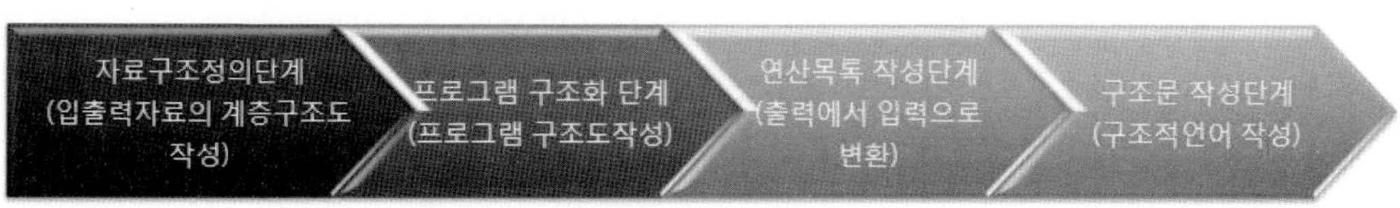

<그림 6-27> 잭슨설계 기법의 4단계 설계과정

1) 자료구조 정의단계

이 단계는 각 입력과 출력자료를 대응시켜 입·출력 자료 구조도를 정의하는 단계이다. 예를 들어 성적관리시스템의 입·출력 자료 구조도는 아래<그림 6-28>과 같다.

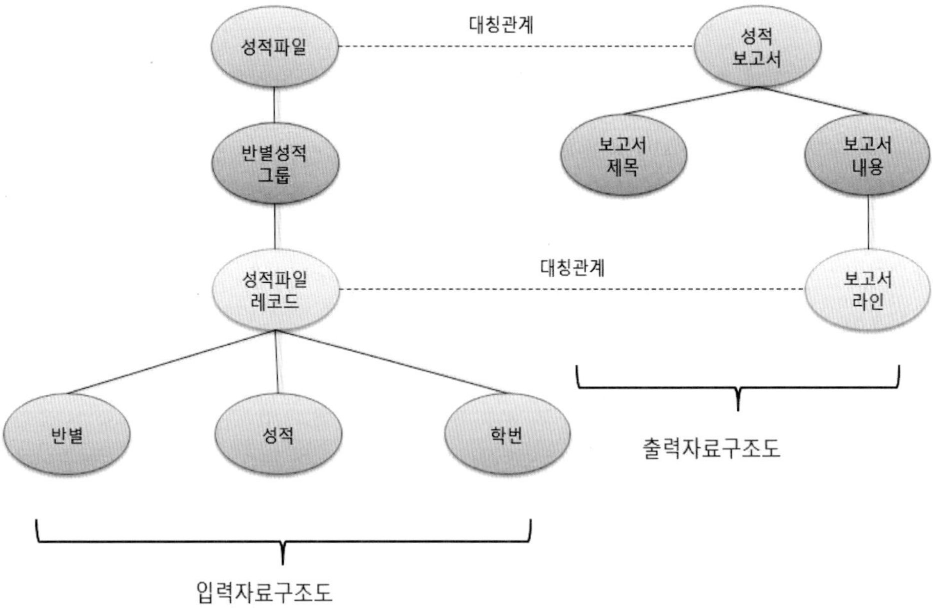

<그림 6-28> 입 · 출력 자료구조도

자료구조 정의단계는 업무 시스템 분석단계에서 얻어진 입·출력 자료 구조도를 검토하는 단계라고 할 수 있다.

2) 프로그램 구조화 단계

이 단계는 입·출력 자료구조 사이의 대칭관계를 밝혀 프로그램 구조도로 변환시키는 단계이다.

3) 연산목록 작성단계

이 단계에서는 위에서 작성된 프로그램 구조도로부터 "동사"에 해당하는 단어를 찾아서 아래 <그림 6-29>와 같이 "연산목록"을 작성한다.

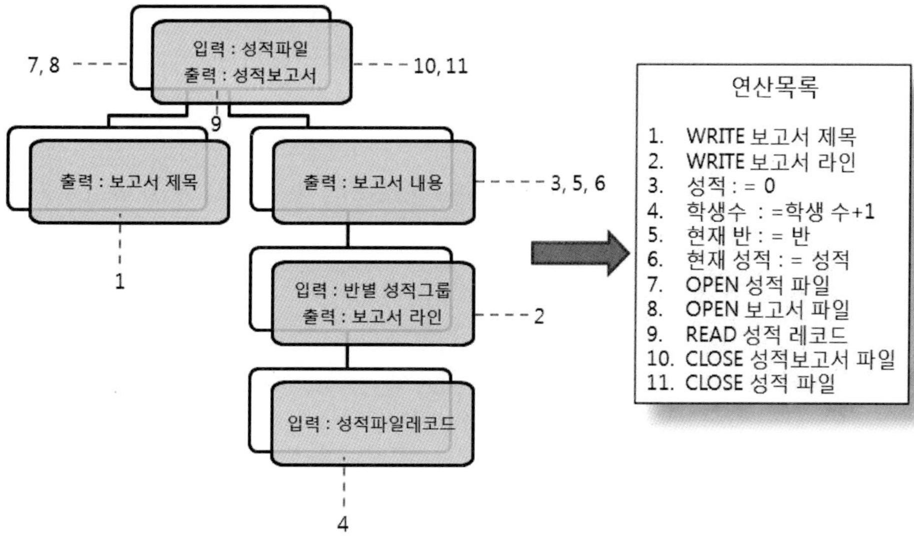

<그림 6-29> 연산목록

4) 구조적 언어 작성 단계

이 단계는 연산 목록이 작성이 되면 프로그램 작성을 위한 아래 <그림 6-30>과 같이 구조적 언어로 변환하는 단계이다. 이렇게 작성된 구조적 언어는 바로 프로그래밍이 가능하다.

```
성적보고서
        open 성적파일 ;
        open 성적보고서 파일 ;
        write 보고서 제목 ;
        read 성적 레코드 ;
        조건이 만족할 때 까지 보고서 내용 반복
                반별 성적그룹
                  학생 수 : = 0 ;
                  현배 반 : = 반 ;
                  현재 성적 : = 성적 ;
                  성적레코드 반복 while(반=현재반 and 성적=현성적)
                        학생 수 = 학생 수+1 ;
                         read 학생레코드 ;
                        학생레코드 end
                        move 학생 수 to 보고서 라인 ;
                        write 보고서 라인 :
                반별 성적 그룹 end
        보고서 내용 end ;
        close 성적 파일 ;
        close 성적보고서 ;
성적보고서 end
```

<그림 6-30> 성적관리 시스템의 구조문

5) 잭슨설계 기법의 고려사항

잭슨설계 기법은 간단한 프로그램 설계에는 효과적이지만, 복잡한 프로그램의 설계에는 부적합하다. 또한 이 기법은 완전무결한 업무 시스템 분석결과를 가정하고 있으며, 일괄처리 중심의 설계 기법이다. 업무 시스템의 요구사항이 자주 바뀌거나, 대규모이거나 온라인 및 데이터베이스시스템 설계에는 효과적이지 못하다.

6.4.4 실시간 시스템 설계

1. 실시간 시스템 설계의 개요

가. 개념

실시간 시스템은 어떤 사건(자극)에 대해서 즉각적인 반응을 일으키는 행위를 말한다.

나. 실시간 시스템의 유형

실시간 시스템의 유형에는 연성(Soft) 실시간 시스템과 경성(Hard) 실시간 시스템이 있는데, 연성 실시간 시스템은 특정 요구 시간에 결과물을 생산하지 않으면 운영의 가치가 떨어지는 시스템을 말하며, 경성 실시간 시스템은 결과물이 요구 시간에 따라 생산되지 않으면 작동이 올바르지 못한 시스템을 말한다.

다. 실시간 시스템을 바라보는 한 가지 관점

실시간 시스템을 바라보는 한 가지 관점은 자극/반응 시스템인데, 여기에는 주기적 자극과 비 주기적 자극 시스템이 있다.

주기적 자극 시스템에는 예상 가능한 시간 간격으로 일어나는 자극을 말하며, 대개 시스템과 연관된 센서가 생성된다. 이 자극은 시스템 환경의 상태에 따라 정보를 제공한다.

비 주기적 자극 시스템은 불규칙적으로 일어나며 대개 컴퓨터 인터럽트 메커니즘을 이용하여 신호가 보내진다. 작동기기나 센서에 의해 생성될 수 있고, 시스템이 처리해야 하는 하드웨어 고장과 같은 어떤 예외 조건을 종종 나타낸다. 예를 들면 입·출력 전송이 끝난 후 버퍼에서 데이터를 이용 가능함을 나타내는 인터럽트 등이 있다.

라. 실시간 시스템 설계의 특징

실시간 시스템은 자극을 받자마자 올바른 처리기로 제어가 전달되도록 시스템 아키텍처를 구성해야 한다. 실시간 시스템은 보통 병행적이고, 협동적인 프로세스들로 설계된다. 실시간 시스템을 위한 실행 플랫폼은 실시간 운영체제(RTOS)를 포함해야 한다. 이러한 자극/반응 모델의 일반적 원칙을 통해 아래와 같이 세 가지 유형의 프로세스가 존재한다.

첫째, 센서 관리 프로세스

둘째, 계산 프로세스

셋째, 작동기 제어 프로세스

실시간 시스템 개발을 위한 프로그래밍 언어는 시스템 하드웨어에 접근하기 쉬운 언어이어야 한다.

실시간 시스템의 일반적인 모델은 아래 <그림 6-31>과 같다.

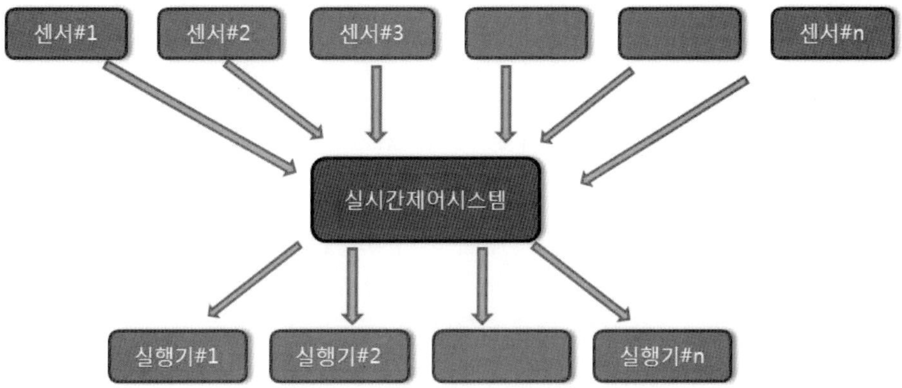

<그림 6-31> 실시간 시스템의 일반 모델

2. 실시간 시스템 설계

가. 실시간 시스템 설계의 개요

실시간 시스템 설계는 어떤 시스템 기능을 소프트웨어로 구현하고, 어떤 기능을 하드웨어로 구현할지를 결정하는 것이다. 하향식 설계 방법은 대부분의 실시간 시스템에서는 비실용적이며, 시스템 설계 타이밍은 설계 초기에 고려해야 한다. 실시간 시스템에는 객체나 함수보다는 이벤트(자극)가 실시간 소프트웨어 설계에 중심이 되어야 한다.

나. 실시간 시스템 설계 프로세스

실시간 시스템 설계 프로세스는 다음과 같다.

1) 시스템이 처리해야 하는 자극 및 이에 관련된 반응을 식별한다.

2) 각 자극과 이에 관련된 반응에 대해, 자극과 반응의 처리 모두에 적용되는 시간제한을 식별한다.

3) 이용될 하드웨어와 실시간 운영체제를 선택한다.

4) 자극과 반응의 처리를 다수의 병렬 프로세스로 처리한다.

5) 각 자극과 반응에 대해 필요한 계산을 수행하는 알고리즘을 설계한다.

6) 데드라인을 만족하기 위해 프로세스가 제 시간에 시작하는 것을 보장한 스케줄링 시스템을 설계한다.

다. 실시간 시스템 설계의 특징

실시간 시스템 설계의 특징은 다음과 같다.

1) 시스템을 위한 실행 플랫폼이 선택되고, 프로세스 아키텍처가 설계되고, 스케줄링 정책이 결정되고 나면, 시스템이 제한된 시간적(타이밍) 요구사항을 만족하는지를 점검한다.

2) 실시간 시스템의 타이밍 분석이 어려운데, 이것은 비주기적 자극은 예측할 수 없기 때문이고, 설계자는 특정 시점에 일어난 자극들의 발생(그리고 서비스 요구) 확률에 대한 가정을 해야 하기 때문이다.

3) 실시간 시스템은 타이밍 제한을 준수해야 하기 때문에 경성 실시간 시스템의 경우 객체지향 개발을 이용함이 불가능할 수도 있다.

4) 신호 처리와 같은 어떤 시스템 기능은 소프트웨어보다는 때로는 하드웨어에서 구현하는 것이 효과적일 때가 있다.

라. 실시간 시스템 설계 프로세스 모델

실시간 시스템 설계의 일반적인 프로세스는 아래 <그림6-32>와 같다.

<그림 6-32> 센서기와 실행기의 제어 프로세스 모델

마. 실시간 시스템 모델링의 예

실시간 시스템은 불규칙적인 간격으로 발생하는 이벤트(자극)에 반응해야 하기 때문에 상태 기계 모델(상태전이도)을 이용해야 한다. UML은 상태 기계 모델(상태전이도)을 지원하는 도구이다. 아래 <그림 6-33>은 휘발유 주유기의 상태모델 기계의 예이다.

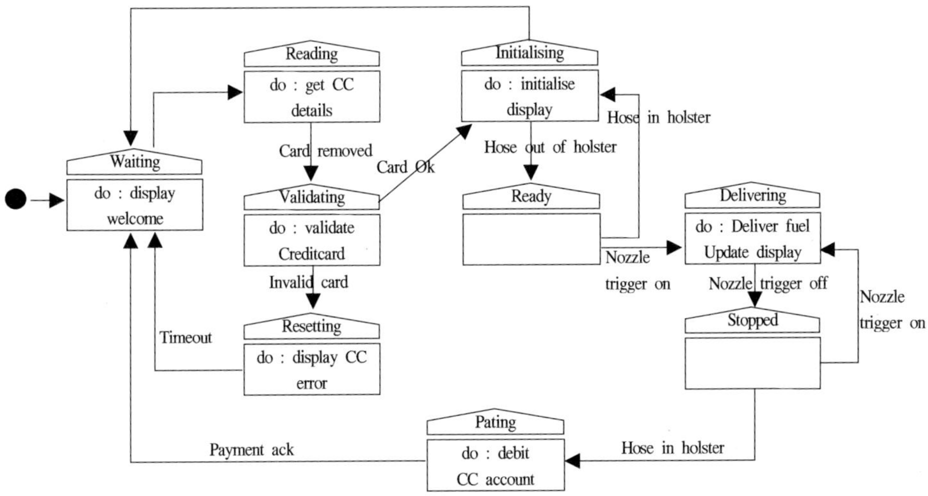

<그림 6-33> 휘발유 주유기의 상태모델 기계

3. 실시간 시스템 운영체제

가. 실시간 시스템 운영체제의 개요

실시간 시스템을 운영하기 위해서는 현재 가장 단순한 임베디드 시스템을 제외하고는 모두 실시간 운영체제(RTOS : Real Time Operating Systems)와 연동하여 동작해야 한다. 어떤 자극이 주어지면 자극이 처리될 수 있도록 프로세스를 시작하고 정지시키며 메모리와 프로세서 자원을 할당할 수 있어야 한다. 현재 소비자를 위해서 매우 소규모의 단순한 시스템으로부터 휴대폰, 모바일 기기, 프로세스 제어와 원격 통신을 위해 특수하게 설계된 운영체제 등을 위한 복잡한 시스템에 이르기까지 많은 RTOS 제품이 출시 되어 있다.

나. 실시간 시스템 운영체제의 구성요소

실시간 시스템 운영체제의 구성요소는 다음과 같다.

1) 실시간 클록(Clock) : 주기적으로 실행될 프로세스들의 목록을 만들기 위해 정보를 제공한다.

2) 인터럽트 핸들러 : 비주기적인 서비스 요청을 관리해준다.

3) 스케줄러 : 실행될 수 있는 프로세스들을 검토하고 실행을 위해 이들 중 하나를 선택할 수 있도록 해준다.

4) 자원 관리기 : 실행이 예정된 프로세스에 대해 적절한 메모리와 프로세서 자원을 할당한다.

5) 실행 관리기(Despatcher) : 프로세스 실행을 시작한다.

이들의 관계를 아래 <그림 6-34>에 요약하여 두었다.

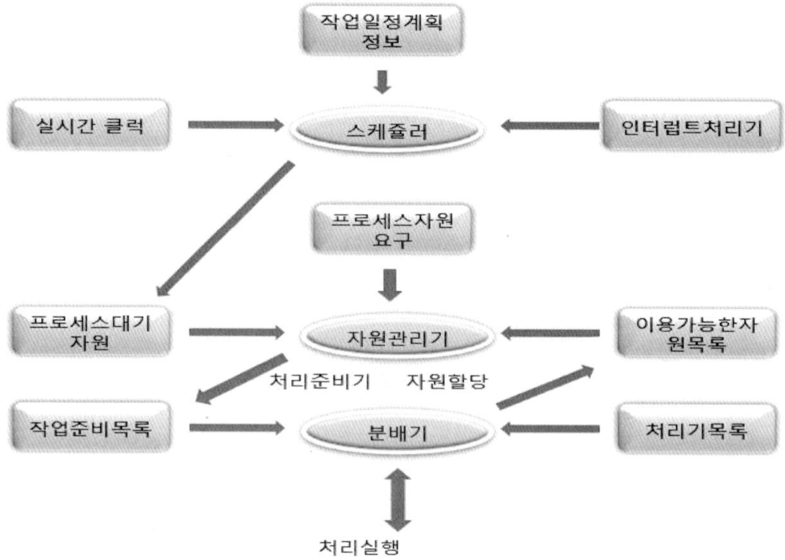

<그림 6-34> 실시간 운영체제의 구성요소

4. 모니터링 및 제어 시스템의 예

센서를 점검하여 센서 값에 따라 작동하도록 제어를 해주고, 모니터링 시스템은 어떤 예외적인 센서 값이 감지될 때 작동하며, 제어 시스템은 하드웨어 작동기를 계속적으로 제어해 준다. 이들의 관계를 아래 <그림 6-35>에 나타내 두었다.

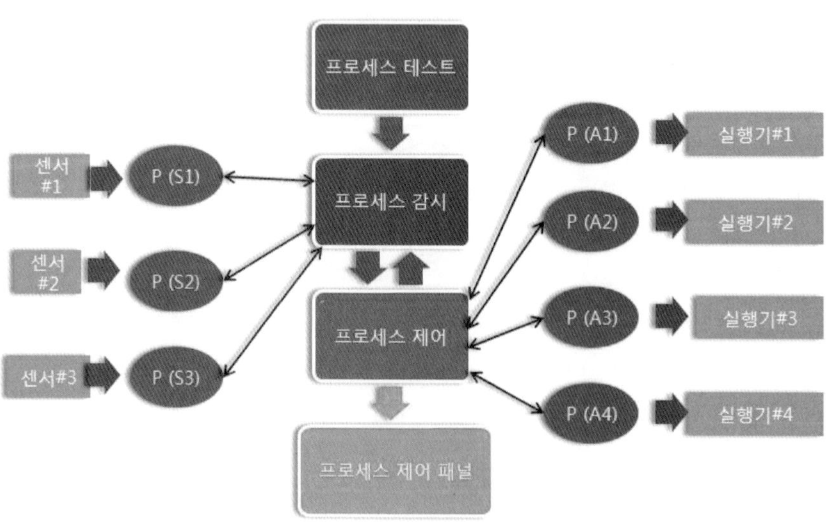

<그림 6-35> 모니터링 및 제어 시스템의 일반적 구조

6.4.5 자동화 도구를 이용한 시스템 설계

CASE(Computer Aided Software Engineering) 도구(Tool)는 소프트웨어 시스템 설계를 자동으로 생산하기 위한 하나의 도구(Tool)이며, 예를 들면 "Rational Rose"같은 것이 있다.

CASE의 목표로는 장래의 요구에 적절히 대응할 수 있는 시스템 설계를 할 수 있고, 정형화된 절차를 통해 개발자와 사용자간의 원활한 커뮤니케이션이 가능하다.

CASE의 특징으로는 컴퓨터를 이용하여 개발할 시스템의 구조를 그래픽으로 표현이 가능하고, 시스템 명세에 대한 안정성과 일관성을 갖게 한다. 가능한 설계 대안을 비교 · 평가하는 기능이 있고, 자료간 상호 관계 분석과 타당성을 검사하는 기능 등을 갖고 있다.

CASE의 장점으로는 자동화 도구들은 사람이 사용하는 고급 언어 수준에서 요구사항만 명시하면 자동적으로 설계가 만들어 질 수 있다는 것이고, 단점으로는 요구사항만 명시한 것을 완전한 설계 명세서로 바꾸어 줄만큼 완벽한 자동화 도구는 없다는 것이다.

CASE 도구의 유형에 대해서는 부록 자료를 참조하기 바란다.

6.4.6 소프트웨어 시스템의 기능적 설계

1. 코드설계

가. 개념

코드는 어떤 사물을 식별하기 위한 기호이다.

나. 코드의 기능

코드의 기능에는 식별기능, 배열기능, 분류기능, 연상기능, 암호화기능, 오류검출기능 등이 있다.

다. 코드의 구비 조건

코드의 구비 조건으로는 컴퓨터처리의 적합성, 취급의 용이성, 식별성, 공통성 즉, 코드는 공동으로 사용이 가능하여야 하며, 표준성, 유연성, 친숙성을 지니고 있어야 한다.

라. 코드의 종류

여기서부터는 각 코드에 대한 개념만 설명하고, 각 코드에 대한 사례는 부록 자료를 참조하기 바란다.

1) 순차코드

이것은 어떤 코드 대상에 대하여 순차적으로 코드를 부여하는 방법을 말한다.

2) 블록코드

이것은 코드화 대상 항목을 분석하여 서로 관련이 있는 항목을 적당한 블록으로 구분해 두고, 개개의 블록 내에는 임의 순서에 따라서 일련번호를 부여하는 코드방식이다.

3) 그룹분류코드

코드화 대상 항목을 각각 독립시켜서 대·중·소로 분류하고 분류된 개별항에 대하여 일련번호를 부여하는 방법이다.

4) 10진 코드

코드화 할 내용이 많을 경우에 하나의 코드내용이 왼쪽과 오른쪽 부분으로 분리하여 일정한 의미를 가지도록 설계한다. 코드의 왼쪽 부분은 그룹 분류를 나타내고, 오른쪽 부분은 10진법의 원칙에 따라 세 분류를 나타내는데, 이들 오른쪽 부분과 왼쪽 부분이 연결되어 하나의 코드를 구성한다.

5) 약호코드

약호코드(Mnemonic Code :기호코드)는 코드화 대상 항목 명칭과 관계가 있는 문자, 숫자 등을 조합하여 코드를 설계하는 것이다.

6) 약자식코드

약자식코드(Letter Type Code)는 어떤 품목명, 장치명, 단위명에서 일반적인 습관이나 제도상으로 널리 사용되는 이름의 머리글자만을 선택하여 코드화 하는 방법이다.

7) Final Digital Code

Final Digital Code는 코드의 마지막 자리에 특수한 의미를 가지도록 코드를 설계하는 것이다.

8) 유의적 자릿수 코드

유의적 자릿수 코드(Significant Digit Code: 표의 코드)는 코드화 대상 항목의 속성과 직접 또는 간접적으로 의미를 가지는 숫자를 그대로 코드로 사용하는 방법이다.

9) 암호코드

암호코드(Cryptic Code)는 어떤 항목의 내용을 대외 비밀로 하여 관계자만이 그 내용을 알고 있어야 할 경우에 사용되는 코드이다.

10) 숫자식 문자코드

코드화 대상을 예정된 방식에 따라서 문자를 숫자로 바꾸어서 코드를 설계하는 것이다.

11) 에러 검출 코드

에러 검출 코드(Error Detecting Code)는 코드 자체의 에러 포함 여부를 체크해 낼 수 있는 코드이다. 이 코드의 예로서 체크 디짓(Check Digit)이나 해밍 코드(Hamming Code)가 있다.

12) 합성코드

합성코드(Combined Code)는 지금까지 기술된 여러 가지 코드 원리를 두 가지 이상 조합시켜 코드화 해 놓은 것이다. 따라서 두 가지 이상의 식별 및 처리가 가능하도록 되어 있는 코드 방식이다.

2. 입력설계

가. 개념

입력설계는 시스템에서 요구하는 출력 정보를 산출해 내기 위하여 어떤 정보를 어떤 방법과 어떤 매체로 적시에 입력할 것인가를 결정하는 문제이다.

나. 입력설계 순서

1) 발생의 설계

입력정보의 발생에 대한 설계는 정보명칭의 확정, 작성목적, 발생자, 발생장소, 발생방법, 발생형태, 발생주기와 시기, 발생건수, 에러체크 방법 등을 정리하여 설계하는 것이다.

2) 수집의 설계

입력 정보에 대한 수집 대상 항목은 수집담당자와 장소, 수집방법과 형태, 수집경로, 수집주기와 시기, 수집 정보에 대한 에러 체크 등을 조사 분석하여 설계하는 것이다.

3) 입력의 설계

입력장치, 입력주기와 시기, 관련 파일의 입·출력 내용 등을 조사 분석하여 설계하는 것이다.

4) 입력 내용의 설계

입력정보의 내용 설계에는 항목명칭, 항목의 배열, 항목의 자릿수, 자료의 문자 구분, 에러체크 방법 등을 조사 분석하여 설계하는 것이다.

다. 입력 매체

입력 매체로는 키보드, 마우스, 터치스크린, 바코드, 음성인식, Optical Mark

Recognition (OMR), Optical Character Recognition (OCR), 마그네틱 잉크, 전자자기 변환장치, 스마트 카드, Biometric : 생체자기학(의학용) 등이 있다.

라. 입력 설계 지침

입력 설계 지침으로는 다음과 같다.

첫째, 꼭 필요한 데이터만 수집하라

둘째, 계산을 필요로 하는 데이터를 수집하면 안되고, 컴퓨터에 저장해야 하는 데이터는 입력 항목으로 수집하지 마라

셋째, 적절한 속성에 대해서는 코드화(코드를 이용하라)하라

예) 학번 부여 등

넷째, 폼을 완성하기 위한 규정(지침서)을 포함시켜라

다섯째, 손으로 기재하는 양을 최소화 하라

여섯째, 입력되는 데이터는 반드시 위에서 아래로 왼쪽에서 오른쪽으로 입력하라

일곱째, 가급적이면 잘 알려진 은유 / 수사법에 기반을 두고 설계하라

마 . Common GUI Controls (Windows 및 Web) 이용 시 입력 설계 항목

여기에는 텍스트 박스, 라디오 버튼, 체크박스, 리스트 박스, 드롭다운 리스트, 컴비네이션 박스, 스핀 박스, 버튼 형태 등이 있다.

3. 출력설계

가. 개념

출력설계는 컴퓨터에서 처리된 내용을 적절한 시기에 적절한 형태로 출력시키기 위한 설계를 말한다.

나. 출력형태의 분류

1) 인쇄출력

인쇄 출력은 종이에 인쇄하는 방식을 말하며, 그 종류는 다음과 같다.

① 라인프린터한번에 한 줄씩 인쇄

② 시리얼프린터한번에 한자씩 인쇄

③ X-Y플로터도형이나 그림을 출력하는 경우

④ 잉크젯 프린터잉크를 분사하여 인쇄하는 방식

⑤ 레이저 프린터드럼이 회전하면서 인쇄할 이미지 위에 토너를 분사하여 인쇄하는 형태 등이 있다.

2) 영상출력

영상출력은 CRT(Cathode Ray Tube) 화면에 출력하는 방식인데, 그 유형에는 다음과 같다.

①문자표시장치(Character Display Unit)로서 숫자, 문자, 기호 등을 출력하는 장치이다.

②도형표시장치(Graphic Display Unit)로서 도형을 표시하는 장치이다.

3) COM형태 출력

COM(Computer Output Microfilm)형태의 출력은 마이크로필름에 출력하는 방식이다.

4) 기타 출력 방식

기타 출력 방식으로는 Turn Around System이 있는데, 컴퓨터로 출력된 내용이 사용자들을 거쳐 원형 그대로 다시 입력정보로 사용되는 시스템을 말한다. 여기에는 음성출력 시스템과 파일출력 시스템이 있다.

다. 출력설계 지침서

출력설계 지침서는 다음과 같다.

1) 출력 자료는 읽기에 간단하고 해석하기에 쉬워야 한다. 이러기 위해서는 아래 사항들을 유의하여야 한다.

① 제목을 붙여라

② 날짜와 시간은 사전 인쇄하라

③ 세그먼트 정보에 대해서는 구역과 제목을 넣어라

④ 모든 필드와 칼럼에는 분명한 표식을 하라

⑤ 모든 약어에는 범례 표시를 하라

⑥ 꼭 필요한 정보만 출력해라

⑦ 손으로 편집하는 일이 없도록 출력자료를 출력하라

⑧ 페이지나 혹은 화면에 출력하는 정보는 상·하·좌·우 균형을 이루어져야 한다.

⑨ 항해하기에 쉽게끔 제공하라

⑩ 컴퓨터 전문 용어는 피하고, 오류메시지는 Display 시켜라

2) 출력 시기가 중요함

이것은 출력자료를 어떻게 설계할지에 영향을 미친다.

3) 출력자료 배부는 모든 관련 사용자들에게 도움이 되어야 한다.

4) 출력자료는 출력자료를 받을 시스템 사용자들에게 수용이 되어져야 한다. 즉, 출력자료를 어떻게 이용할지 이해해야 한다.

4. 화면설계

가. 개념

주된 사용자 그룹의 컴퓨터에 대한 전문지식과 그들의 지적 수준을 고려하여 화면에 입력 및 출력을 설계하는 것이다.

나. 화면설계의 유형

1) 메뉴 선택 방식(Menu 방식)

메뉴 방식은 아래 <그림 6-36>과 같이 해당항목을 선택하여 처리할 수 있도록 설계해 놓은 것이다.

```
아래의 입력할 해당 항목을 선택하세요:

    1. 이름
    2. 주소
    3. 전화번호

해당 번호를 선택하세요
```

<그림 6-36> 메뉴 방식

2) 질의응답 방식(Command Method)

질의응답 방식은 아래 <그림 6-37>과 같이 질문하는 형태로 처리하도록 설계해 놓은 것이다.

```
고객 이름이 무엇입니까?
권영직

권영직의 주소는 무엇입니까?
경북 경산시 진량읍 내리 15

권영직의 전화번호는 무엇입니까?
053-850-XXXX
```

<그림 6-37> 질의응답 방식

3) 양식 채우기 방식(Template Method)

양식 채우기 방식은 아래 <그림 6-38>과 같이 항목을 전부 열거해 놓고 해당 항목을 모두 입력하면 다음 단계로 처리할 수 있도록 설계해 놓은 것이다.

권영직의 입력할 세부 항목

이름 :
주소 :
전화번호 :

모든 입력항목이 정확한가(예/아니오)?

<그림 6-38> 양식 채우기 방식

다. 화면 설계 시 고려 사항

화면 설계 시 고려 사항으로는 다음과 같다.

1) 다음 사항에 대해 관리자는 항상 주의를 기울여라

① 시스템이 현재 어떤 것이 옳은지 사용자에게 알려라

② 데이터를 어떻게 정확하게 입력해야 하는지 알려라

③ 사용자들에게 데이터가 왜 정확하지 않는지 알려라

④ 처리가 지연되는 이유를 알려라

⑤ 사용자들에게 과업의 완성 여부를 알려라

2) 화면 포맷과 메시지가 동일한 출력 영역 내에서 일관성 있게 출력되어져야 한다.

3) 메시지와 명령어들은 사용자가 충분히 읽을 수 있을 만큼 길게 기술하라

4) 속성들은 줄여서 출력하라

5) 숨겨진 값들(Default Values)은 반드시 명세화 되어져야 한다.

6) 사용자들에게는 예기되는 오류들이 발생할 수 있다

7) 사용자들은 에러 정정 없이는 다음 업무를 진행해서는 안 된다.

8) 만약 사용자가 파멸적인 일을 한다면 더 많은 입력을 방지하기 위해 키보드는 잠겨야 한다.

9) 분석가나 기술적 지원 사항을 요청할 수 있는 명령어들이 Display 되어져야 한다.

6.5 소프트웨어 설계 명세서 작성

6.5.1 설계의 검증

설계의 검증은 업무 시스템 분석에서 분석한 사항들을 전산 시스템 설계에 모두 반영했는지 어떤지를 검증하는 것이다. 즉, 업무의 기능과 전산 시스템의 성능 요구를 모두 설계에 반영되었는지를 검증하는 것이다.

설계를 검증하기 위해서는 교차 검증표(Cross Reference Table)를 이용하기도 하는데, 양식은 아래 <그림 6-39>와 같다.

업무 시스템 분석 명세서			설계 명세서 내용				
업무	기능·성능에 대한 요구 사항	비고					

<그림 6-39> 교차 검증표

6.5.2 설계 명세서 작성

설계 명세서 작성은 기본설계와 상세설계로 나누어 작성한다.

1. 기본설계 명세서 작성

기본설계 명세서에는 아래 <그림 6-40>과 같이 개략적인 설계내용을 작성한다.

2. 상세설계 명세서 작성

기본설계에서 작성한 내용을 아래 <그림 6-40>과 같이 상세하게 작성한다.

기본설계 명세서	상세설계 명세서
1. 개요 · 설계의 목표 및 범위 · 설계 내용에 대한 개요 2. 자료흐름지향 설계에 대한 개요 3. 자료구조지향 설계에 대한 개요 4. 실시간 시스템에 대한 설계의 개요 5. 기능 설계에 대한 개요 6. 설계의 제약사항 등 참고문헌 첨부자료	1. 개요 · 상세설계에 대한 목표 및 범위 · 상세설계의 개략적인 내용 2. 기본 설계에 대한 상세 내용 3. 자료흐름지향 설계에 대한 상세 내용 4. 자료구조지향 설계에 대한 상세 내용 5. 실시간 시스템 설계에 대한 상세 내용 6. 기능설계에 대한 설계에 대한 상세 내용 7. 설계의 제약사항 등 참고문헌 첨부자료

<그림 6-40> 기본설계와 상세설계에 대한 명세서 목차 양식

참고문헌

권영직, 강의자료, 자체개발, 2009. 02

Sommerville, Ian. Software Engineering 9th Edition. Addison-Wesley, Harlow, England. 2010

권기태, 남영광 옮김, 소프트웨어공학, 홍릉과학출판사, 2008

박태준 편저, 소프트웨어공학, 문성출판사, pp.164~211

송영재외 5, 성공적인 소프트웨어 개발방법론, pp.57~69, pp.202~210

최은만, 소프트웨어공학론, pp.678~681

유종현, 소프트웨어 공학, 한국고시회, p.213

영남대학교 컴퓨터 정보 기술과

http://kmh.ync.ac.kr/comIntro/summary/hwp97/se_auto_tool.hwp

우치수, 소프트웨어 공학, McGraw-Hill, pp.343~350

송영재외 5인, 소프트웨어 공학, 이한 출판사, p.250~281

이주헌, 소프트웨어 공학, 법영사, 2000, pp.272~302

2007 탑스팟, 소프트웨어 공학, 2007, pp.307~332

Lonnie D. Bentley, Jeffrey L. Whitten, Systems Analysis & Design for the Global Enterprise, McGraw-Hill International Edition, 7e, 2007

김동수외4 공역, Introduction to Systems Analysis & Design, 사이텍미디어, 2009

한판암, 시스템분석과 설계, 이한출판사, 2008

연습문제

1. 소프트웨어 시스템 설계의 목적은?
2. 체계적인 소프트웨어 설계를 위해 필요 한 것은?
3. 소프트웨어 설계의 원리에 대해 기술하세요.
4. 모듈의 응집도와 결합도의 개념은?
5. 소프트웨어의 구조모델과 행위모델의 개념 및 정적 요소와 동적요소에 해당하는 것은?
6. 소프트웨어 아키텍쳐 설계와 상세설계에 해당되는 내용은?
7. 기본적인 설계 방법의 유형 및 이들의 장. 단점은?
8. 자료 흐름 지향 설계의 4단계는?
9. 코드의 기능에 대해 기술하세요.
10. 코드의 종류 및 그들 개개에 대한 개념은?
11. 입력설계의 순서를 기술하세요.
12. 입력설계의 지침은?
13. Windows 및 Web 이용 시 입력 설계 항목은?
14. 출력설계 지침에 대해 기술하세요.
15. 화면 설계의 유형은?
16. 화면설계 시 고려 사항에 대해 기술하세요.

부록

1. CASE (Computer Aided Software Engineering)도구의 유형

가. Rational Rose

· 정형화된 소프트웨어 명세서에 기반을 두고 있으며, 개발팀 전체의 개발을 지원해 주는 비주얼 모델링(Visual Modeling) 도구

· 개발팀 구성원간의 의사소통을 증진

· 시스템 개발의 복잡성을 관리

· 재사용을 지원

· 개발 기간을 단축

나. Teamwork

소프트웨어 시스템 개발에 있어서 전 단계 즉, 요구사항분석에서부터, 설계, 코딩, 테스트, 유지·보수단계에 이르기까지 전 단계를 지원해 주는 자동화 도구

다. ObjecTeam

사용자와 개발자 모두에게 효율적으로 이용될 수 있도록 개발된 자동화 도구

라. Plastic

객체지향 비주얼 모델링을 지원해 주는 자동화 도구

마. Erwin

데이터베이스로 개발하려고 하는 모든 소프트웨어 시스템에서 필수적인 데이터모형을 작성하는데 이용하면 편리한 자동화 도구

바. BOCS

· 소프트웨어와 기업 시스템 양쪽 모두에게 개발 모형을 지원해 주기 위한 객체지향 분석·설계용 자동화 도구

· C++와 Smalltalk와 같은 프로그래밍 언어에 대하여 프로그램 코드를 자동으로

생성해 주며, 텍스트(Text)와 그래프(Graphics)를 조합하여 정형화된 문서를 자동으로 산출

사. Gdpro

Java, EJB, C++와 같은 프로그래밍 언어를 공동으로 사용하여 개발 하고자 할 때 비주얼 모델링을 지원해 주기 위한 자동화 도구

아. ICONIX power tools

객체지향 및 구조적 개발을 위한 다중사용자(Multi-users) 분석· 설계용 자동화 도구

자. SDDGen

소프트웨어 설계에 관한 정보를 수집하고, 조직화하고, 의사소통을 원활하게 하기 위한 그래픽 설계용 자동화 도구

차. Visual Thought

여러 소프트웨어 다이어그램을 그릴 때 이용되는 표기법(Notation)을 지원하기 위한 다목적 UNIX 다이어그래밍 및 플로우차트(Diagramming and Flowcharting) 작성용 자동화 도구

카. PSL/PSA(Problem Statement Language/Problem Statement Analysis)

· 미 시간 대학의 다니엘 타이초로우 교수에 의해 ISDOS의 일환으로 개발된 것으로 CASE의 효시라 할 수 있음

· PSL - 개발해야 할 목적 시스템의 요구 사항 명세를 기계처리가 가능하게 기술한 요구 정의 언어

· PSA - PSL의 처리기로서 정적 해석과 동적 해석을 행함

타. TAGS (Technology for the Automated Generation of Systems)

· TBE 社에서 개발한 시스템 공학 방법 응용에 대한 자동 접근 방법

· IORL (명세 언어), IORL 처리와 요구 사항 분석을 위한 소프트웨어 도구들, 기초적인 방법론의 3가지로 구성됨

· Ada 언어의 원시코드도 출력

2. 코드설계의 종류

그룹	01~05: 교무처	06~08: 취업학생처	09~11: 산학연구처
일련번호	01 교무팀	06 취업지원팀	09 산학연구지원팀
	02 수업학적팀	07 학생지원팀	10 산학연구진흥팀
	03 교직팀	08 장학복지팀	11 산학관리팀
	04 교육혁신팀		
	05 교육개발팀		

<그림 1> 블록코드의 예

첫째 자리	둘째 자리(제 2행)		셋째 자리(제 3행)		넷째 자리(제 4행)
교무처	교무팀	1	교육과정담당	1	이하코드는 생략
	수업학적팀	2	학칙담당	1	
			성적담당	1	
			학적담당	1	
	⋮				
	산학연구진흥팀	3	기획담당	1	〃
			총무담당	2	〃
	산학연구지원팀	4	예산담당	3	〃
			교내연구	4	〃
			교외연구	5	〃
			협약담당	6	〃
					〃
			〃		〃

<그림 2> 그룹분류코드의 예

적 요					코드
공학					100
인문학					200
사회과학					300
	회계학				320
		상법			3252
			회사법		32524
				주식회사 유한회사	32525

<그림 3> 10진 코드의 예

품명	코드
모니터(ISO 32인치 220V 백색)	I-32-220-W
TV(삼성 LED 54인치)	S-L-54
냉장고(LG 3Door 180 자동)	L-3-180-A

<그림 4> 약호식 코드의 예

숫자를 문자로 바꿈		암호코드	
숫자	문자	제품원가	코드
0	W	6581	FMHN
1	N	1234	NBST
2	B	9870	JHGW
3	S		
4	T		
5	M		
6	F		
7	G		
8	H		
9	J		

<그림 5> 암호식 코드의 예

알파벳	코드	알파벳	코드	알파벳	코드	알파벳	코드
A	01	H	08	O	15	V	22
B	02	I	09	P	16	W	23
C	03	J	10	Q	17	X	24
D	04	K	11	R	18	Y	25
E	05	L	12	S	19	Z	26
F	06	M	13	T	20		
G	07	N	14	U	21		

<그림 6> 숫자식 문자 코드의 예

코드	적요
KG	Kilo-gram(킬로그램)
IN	Inch(인치)
KL	Kilo-liter(킬로리터)
YD	Yard(야드)
CM	Centi-meter(센티미터)
DR	Drum(드럼)

<그림 7> 약자식 코드의 예

두께(mm)	가로(mm)	세로(mm)	코드
25	535	250	25535250
15	135	135	15135135
13	85	33	13085033

<그림 8> 유의적 자릿수 코드의 예

3. 입력설계 양식

가. 입력 설계서 양식

입력 설계서	연월일	Version	담당	과장	부장	등록번호
						참조번호
						작성자

	설 계 항 목 명	요건 · 입력 설계시 결정 사항 · 비고
	입 력 정 보 명	대화내용
	작 성 목 적	Wi-Fi망과 안드로이드 플랫폼을 활용한 모바일 채팅
발생	발생자	스마트폰 어플리케이션 대화 사용자(송신측)
	장소	Wi-Fi망을 이용할 수 있는 장소
	방법 · 형태	사용자 직접 작성
	건수	무제한
	주기 · 시기	매 송신자의 전송 요청 시
	에러체크 방법1	송신측에서 대화 내용 전송시
	정보 작성자	스마트폰 어플리케이션 대화 사용자(송신측)
	작성 장소	Wi-Fi망과 스마트폰을 이용할 수 있는 장소
	작성방법 · 형태	프로그램을 이용, 수시로 작성
	작성 건수	무제한(매 송신자의 전송 요청 시)
	작성 주기	매 송신자의 전송 요청 시
	에러체크 방법2	수신측에서 대화 내용 수신시
수집	담당자	프로그램 관리자 및 스마트폰 어플리케이션
	장소	Wi-Fi망이 사용가능한 장소 및 어플리케이션이 설치된 스마트폰
	방법 · 형태	송/수신자가 확인
	경로	프로그램 데이터베이스 -> 관리자
	주기 · 시기	대화 종료시 체크
	에러체크 방법3	
매체화	담당자	가족 구성원 중 프로그램 관리자
	장소	Wi-Fi망이 사용가능한 장소 및 어플리케이션이 설치된 스마트폰
	기기	어플리케이션이 설치된 스마트폰 플랫폼
	레코드 길이	27자
	레코드 형식(고정 · 가변)	SAM(순편성)
	주기 · 시기	대화 종료시
	에러체크 방법4	Verify
입력	장치	안드로이드 키 입력 시스템
	주기 · 시기	대화 종료시
	관련 파일의 입 · 출력	사용자DB, 대화내용DB, 기기정보DB

나. 입력 내용 설계 양식

입력사양	연원일	Version	담당	과장	부장	등록번호
						참조번호
						작성자

출력데이터명	업무명	처리방법	매체	기기	Size	변환
대화 송신	안드로이드 기반 대화 내용	☐ 컴퓨터 ☐ 수작업	어플리케이션	안드로이드 플랫폼 스마트폰		☐ 있음 ☐ 없음

입력조건	주기	허용일수	발생량			원시데이터	코드
			최대	평균	최소		
	수시			50		대화내용 작성	NO-6

번호	항목명	자릿수	문자구분	비고
1	사용자 No	3	N	
2	사용자 고유 ID	3	N	
3	사용자 고유 PW	3	N	
4	사용자 성명	4	N	
5	기기 No	4	N	
6	대화내용	140	Y	
7	상대방 No	3	N	
8	상대방 고유 ID	3	N	
9	상대방 고유 PW	3	N	
10	상대방 성명	4	N	
11	상대방 기기 No	4	N	
12				
13				
14				
15				

비 고

4. 출력설계 양식

가. 출력 설계서

<table>
<tr><td rowspan="3">**출력 설계서**</td><td>연월일</td><td>Version</td><td>담당</td><td>과장</td><td>부장</td><td>등록번호</td></tr>
<tr><td rowspan="2"></td><td rowspan="2"></td><td rowspan="2"></td><td rowspan="2"></td><td rowspan="2"></td><td>참조번호</td></tr>
<tr><td>작성자</td></tr>
</table>

<table>
<tr><td colspan="2">설 계 항 목 명</td><td>요건 · 입력 설계시 결정 사항 · 비고</td></tr>
<tr><td colspan="2">출 력 정 보 명</td><td>대화내용</td></tr>
<tr><td colspan="2">출 력 목 적</td><td>Wi-Fi망과 안드로이드 플랫폼을 활용한 모바일 채팅</td></tr>
<tr><td rowspan="9">매
체
화</td><td>장소</td><td>Wi-Fi망을 이용할 수 있는 장소</td></tr>
<tr><td>장치</td><td>어플리케이션이 설치된 스마트폰 플랫폼</td></tr>
<tr><td>매체명</td><td>스마트폰</td></tr>
<tr><td>보조기기</td><td>없음</td></tr>
<tr><td>레코드길이</td><td>200자/레코드</td></tr>
<tr><td>정보량</td><td>내역마다 상이</td></tr>
<tr><td>복사매수</td><td>-</td></tr>
<tr><td>배열순서</td><td>① 사용자 번호 ② 빠른 대화 내용 순</td></tr>
<tr><td>주기 · 시기</td><td>사용자에 의해 수시</td></tr>
<tr><td rowspan="4">분
배</td><td>책임자</td><td>프로그램 관리자 및 스마트폰 어플리케이션</td></tr>
<tr><td>방법 · 형태</td><td>프로그램 관리자 및 스마트폰 어플리케이션이 확인</td></tr>
<tr><td>경로</td><td>프로그램 데이터베이스 -> 사용자</td></tr>
<tr><td>주기 · 시기</td><td>송신자에 의해 송신 될 때마다 수시</td></tr>
<tr><td rowspan="4">이
용</td><td>이용자</td><td>어플리케이션 사용자</td></tr>
<tr><td>경로</td><td>프로그램 데이터베이스 -> 사용자</td></tr>
<tr><td>주기 · 시기</td><td>사용자에 의해 수시</td></tr>
<tr><td>보호 여부 · 보존 기간</td><td>대외비 · 보존기간 7일</td></tr>
<tr><td>비
고</td><td colspan="2"></td></tr>
</table>

나. 출력 내용 설계

출력내용설계	연월일	Version	담당	과장	부장	등록번호
						참조번호
						작성자

출력데이터명	업무명	처리방법	매체	기기	Size	변환
대화 내용	안드로이드 기반 대화 내용	□ 컴퓨터 □ 수작업	어플리케이션	안드로이드 플랫폼 스마트폰		□ 있음 □ 없음

입력조건	주기	허용일수	복사 매수	작성 건수	자릿수/라인	라인/페이지
	수시			10	12	36

번호	항목명	자릿수	문자구분	비고
1	사용자 No	3	N	
2	사용자 고유 ID	3	N	
3	사용자 고유 PW	3	N	
4	사용자 성명	4	N	
5	기기 No	4	N	
6	대화내용	140	Y	
7	상대방 No	3	N	
8	상대방 고유 ID	3	N	
9	상대방 고유 PW	3	N	
10	상대방 성명	4	N	
11	상대방 기기 No	4	N	
12				
13				
14				
15				

비 고

다. Spacing Chart를 이용한 출력설계 양식

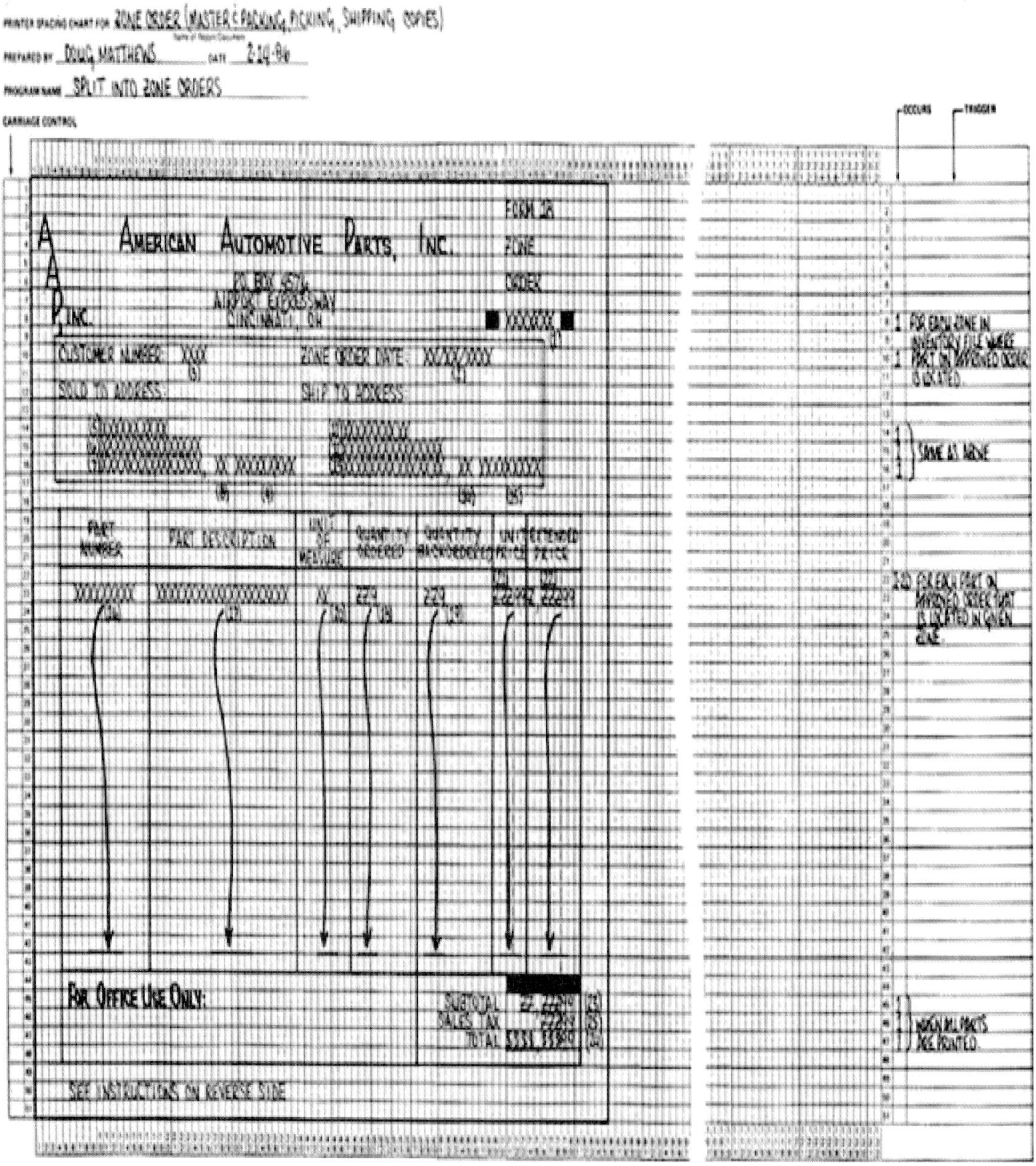

라. 도표형태의 보고서 양식

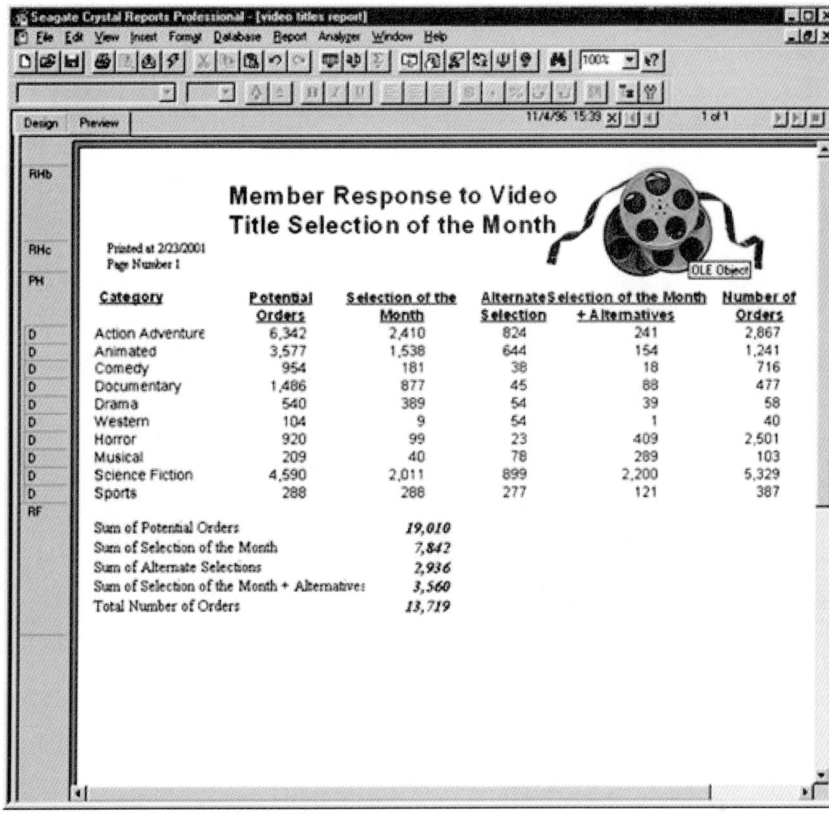

Category	Potential Orders	Selection of the Month	Alternate Selection	Selection of the Month + Alternatives	Number of Orders
Action Adventure	6,342	2,410	824	241	2,867
Animated	3,577	1,538	644	154	1,241
Comedy	954	181	38	18	716
Documentary	1,486	877	45	88	477
Drama	540	389	54	39	58
Western	104	9	54	1	40
Horror	920	99	23	409	2,501
Musical	209	40	78	289	103
Science Fiction	4,590	2,011	899	2,200	5,329
Sports	288	288	277	121	387

Sum of Potential Orders	*19,010*
Sum of Selection of the Month	*7,842*
Sum of Alternate Selections	*2,936*
Sum of Selection of the Month + Alternatives	*3,560*
Total Number of Orders	*13,719*

마. 맞춤형 보고서 양식

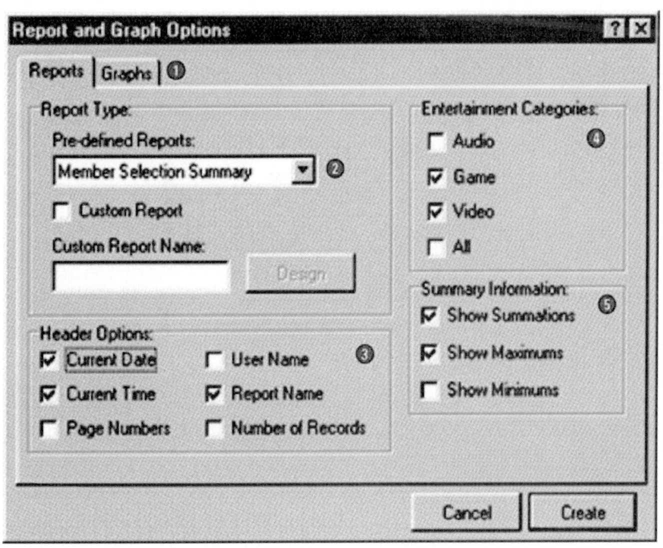

바. 웹기반 출력 보고서 양식

	KIP 9000C	KIP 9000CP	KIP 9000CPS	KIP 9000CPS (color)
복 사	■	■	■	■
출 력	□	■	■	■
스 캔	□	□	■	■
칼라스캔	□	□	□	■

■가능 □옵션

KIP 9200

	KIP 9200C	KIP 9200CP	KIP 9200CPS	KIP 9200CPS (color)
복 사	■	■	■	■
출 력	□	■	■	■
스 캔	□	□	■	■

07

객체지향 분석 및 설계

학습목표

어떤 업무를 개발 할 경우 데이터에 중점을 두고 개발할 수도 있고, 업무처리흐름에 중점을 두어서 개발할 수도 있는데, 본 강의에서는 데이터와 업무처리를 하나의 단위로 묶어서 즉, 객체 단위로 개발할 문제에 대해 분석 및 설계와 프로그래밍 하는 방법에 대해서 학습한다.

7.1 객체에 대한 개념

1. 객체의 개념

객체란 아래 <그림 7-1>과 같이 소프트웨어를 자료구조(데이터)와 행위(연산기능 또는 업무처리절차)가 결합된 집합체를 말한다. 이것은 소프트웨어를 구현하는 방법이라기보다는 실세계의 문제를 보는 개념이라 할 수 있다.

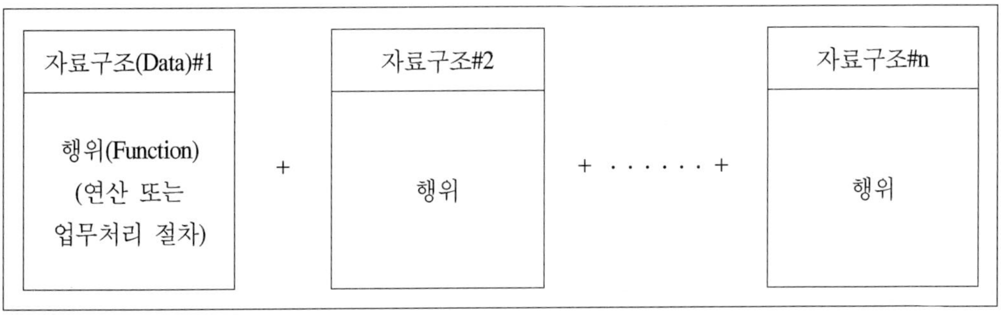

<그림 7-1> 객체의 개념

2. 용어해설

가. 클래스(Class) : 하나의 레코드 단위, 즉, 동일한 자료구조와 행위(연산기능)를 가진 하나의 객체를 말한다.

나. 인스턴스(Instance) : 데이터의 타입(Type) 또는 하나의 클래스에 값이 대입된 객체를 말한다.

다. 어트리뷰트(Attribute) : 데이터를 가지는 속성을 말한다. 예를 들면 "교수"라는 클래스의 어트리뷰트는 "전공", "나이", "직위", "주소" 등이다.

라. 메소드(Method) : 주어진 클래스의 특정한 연산 기능(Operation)을 말한다.

이들에 대한 예제를 아래 <그림 7-2>에 요약하여 두었다.

<그림 7-2> 객체, 클래스, 어트리뷰트, 메소드, 인스턴스에 대한 예

3. 객체의 속성

가. 주체성

각 객체는 다른 객체들로부터 분리되어야 한다. 예를 들면, '권영직', '대구대학교', '소프트웨어 공학'은 객체들이다.

나. 분류성

같은 자료구조와 행위를 가진 객체들은 동일한 클래스로 분류된다. 같은 클래스내의 객체들은 모두 같은 연산기능을 갖고 있으며, 자료구조도 또한 같다.

다. 행위의 다양성

객체는 연산기능은 동일해도 그 기능을 수행하는 클래스에 따라서 다른 행위로 나타날 수 있다. 예를 들면 "오다(Come)"라는 기능은 클래스에 따라서 "오다"라는 뜻도 있지만 다른 클래스에서는 "일어나다", "만들어지다"라는 행위로 나타난다.

라. 상속성

어떤 주어진 클래스에 하위클래스가 있다면 하위클래스의 모든 객체들은 소속클래스의 모든 속성이나 연산기능들을 상속 받을 수 있다.

7.2 구조적 분석기법과의 차이점

1. 구조적 분석 및 설계

가. 구조적 분석 및 설계의 개념

개발하려고 하는 문제가 크고 복잡할 경우에는 하나의 기능을 가진 단위로 세분화하여 이들을 구조화한 후 여러 개의 서브프로그램으로 나누어 개발하는 방법이다. 이 방법은 대다수의 프로그래머들에게 익숙한 방법이다.

나. 분할방법

1) 기능적 분할 방법

개발할 업무의 기능에 의해 서브프로그램으로 나누는 방법이다. 이는 Yourdon, Constantine, DeMarco 및 Gane 등이 개발한 방법이며, 단점으로는 데이터 부분은 함수들의 필요에 따라 중복되어질 수 있다는 것이다. 또한 소스 프로그램의 길이가 늘어나는 경향이 있다.

2) 이벤트-반응 모델링 방법

McMenamin 등이 개발한 방법으로 시스템을 하나의 블랙박스로 보고 외부에서 발생하는 이벤트와 그에 대한 반응을 시스템의 프로세스로 정의하고 이벤트와 그 반응을 관찰하여 서브프로그램으로 나누는 방법이다.

3) 구조적 분석에서 구조적 설계와 이벤트-반응 모델링(동작설계)과의 관계

구조적 분석에서 구조적 설계와 이벤트-반응 모델링(동작설계)과의 관계는 아래 <그림 7-3>을 참조하기 바란다.

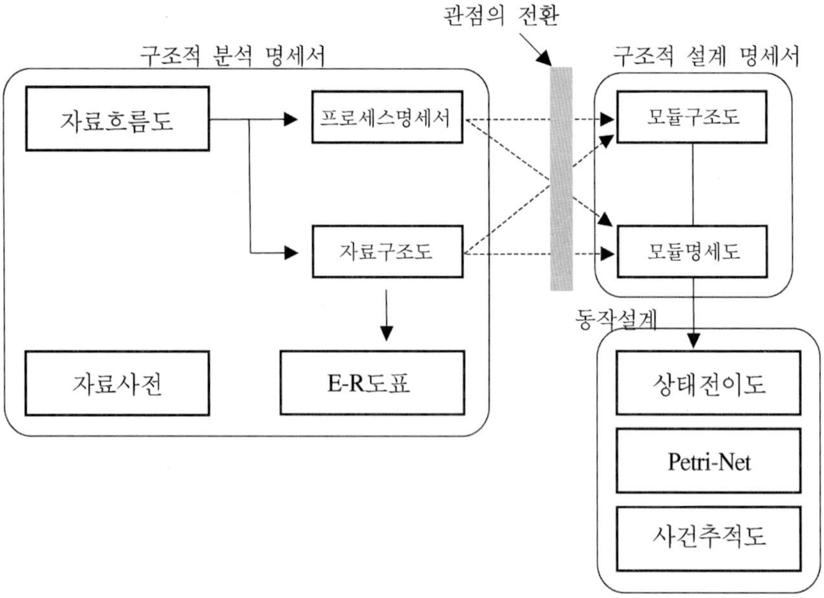

<그림 7-3> 구조적 분석에서 구조적 설계와 이벤트-반응 모델링(동작설계)과의 관계

2. 객체지향 분석 및 설계

이 방법은 1980년대에 Peter Chen이 고안한 정보 모델링(Information Modeling)방법에서 발전되어 나온 것으로서 객체와 실체-관계도표(E-R도표, Entity-Relationship Diagram)를 사용하여 데이터 중심의 모델링을 하는 방법이다.

객체지향 분석 및 설계의 작업 순서는 다음과 같다.

첫째, 기본 데이터로 객체를 중심으로 하여 똑같은 관점으로부터 분석 및 설계를 수행한다.

둘째, 시스템에서 취급해야 될 객체를 추출하게 되면 그것을 가지고 객체를 구조, 기능, 동작의 3가지 측면으로 나누어 나선형적으로 그들의 내용을 반복해서 구체화하여 나간다.

셋째, 객체의 구조, 기능, 동작은 다음 페이지 <그림 7-4>에서와 같이 정적인 클래스 구조, 객체사이의 상호작용, 객체내부의 행동들을 표시한다.

넷째, 명확하게 분석 작업과 설계 작업을 분리하는 것은 어렵다.

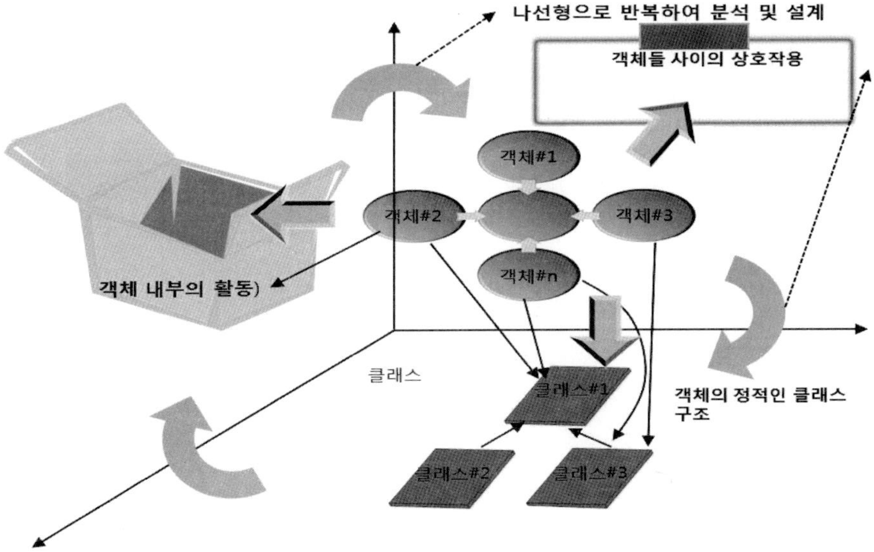

<그림 7-4> 객체지향 분석 및 설계의 작업 순서

3. 구조적 분석과 객체지향 분석 및 설계의 대응관계

구조적 분석과 객체지향 분석 및 설계 간의 대응관계를 아래 <그림 7-5>에 나타내 두었다.

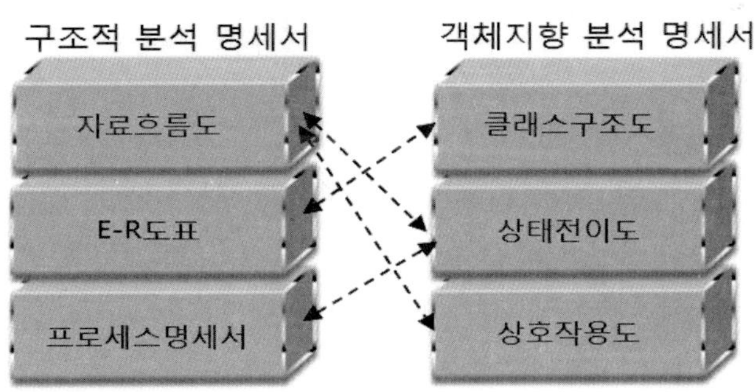

<그림 7-5> 구조적 분석과 객체지향 분석 및 설계 간의 대응관계

4. 구조적방법, 실시간처리방법, 객체지향 방법에 있어서 강조되는 부분

구조적방법과 실시간처리방법 및 객체지향 방법에 있어서 서로간에 강조하는 부분을 아래 <그림 7-6>에 요약하여 뒀다.

기능 분할 방법	이벤트-반응 모델링	객체지향 방법
프로세스	컨트롤	데이터
컨트롤	프로세스	컨트롤
데이터	데이터	프로세스

<그림 7-6> 세 가지 방법에서 강조되는 부분

7.3 객체지향 분석

1. 객체지향 분석의 개요

객체지향 분석은 개발할 문제(또는 시스템)가 어떠한 기능을 수행할 것인가를 파악하는 단계이다. Goldberg가 제안한 객체지향 분석과정은 개발할 문제영역에서 자연스럽게 객체를 추출하고 그 객체가 행하는 행위를 파악함으로써 과다한 기능의 추출이나 사용자가 원하는 사항을 누락하는 경우를 줄이자는 것이다.

객체지향 분석의 기대효과로는 소프트웨어 공학에 대한 기본 지식을 갖고 있지 않은 일반 고객 또는 사용자들과 소프트웨어를 직접 개발하게 될 사람들(기술요원) 사이의 의견 차이를 줄일 수 있다. 왜냐하면 개발하고자 하는 문제 분석을 객체 단위로 추출해서 그림을 그려서 분석하기 때문이다.

2. 객체지향분석의 6단계

객체지향 분석을 위해서는 아래 <그림 7-7>과 같이 6단계로 나누어 분석하는데 이들 6단계에 대해서 좀 더 구체적으로 알아보기로 한다.

단 계	목 적	수행 작업
제 1단계 : 문제분석 단계	개발할 문제의 요구사항에 대하여 업무가 수행해야 하는 행위를 중심으로 파악	사용자와의 면접, 관찰, 참고자료 등을 통해 개발할 업무가 갖추어야 하는 기능의 흐름을 "활동도표"로 작성
제 2단계 : 객체의 선정 단계	개발할 문제의 기능을 수행하는 주체로서의 객체를 파악	객체의 추출과 해당 객체에 대한 역할을 기술

(도표계속)

제 3단계 : 객체의 속성 정의 단계	객체가 지닌 속성을 정의	각각의 객체에 대한 속성 파악과, 속성에 대한 설명을 기술
제 4단계 : 객체의 행위 추출 단계	객체의 행위와, 피 주체자로서의 행위를 기술	객체가 수행하는 행위에 대한 이름과 설명을 기술
제 5단계 : 객체별 카드 작성 단계	객체별 정의	객체별 카드 작성
제 6단계 : 객체들 간의 관련성 정의 단계	객체들 간의 상속, 집합, 링크 및 연관 관계를 결정	객체들 간의 관련성을 추출하고 이를 모델링 카드에 반영

<그림 7-7> 객체지향 분석 6단계

가. 제 1단계 : 문제분석의 단계

이 단계는 객체지향 분석방법의 첫 단계로서 개발할 문제의 범위를 결정하는 단계이다. 접근방법으로는 개발할 문제의 전문가와 대화를 통해 문제의 요구사항을 파악한다. 이 때 개발할 문제에 대한 완전하지 않은 초기의 요구사항을 명세서로 작성해야 되는데, 이들 명세서를 **"기술한 명세서 또는 기술서"**라 한다.

그러므로 이들 기술서를 바탕으로 문제를 분석할 수 있게 해준다. 개발할 문제가 복잡할 경우 문제를 축소해서 파악할 수도 있다.

문제의 분석 단계에서는 위와 같이 기술서를 바탕으로 **"행위기술서"**를 작성해야 한다.

행위기술서의 역할은 다음과 같다.

첫째, 개발할 문제의 작동되는 흐름을 기술해 준다.

둘째, 개발할 문제가 갖추어야 할 그리고 개발할 문제가 처리하게 될 기능을 기술해 준다.

셋째, 개발할 문제가 제공하는 기능에 따라 여러 개의 행위기술서가 나올 수 있다. 예를 들면 은행의 현금자동인출기 등이다.

행위기술서를 작성하기 위해서 먼저 생각해야 할 것은 어떤 흐름으로 고객 요구가 처리되어 나가는가를 확인하는 것이다. 예를 들어 은행의 현금자동인출기라면 행위기술서를 작성할 경우 출력이 되어야 할 행위에는 4가지가 있는데 즉, "잔액조회", "입금작업", "출금작업", "통장확인 작업" 등이 있다.

행위기술서를 작성하기 위한 양식은 아래 <그림 7-8>과 같다.

기능을 요구하는 객체	수행하는 기능	요구를 받는 객체

<그림 7-8> 행위기술서의 양식

잔액조회에 대한 행위기술서의 예를 아래 <그림 7-9>에 요약하여 두었다.

<잔액조회>

기능을 요구하는 객체	수행하는 기능	요구를 받는 객체
고객	신용카드를 넣는다	현금자동인출기
현금자동인출기	통장잔액을 확인한다.	통장
현금자동인출기	비밀번호를 요구한다.	고객
고객	비밀번호를 입력한다.	현금자동인출기
현금자동인출기	신용카드번호와 비밀번호를 제공한다.	개발할 문제
개발할 문제	입력된 신용카드번호와 비밀번호 일치를 확인한다.	고객 레코드
개발할 문제	비밀번호가 일치할 경우 잔액확인을 해준다.	현금자동인출기
고객	신용카드를 회수한다.	현금자동인출기

<그림 7-9> 잔액조회에 대한 행위기술서의 예

또한, 출금작업에 대한 행위기술서의 예를 아래 <그림 7-10>에 요약하여 두었다.

<출금작업>

기능을 요구하는 객체	수행하는 기능	요구를 받는 객체
고객	신용카드를 넣는다	현금자동인출기
현금자동인출기	신용카드를 확인한다.	신용카드
현금자동인출기	비밀번호를 요구한다.	고객
고객	비밀번호를 입력한다.	현금자동인출기

(도표계속)

현금자동인출기	카드번호와 비밀번호를 제공한다.	개발할 문제
개발할 문제	입력된 카드번호와 비밀번호 일치를 확인한다.	고객의 정보
개발할 문제	비밀번호가 일치함을 답한다.	현금자동인출기
현금자동인출기	"서비스 선택"을 출력한다.	고객
현금자동인출기	현금지급을 선택한다.	현금자동인출기
현금자동인출기	"금액을 입력하시로"라고 출력한다.	고객
고객	찾을 금액을 입력한다.	현금자동인출기
현금자동인출기	고객계좌에서 잔액을 확인한다.	고객의 정보
현금자동인출기	잔액이 있으면 현금을 인출한다.	고객계좌
현금자동인출기	"지급명세서와 카드를 받으시오"라고 알려준다.	고객
고객	카드를 회수한다.	현금자동인출기
현금자동인출기	현금을 내준다.	고객

<그림 7-10> 출금작업에 대한 행위기술서의 예

나. 제 2단계 : 객체의 선정단계

객체지향 분석의 제 2단계는 개발할 문제를 구성하게 될 객체를 파악하는 단계이며, 앞 단계의 결과물인 행위기술서를 근거로 "객체기술서"를 작성한다. 객체기술서란 추출된 객체에 대해서 객체의 역할을 기술하며, 이는 앞에서 얻어진 행위기술서 각각마다 객체기술서를 작성해야 한다.

객체기술서의 양식은 아래 <그림 7-11>과 같다.

객체의 이름	객체가 수행하는 역할을 기술

<그림 7-11> 객체기술서의 양식

잔액조회에 대한 객체기술서의 예를 아래 <그림 7-12>에 출금작업에 대한 객체기술서의 예를 아래 <그림 7-13>에 요약하여 나타내어 두었다.

객체의 이름	객체가 수행하는 역할을 기술
현금자동인출기	고객에게 서비스를 제공하는 기계
신용카드	고객을 식별할 수 있는 은행별 카드
고객	현금자동인출기를 사용하는 사람
고객정보	은행 고객에 대한 정보
개발할 문제	잔액조회

<그림 7-12> 잔액조회에 대한 객체기술서의 예

객체의 이름	객체가 수행하는 역할에 대한 기술
고객계좌	고객의 예금통장

<그림 7-13> 출금작업대 대한 객체 기술서의 예

다. 제 3단계 : 객체의 속성 정의 단계

객체지향 분석의 제 3단계는 개발할 문제에 대해 객체가 지닌 속성을 파악하기 위한 단계이며, 행위기술서의 두 번째 항인 "수행하는 기능(<그림7-8> 참조)"에 확실한 객체의 속성이 있는지를 파악하고, 객체기술서에 기록된 객체가 지닌 속성을 참조하여 객체의 속성기술서를 작성한다.

객체의 속성기술서 양식은 아래 <그림 7-14>와 같다.

객체의 이름	객체가 지닌 속성

<그림 7-14> 객체의 속성기술서 양식

잔액조회와 출금작업에 대한 객체 속성기술서의 예를 아래 <그림 7-15>와 <그림 7-16>에 요약하여 두었다.

객체의 이름	객체가 지닌 속성
고객	신용카드와 비밀번호
개발할 문제	고객정보
신용카드	카드번호

<그림 7-15> 잔액조회에 대한 객체의 속성기술서의 예

객체의 이름	객체가 지닌 속성
고객계좌	잔액

<그림 7-16> 출금작업에 대한 객체의 속성기술서의 예

라. 제 4단계 : 객체의 행위 추출단계

객체지향 분석의 제 4단계는 개발할 문제 즉, 고객의 요구사항을 수행하게 될 객체를 이해하기 위하여 객체의 행위를 파악하는 단계이다. 객체의 행위를 추출하는 단계는 행위기술서를 통해 기능을 제공하는 객체를 파악하고 그 객체가 제공하게 되는 서비스가 어떤 것인지를 추출하는 단계이다.

객체가 수행하는 기능에 대한 행위기술서의 양식은 아래 <그림 7-17>과 같다.

요구를 수행하는 객체	객체가 수행하는 기능에 대한 행위

<그림 7-17> 객체가 수행하는 기능에 대한 행위기술서 양식

잔액조회와 출금작업에 대한 객체가 수행하는 기능에 대한 행위기술서의 예를 아래 <그림 7-18>과 <그림 7-19>에 요약하여 두었다.

요구를 수행하는 객체	객체가 수행하는 기능에 대한 행위
현금자동인출기	신용카드를 입력 받는다.
신용카드	신용카드번호를 제공한다.
현금자동인출기	고객의 비밀번호를 요구한다.
고객	비밀번호를 입력한다.
현금자동인출기	비밀번호를 입력받는다.
현금자동인출기	고객을 확인한다.
고객	잔액을 조회한다.
신용카드	현금자동인출기에서 나온다.

<그림 7-18> 잔액조회에 대한 객체가 수행하는 기능에 대한 행위기술서의 예

요구를 수행하는 객체	객체가 수행하는 기능에 대한 행위
현금자동인출기	신용카드를 입력 받는다.
신용카드	신용카드번호를 제공한다.
현금자동인출기	비밀번호를 요구한다.
고객	비밀번호를 입력한다.
현금자동인출기	출금 메뉴를 제공한다.
고객	출금금액을 입력한다.
현금자동인출기	출금액을 제공한다.
고객계좌	현금이 빠진다.
현금자동인출기	잔액을 제공한다.
고객	신용카드를 뺀다.

<그림 7-19> 출금작업에 대한 객체가 수행하는 기능에 대한 행위기술서의 예

마. 제 5단계 : 객체별 카드 작성 단계

객체별 카드는 지금까지 객체지향 분석한 내용을 중심으로 추출된 객체, 객체의 행위, 객체의 속성, 객체가 수행하는 기능에 대해 각 객체 별로 일목요연하게 정리해놓은 표이다.

객체별 카드를 작성하는 양식은 아래 <그림 7-20>과 같다.

① 객체이름:
② 객체의 행위
③ 요구를 수행하는 행위
④ 기능을 요구하는 행위
⑤ 객체의 속성:
⑥ 경로:

<그림 7-20> 객체별 카드 작성 양식

위의 <그림 7-20>에서 객체이름은 행위기술서를 바탕으로 추출된 객체기술서에 나타나는 이름을 기재한다. 객체의 행위는 ③번, ④번에서 기술되는 행위를 통해 나타난다. 객체가 지닌 속성은 객체지향 분석의 세 번째 단계인 객체의 속성 정의 단계에서 정의한 기술서를 바탕으로 작성한다. 경로기술은 위에서 기술한 내용들을 습득한 경위들을 기술한다.

만약 객체카드의 오류 발생 시 이 경로에 기술된 문서를 참조하여 수정하면 된다.

현금자동인출기의 객체 카드 작성의 예는 아래 <그림 7-21>과 같다.

객체이름 : 현금자동인출기

객체의 행위:

요구를 수행하는 행위	**기능을 요구하는 행위**
신용카드 입력	신용카드를 확인
비밀번호를 입력	비밀번호를 출력
서비스항목 제시	잔액조회 요청
서비스지원	잔액결과 출력
오류메시지 제공	"카드를 가져가세요"를 출력

객체의 속성 : 비밀번호, 카드번호

경로 : "잔액조회", "출금작업"의 행위기술서

<그림 7-21> 객체 카드 작성의 예

바. 제 6단계 : 객체들 간의 관련성 정의 단계

객체지향 분석한 객체모델에 근거하여 상속관계, 집합관계, 링크와 연관관계를 파악하여 다이어그램으로 기술한다. 여기에 대해서는 객체지향 설계에서 상세하게 다룬다. 이 단계는 앞 단계의 결과로 추출된 객체에 새로운 객체를 추가하거나, 속성과 행위를 재 정의하는데 필요한 단계이다.

7.4 UML

1. UML의 개요

가. 개념

UML(Unified Model Language)은 객체지향으로 분석한 문제를 객체지향 설계를 할 때에 그림을 그려주는 것을 도와주는 하나의 언어이다. 이 때 그려진 그림은 일종의 설계도면(코딩의 표현이 아니라 구조의 표현)이라 할 수 있다. 이것은 개발자와 사용자 간에 정보교환의 효율성을 높여주는 효과가 있다.

나. 배경

UML은 Grady Booch, James Rumbaugh, Ivar Jacobson이 제안하였으며, 객체지향 분석 및 설계 분야의 여러 방법론을 하나로 합친 결과라 할 수 있다. 이것은 1995년 10월에 Unified Method 0.8(OOPSLA95)이 개발이 되어 발표되었고, 1996년에 Unified

Method 0.9가 발표되었으며, 1997년 11월에 UML 1.1(OMG)이 개발이 되어 발표되었으며, 오늘날 이것을 계속 업그레이드하여 활용하고 있다.

2. UML을 이용한 다이어그램의 종류

UML을 이용한 다이어그램의 종류에는 다음과 같은 것이 있다.

첫째, 다른 다이어그램을 그리기 위해 기반이 되는 다이어그램

: 여기에는 유스케이스 다이어그램이 있다.

둘째, 개발할 문제의 정적인 면을 표현하는 다이어그램

: 여기에는 클래스 다이어그램이 있다.

셋째, 개발할 문제의 동적인 면을 표현하는 다이어그램

: 여기에는 아래와 같은 6가지 유형의 다이어그램이 있다.

1)시퀀스 다이어그램

2)협력 다이어그램

3)상태 다이어그램

4)활동 다이어그램

5)컴포넌트 다이어그램

6)배치 다이어그램

위의 6가지 유형의 다이어그램에 대해 아래에 좀 더 구체적으로 고찰하기로 한다.

가. 유스케이스 다이어그램

유스케이스 다이어그램(Use Case Diagram)은 사용자 시점 중심으로 그림을 그려놓은 것이다.

유스케이스 다이어그램을 그릴 시 구성요소는 다음과 같다.

- Actor: 개발할 문제를 사용하는 외부 객체를 의미한다.
- Use Case: Actor에 제공하는 기능이나 서비스를 의미한다.
- Communication: Actor와 Use Case간의 관계를 나타낸다.
- Include: 중복 처리를 의미한다.
- Extend: 추가 처리를 의미한다.

Actor와 Use Case를 나타내는 기호는 아래 <그림 7-22>와 같다.

<그림 7-22> 유스케이스 다이어그램의 구성요소

아래 <그림 7-23>은 유스케이스 다이어그램의 예이다.

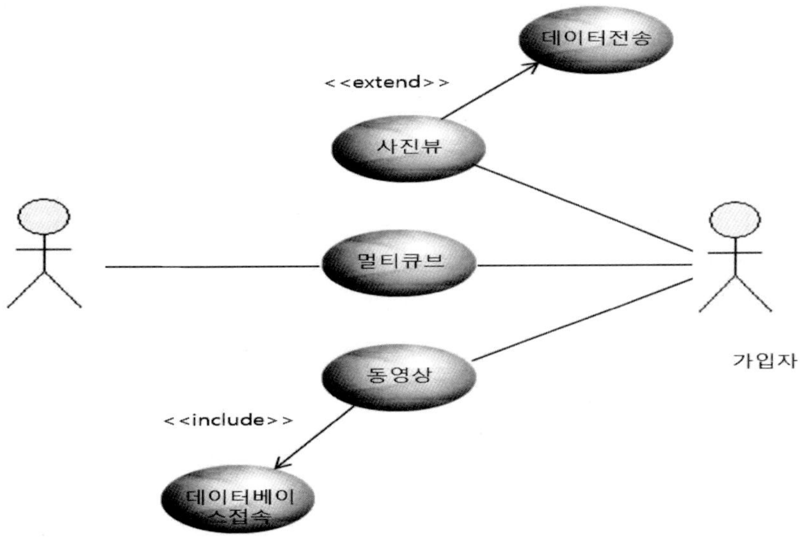

<그림 7-23> 유스케이스 다이어그램의 예

나. 클래스 다이어그램

클래스 다이어그램(Class Diagram)은 객체의 클래스를 표현해 놓은 다이어그램으로서 그 구성요소는 다음과 같다.

- 클래스명 : 이것은 클래스의 이름을 나타낸다. Instance일 경우에는 클래스 이름은 Instance 이름이 된다.
- 데이터의 속성 : 데이터를 의미하며, 데이터의 종속된 값들을 표시한다.
- 연산기능 : 객체가 제공하는 서비스로서 연산기능이나, 업무처리절차 또는 함수 등을 의미한다. 연산은 메소드(Method)라고도 한다.

클래스 다이어그램의 예는 아래 <그림 7-24>와 같다.

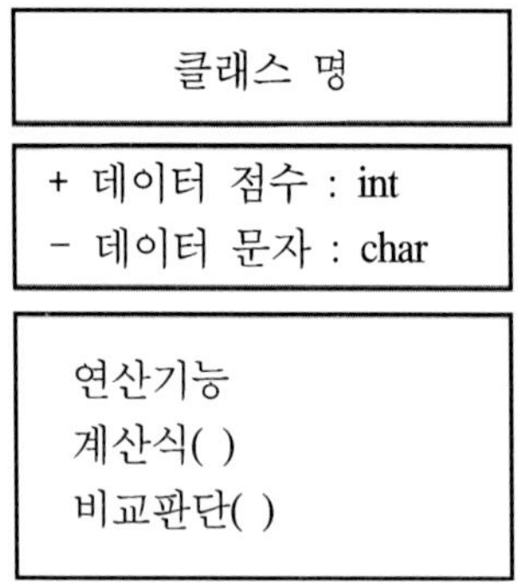

<그림 7-24> 클래스 다이어그램의 예

클래스 다이어그램에는 여러 유형의 관계가 있는데 이들에 대해서 아래에 좀 더 구체적으로 고찰하여 두었다.

1) 연관(Association)관계

연관관계는 클래스와 클래스 간에 연결이 되어 있는 관계를 의미한다. 여기에는 집합연관과 복합연관 관계가 있는데, 집합연관 관계는 구성 클래스가 서로서로 독립적인 관계를 의미하며, 속이 비어있는 마름모 기호로 나타낸다. 반면에 복합연관 관계는 구성 클래스가 서로서로 독립적일 수 없고, 의존적인관계가 있는 것을 의미한다.

이들의 관계를 아래 <그림 7-25>에 나타내 두었다.

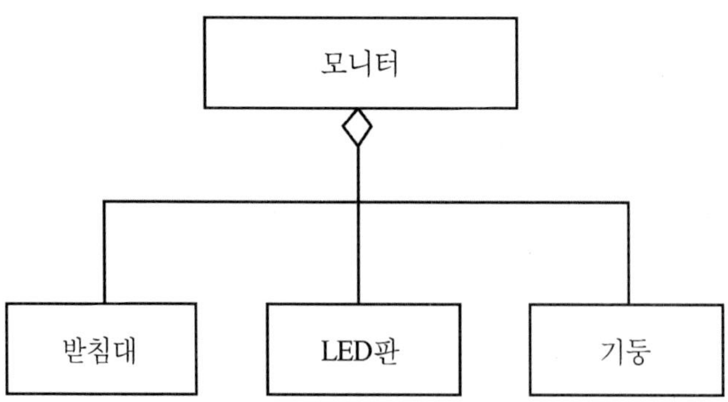

집합연관: 구성 클래스가 독립적
속이 비어있는 마름모로 표현

<그림 7-25> 집합연관 관계

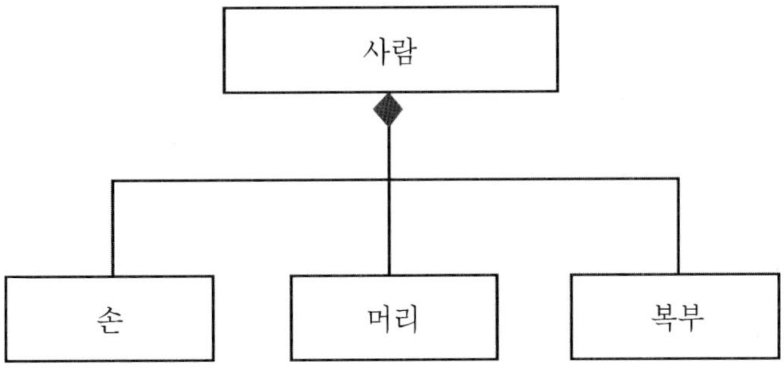

<그림 7-26> 복합연관 관계

2) 일반화와 인터페이스 관계

일반화 관계는 객체지향 개념에 있어서 상속의 개념이다. 즉, 부모 클래스와 자식 클래스가 존재하는 경우이다.

인터페이스 관계는 클래스와 클래스 간에 상호 인터페이스가 되는 관계이다. 이들의 관계를 아래 <그림 7-27>에 나타내 두었다.

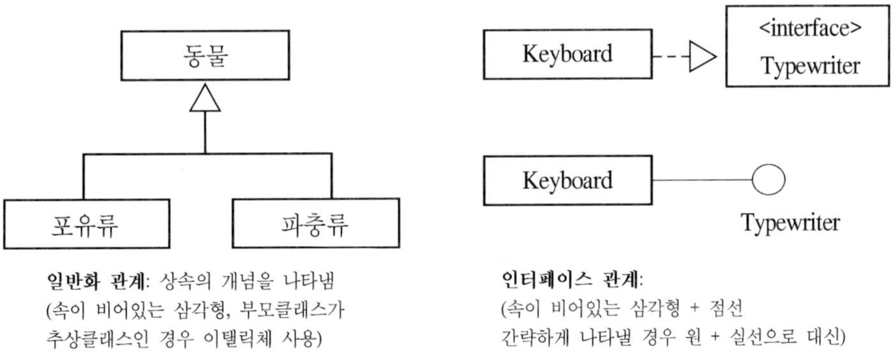

<그림 7-27> 일반화와 인터페이스 관계

3) 다중성 및 제약 관계

(가) 다중성 관계

연관된 두 클래스 사이에 가질 수 있는 다른 클래스의 개수를 의미한다. 이들을 나타내는 기호는 다음과 같다.

(1,n), (1,*), (12,14) …

(나) 제약 관계

클래스와 클래스 사이에 있어서 제약을 나타내는 관계를 의미한다. 사용하는 기호는 { }를 이용한다.

4) 기타 관계

(가) 수식관계

일대다의 다중성을 가진 연관관계에서 특정객체를 찾고자 할 때의 관계를 의미한다.

(나) 반사관계

자기 자신과의 연관관계를 가질 때를 의미한다.

(다) 의존관계

한 클래스 안에서 다른 클래스를 사용할 때의 관계를 의미한다.

다. 시퀀스 다이어그램

시퀀스 다이어그램(Sequence Diagram)은 객체가 시간이 지남에 따라서 수행하는 행동을 그림으로 그려놓은 것이다. 그림을 그릴 시 사용되는 기호는 아래 <그림 7-28>과 같고, 시퀀스 다이어그램의 예는 아래 <그림 7-29>과 같다.

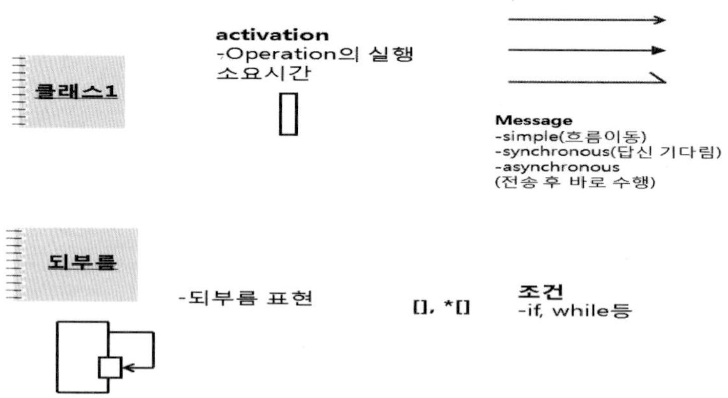

<그림 7-28> 시퀀스 다이어그램에서 사용되는 기호

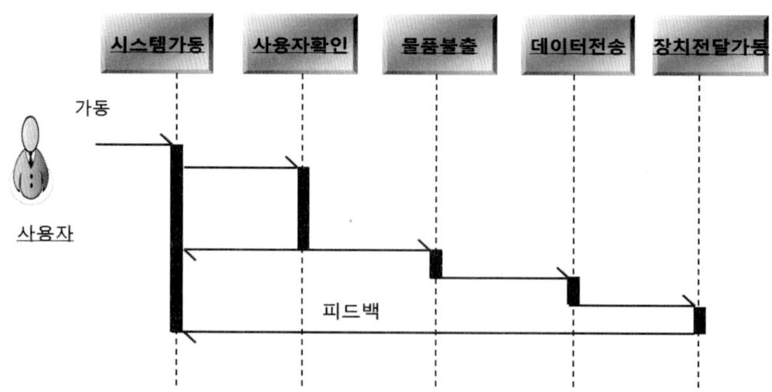

<그림 7-29> 시퀀스 다이어그램 의 예

라. 협력 다이어그램

협력 다이어그램(Collaboration Diagram)은 객체들 간의 상호 메시지를 주고 받는 것을 그림으로 그려 놓은 것이다. 협력 다이어그램을 그릴 시 사용되는 기호는 아래 <그림 7-30>와 같고, 예는 <그림 7-31>과 같다.

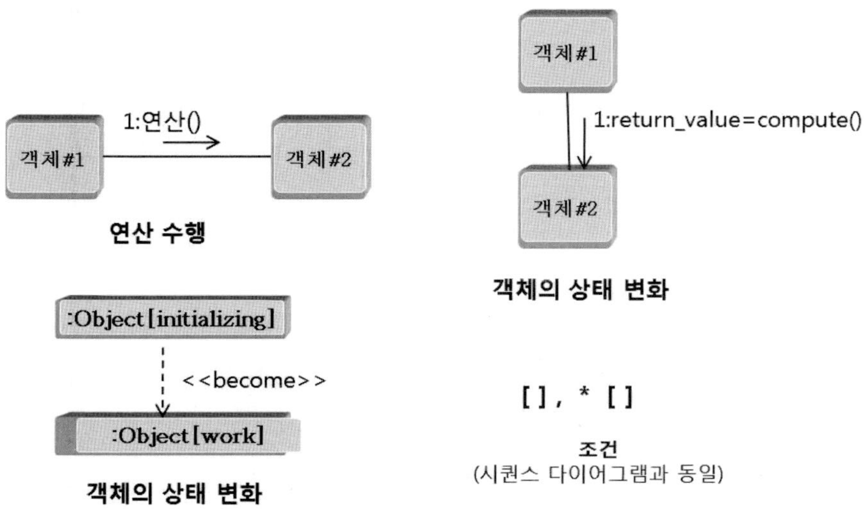

<그림 7-30> 협력 다이어그램의 사용되는 기호

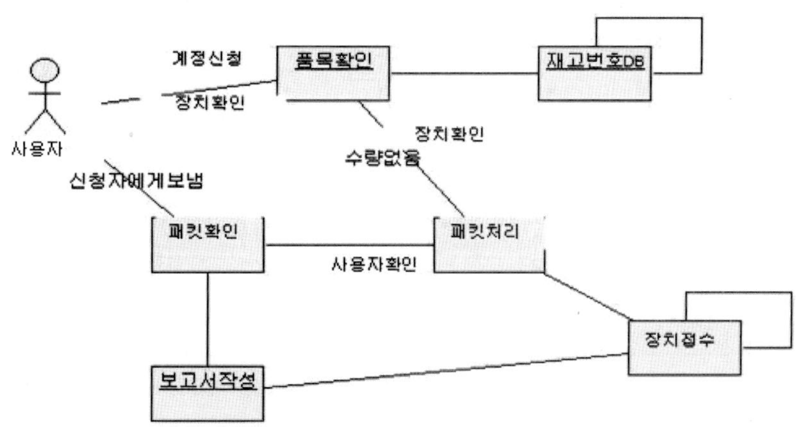

<그림 7-31> 협력 다이어그램의 예

마. 상태 다이어그램

상태 다이어그램(State Diagram)은 시작에서 종료까지 개발할 문제의 상태의 변화를 그림으로 그려놓은 것이다. 상태 다이어그램의 예는 아래 <그림 7-32>과 같다.

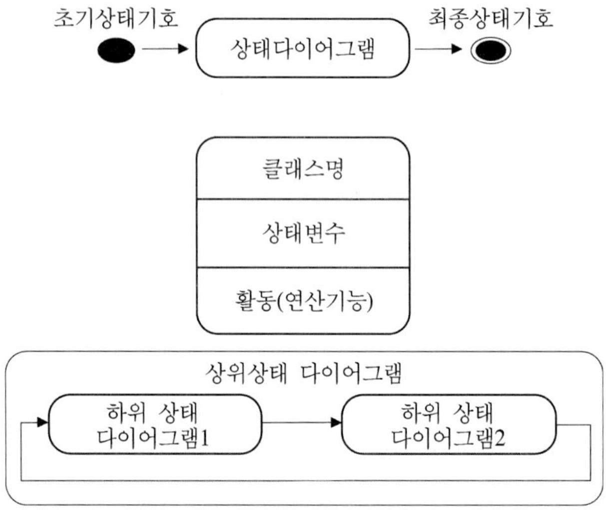

<그림 7-32> 상태 다이어그램의 예

바. 활동 다이어그램

활동 다이어그램(Activity Diagram)은 연산기능 또는 업무기능이 처리되는 과정을 그림으로 그려놓은 것이다. 활동 다이어그램에 사용되는 기호는 아래 <그림 7-33>와 같고, 예는 <그림 7-34>과 같다.

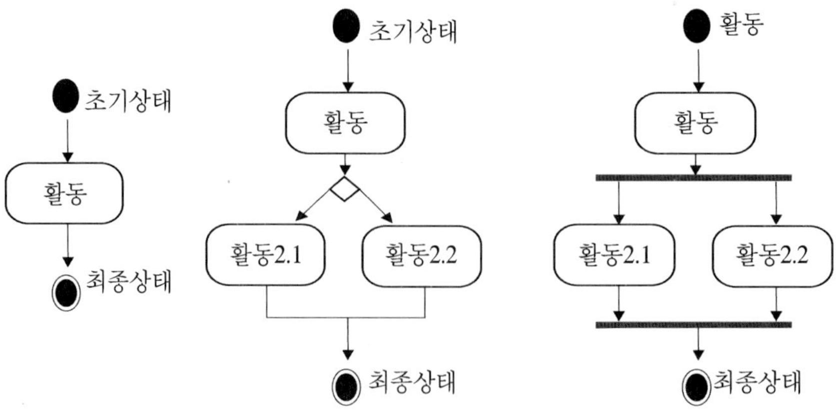

<그림 7-33> 활동 다이어그램의 사용되는 기호

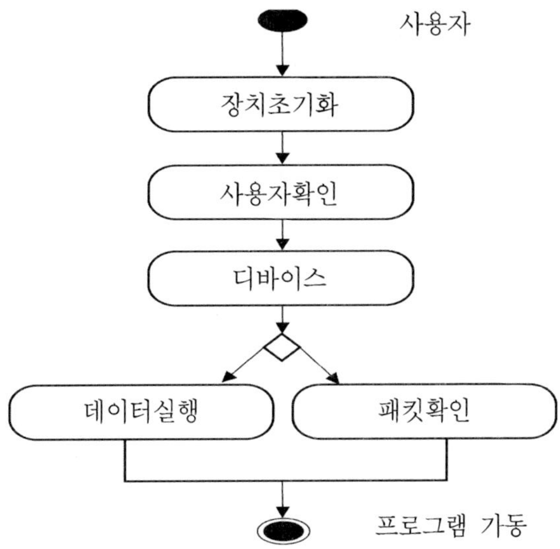

<그림 7-34> 활동 다이어그램의 예

사. 컴포넌트 다이어그램

컴포넌트 다이어그램(Component Diagram)은 컴포넌트의 구성과 연결 상태를 아래 <그림 7-35>와 같이 그림으로 그려놓은 것이다.

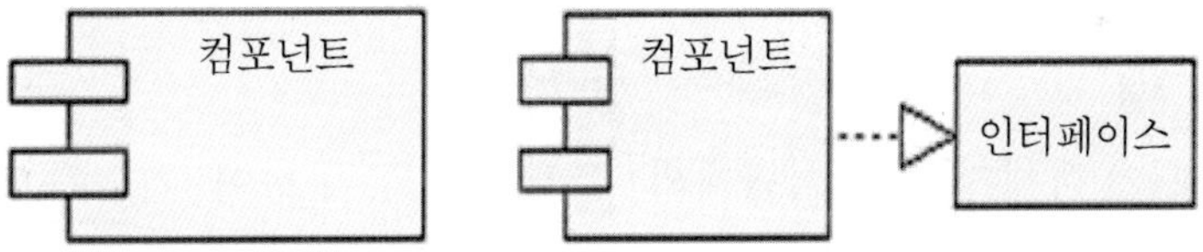

<그림 7-35> 컴포넌트 다이어그램의 예

아. 배치 다이어그램

배치 다이어그램(Deployment Diagram)은 하드웨어의 배치와 연결 상태를 아래 <그림 7-36>와 같이 그려놓은 것이다. 여기서 노드(Node)는 컴퓨팅 자원의 일반적인 자원을 의미하며, 프로세서(Processor)는 컴포넌트를 수행할 수 있는 자원을 의미하며, 장치는 외부와의 의사소통을 하는 자원을 의미한다.

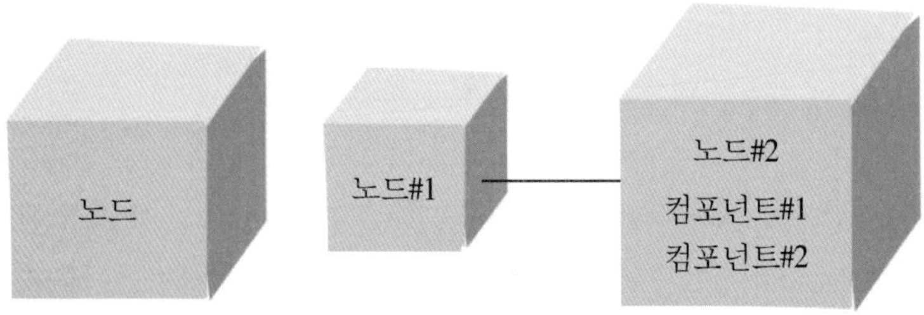

<그림 7-36> 배치 다이어그램의 예

3. UML의 정리

UML은 개발할 문제에 대해서 분석 및 설계를 그림으로 그려서 수행 하자는 것이다. 특징으로는 이 방법은 고객 및 사용자와 개발자간의 다양한 관점까지 통일 시킨 도구 라 할 수 있다. 장점으로는 고객 및 사용자와 개발자간의 의사소통을 원활히 할 수 있다. UML을 이용한 다이어그램의 종류에는 8가지가 있는데, 이들은 유스 케이스 다이어그램, 클래스 다이어그램, 시퀀스 다이어그램, 협력 다이어그램, 상태 다이어그램, 활동 다이어그램, 컴포넌트 다이어그램, 배치 다이어그램이다

7.5 객체지향 설계

1. 객체지향 설계의 개념

객체지향 설계는 객체지향 분석단계의 객체모형을 구현이 가능하도록 청사진 또는 도면을 그리는 작업을 말한다. 또한 객체클래스들의 기능수행을 위한 메소드(Method), 즉 연산기능들의 알고리즘(Algorithms) 및 객체들 간의 관계를 정확하게 정의하는 것이라 할 수 있다.

2. 객체지향 설계의 절차

객체지향 설계 절차는 아래와 같이 8단계로 이루어진다.

1) 제 1단계 : 문제를 정의하는 단계
2) 제 2단계 : 클래스를 추출하는 단계
3) 제 3단계 : 객체의 속성을 파악하는 단계
4) 제 4단계 : 연산기능을 수행하는 단계
5) 제 5단계 : 클래스간의 연관 관계를 파악하는 단계
6) 제 6단계 : 시나리오를 작성하는 단계

7) 제 7단계 : 각종 UML 다이어그램을 작성하는 단계

8) 위에서 작업한 내용을 설계 명세서로 작성한다.

3. 객체지향 설계의 예

객체지향 설계에 대한 예를 자판기 판매와 전화교환시스템의 두 가지 경우를 고찰해 보기로 한다.

가. 자판기 판매

1) 제 1단계 : 문제를 정의하는 단계

사용자는 자판기에 동전을 투입하는 것에서부터 원하는 것을 얻을 때까지의 일련의 과정을 정의한다. 자판기 처리 과정은 아래 <그림 7-37>과 같다.

고객이 자판기의 상태를 확인 후 정상상태이면 동전을 동전투입구에 삽입하며, 자판기는 동전의 무게와 크기를 측정하여 동전의 금액을 계산한다. 만일 동전이 불량주화이면 그 동전을 자동반환하고 아니면 금액 표시 판에 금액을 표시한다. 고객이 원하는 품목을 선택하면 동전선택 버튼에 불이 켜진다. 고객이 품목을 선택하면 금액 표시 판에 금액이 출력되고 원하는 품목이 나온다. 잔액이 선택한 품목 값 이상이면 선택버튼의 불은 계속 켜져 있고 재 선택이 가능하다. 만약 다른 품목을 선택하지 않고 반환버튼을 누르면 동전 반환 구에서 동전이 나온다. 만약 컵이나 원하는 품목이 없고 게시판의 작동이 정상적으로 작동되지 않으면 판매 중지 표시 판에 불이 켜진다. 이때 동전을 다시 넣으면 자동 반환된다. 자판기 내의 잔액보유량이 없을 때는 잔액 부족 표시판에 불이 켜지고 이때 동전을 삽입하면 자동 반환된다. 자판기는 관리자에 의해 유지되며 관리자는 품목의 금액을 언제든지 바꿀 수 있고 정기적으로 점검한다. 고객은 자판기를 이용할 시 언제든지 문제가 발생하면 관리자를 호출할 수 있다.

<그림 7-37> 자판기 처리과정

2) 제 2단계 : 클래스를 추출하는 단계

이 단계는 객체지향 설계가 실질적으로 시작되는 단계인데, 제 1단계인 문제정의 단계에서 아래 <그림 7-38>과 같이 "**명사**"에 해당하는 부분을 추출하면 된다.

<그림 7-38>에서 추출된 객체 즉, 클래스 후보들 중에서 애매모호한 것이나 부적절한 것 또는 중복된 것, 속성에 관련된 것 등은 최종 클래스 추출에서 배제한다. 최종적으로 추출된 클래스는 아래 <그림 7-39>과 같이 굵은 둥근 원으로 표시한다.

고객이 **자판기**의 상태 확인 후 정상상태이면 **동전**을 **동전투입구**에 삽입하며, **자판기**는 **무게**와 **크기**를 측정하여 입력된 **동전**의 **금액**을 계산한다. 만일 **동전**이 **불량주화**이면 그 **동전**을 **자동반환**하고 아니면 **금액표시판**에 불리 켜진다. **고객**이 **품목**을 선택하면 **금액표시판**에 **금액**이 출력되고 원하는 **품목**이 나온다. **잔액**이 선택한 **품목값** 이상이면 **선택버튼**의 **불**은 계속 켜져 있고 **재선택**이 가능하다. 만약 다름 **품목**을 선택하지 않고 **반환버튼**을 누르면 **동전반환구**에서 **동전**이 나온다.
컵이나 원하는 **품목**이 없고 **계기판**의 작동이 정상적으로 작동되지 않으면 **판매중지표시판**에 **불**이 켜진다. 이 때 **동전**을 다시 넣으면 자동반환된다. **자판기** 내의 **잔액보유량**이 없을때는 **잔액부족표시판**에 **불**이 켜지고 이때 **동전**을 삽입하면 자동 반환된다. **자판기**는 **관리자**에 의해 유지되며 **관리자**는 품목의 금액을 바꿀 수 있고 정기적으로 점검한다. **고객**은 **자판기**를 이용할 시 문제가 발생하면 언제든지 **관리자**를 호출할 수 있다.

<그림 7-38> 클래스 추출 과정

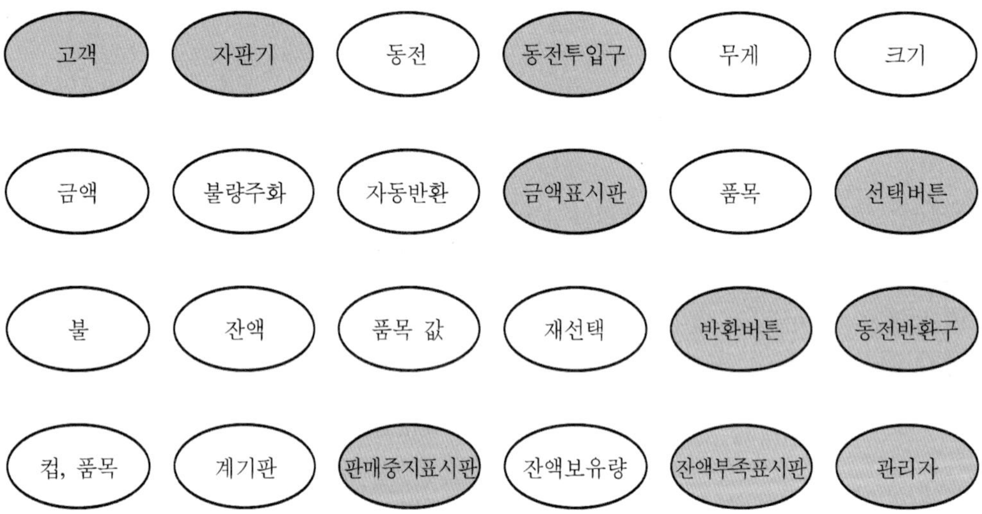

<그림 7-39> 추출된 클래스

3) 제 3단계 : 객체의 속성을 파악하는 단계

이 단계는 객체가 추출되면 문제 정의서에서 **"형용사"**를 추출하여 그것을 객체의 속성으로 정의한다(<그림 7-40>, <그림 7-41>참조).

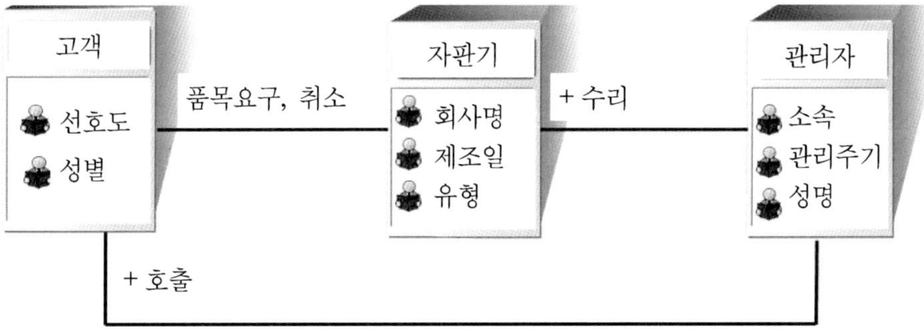

<그림 7-40> 객체의 속성 파악을 위한 전체 클래스 다이어그램

위의 <그림 7-40>를 토대로 아래 <그림 7-41>과 같이 객체의 속성을 파악한다.

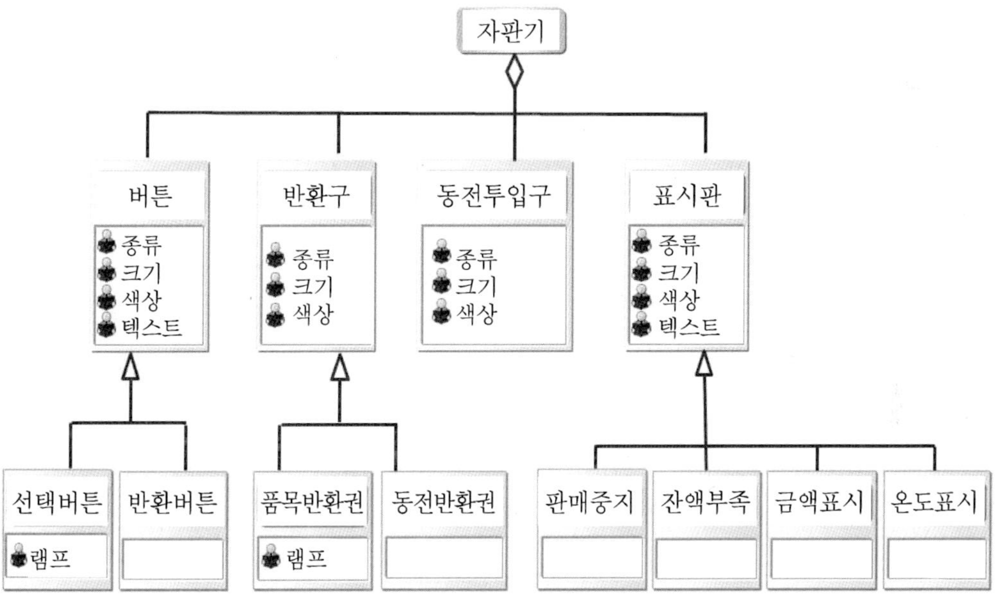

<그림 7-41> “자판기”의 속성에 대한 클래스 다이어그램

4) 제 4단계 : 연산기능을 수행하는 단계

이 단계는 객체들이 식별되고 속성이 정의되면 객체들에게 적용되는 일련의 연산기능을 선택한다. 연산기능은 문제 정의서에서 "**동사**"에 해당하는 부분을 선택하면 된다. (<그림 7-42>, <그림 7-43>참조)

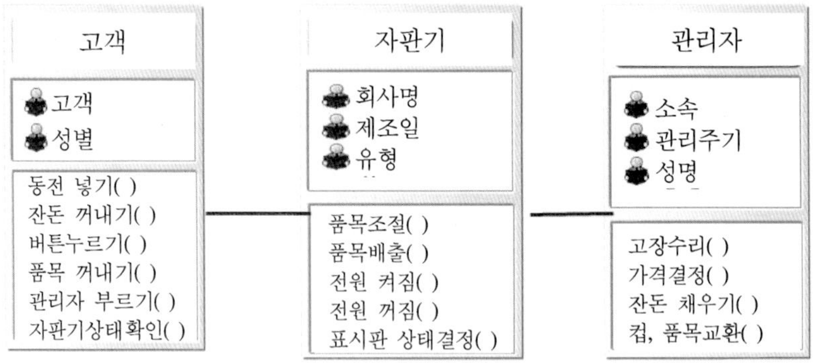

<그림 7-42> 연산기능 파악을 위한 전체클래스 다이어그램

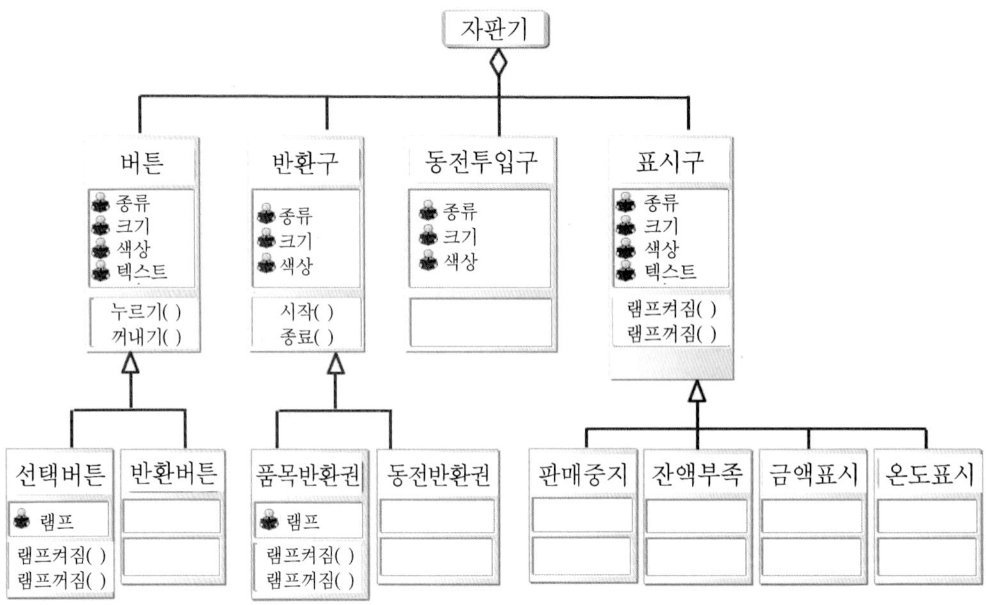

<그림 7-43> "자판기"의 연산기능을 위한 클래스 다이어그램

5) 제 5단계 : 클래스간의 연관 관계를 파악하는 단계

객체의 속성과 연산기능이 파악되면 클래스와 클래스간의 연관 관계를 파악해야 하며, 파악한 후에는 이들의 관계를 클래스 다이어그램으로 작성한다.

6) 제 6단계 : 시나리오를 작성하는 단계

자판기에서 어떤 처리를 실행하는 경우에 발생하는 시간의 순서를 시나리오로 작성한다. 자판기가 "정상적으로 작동될 때"와 "비정상적으로 작동될 때" 및 "관리자가 필요할 때"에 대한 시나리오는 다음과 같다.

• **정상적으로 작동될 때 시나리오**

① 고객은 자판기 상태를 확인한다.

② 고객은 커피 1잔을 뽑기 위해 500원을 넣는다.

③ 고객은 원하는 커피를 선택한다.

④ 반환구에서 램프가 꺼지면 커피를 꺼낸다.

⑤ 잔돈 반환버튼을 누른다.

⑥ 동전 반환구에서 동전을 꺼낸다.

⑦ 사용자는 커피를 마신다.

• **비정상적으로 작동될 때**

① 고객이 자판기 상태를 확인했을 때, 판매중지이면 관리자를 호출한다.

② 고객이 자판기에 넣은 동전이 불량주화이면 자동 반환된다.

③ 자판기의 잔액 부족 표시판에 불이 들어오면 동전을 더 넣는다.

④ 그렇지 않으면 동전이 자동반환 되고 관리자를 호출한다.

• **관리자가 필요할 때**

① 호출 받은 관리자는 자판기 상태를 확인하고, 필요에 따라 잔돈을 채우거나 필요한 물품을 교환하거나 고장수리를 한다.

② 필요하면 관리자는 품목을 변경할 수도 있다.

7) 제 7단계 : 각종 UML 다이어그램을 작성하는 단계

이 단계에서는 위에서 작업한 내용을 토대로 각종 UML 다이어그램을 작성한다. 여기서는 자판기 판매와 관련되는 시퀀스 다이어그램<그림 7-44>과 상태 다이어그램(<그림 7-45>, <그림 7-46>)만 작성하여 두었다.

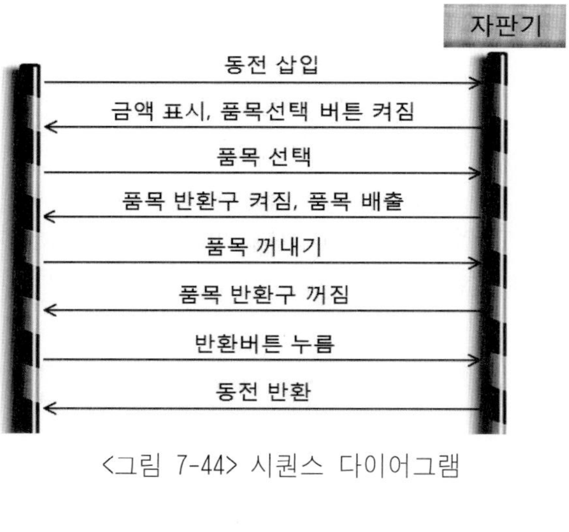

<그림 7-44> 시퀀스 다이어그램

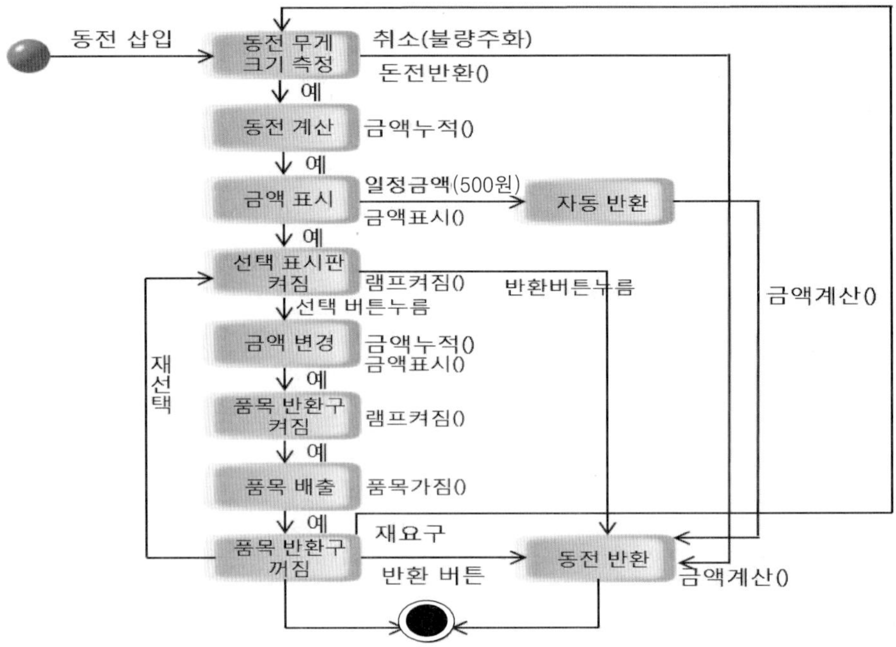

<그림 7-45> 정상작동 시 상태 다이어그램

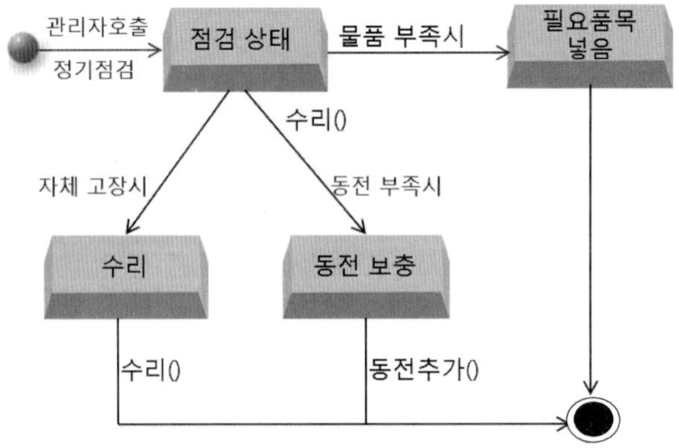

<그림 7-46> 관리자가 필요할 시 상태 다이어그램

8) 제 8단계 : 위에서 작업한 내용을 설계 명세서로 작성한다.

이 단계는 객체지향 설계의 마지막 단계로서 위에서 작업한 내용을 문서로 작성해 두는 단계이다.

나. 전화교환시스템의 예

1) 제 1단계 : 문제를 정의하는 단계

전화교환시스템에서 처리되는 과정을 아래 <그림 7-47>에 기술하여 두었다.

> 동일한 국번에서 전화교환시스템(**CSS** : Call Switching System)은 서로 다른 가입자를 연결하는 데 전화 거는 사람은 **송신자**로, 받는 사람은 **수신자**로 정의한다. 송신자가 **전화기**를 들면 **CSS**는 **송신자**에게 신호를 전송하는데 일정시간 내에 **송신자**는 **전화번호**를 입력해야 한다. 만약 일정 시간 내에 입력이 완료 되지 않으면 또는 **전화번호**가 맞지 않으면 **CSS**는 **전화 번호** 재 **입력요청메시지**를 송신자에게 보낸다. **CSS**는 입력된 **전화번호**가 올바른지를 분석한다. **CSS**에서 **수신자**의 경로를 설정하고 그 경로가 사용되고 있는가를 확인한 후 **수신자**의 경로가 사용 중인 경우 **송신자**에게 **통화중 메시지**를 전송하고 전호선의 오류가 발생할 경우 이에 대한 **전화선오류메시지**를 전송한다. **수신자**의 상태가 통화중이 아니거나 **전화선의 오류**가 없는 경우, 송·수신자에게 **전화벨**이 전송된다. **수신자**가 **수화기**를 들면 **송신자**와 연결되어 통화가 가능해진다. 통화가 끝나면 **송·수신자**가 **전화기**를 내리고 연결이 해지된다.

<그림 7-47> 전화교환시스템에서 처리 과정

2) 제 2단계 : 클래스를 추출하는 단계

전호교환시스템에서 추출된 클래스는 아래 <그림 7-48>과 같다.

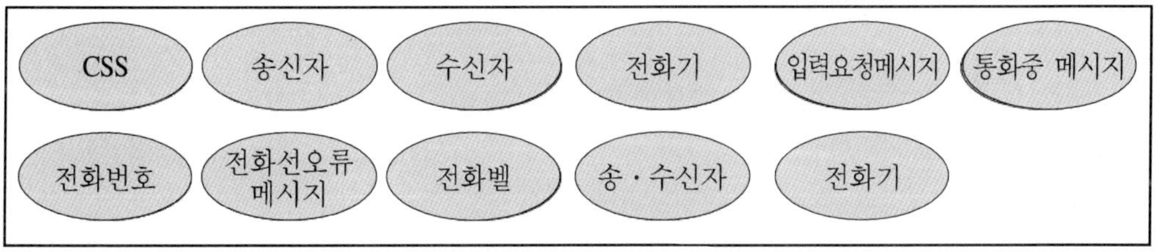

<그림 7-48> 추출된 클래스

3) 제 3단계 : 객체의 속성을 파악하는 단계

이 단계는 문제 정의서에 기술된 자료 요소를 정의하는 단계이다. 클래스 속성은 다음과 같다.

- 송신자 : 전화를 거는 사람을 의미한다.
- 수신자 : 전화를 받는 사람을 의미한다.
- CSS : 전화 교환망 시스템 호출에 의해 교환회선에서 교환기를 통하여 송·수신측을 접속하여 주는 시스템

4) 제 4단계 : 연산기능을 수행하는 단계

이 단계에서의 연산기능(처리과정)은 아래 <그림 7-49>과 같다.

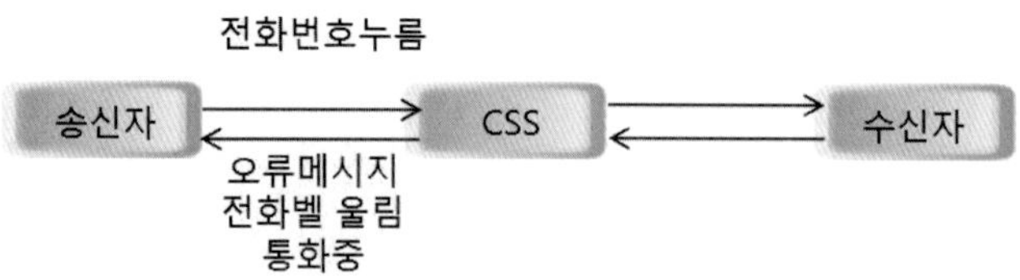

<그림 7-49> CSS의 연산 기능

5) 제 5단계 : 클래스간의 연관 관계를 파악하는 단계

객체의 속성과 연산기능이 파악되면 클래스와 클래스간의 연관 관계를 파악해야 하며, 파악한 후에는 이들의 관계를 아래 <그림 7-50>와 같이 클래스 다이어그램으로 작성한다.

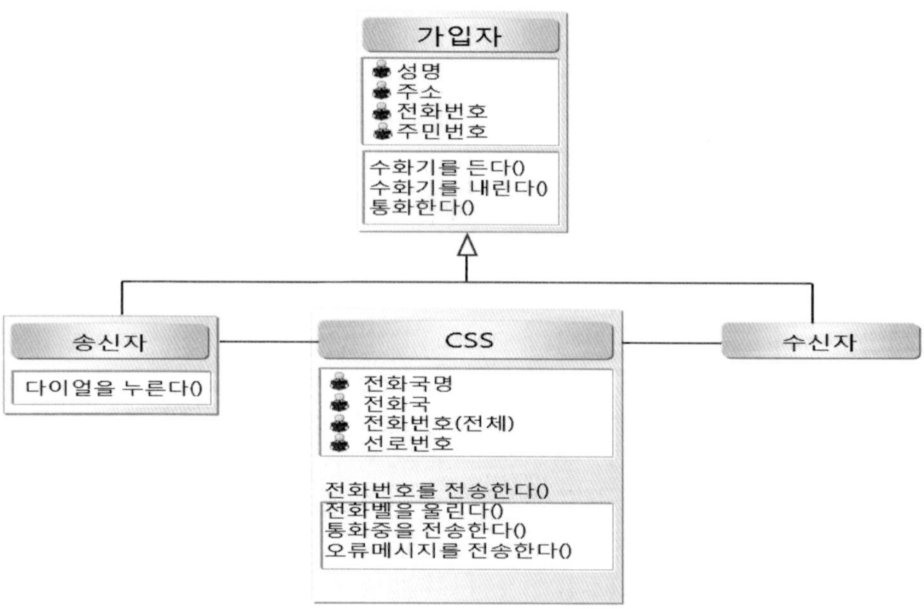

<그림 7-50> 클래스 다이어그램

6) 제 6단계 : 시나리오를 작성하는 단계

전화교환시스템의 상태 모델을 작성하기 위하여 문제정의서로부터 하나의 전화교환시스템 내에서 발생할 수 있는 상태의 변화를 순차적으로 아래와 같이 상세히 기술한다.

• 송신자 측면

① 수화기를 든다.
② 전화번호 입력 신호음을 받는다.
③ 전화번호를 입력한다.
④ 일정 시간동안 입력을 완료하지 못하면 오류가 발생한다.
⑤ 입력된 전화번호의 분석 결과에 따라 전화벨, 통화중, 오류메시지르 받는다.
⑥ 연결이 된다.
⑦ 통화가 끝나면 수화기를 놓는다.
⑧ 연결이 종료된다.

• 수신자 측면

① 전화벨을 받는다.
② 수화기를 든다.
③ 연결된다.
④ 통화가 끝나면 수화기를 놓는다.
⑤ 연결이 종료된다.

• CSS 측면

① 송신자의 전화번호를 인식한다.
② 송신자에게 전화번호를 전송한다.
③ 송신자로부터 입력되는 전화번호를 인식한다.
④ 전화번호에 오류가 있으면 송신자에게 오류메시지를 전송한다.
⑤ 수신자의 상태에 따라 통화중 벨을 전송하다.
⑥ 송신자와 수신자의 전화기 상태를 인식한다.
⑦ 이상이 없으면 연결을 종료한다.

7) 제 7단계 : 각종 UML 다이어그램을 작성하는 단계

이 단계에서는 전화교환시스템에 대해 작업한 내용을 토대로 각종 UML 다이어그램을 작성한다. 여기서는 전화교환시스템과 관련되는 시퀀스 다이어그램과 상태 다이어그램을 아래 <그림 7-51>과 <그림 7-52>에 작성하여 두었다.

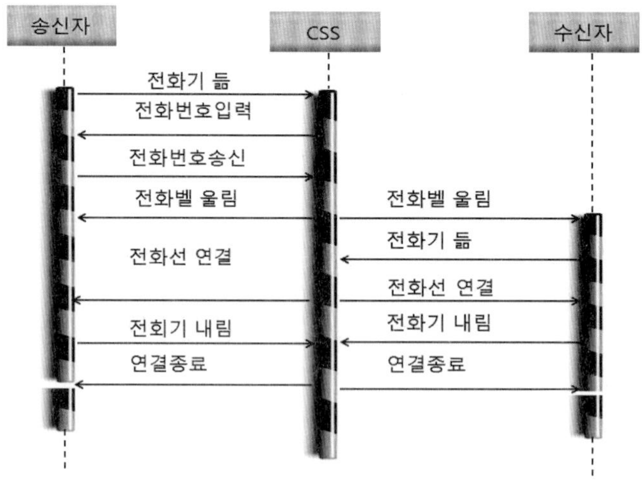

<그림 7-51> 순차 다이어그램

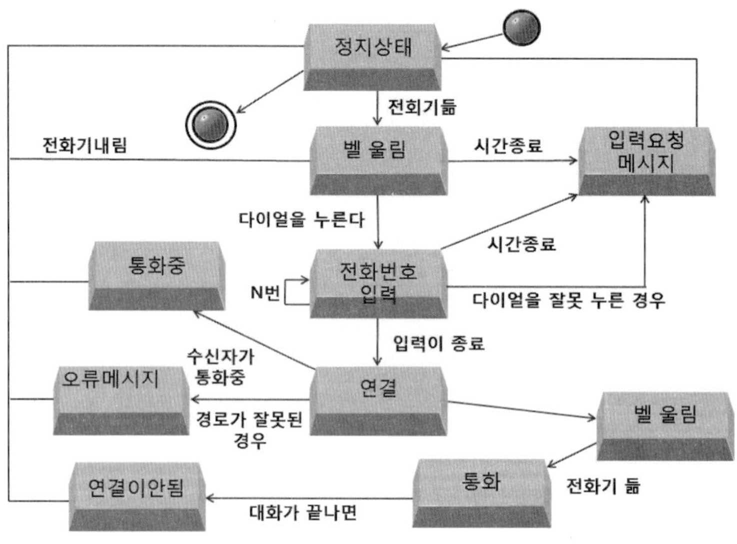

<그림 7-52> 상태 다이어그램

8) 제 8단계 : 위에서 작업한 내용을 설계 명세서로 작성한다.

이 단계는 객체지향 설계의 마지막 단계로서 위에서 작업한 내용을 문서로 작성해 두는 단계이다.

4. 객체지향설계를 지원하는 자동화 툴

객체지향설를 지원해 주는 도구로는 Rational Rose, Plastic, BizWiz등과 같은

RAD(Rapid Application Development)를 지원해주는 자동화 도구가 있다. 여기서는 Rational Rose도구에 대해서 간략하게 기술하여 두었다.

Rational Rose는 객체지향 분석 및 설계의 모델링을 지원해 주는 자동화 도구로서 UML(Unified Method Language), OMT(Object Modeling Technique), Booch표기를 객체지향 분석과 설계에 적용한 것이다. 개발자에게 윈도우 상에서 그림을 그리는 것을 지원해 주는 도구이며, 자바 소스 코드를 자동적으로 생성해 준다. (<그림 7-53>, <그림 7-54>참조)

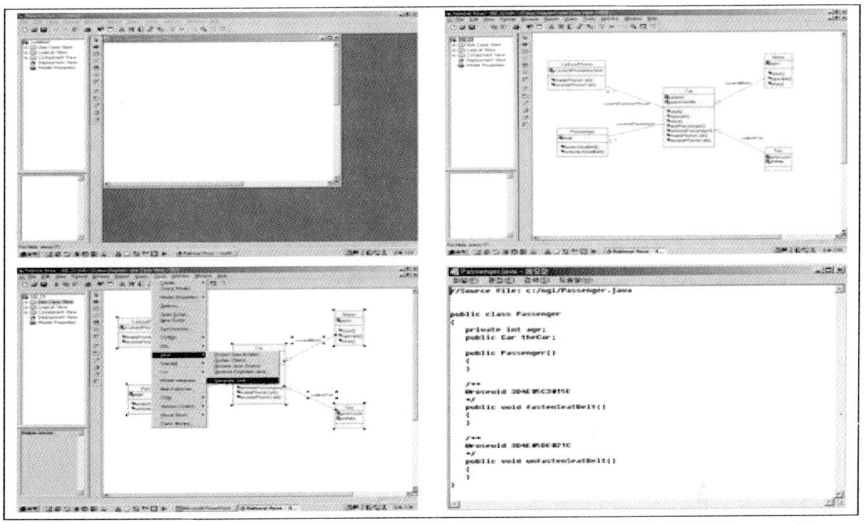

<그림 7-53> UML 다이어그램을 통한 자바코드 자동 생성(순공학)

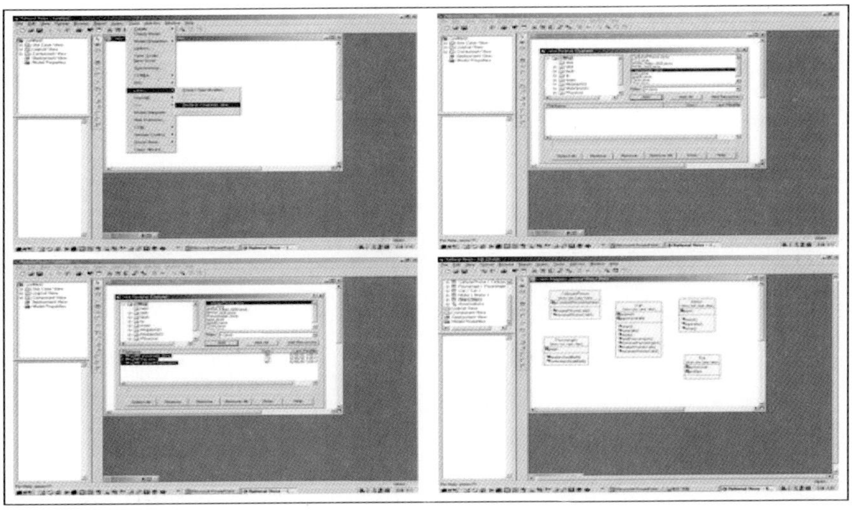

<그림 7-54> 소스코드를 자동 생성하는 과정을 모델링(역공학)

7.6 객체지향 프로그래밍

1. 프로그래밍 언어의 이용

일반적으로 사용되는 객체지향 프로그래밍 언어로는 C, Pascal 등 구조적 언어를 사용할 수도 있고 C++, C#, .NET, Smalltalk 등 객체지향 언어로 구현할 수도 있다.

2. 데이터베이스로 개발할 문제의 이용

개발하고자 하는 문제가 사무처리 용도일 경우 관계형 DBMS(Oracle, Informix, DB2 등)나 객체지향 DBMS(Uni-SQL등)를 이용할 수 있다. DBMS가 제공하는 제 4 세대언어(SQL 등)의 활용으로 개발의 효율성을 기대할 수 있다.

3. 객체지향 프로그래밍 스타일

객체지향 프로그래밍 스타일에 대해 아래에 요약하여 두었다.

- 재사용성(Reusability) : 개발된 소스 프로그램은 다른 개발목적으로 재사용될 수 있도록 하여 프로그래밍 생산성을 높여주자는 것이다.
- 확장의 용이성(Extensibility) : 새로운 기능이나 객체들의 추가가 쉽도록 개발하자는 것이다.
- 신뢰성(Reliability) : 프로그램에 고장이 발생하지 않도록 하자는 것이다.
- 프로그래밍 생산성(Programming Productivity) : 프로그래머가 적은 노력으로 많은 양의 소스 프로그램의 결과를 산출하자는 것이다.

이와 같은 객체지향 프로그램의 품질을 향상시키기 위한 객체지향 프로그래밍 지침을 아래 <그림 7-55>에 요약하여 두었다.

목적	재사용성 향상	확장의 용이성 향상	신뢰성 향상	프로그래밍 생산성 향상
객체지향 프로그래밍 지침	- 각 메소드들은 하나의 기능만 수행해야 한다. - 다른 메소드들과 분리되게 경계를 설정하라. - 각 메소드들은 독립성을 갖도록 하라. 객체클래스들 간에 상속관계를 분명히 하라. - 코드를 재사용 할 때는 설계의 원칙을 참고하라	- 객체클래스들은 설계의 원칙을 참고하라 - 메소드들 간의 관계는 직접적인 관계를 유지하라	- 에러를 발생하지 않도록 하라 - 성능을 고려하라 - 입력값을 체크해라 - 경계 조건을 확인하라 - 테스트를 철저히 하라	- 분석과 설계를 검토한 후 프로그래밍을 하라. - 메소드들을 잘 이해한 후 프로그래밍 하라 - 프로그래밍은 일관성 있게 하라 - 객체명, 데이터의 속성, 연산기능의 선정은 신중하게 하라 - 프로그래밍 지침을 참고하라 - 위에서 작업한 내용들은 반드시 문서화하라.

<그림 7-55> 객체지향 프로그래밍 지침

4. 객체지향 프로그래밍 언어의 유형

객체지향 프로그래밍 언어의 유형은 다음과 같다.

- 객체기반(Object-based) 언어 : 객체의 개념만을 지원하는 언어로서 Ada나 Actor가 좋은 예이다.

- 클래스기반(Class-based) 언어 : 객체와 클래스개념을 지원하는 언어로서 Clu를 들 수 있다.

- 객체지향(Object-oriented) 언어 : 위의 개념을 모두 지원하는 언어로서 C++, C#, .NET, 등이 이에 속한다.

현재는 객체지향 언어를 중심으로 프로그래밍을 하는 추세이다.

7.7 객체지향 메트릭스

1. 객체지향 메트릭스의 개념

객체지향 메트릭스는 지금까지 고찰한 객체지향 분석, 설계, 프로그램의 성능을 측정하는 방법이다. 객체지향 패러다임에 대한 성능측정항목 즉, 객체지향 메트릭스 항목은 아래 <그림 7-56>와 같다.

WMC	Weigh Method per Class
DIT	Depth of class in Inheritance Tree
NOC	Number Of Children
CBO	Coupling Between Object class
RFC	Response For a Class
LCOM	Lack Cohesion Of a Method

<그림 7-56> 객체지향 메트릭스 항목

위의 <그림 7-56>에 대한 내용은 다음과 같다.

- WMC는 클래스의 크기를 평가하는 항목이다.
- DIT는 계층구조의 루트에서 어떤 클래스까지의 거리를 의미한다.
- NOC는 한 클래스와 직접 연결된 자손의 수를 의미한다.
- CBO는 객체지향 개발할 문제에 대해 객체 클래스들 사이의 주요 결합도를 측정하는 방법이다.
- RFC는 한 클래스에 대해 인접한 환경을 측정하는 것이다.
- LCOM은 한 클래스 내에 있는 메소들의 분할된 집합 수를 측정한다.

참고문헌

권영직, 강의자료, 자체개발, 2009. 02
이주헌, 실용 소프트웨어공학론, 법영사, 2000. 10
송영재외 5인, 소프트웨어공학, 이한출판사, 2004. 02, p.30
권기태 남영광 공역. Ian Sommerville 역, 소프트웨어 공학, 홍릉과학출판사, 2006. 02
최성외 3, 소프트웨어공학, 웅보출판사, pp.323~418
http://mobicom.gnu.ac.kr/, 경상대학교 Mobicom 연구실 홈페이지 강의자료

연습문제

1. 객체, 클래스, 속성, 실체, 인스턴스, 메소드에 대한 개념은?
2. 객체의 속성 유형에 대해 기술하세요
3. 객체지향 분석의 6단계를 기술하세요
4. UML을 이용한 각종 다이어그램의 개념 및 유형에 대해 기술하세요
5. 클래스다이어그램에서 집합연관과 복합연관의 개념은?
6. 객체지향 설계의 절차에 대해 기술하세요
7. 객체지향 프로그래밍 스타일에 대해 요약하세요
8. 객체지향 메트릭스의 개념은?

부록 Rational사의 RUP

1. Rational사가 제안하는 프로세스의 개요

- Rational 사는 G.Booch, J.Rambaugh, I.Jacovson 등을 포함해 UML의 모체를 제안한 소프트웨어 업체이다.
- UML은 전체적으로 프로세스와 독립적인데, 이것은 여러 소프트웨어 공학 프로세스에서도 사용할 수 있음을 뜻함
- RUP(Rational Unified Process)도 생명주기 방법의 한 개로서 특히 UML과 잘 어울림
- RUP의 목표는 최고의 품질 소프트웨어 생산 체계를 갖추고 예측한 일정과 예산 내에서 고객의 요구를 맞추는데 있음. 프로젝트의 상황에 따라 고쳐 쓸 수도 있다.
- RUP는 현재 소프트웨어 개발에서는 가장 좋은 실무 지침들을 채택하고 있고, 프로젝트와 상황 따라 고쳐 쓸 수 있다.
- 관리 측면에서는 소프트웨어 개발 조직 내에서 테스크(Task)와 책임을 할당 시키는 방법을 제공

2. RUP개발 프로세스 특징

1) RUP는 반복 프로세스다.

현행 개발할 문제가 복잡하고 정밀성이 요구되면 단계적 개발방법은 현실적이지 못하다. 이런 경우 반복 개발 법을 사용해야 하는데, 이 방법에서는 여러 주기를 거치면서 연속적으로 정제되고 효과적인 해결로 점진적으로 개발된다. 반복 개발 법을 적용하면 새로운 요구사항이나 기술적 변경을 사업목적에 신축적으로 도입할 수 있다. 또한 프로젝트 위험을 늦기 전에 식별해내어 해결할 수 있게 한다.

2) RUP 활동에서 강조하는 것은 모델을 생성하고 유지하는 일이다.

모델을 UML로 그려주면 개발 중인 문제를 의미적으로 풍부하게 표현할 수 있다. 또한 여러 방법으로 관점을 나타낼 수도 있고, 표현된 정보는 즉시 획득하고 전자적으로 제어 할 수도 있다. RUP에서 종이 문서보다는 모델에 초점을 두는 근거는 문서 생성과 유지에 들어가는 오버헤드를 최소화시키는 대신에 관련 정보 내용을 최

대화하자는 것이다.

3) RUP에서는 개발하는 것이 아키텍처 중심적이다.

이 프로세스에서는 소프트웨어 아키텍처를 조기에 개발하고 기준선을 정하는데 초점을 두고 있다. 이는 병행 개발을 쉽게 하고, 재작업을 최소화시키며, 부품(Component)의 재사용과 개발할 문제의 유지·보수성을 증가시킨다. 이러한 아키텍처 중심 작업은 Component중심 소프트웨어 개발을 계획하고 관리할 때 확고한 기초를 제공한다.

4) RUP에서 개발활동은 USE CASE 중심이다.

USE CASE와 시나리오 개념은 요구사항 획득으로부터 테스트까지 프로세스 흐름을 정렬시키고, 개발에서 인도될 개발할 문제까지 추적할 수 있는 단서를 제공한다. RUP 모델을 객체와 클래스 개념, 또한 그들 간의 관계에 기초하고, UML을 공통 표기법으로 이용한다.

5) RUP는 조직이 필요로 하는 프로세스를 구성 할 수 있다.

비록 프로세스 한 개로 모든 소프트웨어 개발 조직에 다 맞는 건 아니지만 RUP는 소규모 개발 팀으로부터 대규모 조직에 이르기까지 프로젝트에 필요한 대로 조정할 수 있다. RUP는 단순하고 명백한 아키텍처를 기반으로 구축되어 있는데, 아키텍처는 프로세스 모임 간들에 공통성을 제공하면서도 여러 상황에 적용될 수 있도록 다양성도 있다. RUP에는 조직이 필요로 하는 프로세스를 구성할 수 있는 지침이 포함되어 있다.

6) RUP는 품질 제어와 리스크 관리 진행을 진척 시킨다.

품질 평가는 모든 활동과 참여자들이 객관적인 측정과 기준을 이용할 수 있도록 프로세스에 구축되어 있다. 그것은 일이 다 끝난 후 생각하거나 별도 활동으로 처리하지 않는다. 리스크 관리도 프로세스 내에 구축하여, 프로젝트 성공에 걸림돌이 될 수 있는 리스크는 개발프로세스에서 미리 식별하고 시간 여유가 있을 때 해결한다.

3. 2차원의 개발 프로세스

RUP는 2차원의 개발 프로세스를 따르는데, 이들의 관계는 아래 <그림 1>과 같다.

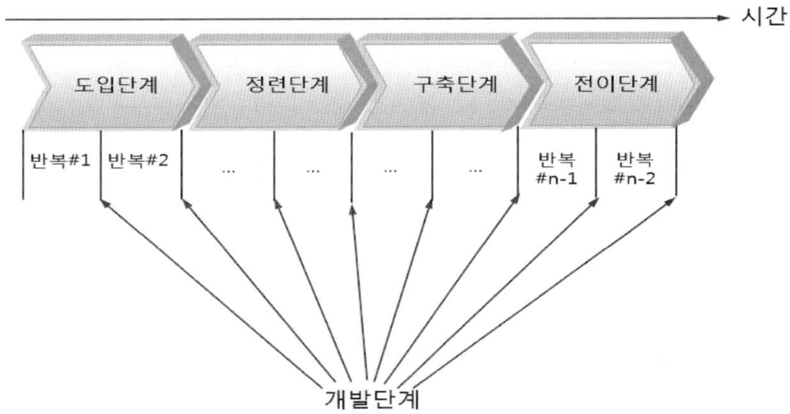

<그림 1> RUP의 2차원 개발 프로세스

4. RUP의 개발 단계

RUP 개발 단계는 다음과 같다.

1) 도입(Inception) 단계

이 단계는 초기분석 단계로서, 프로젝트의 시작이며 원하는 개발할 문제의 업무내용을 분석한다. 개발할 문제의 사업성 검토를 실시하고 프로젝트 범위를 정한다. 성공기준, 위험평가, 필요자원 추산, 주요일정을 표시한 단계계획서 개념을 증명한다. 프로젝트의 생명주기 목표를 조사하여 본격 규모로 개발을 진행할 것인지 아닌지를 결정한다.

2) 정련(Elaboration) 단계

이 단계는 상세분석 단계로서, 일부 계획안과 분석, 아키텍처 설계를 포함한다. 반복 계획에 따라 문제영역을 분석, 프로젝트계획서를 만들고, 가장 높은 리스크 요소를 제거한다. 개발할 문제의 목적과 범위, 아키텍처 선택안, 주 리스크에 대한 해결안들을 상세히 조사하고 구축단계로 계속 진행할 것인지 말 것인지를 결정한다.

3) 구축(Construction) 단계

이 단계는 반복적, 점진적으로 완전한 제품을 개발하여 사용자측에 전이시킬 준비를 하는 단계이다. 상세분석 단계에서 얻은 아키텍처를 기초로 개발할 문제의 나머지 요구사항과 인수기준을 기술하고, 설계문서를 늘리고, 소프트웨어 구현과 테스트를 완료한다. 소프트웨어, 장소, 사용자들이 운영할 준비가 되어 있는지를 확인한다.

4) 전이(Transition) 단계

이 단계는 완성된 소프트웨어 제품이 사용자 그룹에게 양도되는 시점이다. 소프트웨어 제품 완성, 마지막 테스트 수행, 사용자 문서작업을 완료하며, 개발할 문제의 베타판을 먼저 배포한 후, 정식 개발할 문제로 대치한다. 프로젝트 생명주기 목표가 달성되었는지 여부를 확인하고 나서 다른 개발 주기를 새로 시작할 것인지를 결정한다.

또한 RUP는 반복(Iteration)개발을 한다. RUP의 각 단계는 반복에서 세분화 시킬 수가 있다. 처음에는 각 주기에 따라서 개발을 하면서, 개발 대상 최종 제품을 구성하는 일부를 실행하여 제품의 배포판으로 내고 반복에 반복을 거치는 동안 점진적으로 성장하여 최종 제품이 만들어 진다.

각 단계마다 다양한 처리과정을 거치는데 이들은 다음과 같다.

- 도입단계 : 요구사항 획득에 역점을 둔다.
- 정련단계 : 분석과 설계에 역점을 둔다.
- 구축단계 : 구현에 역점을 둔다.
- 전이단계 : 배치에 집중한다.

5. RUP(Rational Unified Process) 그래프

RUP(Rational Unified Process) 그래프는 아래 <그림 2>와 같이 X, Y좌표에서 수평축은 시간, 수직축은 Workflow를 표시한다. Workflow마다 그려져 있는 그래프는 작업량을 표현한다. RUP에서는 Worker, Activity, Artifact, Workflow로부터 프로세스가 기술된다고 생각하는데, 이들의 역할은 다음과 같다.

1) Worker : who(개인이나 그룹의 행동이나 책임을 정의)
2) Activity : how(1개의 작업자의 작업 단위)
3) Artifact : what(생산, 변경, 이용되는 정보/입력, 결과, 출력)
4) Workflow : when(연속 활동)

하나의 Workflow는 여러 개의 Activity로 구성되며, Activity사이에는 순서관계가 있다. Activity는 그 Activity의 책임, 작업순서, 복잡한 작업 순서에 대한 가이드라인, 입·출력 성과물, 실시 가능한 작업자의 능력의 규정 등에 따라서 정의되며, 1개의 작업자에 의하여 수행된다.

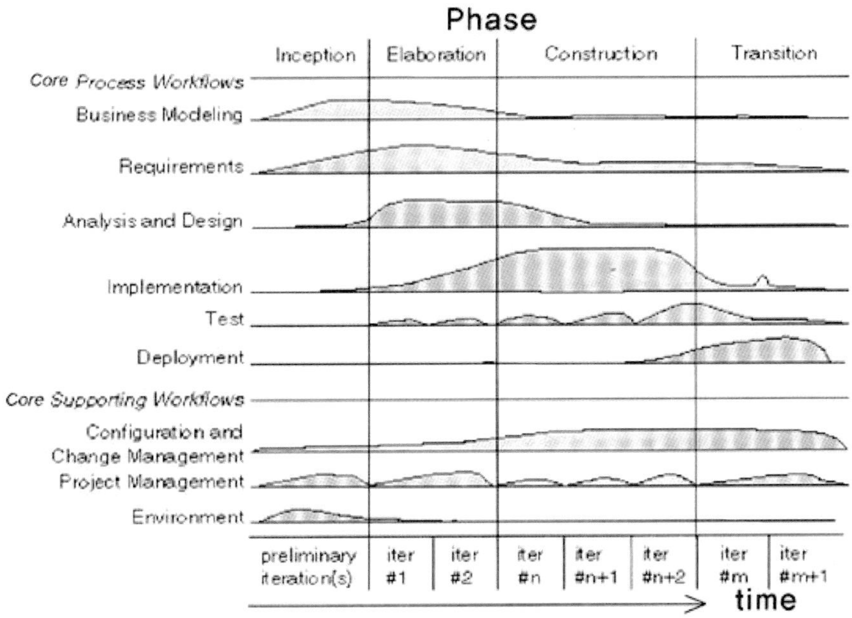

<그림 2> RUP 그래프

6. RUP의 단계별 체크 사항

RUP의 각 단계별로 체크해야할 사항들을 아래 <그림 3>과 <그림 4>에 요약하여 두었다.

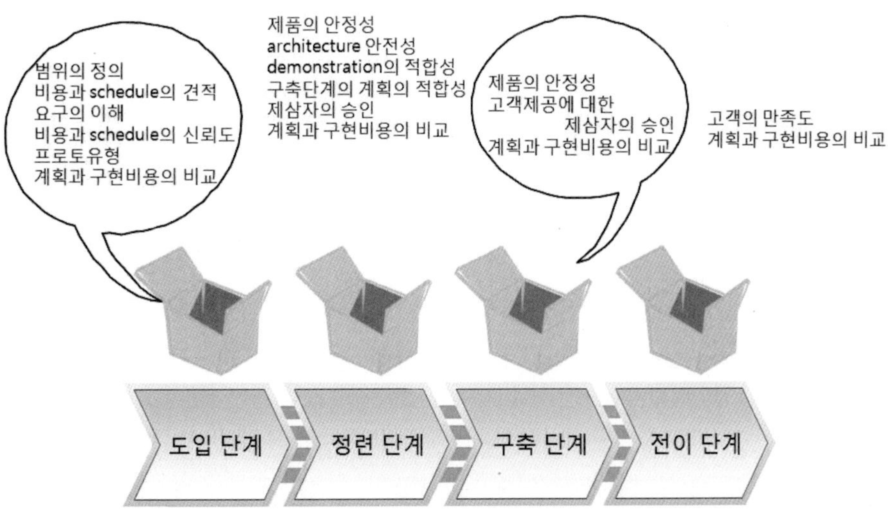

<그림 3> RUP의 단계별 체크 사항(1)

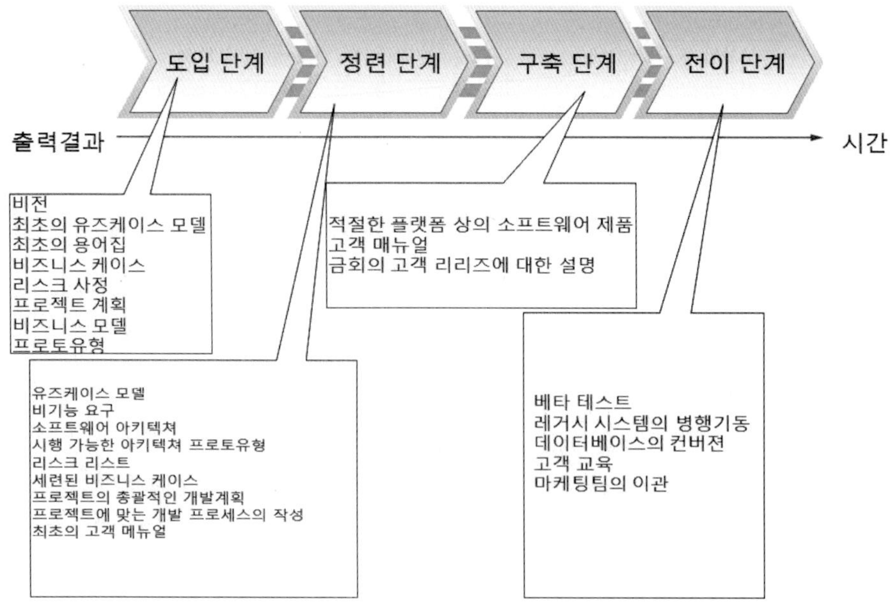

<그림 4> RUP의 단계별 체크 사항(2)

7. 개발 프로세스에서의 Workflow

개발 프로세스에서의 Workflow는 다음과 같다.

1) 비즈니스 모델 작성

비즈니스 프로세스를 문서화하는 단계이다.

2) 요구정의

여기서는 개발할 문제에 어떤 서비스를 제공할 것인가를 정의하고, 고객과 개발자의 합의를 형성하며, 기능에 대한 요구뿐만 아니라 제약 사항도 표시한다.

3) 분석 및 설계

여기서는 요구사항에 기초한 개발할 문제를 구현하는 방법을 정의하며, 설계모델이 성과물이고, 이것은 소스 프로그램을 추상화한 것이다.

4) 구현

여기서는 개발할 문제에 대해 구현을 실시하고 Activity로서 컴포넌트의 소스파일의 작성, 바이너리 코드나 실행 파일의 작성, 단위테스트, 그들을 통합한 개발할 문제를 조립하는 일이 포함된다.

5) 테스트

여기서는 객체 사이의 상호작용, 개발할 문제로서 매칭성과 요구사항을 만족하고 있는지를 확인한다. 또한 결함이 있는 곳을 추적하기도 한다.

6) 배포

여기서는 개발할 문제의 재배치를 작성하여 패키지를 작성하고, 그것을 분배, 설치하며, 이용자에 대하여 이용방법을 설명하기도 하고, 질문에 응답하는 일도 포함한다.

8. 핵심 지원 Workflow

1) 형상과 변경관리

소프트웨어 개발에서는 성과물의 버전 관리 등을 실시하는 것도 중요하다.

2) 프로젝트관리

반복해서 개발을 수행하기 위한 프로젝트관리 방법도 제공되어 있다.

3) 환경설정

Activity를 실시하기 위하여 필요한 하드웨어나 소프트웨어를 조달하고 이용할 수 있도록 설정한다.

9. 산출물

RUP에서는 9개 모델을 이용하여 모든 중요 사항을 다룬다.

1) 비즈니스 모델 : 조직을 추상적으로 설정한다.
2) 도메인 모델 : 개발할 문제의 문맥 설정한다.
3) 유즈케이스 모델 : 개발할 문제에 대해 기능 요구사항을 설정한다.
4) 분석 모델 : 아이디어를 설계하며, 사용 가능한 것을 선택한다.
5) 설계 모델 : 문제와 해결에 관한 어휘를 설정한다.
6) 프로세스 모델 : 개발할 문제의 동시성과 동기화 장치 설정한다.
7) 배치 모델 : 개발할 문제의 실행되는 하드웨어를 설정한다.
8) 구현 모델 : 개발할 문제를 조립하여 배포할 부품을 설정한다.

9) 테스팅 모델 : 개발할 문제를 확인하고 검증하는 경로를 설정한다.

10. 기타 산출물

기타 산출물로는 다음과 같다.

1) 요구사항 집합

개발할 문제에 해야 할 것을 설명할 정보를 모두 가지고 있으며, 유스케이스 모델, 비 기능 모델, 도메인 모델, 분석 모델, 사용자 요구를 표현한 그 밖의 다른 양식도 있고, 인터페이스, 프로토타입, 제도적 규제들도 포함되어 있다.

2) 설계집합

개발할 문제를 구축하는 방법과 그 방법에 관한 결정사항들을 설명하는 정보를 가져있고, 제약 사항은 기간, 예산, 기존 개발할 문제, 재사용, 품질 목표 등이 있으며, 설계 모델, 시험 모델, 개발할 문제 특성에 관한 그 밖의 표현양식과 프로토타입 아키텍처와 실행 아키텍처 등도 포함되어 있다.

3) 구현집합

개발할 문제를 구성하는 소프트웨어 요소에 관한 정보가 모두 들어 있고, 프로그래밍 언어의 소스코드, 형상파일, 데이터 파일, 소프트웨어 부품 등이 빠져서는 안된다. 개발할 문제를 조립하는 방법 설명서도 있어야 한다.

4) 배치집합

소프트웨어를 실제로 패키지하고, 전적하고, 설치하고, 목표환경에서 실행하는 방법에 관한 정보를 모두 가지고 있어야 한다.

RUP에 대해서 지금까지 고찰한 내용을 종합하면 아래 <그림 5>와 같다.

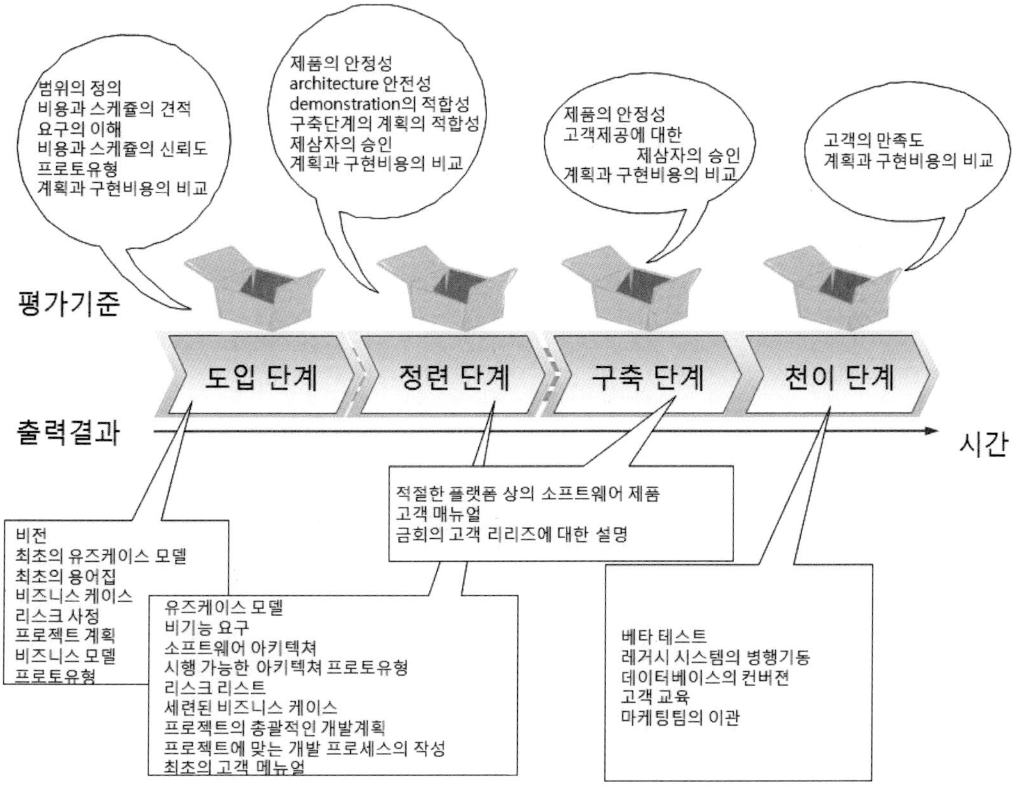

<그림 5> RUP 개발과정에 대한 종합

08

소프트웨어 구현

학습목표

본 장에서는 사용자 요구사항분석과 소프트웨어 시스템 분석 및 소프트웨어 시스템 설계에 대해 지금까지 공부한 내용을 토대로 프로그램을 작성하는 기법과 작성된 프로그램의 복잡도 측정 및 프로그래밍을 하는데 있어서 생산성 향상 방안에 대해서 학습한다.

8.1 소프트웨어 구현의 개요

8.1.1 소프트웨어 구현의 개념

소프트웨어 구현은 소프트웨어 설계 명세서를 소스 프로그램(Source Code)으로 변환시키는 것을 의미하며, 프로그래밍 또는 코딩 또는 프로그램 개발 또는 구축이라고도 한다. 이것은 아래 <그림 8-1>과 같이 컴파일러가 소스 프로그램을 받아서 하드웨어에 알맞은 목적 프로그램을 생산하는 과정이다.

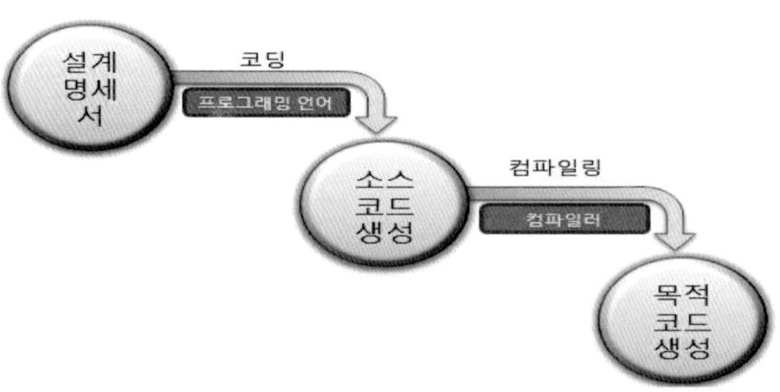

〈그림 8-1〉 구현의 개념

8.1.2 프로그래밍의 목적

1. 프로그램을 읽기 쉽게 함

소스 프로그램과 수행처리의 대응관계를 가능한 한 간단하게 해주고, 제어경로를 단순화시켜서 프로그램의 복잡성을 줄여야 한다.

2. 프로그래밍의 효율성 증진

핵심적인 요구에 대한 프로그램을 효율적으로 제작하고, 수행시간에 대한 프로그램을 효율적으로 만들며, 프로그램의 유지·보수성을 향상시켜야 한다.

3. 프로그램의 품질 강화

결합이 없는 프로그램을 구성해주고, 철저한 시험이 가능하도록 하며, 새로운 차원의 프로그램의 정확성을 제공해야 한다.

4. 프로그래밍 규율 제공

프로그래머가 생각하도록 하고, 프로그래밍 절차를 시스템화해서 시스템의 완전무결함을 강조해야 한다.

5. 프로그래밍 경비의 감소

프로그래머로 하여금 많은 양의 프로그램을 제작하지 않도록 제어해야 하며, 프로그래머의 생산성을 증진시켜야 한다.

8.1.3 프로그래밍의 원칙

소프트웨어의 분석 및 설계명세서를 철저히 반영해야하며, 소스 프로그램은 간단명료해야 하고 읽기 쉬워야 한다. 또한 시험(Test) 및 디버깅하기가 쉬워야 하며, 사용하기가 편리해야 한다. 요약하면, 프로그래밍은 불분명(Obscure)하고, 잔재주를 부린다거나 해서는 안되며, 간단(Simple) 명료(Clear)해야 한다는 것이다. 즉, 설계로부터 소스 프로그램까지 "체계적"으로 프로그래밍 되어져야 한다.

8.1.4 프로그램의 기본구조

프로그램의 기본구조에는 **"순차구조"**, **"선택구조"**, **"반복구조"**가 있는데 이들에 대해서 아래에 좀 더 구체적으로 고찰하여 두었다.

1. 순차구조

프로그램의 순차구조는 아래 <그림 8-2>와 같이 몇 개의 명령문들이 순서적으로 실행되는 연속된 구조를 의미한다.

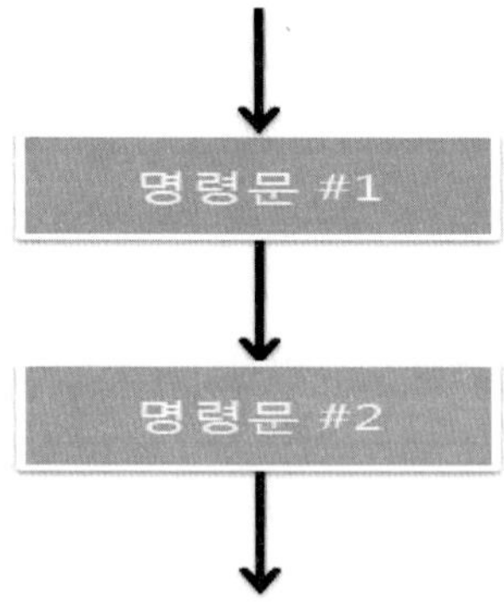

<그림 8-2> 순차구조

2. 선택구조

프로그램의 선택구조는 아래 <그림 8-3>과 같이 어떤 조건에 따라서 조건을 만족하는 명령문을 선택하여 수행하는 구조를 의미한다. 이때 2개이면 IF구조문을 사용하고, 조건이 3개 이상이면 CASE구조문을 이용한다.

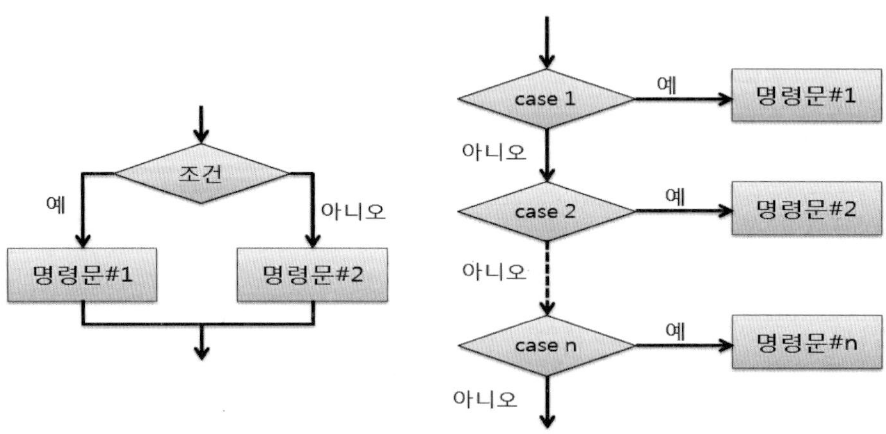

<그림 8-3> 선택구조

3. 반복구조

프로그램의 반복구조는 아래 <그림 8-4>와 같이 어떤 조건을 만족할 때까지 계속하여 프로그램의 수행을 반복하는 구조를 의미한다.

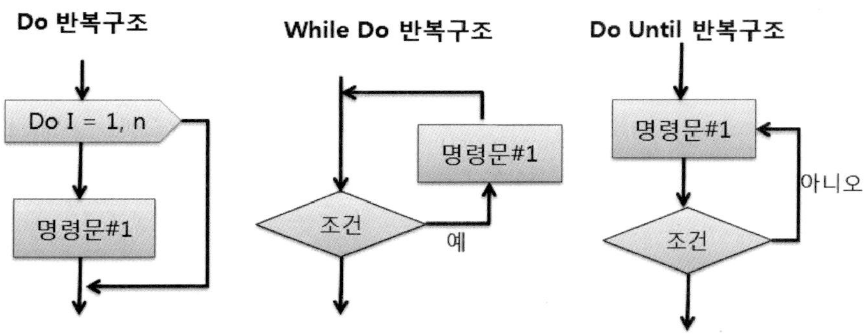

<그림 8-4> 반복구조

8.2 프로그래밍 언어

8.2.1 프로그래밍 언어의 일반적 특성

프로그래밍 언어의 일반적 특성으로는 크게 "심리적 특성"과 "공학적 특성"으로 대별될 수 있는데 이들에 대해서 아래에 좀 더 구체적으로 고찰하여 두었다.

1. 심리적 특성

우리나라에는 아직 심리학적 측면에서 전산학을 연구하는 학자는 그리 많지 않은 실정이지만, 외국의 경우에는 심리학은 전산학의 기본이며 특히 사용자 인터페이스 설계 및 새로운 프로그래밍 언어를 개발할 시 심리학을 많이 고려해야 한다. 심리학적 측면에서 고려해야할 요소들은 다음과 같다.

① 일관성 : 표기법의 이용이나 제약조건 명시에 있어서의 일관성이 있어야 한다.
② 애매모호성 : 애매모호함이 없어야 한다.
③ 집약성 : 소스 프로그램 내에 집약시킬 수 있는 창이 있어야 한다.
④ 간결성 : 프로그램을 쉽게 이해하고, 읽을 수 있도록 간결하게 표현해야 한다.
⑤ 직교성(Orthogonality) : 언어의 각 구성 요소가 상호 독립적이면서도 어떤 환경에서도 그 구성 요소가 같은 의미로 사용되어야 한다.
⑥ 가독성(Readability) : 프로그램을 읽기 쉽도록 주석을 붙어주어야 한다.
⑦ 정확성(Precisenss) : 언어의 문법은 정확해야 한다.

2. 공학적 특성

프로그래밍 언어의 공학적 특성 요인은 다음과 같다.

① 프로그래밍의 용이성 : 프로그래밍언어는 프로그래밍하기가 쉬워야 한다.

② 컴파일의 효율성 : 프로그래밍언어는 컴파일 시간이 짧아야 한다.

③ 소스프로그램의 이식성 : 타 하드웨어나 다른 컴파일러로 쉽게 옮겨질 수 있어야 한다.

④ 기계 독립성 : 서로 다른 컴퓨터상에서도 항상 같은 결과가 나와야 한다.

⑤ 개발도구 : 다양한 개발도구들을 활용할 수 있어야 한다.

⑥ 유지보수성 : 소스 프로그램은 유지보수하기가 쉬워야 한다.

8.2.2 프로그래밍 언어의 개요

1. 프로그래밍 언어론의 개요

프로그래밍 언어는 인간과 컴퓨터가 상호 의사교환을 할 수 있는 언어이다. 사용자가 컴퓨터에게 명령하는 방법은 프로그램을 작성하여 실행시킴으로써 수행되는데, 이 때 컴퓨터로 어떤 문제를 해결하기 위해서는 컴퓨터가 알아들을 수 있는 프로그래밍 언어로 해당 언어의 문법에 맞도록 프로그램이 작성되어야 한다. 궁극적으로 컴퓨터가 직접 실행할 수 있는 언어는 기계어이다. 그러나 기계어는 2진수로 되어 있는 아주 간단한 명령어이기 때문에 사용자가 이용하기에는 어려움이 많다.

그러므로 통상적으로 대부분의 응용 프로그램은 고급어로 작성하고 하드웨어와 밀접한 관계가 있는 시스템 프로그램은 저급언어인 어셈블리어를 사용하고 어셈블러를 통해 기계어로 번역하는 한편, 사용자가 고급어를 사용하여 프로그램을 작성하면 궁극적으로 기계어로 변환되어야 실제로 실행할 수 있는데, 이러한 번역을 수행하는 방법으로는 컴파일러(Compiler) 방식과 인터프리터(Interpreter) 방식의 두 종류가 있다.

이러한 프로그래밍 언어는 크게 기계중심언어와 문제중심언어로 구분되고 있는데 기계중심언어를 저급언어라 하고, 문제중심언어를 고급언어라 부르기도 한다.

2. 프로그래밍 언어의 특징

프로그래밍 언어의 특징으로는 아래와 같은 것이 있다.

가. 프로그래밍 언어에는 여러 가지 유형이 있다.

- 과학계산 및 수학용 언어로서는 FORTRAN, C 등이 있다.
- 인공지능 응용 언어로서는 LISP, ML, Prolog 등이 잇다.

나. 새로운 언어를 쉽게 배울 수 있다

다양한 프로그래밍 언어의 특성과 기능을 알고 있으면 새로운 언어를 보다 쉽게 배울 수 있다.

다. 새로운 언어를 쉽게 설계할 수 있다

프로그래밍 언어에서 제공하는 사용자 인터페이스 기능과 프로그래밍 언어의 구성요소와 구현 방법을 인지하면 새로운 프로그래밍 언어를 쉽게 설계할 수 있다.

8.2.3 프로그래밍 언어의 분류

1. 용도에 의한 분류

가. 저급 언어/고급 언어

저급 언어라는 수준이 저하된 언어라는 뜻이 아니라 기계에 주로 밀접한 관계가 있는 언어를 의미하며, 여기에는 "기계어나 어셈블리 언어"가 있다. 이것은 기계의 특성에 의존하며, 추상화 수준이 낮고, 프로그램 작성과 이해가 어려운 특성이 있다. 그러므로 요즈음은 거의 사용하지 않는 경향이 있다.

반면에 고급 언어는 Cobol, Fortran, C, Pascal 등의 언어들이 있는데, 이것은 우리가 이해하기 쉽고, 따라서 이해가 용이한 명령어를 사용할 수 있으며, 상이한 기계에서도 별로 수정 없이 실행이 가능하다. 컴퓨터 시스템에서는 고급언어를 직접 실행하는 것은 불가능하고, 프로그래머가 작성한 프로그램을 컴퓨터가 알아볼 수 있는 언어로 번역하는 즉, 컴파일 과정이 필요하다.

나. 응용 분야별 언어

응용 분야별 언어로는 다음과 같은 것들이 있다.

1) 범용 언어

비교적 다양한 분야에서 사용될 목적으로 개발된 언어로서 Cobol, PL/1, Pascal, C, Ada등이 있다.

2) 인공 지능 언어

인공지능 분야의 프로그램 작성에 주로 사용되며, 논리 연산과 융통성이 중요시되는 언어이다.

3) 병렬처리 언어

둘 이상의 비동기적 상호 통신하는 프로세스를 실행시킬 수 있는 언어로서 Current Pascal, Linda 등과 같은 언어가 있다.

4) 문서 기술 언어

문서의 형식을 기술하는 언어로서 Postscript, HTML 등이 있다.

5) 데이터베이스 질의어

데이터베이스에서 원하는 정보를 검색하기 위해 사용되는 언어로서 SQL(Structured Query Language), ORACLE에서 제공하는 언어 등이 있다.

다. 함수형 언어

프로그램의 기본 단위는 함수인데, 따라서 함수를 프로그래밍 하는데 이용되는 언어로서 Lisp, Scheme 등이 있다.

라. 구현 기법에 의한 언어

1) 컴파일러 방식 언어

고급 프로그래밍 언어로 작성된 프로그램을 컴파일러가 컴퓨터의 기계어로 번역하여 기계어 프로그램을 생성하고 생성된 기계어 프로그램을 실행하는 방식이다. 컴파일러(Compiler)는 고급언어를 기계어로 번역해 주는 번역기이다.

2) 인터프리터 방식 언어

컴퓨터의 주기억장치에 저장된 프로그램을 이용하여 작성된 프로그램을 바로 해석하는 방식이다. 실행 시 필요한 정보들의 계산도 같이 이루어지는데, 시간이 오래 소요되는 단점이 있다. 프로그램을 즉시 실행 시킬 수 있어 종종 프로그램 개발 단계에서 사용되며, 내용 추가와 테스트가 용이하다. 여기에는 Basic, Prolog, Lisp, Snobol 등의 언어가 있다.

3) 하이브리드 언어(혼합형 언어)

이것은 위에서 살펴본 2가지 유형의 언어를 컴퓨터가 알아볼 수 있는 형태로 번역한 후, 그 번역된 형태의 프로그램을 인터프리터로 실행하는 언어이다. 현재 대부분의 인터프리터 언어가 이 방법을 따르고 있으며, Java 언어가 대표적이다.

Java 언어는 바이트 프로그램이라는 중간 언어로 번역되어 실행하고, 한번 바이트 프로그램으로 번역되면 다시 번역하지 않고도 재사용이 가능하다.

마. 세대별 분류

컴퓨터 언어의 세대별 분류는 언어가 개발된 년도에 기준하여 분류하는 방법으로서, 보통 5세대까지 분류한다.

1) 제 1세대 언어(1950년 대)

0과 1로 이루어진 기계어를 주로 사용하여 프로그래밍을 하던 시대이다.

2) 제 2세대 언어(1960년 대 초반)

기계어에 가까운 어셈블리 언어를 주로 사용하여 프로그래밍을 하던 시대이다.

3) 제 3세대 언어(1960년 대 중반 이후 1970년 대)

프로그래머가 작성한 소스 프로그램을 컴파일러가 번역을 하던 시대의 언어로서 FORTRAN(과학계산용 언어), ALGOL 60(블록 중심 구조를 프로그래밍 하는데 편리한 언어), COBOL(일반 사무용 언어), LISP(인공 지능용 언어) 등이 개발되었다.

이 이외에도 아래와 같은 언어들이 개발되었다.

- PL/1 : 범용 언어
- PASCAL : 구조화된 프로그래밍 언어로 교육용으로 개발되었다.
- BASIC : 언어를 배우기 쉽게 초보자용으로 개발된 대화형 언어이다.
- ADA : 파스칼과 같은 유형의 언어로 컴퓨터 내장시스템의 프로그래밍을 지원하기 위해 개발된 언어이다.
- PROLOG ; 인터프리터 형 언어로 인공 지능을 목적으로 개발된 언어이다.
- C언어 : ALGOL60을 모체로 하여 UNIX 운영체제를 구성하는 시스템용 언어인데, 나중에는 범용 언어로 발전하였다.

4) 제 4세대 언어(1980년 대)

이것은 데이터베이스, 스프레드시트 등 응용 프로그램의 기능을 이용할 수 있는 언어이다. 또한 비절차적 언어로서, 응용문제를 쉽고 빠르게 수행하기 위한 언어 중심으로 개발되었으며, 사용자 중심의 언어로서 언어라기보다는 프로그램 개발 도구에 가까운 언어이다.

5) 제 5세대 언어(1990년 대)

지식 기반 시스템, 전문가 시스템, 추론 엔진, 자연어 처리 등 사용자가 더욱 편하게 사용할 수 있도록 발전된 언어로서 사용의 편리성을 증대시키면서 인공 지능에 기반을 둔 언어이다. 자연어에 가까운 언어이다.

8.2.4 프로그래밍 언어의 선택 시 고려 사항

1. 프로그래밍 언어의 요건

프로그래밍 언어의 요건으로는 프로그래밍 언어는 단순하고 명료해야 하며, 통일성이 있어야하고, 언어의 구조가 체계적이어야 한다. 또한 응용문제에 자연스럽게 적용될 수 있어야 하고, 적은 기억장소를 사용하고도 짧은 시간 내에 실행될 수 있어야 하며, 다양한 운영체제에서도 사용가능 해야 한다.

2. 프로그래밍 언어의 선정 기준

프로그래밍 언어의 선정 기준으로는 프로그래머가 그 언어를 쉽게 이해하고 사용할 수 있어야 하며, 어느 컴퓨터에서나 쉽게 설치되고 실행되어야 한다. 또한 주어진 문제의 응용 목적에 맞는 언어이어야 하고, 프로그래머 개인의 선호도에 적합해야 하며, 컴파일러의 가용성과 품질 가격의 적절성 등을 갖추고 있어야 한다.

8.3 프로그래밍 방법

8.3.1 프로그래밍 스타일

스타일(Style)이란 원하는 효과를 추구하는 일관성 있는 유형이다. 우리 인간에 있어서도 의류나 음식의 선택에 있어서 스타일이 있듯이 프로그래밍에서도 프로그래밍 스타일이 있다. 일반적으로 스타일에는 좋은 스타일도 있지만 나쁜 스타일도 있기 때문에 프로그래밍에 있어서도 일관된 프로그래밍 지침이 필요하다. 여기에는 프로그래밍의 준수지침과 금지지침이 있는데 이들에 대해서 아래에 좀 더 구체적으로 고찰하여 두었다.

1. 프로그래밍 준수지침

일반적으로 프로그래밍 준수지침은 다음과 같다.

① GO TO문은 꼭 필요할 경우에만 사용하라. 너무 혼란스럽게 사용하면 스파게티 프로그램이 될 수 있다.

② 제어구조는 구분이 명확하도록 구조화해야 한다. 조건이 명확히 구분이 되도록 조건 경계를 지어야 한다.

③ 데이터 유형의 혼돈을 피하기 위해서 프로그래머가 사전에 데이터 유형(정수, 실수, 문자 등)을 정의하는 것이 좋다.

④ 프로그램내의 특수 실행문에 대해서는 이해하기 쉽도록 주석을 부쳐주어라.

⑤ 가급적 하나의 모듈로 실행되는 명령문은 한 페이지 내에 포함되도록 프로그래밍 하라.

⑥ 소스 프로그램을 이해하기 쉽도록 프로그램의 구조를 명확히 하라.

⑦ 수식은 간단하고, 이해하기 쉽도록 표현해야 한다.

⑧ 변수명은 이해하기 쉽도록 설정해야 한다. 만약 이름을 기억시키는 변수라면 “NAME”으로 하는 것이 좋다. 그냥 “N”으로 하면 무슨 의미인지 알아보기 어렵다. 또한 변수명은 한 프로그램 내에서는 일관성 있게 사용해야 한다.

⑨ 실행 명령문의 그룹은 아래 <그림 8-5>와 같이 명확히 구별되도록 { }와 들여쓰기 사용하라.

```
class Some
{
    class Some
    {
        class Some
        {
};          class Some
            {
    };          int         value;      // 정수 멤버
                double      rate;       // 실수 멤버
        };      unsigned    u;          // 부호없는 정수 멤버
            };
```

<그림 8-5> 실행 명령문의 구분

⑩ 조건이 두 가지 중 하나가 선택되는 제어구조는 "IF …ELSE"로, 3가지 이상 조건의 선택일 경우에는 "CASE"구문을 이용하는 것이 좋다.

⑪ 실행문의 반복은 최소화하라.

⑫ 가급적이면 모듈화와 서브루틴을 사용하라.

2. 프로그래밍 금지지침

일반적으로 프로그래밍 금지지침은 다음과 같다.

① 프로그래머가 자기중심으로 프로그래밍하지 말라. 사용자 중심으로 프로그래밍 해야지, 프로그래머가 자기중심으로 프로그래밍하면 사용자는 프로그램을 이해하기 어렵다.

② 컴파일 언어 보다는 가급적 자동화 도구를 이용하여 프로그래밍 하라. 프로그래밍 생산성을 향상 시킬 수 있다.

③ 프로그래머가 지나친 잔재주를 부리지 말라. 이것 역시 사용자는 프로그램을 이해하기 어렵다.

④ 너무 많은 중첩구조를 피하라. 자칫 잘못 하면 스파게티 프로그램이 된다.

⑤ 함수의 계산은 직접 프로그래밍 하지 말고, 라이브러리 함수를 이용하라 .

8.3.2 프로그램의 문서화

프로그램의 문서화에는 크게 내부 문서화와 프로그램의 개발보고서가 있는데 이들에 대해서 아래에 좀 더 구체적으로 고찰하여 두었다.

1. 프로그램의 내부 문서화

프로그램의 내부 문서화는 작성된 프로그램을 쉽게 이해하기 위하여 프로그램 내의 변수 명에 의미 있는 이름을 부여한다든지 실행 명령문에 설명을 부여하는 것이

다. 예를 들면, "이름"이라는 변수 명에 그냥 "N"으로 부여하는 것이 아니라 "NAME"이나 또는 "SEONG MYUNG"으로 부여하는 것이다. 또한 작성된 프로그램 내에 "예금 이자를 계산하는 실행 명령문"이 있으면 그 실행 명령문 앞에 "다음 명령문은 예금 이자를 계산하는 실행 명령문 입니다"라고 부여해주면 작성된 프로그램을 쉽게 이해할 수 있을 것이다.

또한 작성된 프로그램의 서두에는 "작성자", "프로그램의 기능", "입·출력 사항", "오류 내용", "주프로그램", "서브프로그램", "사용되는 모듈" 등에 대해 주석을 부여하는 것이 좋다.

2. 프로그램의 개발보고서

작성된 프로그램은 프로그램 개발보고서로 문서화해 두어야 되는데 여기에 포함되는 내용으로는 아래 <그림 8-6>과 같다.

제 1장 프로그램의 개요
- 1.1 프로그램 명(국·영문)
- 1.2 프로그램 개발의 개요
- 1.2.1 개발의 배경
- 1.2.2 개발의 목적 및 범위
- 1.2.3 프로그램의 특징 및 장점
- 1.2.4 프로그램의 활용 분야

제 2장 프로그램의 개발 기간 및 투입 인원
- 2.1 추진 체계 및 개발 일정
- 1.2.1 팀 구성도
- 1.2.2 개발 일정
- 1.2.3. 부분별 수행 업무 및 담당자
- 2.2 투입 인원

제 3장 프로그램의 구축 내용 (소프트웨어 내용)
- 3.1 프로그램의 개요
- 3.2 시스템 분석 내용
- 3.3 시스템 설계 내용
- 3.4 프로그래밍 방법 등

(도표계속)

제 4장 운영자 및 사용자 메뉴얼
  4.1 프로그램 환경 설정 및 실행
  4.2 주프로그램 설명
  4.3 서브프로그램 설명
  4.4 프로그램의 오류 내용
  4.5 도움말 기능 등

제 5장 공개방안 및 커뮤니티 운영 방안

제 6장 문제점 및 개선 방안과 향후 개발 개획
  6.1 문제점 및 개선방안
  6.2 향후 개발 계획 등

참고문헌

<그림 8-6> 프로그램의 개발 보고서 내용

8.4 프로그래밍 개발 기법

8.4.1 애자일(Agile) 기법

1. 애자일 기법의 개요

프로그래밍 생산성과 품질 향상을 위하여 개발자의 잠재적 능력과 개발팀이 협력하여 개발하는 기법이다. 이것은 프로그램 개발 팀원들을 고무하는 협력적 개발 기법이기도 하다.

원래 "애자일(Agile)"이란 개발과정에서의 업무 시스템의 변경사항을 유연하게 또는 기민하게 대응할 수 있도록 지원해 주는 새로운 개발 기법을 의미한다. 이 기법의 발전과정은 다음과 같다.

- 1990년대의 Scrum이라는 것으로부터 등장하였다.

- 2001년 2월경 XP(eXtreme Programming), ASD, DSDM 기법 등의 대표자들이 연합체를 구성하면서 "Agile Development"라는 용어를 공식 발표하였다.

2. 애자일 기법의 등장 배경

가. 전통적인 폭포수 모형의 한계

전통적인 폭포수 개발 모형은 요구분석단계에서 사용자가 개발자에게 한 번에 모든 요구사항을 정확하게 전달하는 것을 가정하고 있으나, 현실적으로 불가능하며, 사용자의 요구사항은 프로젝트 진행 시 지속적으로 변경된다.

나. 개발환경의 변화

개발환경은 지속적으로 개선되고 있으며, 고급개발자가 양산되고, 컴퓨팅환경의 발전이 급속히 이루어지며, 신속한 개발을 지원하는 GUI환경의 모델링 및 개발 도구가 개발되어지고 있으며, 테스트 및 디버깅을 위한 자동화 도구가 개발되고, 컴포넌트 기반 개발 기법 등이 활용되고, 점차 짧아지는 시스템 개발 수명주기가 이루어지고 있다.

다. 기업 경영환경의 변화

환경 변화에 따른 경영전략이 수시로 변화되고, 여기에 대한 신속한 대응 전략이 필요하며, 사용자 요구사항이 지속적으로 변화되고 있다.

3. 애자일 기법과 전통적인 개발 기법과의 차이점

애자일 기법과 전통적인 개발 기법과의 차이점을 아래 <그림 8-7>에 요약하여 두었다.

항 목	애자일 기법	전통적인 개발 기법
계획수립의 상세수준	바로 다음 반복주기(Iteration)에 대해서만 상세한 계획수립	모든 개발 단계에 이르기까지의 상세한 계획 수립
요구사항의 기준	요구사항에 대한 기준 설정을 오래 생각하지 않음.	요구사항정의 단계에서 모든 요구사항을 마무리할 것을 강조함.
개략설계의 정의 방법	빠른 시간 내에 개략설계의 구현 가능성을 증명해 보이고자 함.	분석 명세서를 보다 상세화해서 개발할 문제와 개략설계를 초기에 정의하고자 함.
테스트 방법	"개발-테스트"주기를 반복하여 많은 시간과 비용이 들어가기 전에 기능을 검증함.	프로그래밍이 완성되어야 단위-통합-시스템 테스트를 수행
표준 프로세스의 적용	정형적인 프로세스를 강조하지 않는 대신에 잦은 검토회의를 토대로 프로세스를 개발에 유연하게 적용하는 것을 강조함.	개발에 들어가기 전에 표준화된 프로세스를 강조함

<그림 8-7> 애자일 기법과 전통적인 개발 기법과의 차이점

4. 애자일 기법의 종류

가. 스크럼(Scrum)

스크럼(Scrum) 기법은 2~4주간을 기준으로 계획을 하고 미팅을 하며, 매일 정해진 시간에 정해진 장소에서 짧은 시간에 개발 팀을 위한 프로젝트 관리 중심의 개발 기법이다.

나. 크리스탈(Crystal) 클리어

이 기법은 개발 팀원들이 가까운 자리에서 서로서로 친밀한 의사소통을 하는 방식이다. 프로젝트의 규모와 영향의 크기에 따라서 여러 종류의 기법을 제공한다. 그 중에서 가장 소규모 팀에 적용하는 크리스탈 클리어는 익스트림 프로그래밍만큼 엄격하지도 않고 효율도 높지 않지만, 프로젝트에 적용하기 쉬운 개발 기법이다.

다. Feature-Driven Development

이 기법은 Feature마다 2주정도의 반복 개발을 실시한다. Peter Coad가 제안한 기법으로써, UML을 이용한 설계 기법과도 밀접한 관련성을 가진다.

라. Adaptive Software Development(ASD)

이 기법은 프로그램 개발을 혼란 자체로 규정하고, 혼란을 대전제로 그에 적응할 수 있는 개발 기법을 제시하기 위해 만들어진 것이다. 내용적으로는 다른 기법들과 유사하지만, 합동 어플리케이션 개발(Joint Application Development, 사용자나 고객이 개발에 참가하는 개발 방법론)기법을 사용하고 있다는 것이 조금 다르다.

5. 애자일 기법의 특징

애자일 기법의 특징으로는 다음과 같다.

가. 고객만족

개발 후반부라도 고객의 요구사항이 변경되더라도 적극 반영하며, 운영 중인 프로그램을 고객에게 자주 전달하여 요구사항을 신속히 반영하도록 한다.

나. 짧은 반복주기

개발 주기가 짧으며, 고객의 요구사항 변경에 대한 프로세스를 적극 반영한다.

다. 암묵적 지식에 의존

문서화보다는 실제 운영하려고 하는 프로그램 개발에 중점을 둔다. 개발자 개개인의 잠재력을 최대한 발휘할 수 있도록 한다.

라. PM의 역할 변화

프로젝트 관리자측면에서 프로젝트 촉진자로 역할을 변경하며, 프로젝트 계획 수립 및 통제의 책임을 팀원에게 이양해 준다.

마. 개발자 동기 부여

개발자에게 최적의 개발 환경을 제공해 주며, 개발자가 책임을 완수할 것으로 신뢰한다.

바. 자동화 도구의 사용

GUI환경의 모델링 지원 및 개발 도구를 사용할 수 있도록 지원하며, 자동화된 테스트 도구를 사용한다.

6. 애자일 기법의 장점

기존의 정형화된 절차와 산출물 중심의 개발 기법에 대한 한계를 극복하고, 개발 기간 동안에 고객의 요구사항 변화 증가에 대한 적응성을 향상시킬 수 있으며, 업무 변화와 불확실성에 능동적으로 대처할 수 있다는 장점이 있다.

8.4.2 익스트림 프로그래밍(eXtreme Programming : XP)

1. 익스트림 프로그래밍의 개 요

익스트림 프로그래밍(eXtreme Programming : XP) 기법은 의사소통, 단순성, 피드백, 용기 등 네 가지 가치와 팀워크, 관리자, 고객에게 초점을 맞춰 각 개발자들이 전체적인 측면에서 양질의 프로그램 개발에 전념하도록 한 것이다. 이 기법은 최근의 프로그램 개발 기법으로서 1990년대 말에 등장하였다. 특히 고객 만족을 강조하며, 고객의 요구 변화에 신속하게 부응하는 프로그램 개발 기법이다. 익스트림 프로그래밍 프로그래머는 고객 및 동료들과 의사소통을 하고, 프로그램을 단순·투명하게 하며 시험을 통해 피드백을 수행하고, 가능한 빨리 고객에게 개발된 프로그램을 전달하도록 한 것이다.

또한 이 기법은 많은 퍼즐 조각처럼 개별적으로는 별 의미가 없지만, 하나로 합쳐지면 완전한 그림을 볼 수 있다는 데서 시작된 것으로서, 고객의 요구 사항이 많거나 잦은 변화가 예상되는 프로젝트를 하는 경우에는 효과적이다. 보통 소규모의 개발팀으로 운영되며, 공간 공유를 쉽게 할 수 있어 공간 사용의 높은 효과를 볼 수 있다.

익스트림 프로그래밍 기법의 가장 큰 장점은 개발 마지막 단계에 명세서가 변경되는 일이 있어도 고객이 원하는 것을 고객이 원하는 기한에 맞춰서 제공할 수 있다는 점이다.

2. 익스트림 프로그래밍의 규칙

익스트림 프로그래밍의 규칙은 다음과 같다.

① 조금씩 그리고 개발한 결과를 자주 발표하라

② 개발 주기를 반복해서 돌리면서 개발한다.

③ 명세서에 없는 것은 절대 개발하지 않는다.

④ 테스트 프로그램을 먼저 만든다.

⑤ 야근을 하지 않고 항상 정규 일과 시간에만 작업을 한다.

⑥ 기회가 생기는 족족 언제 어디서든 프로그램을 개선한다.

⑦ 모든 테스트를 통과하기 전에는 어떤 것도 발표하지 않는다.

⑧ 조금씩 발표하는 것을 기반으로 하여 현실적인 작업 계획을 만든다.

⑨ 모든 일을 단순하게 처리한다.

3. 익스트림 프로그래밍의 예

익스트림 프로그래밍의 예는 아래 <그림 8-8>과 같다.

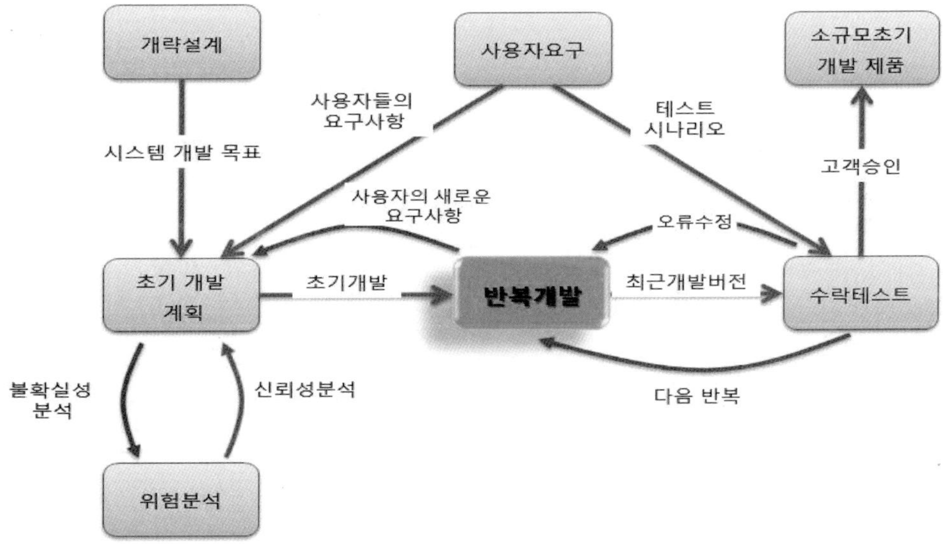

<그림 8-8> 익스트림 프로그래밍의 예

8.4.3 신속한 응용시스템 개발(Rapid Application Development : RAD)

1. 개요

이 기법은 사용자와 개발자가 공동으로 참여하여 개발하는 것이다. 업무 분석 및 업무 시스템의 성능에 관한 구체적 이슈들에 대한 관심 대신에 업무 시스템의 기능과 사용자 인터페이스에 대한 요구사항에 초점을 맞춤으로써 보다 간략하게 시스템 개발을 수행하는 기법이다. 합동 응용 시스템 설계(Joint Application Design : JAD) 기법은 이 기법의 일부이다.

또한 이 기법은 업무 시스템 설계와 구현시간을 단축하고자 하는 접근방식이며, 일반적으로 다른 시스템과 독립적으로 개발되는 시스템에 적용된다. 기존의 표준과 타 시스템과의 협력 작업에 소요되는 시간을 단축하고, 고객의 요구사항이 확실해 질 때까지 세부적인 업무 시스템 설계를 연기한다.

2. 신속한 응용시스템 개발의 유의사항

이 기법은 적시에 경영자에게 전달되어야 하고, 잘 정의된 절차에 따라서 개발이 시작되어야 한다. 요구사항과 문제점 인식, 기대되는 해결 방향, 잠재적인 조직의 이익 등에 대한 상세한 문서화가 필요하다. 이것은 고객의 요구 사항에 대해 우선순위를 결정할 시 사용된다. 개발 과정 시 발생하는 문제로 인해 영향을 받는 모든 내부, 외부 요인들과 그것들이 어떻게 조직에 영향을 미치는 지가 잘 정의되어져야 한다.

8.5 프로그램의 복잡도 측정

8.5.1 프로그램의 복잡도 측정 개요

지금까지 프로그래밍상의 문제점으로는 프로그래밍을 위한 표준화가 되어 있지 않았고, 개발된 프로그램의 유용성을 입증할 수 있는 방법이 없었다. 또한 프로그래밍 개발계획 수립 기술이 부족하였고, 프로그래밍에 필요한 자원의 소요 추정기술이 어려웠다. 또한 프로그래밍의 신뢰성 측정이나 적절한 프로그래밍 개발 방법과 기법 및 도구들을 선택할 수 있는 기준이 없었으며, 데이터 수집기술이나 방법론이 부족하였다. 물론 위와 같은 문제점들의 극복방안으로 다양한 프로그래밍 기술들이 그 동안 개발되었다. 또한 개발한 프로그램이 얼마나 복잡한지 또는 잘 개발하였는지를 평가할 필요성이 대두되었다.

따라서 위와 같은 문제점들을 극복하기 위한 평가 척도로서 **"프로그램의 복잡도 측정"**이 등장하게 되었다. 프로그램의 복잡도 측정은 주로 개발된 **"프로그램의 규모 측, 크기"**에 대해서 평가한다.

8.5.2 프로그램의 복잡도 측정 방법

1. 라인 수에 의한 복잡도 측정

가. 개념

소스 프로그램의 라인 수에 의한 복잡도 측정방법은 "프로그래머가 개발한 소스 프로그램의 라인 수"를 프로그램의 복잡도 척도로 삼는다. 이 방법은 가장 보편적으로 이용되는 프로그램의 복잡도 측정 방법으로서 프로그램의 규모를 라인 수로 계산하여 측정한다.

나. 라인 수에 의한 복잡도 측정상의 문제점

① 프로그래밍 언어의 분별력이 없음

개발할 업무에 대해 어셈블리언어, JAVA, C++로 각각 구현했을 때 소스 프로그램의 라인 수는 다르다. 즉, 프로그래밍 언어에 따라서 라인 수는 서로서로 다르다.

② 라인 수 정의의 애매모호함

소스 프로그램의 라인 수를 "실행문"만으로 측정할 것인지 아니면 "주석문"까지 포함할 것인지가 애매모호하다.

2. M. Halsted에 의한 복잡도 측정

가. 개념

이 방법은 프로그래밍 언어와 무관하게 연산자와 피연산자의 수를 계산하여 프로그램의 복잡도를 측정하는 방법이다. 이 방법은 기본적으로 소스 프로그램이 완성된 후 또는 설계가 완성된 후에 측정할 수 있는 방법이다.

나. 복잡도 측정 공식

n1 : 프로그램 내에 나타나는 연산자의 종류

n2 : 프로그램 내에 나타나는 피 연산자의 종류

N1 : 프로그램 내에 연산자가 사용된 총 수

N2 : 프로그램 내에 피 연산자가 사용된 총 수라고 둔다.

여기서 **"연산자"**는 더하기, 빼기, 곱하기, 나누기, 비교, 읽기, 쓰기 등의 동사에 해당하는 명령어이다. **"피연산자"**는 데이터로서 숫자 또는 주기억장치 내에 주소 및 변수 등 명사에 해당하는 것이다.

M. Halsted에 의한 프로그램의 복잡도 측정 공식은 다음과 같다.

- 연산자, 피연자의 총 수: $n = n1 + n2$
- 프로그램 내에 사용된 연산자와 피연산자의 총 수: $N = N1 + N2$

(또는N = n1log2n1 + n2log2n2)

- 프로그램의 부피(양): V = Nlog2n

이것은 기본n의 집합으로부터 요소 N을 저장하기 위한 최소 비트 수를 의미한다.

- 프로그램의 수준(level): L = 2/n1 * n2/N2
- 프로그래밍 노력: E=V/L
- 예측되는 프로그래밍 시간: T=E/18

그런데 이 기법은 프로그램의 제어흐름의 복잡도를 측정하는 것은 불가능하다.

다. M. Halsted에 의한 복잡도 측정 예

M. Halsted에 의한 프로그램의 복잡도를 측정하기 위한 예제 프로그램은 아래 <그림 8-9>와 같다. 이 프로그램에서 M. Halsted에 의한 복잡도 공식을 이용하여 프로그램의 복잡도를 측정해 보기 바란다.

```
// STEP 1 : 오브젝트 회전각 계산
rotate_angle = - (int)(90 - ( ( atan( (double)Obj_point->angle_height / (double)Obj_point->angle_width)
* (180/PI) ) ));

// STEP 2 : 오브젝트 회전방향 결정
if(rotate_angle == -90)
{
        rotate_angle = 0;
}
else if(rotate_angle < -45)
{
        rotate_angle = 90 + rotate_angle;
}

// STEP 3 : 오브젝트 회전
if(src_image->nChannels == 3)

{
        dst_image = VP_color_rotate( src_image, rotate_angle, VP_EXTEND_ROTATE );
}
else
{
        dst_image = VP_rotate_with_translate( src_image, rotate_angle );
}
// STEP 4 : 회전된 오브젝트 이미지 반환
return dst_image;
}
```

<그림 8-9> M. Halsted에 의한 복잡도 측정 프로그램의 예

3. T. McCabe의 복잡도 측정

T. McCabe의 복잡도 측정은 프로그램의 실행 명령문을 실행되는 순서로 그래프를 그려서 프로그램의 복잡도를 계산하는 것이다. 이 때 실행 명령문은 node(원)로 나타내고 실행 명령문의 실행 순서는 화살표로 나타낸다.

프로그램의 복잡도를 계산하는 수식은 다음과 같다.

프로그램의 복잡도 = a-n+2

여기서 a : arrow(화살표의수), n : node(원의 수)

위의 수식에서 계산한 값에 따라 아래와 같이 복잡도를 평가한다.

- 계산한 값이 5이하인 경우 : 매우 간단한 프로그램 구조이다.
- 계산한 값이 5 ~10인 경우 : 프로그램 구조가 매우 구조적이며 안정된 프로그램이다.
- 계산한 값이 20이상인 경우 : 문제 자체가 매우 복잡하거나 프로그램 구조가 복잡한 프로그램이다.
- 계산한 값이 50이상인 경우: 프로그램 구조가 매우 비구조적이며, 아주 복잡한 프로그램 구조이다.

T. McCabe의 프로그램의 복잡도 측정을 한 예가 아래 <그림 8-10>과 같다.

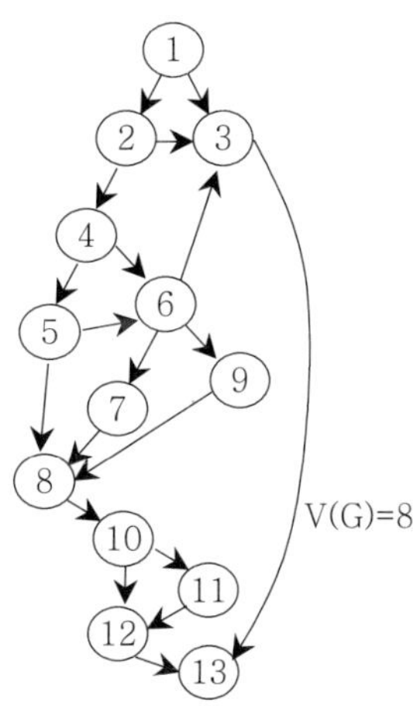

<그림 8-10> T. McCabe의 프로그램의 복잡도 측정을 한 예

4. Knot 카운트에 의한 복잡도 측정

이 방법은 아래 <그림 8-11>과 같이 프로그램의 제어발생구조를 통하여 프로그램의 복잡도를 계산하는 방법이다.

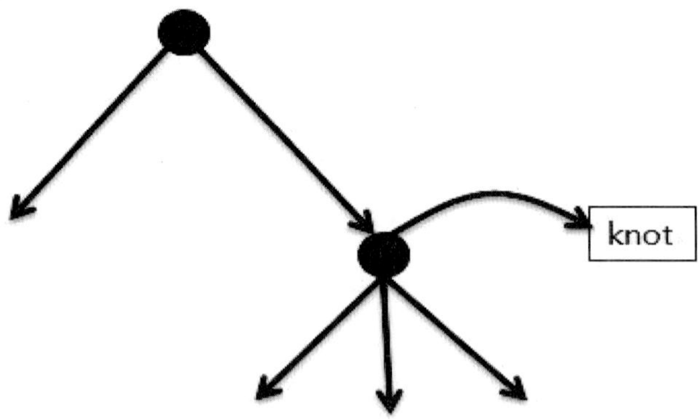

<그림 8-11> 프로그램의 제어발생구조

5. Chen에 의한 프로그램의 복잡도 측정

이 방법은 프로그램의 중첩된 구조(nested structure)에 복잡도를 측정하는 방법이다. 측정방법은 아래 <그림 8-12>와 같이 프로그램의 제어 그래프에서 최대 교차된 라인 수를 가지고 측정한다.

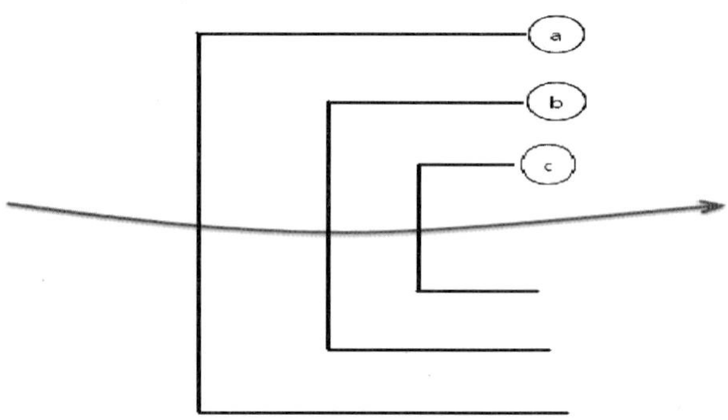

<그림 8-12> Chen에 의한 프로그램의 복잡도 측정

6. Chapine의 복잡도 측정

이 방법은 데이터 항목이 아래와 같이 어떻게 사용되어지는지에 기반을 두어서 측정한다. 사용되어지는 데이터 분류는 다음과 같다.

P 데이터 부류 : 세그먼트를 배출하는데 필요한 입력 데이터

M 데이터 부류 : 세그먼트 내에 생성되거나 변화하는 데이터

R 데이터 부류 : 세그먼트 내에 제어에 사용되는 데이터

T데이터 부류 : 세그먼트 내에 변화되지 않고 사용되는 데이터

각 모듈의 복잡도를 계산하는 수식은 다음과 같다.

C=R*W

여기서 W는 가중치를 의미하며, 각 데이터 부류에 대한 가중치는 다음과 같다.

P데이터 :3, M데이터 :2, R데이터 :1, T데이터 :1로 둔다.

따라서 프로그램의 전체 복잡도(COMP)는 각 모듈의 복잡도를 합하여 계산한다.

7. 정보흐름(information flow)을 이용한 프로그램의 복잡도 측정

이 방법은 프로그램의 요소 사이에서 정보의 흐름에 기반을 두어서 복잡도를 측정한다.

측정 공식은 다음과 같다.

복잡도 = Length * (Fan-in * Fan-out)**2

여기서,

Length : 소스 프로그램의 라인 수

Fan-in : A라는 프로시져(Procedure)가 있을 경우, 이 Procedure에 들어오는 정보와 이 Procedure에서 정보를 검색하는 수를 더한 값이다.

Fan-out : Procedure A에서 다른 Procedure로 흘러 나가는 정보와 이 Procedure에서 Update가 일어나는 수를 더한 값이다.

8. 기능점수에 의한 복잡도 측정

이 방법은 입력, 출력, 조회, 파일, 그리고 인터페이스 등을 집합시켜서 이를 프로그램에서 제공해야 하는 하나의 기능점수로 환산해서 복잡도를 측정하는 방법이다.

기능점수에 의한 복잡도 측정에 대한 예는 다음과 같다.

기능점수 = [입력수*3]+[출력수*4]+[조회수*3]+[파일수*8]+[인터페이스수*5]

8.5.3 프로그램의 복잡도를 계산하는데 있어서 고려사항

1. 프로그래밍 언어의 선택

객체 지향적 언어에서의 쟁점은 다중상속(Multiple Inheritance)이다. 다중상속은 잘 사용하면 강력한 기능이 되기도 하지만, 프로그램을 복잡하고 이해하기 힘들게 만드는 요인 중에 하나이기도하다. 그러므로 자바(JAVA)나 C++ 언어 등을 선택하여 프로그래밍을 할 경우에는 이와 같은 다중상속을 잘 고려해야 한다.

2. 안정성

프로그래밍 언어의 오류 발생 빈도 등 안정성을 고려하여야 한다.

3. 알고리즘

프로그램의 알고리즘에 대한 일반적인 시간 복잡도는 프로그램 명령어의 실제 실행시간을 제외한 명령어의 실행 횟수만을 고려하게 되는 경우가 있는데 이것은 잘못된 시각이다. 프로그램의 복잡도 계산은 프로그램의 알고리즘에 대한 명령어의 실제 실행시간도 고려하여 측정을 하여야 한다.

8.6 프로그래밍 생산성

8.6.1 생산성 요소

프로그래밍 생산성이란 적은 노력으로 많은 양의 소스 프로그램을 산출하자는 것이다. 이러기 위해서는 아래와 같은 요소들을 고려해야 한다.

① 프로그래밍 언어
② 프로그래머의 전문지식 및 경험
③ 데이터의 신뢰도
④ 최신의 개발 방법 및 개발 도구의 사용
⑤ 프로그램의 재이용 기술
⑥ 개발자의 작업 환경
⑦ 개발자들에게 인센티브 제공 등 동기부여
⑧ 사용자들의 개발에 참여 여부
⑨ 개발에 주어진 자원 여부
⑩ 개발팀의 규모 등이다.

8.6.2 생산성 향상 방안

프로그래밍 생산성 향상 방안을 아래에 요약하여 두었다.

1. 일을 빠르게 하는 방법

가. 경력 있는 프로그래머를 활용하라
나. 최신의 개발도구(CASE등) 및 방법을 활용하라

다. 개발에 참여한 요원들 사이에 의사소통을 원활히 하라
라. 실무를 잘 파악하라

2. 일을 효과적으로 하는 방법

가. 철저한 계획을 수립하고 필요한 일만 하라
나. 고객에게 맞춤 형태로 일을 하라
다. 재작업을 하는 일이 없도록 하라
라. 유사 개발에 대해서는 재이용 기술을 활용하라
마. 반복적인 개발 방법을 활용하여 위험을 최소화하라
바. 개발 인력을 적재적소에 배치하라
사. 인센티브를 제공하라

아울러 프로그래밍 생산성 향상을 위해서는 원인 분석을 할 필요성이 있는데 여기에는 **"이시가와 다이어그램(Ishikawa Diagram)"** 이 많이 활용되는 이 방법을 아래 <그림 8-13>에 요약하여 두었다.

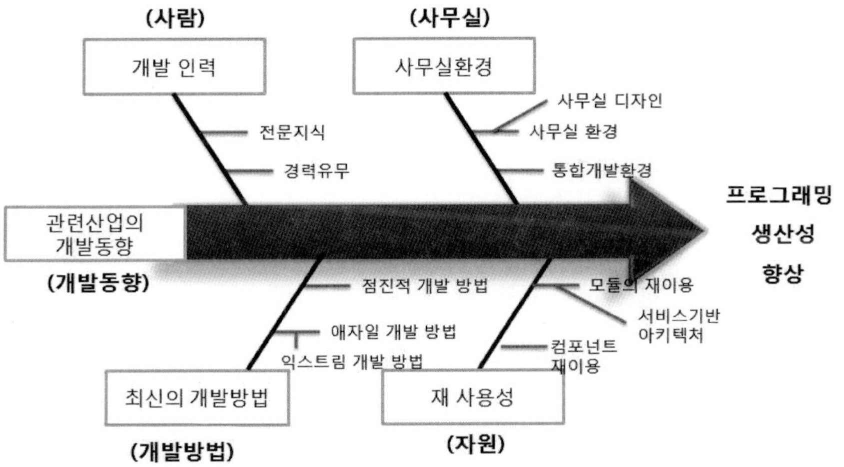

<그림 8-13> "이시가와 다이어그램(Ishikawa Diagram)"을 이용한 프로그래밍 생산성 향상 방안

참고문헌

권영직, 강의자료, 자체개발, 2009. 02

이주헌, 실용 소프트웨어 공학론, 법영사, 2000.10

앤드류 헤인즈(Andrew Haines) / 신플리시티 마케팅 담당 수석 부사장 [지면발행 : 2007년 8월호 66쪽]

http://www.embeddedworld.co.kr

webmail.hansung.ac.kr/~wcha/lecture

user.chollian.net/~chanlee/Lecture/System

owon.dongseo.ac.kr/~shan21/lecture

edu.chungbuk.ac.kr/~jasonl/lecture/

최은만, 소프트웨어공학, 사이텍미디어, 2005

최은만, 소프트웨어공학, 정익사, 2007. 09

김국보, 소프트웨어 공학 실무론, 대영사, 2003.02

최은만, 객체지향 소프트웨어 공학, ㈜사이텍미디어, 2005

magic.ssu.ac.kr/course/31/Chapter%2010.ppt, pp.10~11

http://cs.sookmyung.ac.kr/~chang/lecture/pl07/intro.pdf, p.12

http://www.igotit.co.kr/zbxe/818, pp.13~17

http://gazi.or.kr/groupcontent/988, pp.23~26)

익스트림 프로그래밍, Cynthia Andres, Kent Beck 저, 김창준, 정지호 역, 인사이트, 2006, p.27

http://www.scitech.co.kr/upload/book_image/s_033/SAD- Ch01.pdf, pp.28~30

Jeffrey A. Hoffer외, 시스템 분석 및 설계, 사이텍미디어, 2006, chapter1

최은만, 소프트웨어 공학론, 사이텍미디어, pp.26~29, pp.272~276

이재기 외 3, 소프트웨어 프로젝트 평가모델을 통한 프로그램의 복잡도 측정 분석, 논문 자료

연습문제

1. 소프트웨어 구현의 개념 및 프로그래밍의 원칙은?
2. 프로그램 기본구조의 유형은?
3. 프로그래밍언어의 시리적 특성과 공학적 특성의 유형은?
4. 프로그래밍언어의 분류 기준은?
5. 프로그래밍언어의 선정 기준은?
6. 일반적인 코딩 스타일의 준수지침과 금지 지침은?
7. 애자일 개발 방법론의 개념은?
8. 애자일 개발 기법의 종류는?
9. 애자일 개발 기법의 특징은?
10. 익스트림 개발 기법의 개념은?
11. 익스트림 개발 기법(프로그래밍)의 규칙은?
12. 프로그램의 복잡도 측정 방법의 유혀은?
13. T. McCabe의 복잡도 측정 공식은?
14. 프로그래밍 생산성 요인과 생산성 향상 방안은?

09

컴포넌트 기반 개발

학습목표

본 장에서는 하드웨어 부품을 조립하여 하드웨어 완성품을 만들 듯이 소프트웨어에 있어서도 소프트웨어 부품들 즉, 컴포넌트들을 조립하여 소프트웨어의 완성품을 만드는 방법에 대해서 학습한다.

9.1 컴포넌트 기반 개발의 개요

9.1.1 컴포넌트 기반 개발(CBD:Component Based Development)의 개요

1. **개념 :** 컴포넌트는 잘 정의된 업무 시스템의 구조를 바탕으로 명확한 기능을 수행하는 독립적이고 대치 가능한 하나의 기능을 가진 부품 단위를 말하며, 컴포넌트 기반 개발은 프로그래머가 직접 프로그래밍을 하는 대신에 기존의 컴포넌트를 조립하고, 개발된 독립적인 컴포넌트를 재사용해 빠른 시간 내에 새로운 응용시스템을 개발하는 방법을 의미한다.

2. **컴포넌트 기반 개발의 출현배경**

컴포넌트 기반 개발의 출현배경은 구조적 개발 방법론에서 정보공학방법론을 거치고, 객체지향 개발 방법론을 거치면서 프로그램의 재사용성을 목적으로 출현하였다. 또한 비즈니스 환경의 급변과 하드웨어의 급 발전에 부응하고자 등장하였다.

3. 컴포넌트 기반 개발의 특징

컴포넌트 기반 개발의 특징을 아래 <그림 9-1>에 요약하여 두었다.

컴포넌트 기반 개발의 특성	컴포넌트 기반 개발의 내용
아키텍처 중심	개략설계를 중심, 상세설계는 추후 고려
반복적 개발 주기	개방법은 반복적 갭라 단계를 따름
재사용 고려한 설계	재사용 가능한 컴포넌트를 중심으로 설계
컴포넌트의 조립에 의한 개발	코딩보다는 부품의 조립에 의한 개발

<그림 9-1> 컴포넌트 기반 개발의 특징

9.1.2 컴포넌트 기반 개발의 원리

컴포넌트 기반 개발의 원리는 아래 <그림 9-2>와 같이 컴포넌트 저장소에 있는 컴포넌트(부품)들을 선택하여 개발하려고 하는 소프트웨어로 조립하는 것이다.

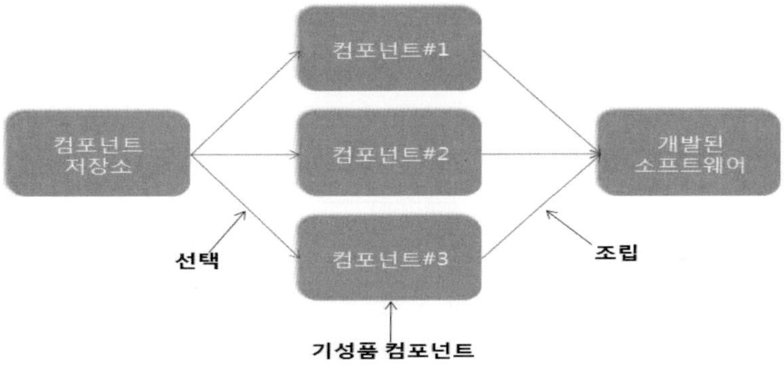

<그림 9-2> 컴포넌트 기반 개발의 원리

9.1.3 컴포넌트 기반 소프트웨어의 구조

컴포넌트 기반 소프트웨어의 구조는 아래 <그림 9-3>과 같이 컴포넌트 계층과 어플리케이션 계층으로 구성되어 있다.

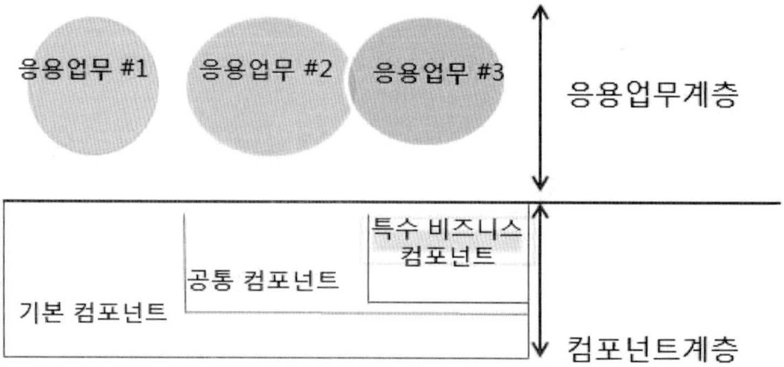

<그림 9-3> 컴포넌트 기반 소프트웨어의 구조

9.2 컴포넌트 기반 개발 단계

컴포넌트 기반 개발 단계는 아래와 같이 8단계로 이루어진다.

제 1단계 : 컴포넌트 요구사항 분석(Component Requirement Analysis)

제 2단계 : 컴포넌트 개발(Component Development)

제 3단계 : 컴포넌트 증명(Component Certification)

제 4단계 : 컴포넌트 주문제작(Component Customization)

제 5단계 : 개략적인 시스템 설계(System Architecture Design)

제 6단계 : 시스템 통합(System Integration)

제 7단계 : 시스템 테스팅(System Testing)

제 8단계 : 시스템 유지 보수(System Maintenance)

이들 8단계에 대해서 좀 더 구체적으로 아래에 고찰하여 두었다.

1. 제 1단계 : 컴포넌트 요구사항 분석(Component Requirement Analysis) 단계

이 단계는 아래 <그림 9-4>와 같이 컴포넌트에 대한 요구사항을 정의하고, 분석하고, 컴포넌트들을 모형화하여 요구사항을 확인하는 단계이다. 이 단계의 목적은 컴포넌트와 관련된 요구사항을 분석하는 것이다.

컴포넌트 요구사항 분석 단계는 4단계로 이루어지는데, 이들은 다음과 같다.

①요구사항 정의

②요구사항 분석

③컴포넌트 모형화

④요구사항 확인

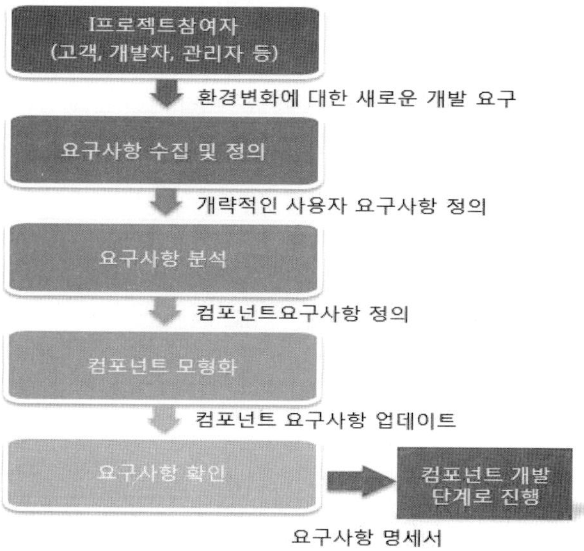

<그림 9-4> 컴포넌트 요구사항 분석 단계

2. 제 2단계 : 컴포넌트 개발(Component Development) 단계

이 단계는 보다 양질의 그리고 다중 인터페이스를 가진 고품질의 컴포넌트를 개발하는 단계이다. 입력은 컴포넌트에 대한 요구사항을 분석하여 구현한 문서이고, 출력은 컴포넌트 개발문서이다. 컴포넌트 개발 4단계는 다음과 같다(**<그림 9-5>참조)**

① 구현 단계
② 기능 테스트 단계
③ 신뢰성 테스트 단계
④ 컴포넌트 개발 문서화 단계로 이루어진다.

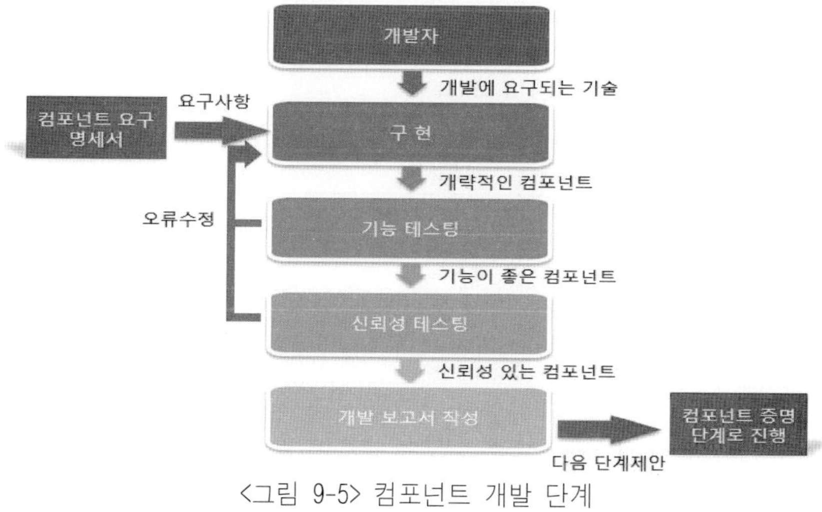

<그림 9-5> 컴포넌트 개발 단계

3. 제 3단계 : 컴포넌트 증명(Component Certification) 단계

이 단계는 개발된 컴포넌트가 품질이 좋고, 신뢰성이 있는지 그리고 시스템 요구사항을 만족하는지 등을 테스트해서 문제가 없는 컴포넌트를 선택해서 외주를 주는 단계이다. 컴포넌트 증명은 아래 <그림 9-6>과 같이 4단계로 이루어지며, 각 단계에서의 작업 내용은 다음과 같다.

첫째, 컴포넌트 외주 단계

여기서는 계약자의 작업을 감시하고, 컴포넌트 외주 계약을 관리한다.

둘째, 컴포넌트 테스팅 단계

컴포넌트가 요구사항에 부응하는 기능을 수행하는지 신뢰성이 있는지 등에 대해 테스트 한다.

셋째, 컴포넌트 선택

위에서 컴포넌트들을 기능성과 신뢰성에 대해 테스트한 결과 요구사항과 일치하는 컴포넌트를 선택한다.

넷째, 앞 단계에서 증명된 컴포넌트를 수락한다.

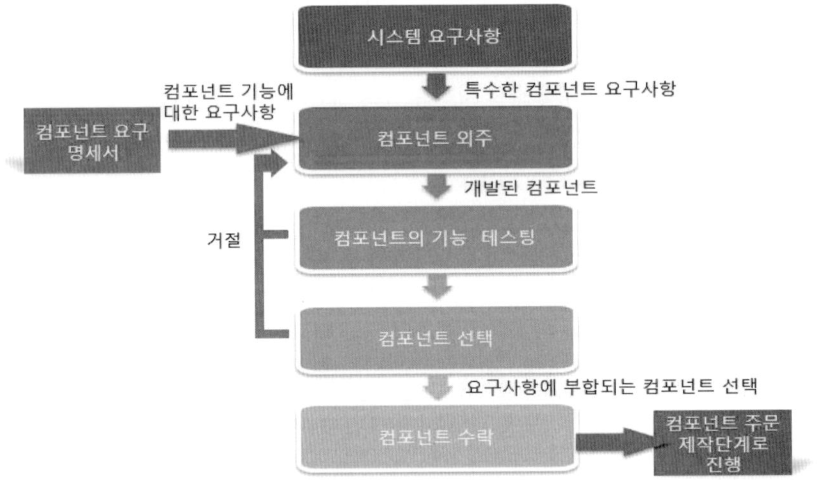

<그림 9-6> 컴포넌트 증명 단계

4. 제 4단계 : 컴포넌트 주문 제작(Component Customization) 단계

이 단계에서는 모든 컴포넌트는 기능이나 신뢰성에서의 요구사항이나 다른 컴포넌트들과 인터페이스는 잘 되는지 등을 검토하여 주문 제작을 해야 한다. 컴포넌트 주문제작을 위한 4단계는 아래 <그림 9-7>과 같다.

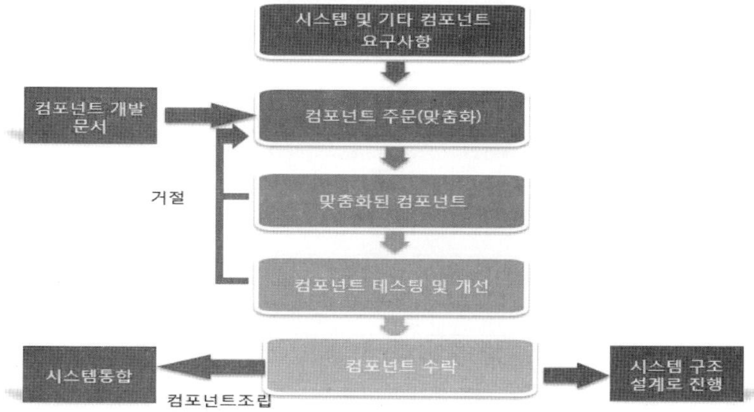

<그림 9-7> 컴포넌트 주문 제작 단계

5. 제 5단계 : 개략적인 시스템 설계(System Architecture Design) 단계

이 단계는 아래 <그림 9-8>과 같이 시스템 요구사항을 수집하고, 이들을 분석하며, 개략적인 시스템을 설계하고, 구현을 하는데 필요한 프로그래밍 언어 등을 선택해서 구현을 한 후 시스템 명세서를 작성하는 단계이다. 작성된 시스템 명세서는 시스템 통합, 시스템 테스팅, 시스템 유지보수 부분과 연계된다.

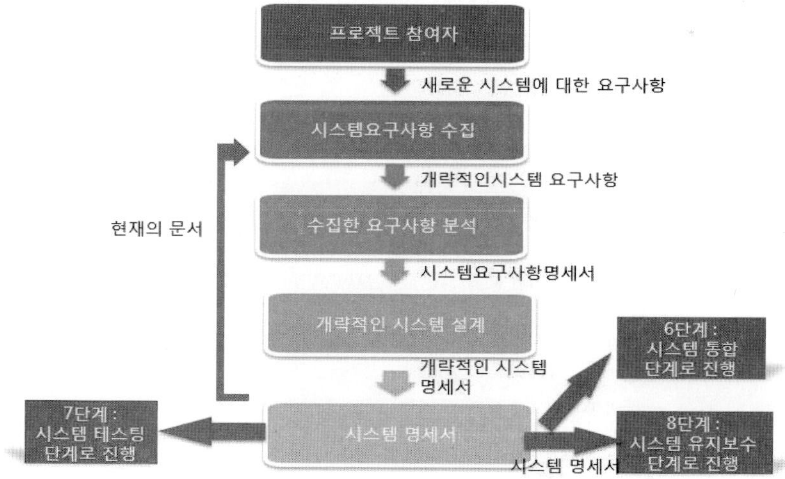

<그림 9-8> 시스템 구조 설계 단계

6. 제 6단계 : 시스템 통합(System Integration) 단계

이 단계는 위에서 작업한 내용을 토대로 전체 시스템에서 선택된 컴포넌트들을 조립하는 단계이다. 즉, 선택된 컴포넌트들을 조립하여 최종 시스템을 제작하는 것이다. 시스템 통합 단계는 아래 <그림 9-9>와 같이 4단계로 이루어진다.

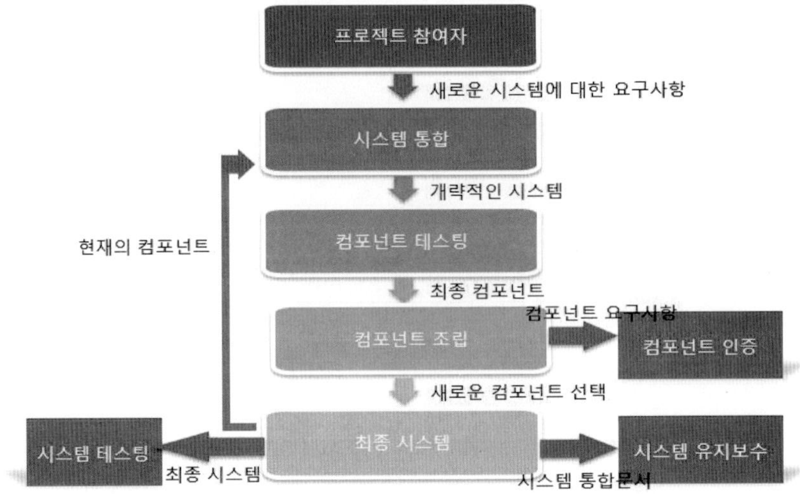

<그림 9-9> 시스템 통합 단계

7. 제 7단계 : 시스템 테스팅(System Testing) 단계

이 단계에서는 개발된 최종 시스템이 요구사항을 만족하는지 또는 시스템 구현에서 결함은 없는지 등을 점검하는 단계이다. 시스템 테스팅의 유형에는 "기능 테스팅"과 "신뢰성 테스팅"이 있다. 시스템 테스팅은 아래 <그림 9-10>과 같이 4단계로 이루어진다.

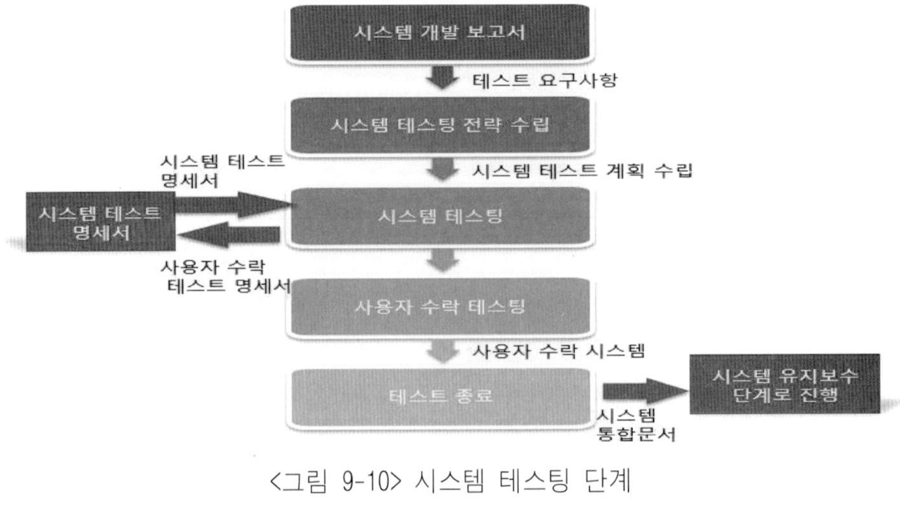

<그림 9-10> 시스템 테스팅 단계

8. 제 8단계 : 시스템 유지·보수 단계

시스템 유지 · 보수 단계는 개발된 소프트웨어를 효과적으로 사용하기 위해서 기능을 개선하던가, 하자를 수리하던가, 환경변화에 적응을 시켜 소프트웨어의 수명을 연장하는 활동이다. 시스템 유지 · 보수는 아래 <그림 9-11>과 같이 3단계로 이루어진다.

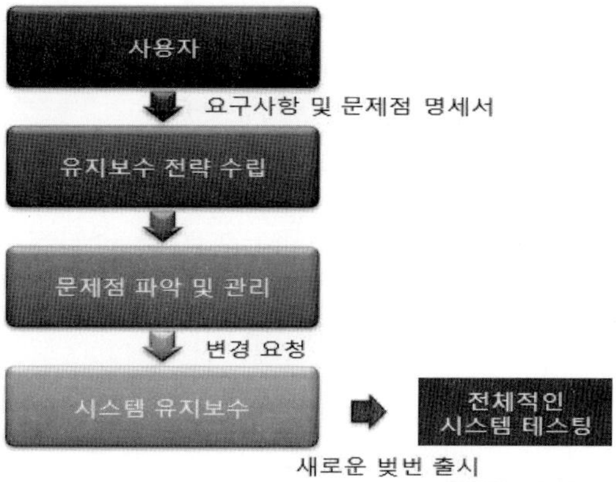

<그림 9-11> 시스템 유지·보수 단계

9.3 컴포넌트 기반 개발 방법론

9.3.1 컴포넌트 기반 개발 방법론의 개요

컴포넌트기반 개발 방법론은 프로그래머가 프로그래밍 언어를 이용해서 코딩을 하는 대신에 부품 단위로 조립을 해서 응용업무들을 개발 하는 것이다. 또한 이 개발 방법론은 사용자의 관점에서 응용업무들을 개발하기 때문에 **"사용자 지향 개발 방법론"**이라고도 한다.

개발 형태는 아래 <그림 9-12>와 같다.

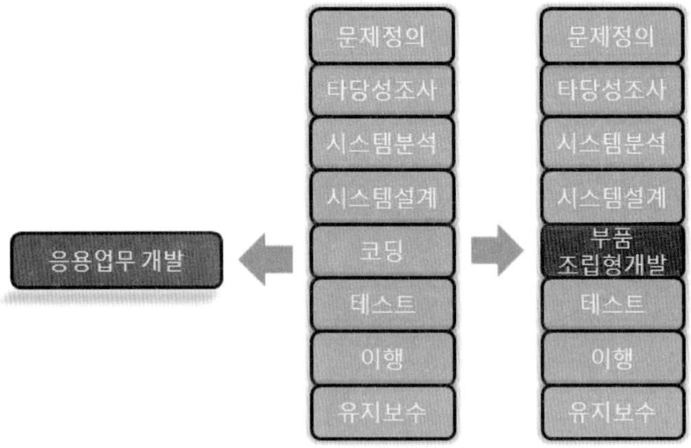

<그림 9-12> 컴포넌트 기반 개발 형태

9.3.2 컴포넌트 기반 개발 방법론의 유형

1. 플러그 및 플레이형 개발

플러그 및 플레이형 개발(Plug and Play)형 개발은 부품들의 인터페이스에 의하여 개발하는 형태를 의미하며, "인터페이스지향 개발 방법"이라고도 한다.

2. 아키텍쳐지향 개발

컴포넌트 기반 개발에서는 사전에 개략적인 설계를 해두고 이를 바탕으로 차츰차츰 부품을 조립해서 개발을 진행한다.

3. 네트워크지향 개발

컴포넌트 기반 개발은 C#, .NET, Java등과 같이 네트워크상에서 응용업무를 개발하는 기술의 발전과 함께 네트워크상에서 분산된 컴포넌트들이 서로서로 연계하여 응용업무들을 개발해 나간다.

4. 비주얼 개발

컴포넌트들을 화면상에서 띄워 놓고 눈으로 보면서 이들 부품들을 조합하여 응용업무를 개발해 나가는 방법이다.

5. 신속한 응용업무 개발

신속한 응용업무 개발(Rapid Application Development)은 개발하려고 하는 응용업무를 하나의 기능 단위로 세분화하여 단계 단계적으로 개발하는 점진적 개발을 의미한다.

6. RUP(Rational Unified Process) 개발

RUP개발 방법에 대한 상세한 내용은 제 7장의 부록에서 소개해 두었기 때문에 여기서는 간략하게 소개하기로 한다. 이 방법은 지금은 IBM의 사업부서가 된 Rational 사에서 나온 개발 방법론이다. 이것은 UML(Unified Model Language)을 기반으로 진행되며, 개발 단계를 세분화했고, 모든 단계들이 유기적으로 협력하면서 진행될 수 있도록 만들어졌다.

RUP개발 모형은 아래 <그림 9-13>과 같다.

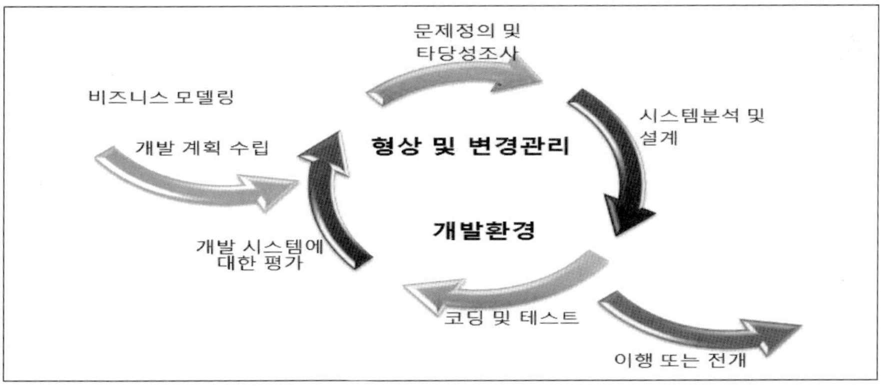

<그림 9-13> RUP개발 모형

RUP개발 방법은 전체 개발 단계를 첫째, Inception(초기), 둘째, Elaboration(상세), 셋째, Construction(구축), 넷째, Transition(이행) 즉, 4단계로 나눈다. 각 단계는 조금씩 더 세분화해서 반복(Iteration)을 갖게 되는데, 매 반복마다 다음과 같은 개발 단계를 갖는다.

첫째, 이 방법의 특징은 하나의 개발단계를 수행한 후에는 반드시 실행 가능한 제품이 나온다는 것이다. 첫 번째 단계는 개발 계획과 비즈니스 모델링을 수립하는 단계이다.

둘째, 두 번째 단계는 "문제정의 및 타당성조사"단계이다. 이 단계에서는 요구사항도 정의한다.

셋째, 세 번째 단계는 시스템분석 및 설계를 하는 단계이다.

넷째, 네 번째 단계는 코딩 및 테스트를 통해서 검사를 마치면 제품을 출시

(Deployment)한다.

다섯째, 마지막 단계로서 개발한 시스템을 평가한 후에 다음 주기에 대한 개발 계획을 수립하고, 위와 같은 개발 단계를 반복하게 된다.

위의 개발 단계를 아래 <그림 9-14>에 요약하여 두었고, 개발 사례를 <그림 9-15>에 요약하여 두었다.

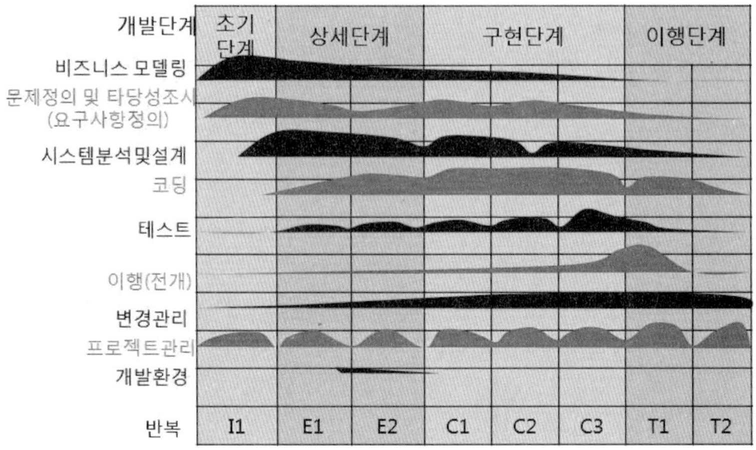

<그림 9-14> RUP개발 단계

<그림 9-15> 컴포넌트 개발 사례(마르미 Ⅲ 개발 절차도)

9.3.3 컴포넌트 기반 개발 조직 모델

향후 소프트웨어 개발은 컴포넌트 개발과 컴포넌트 조립에 의한 응용업무 개발로 이루어질 것이다. 이러한 측면에서 보면 컴포넌트 기반 개발 조직 모델은 아래 <그림 9-16>과 같이 "컴포넌트 개발 회사", "컴포넌트 제공자", " 컴포넌트 기반 응용업무 개발", "최종 사용자"중심으로 이루어 질 것이다.

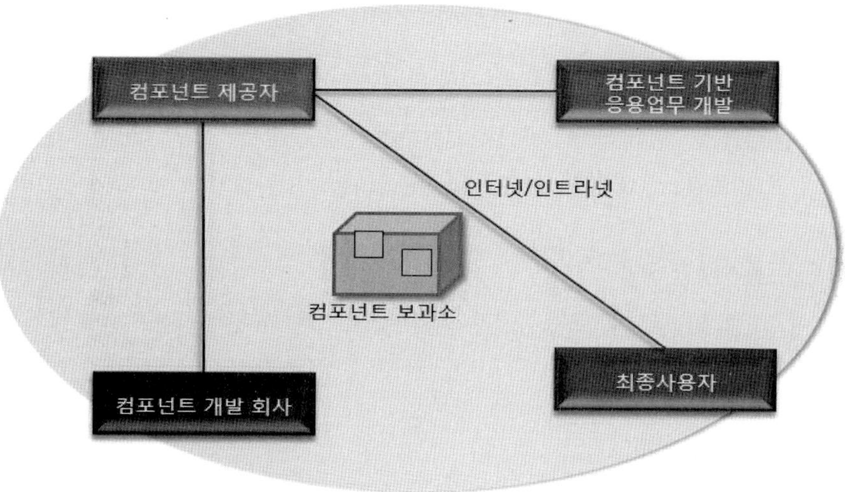

<그림 9-16> 컴포넌트 기반 개발 조직 모델

9.4 컴포넌트 기반 개발 환경

9.4.1 컴포넌트 기반 개발 환경의 개요

응용 업무 시스템의 개발 공정은 크게 컴포넌트 개발과 개발된 컴포넌트들을 조립하는 두 가지 공정으로 나누어진다. 컴포넌트 개발은 컴포넌트 개발 전문가에 의해 이루어지고, 컴포넌트를 조합하는 공정은 컴포넌트 개발 전문가뿐만 아니라 응용 업무의 최종 사용자에 의해서도 이루어진다.

9.4.2 컴포넌트 기반 개발의 환경의 특징

1. 비주얼 한 컴포넌트를 이용한 개발

규모가 큰 컴포넌트들은 비주얼 한 부품으로서 직접 취급이 가능하며, 이들 부품들을 윈도우 상에 직접 배치하여 코딩 하지 않고 조립하면서 응용 업무 시스템을 개발할 수 있다.

2. 프로퍼티의 동적인 변경에 의한 개발

프로퍼티는 컴포넌트의 속성이다. 즉, 버튼의 색깔이나 크기 같은 것인데 이들은 컴포넌트 개발 환경으로부터 인터페이스로 직접 변경하여 개발 할 수 있으며, 또한 그 상태를 보존 할 수 있다.

3. 컴포넌트 연대에 의한 개발

여러 컴포넌트들을 연대하여 개발하는 환경이다. 예를 들면, 버튼 컴포넌트와 텍스트 박스 컴포넌트를 연대하여 개발 할 수 있다.

4. 다양한 컴포넌트를 이용한 개발

데이터베이스 컴포넌트나 응용 업무 컴포넌트 등 다양한 컴포넌트들을 이용해서 개발 하는 환경이다.

5. 하이브리드 환경 하에서 개발

컴포넌트와 프로그래밍 언어를 혼합해서 개발하는 형태이다.

6. 실시간 환경 하에서 개발

컴포넌트 기반 개발은 실시간 환경 하에서도 개발이 가능하다.

7. 인터넷 환경 하에서 응용 업무 개발

웹 환경 하에서도 컴포넌트 기반 개발은 가능하다.

9.5 컴포넌트 기반 개발용 도구

컴포넌트 기반 개발용 도구(CBDT : Component Based Development Tools)로는 많이 발표되었으나, 여기서는 대표적인 몇 가지만 고찰하여 두었다.

1. Modeling Tool

가. Business/Application Modeling Tool

나. Unified Modeling Language(UML) Diagram

① Use-Case Diagram

② Class Diagram, Sequence Diagram..

③ Platform independent model

④ Component Diagram

2. Implementation Tool

가. Client code

: HTML, JSP, ASP, Client App(VB, VC++, C#, Java)

나. Server code

: EJB, .Net, CORBA

3. Testing Tool

가. Test Case Generation

나. Unit Test, Integration Test ...

4. Component Integration Tool

가. Component Explorer

나. Component Specification

다. Component Composition

5. Architecture Modeling Tool

가. Architecture Modeling

나. ADL(Architecture Description Language)

6. Reverse Engineering Tool

가. COBOL, Fortran, C to Java, C++, C#

7. Object-Relation Mapping Tool

가. Class to Table

나. Object to Entity

8. Configuration Management Tool

가. Software Artifact Management

나. Change Tracking

9. Schedule & Team Management Tool

가. Project Status Monitoring

나. Improve Project Predictability

10. Functionality

가. Modeling/Code Generation

나. Scheduling / Budgeting / Manning / Documentation

11. Integration

가. Model Integration

나. Tool Integration

12. Traceability

13. Flexibility

14. Standard

가. Model-Driven Architecture (MDA)

나. Unified Modeling Language (UML)

9.6 컴포넌트 합성과 통합

9.6.1 컴포넌트 합성과 통합의 개념

1. 컴포넌트 합성

컴포넌트 합성은 컴포넌트 간의 관계와 응용 업무 시스템에 컴포넌트의 속성들을 할당할 수 있는 능력을 의미한다.

2. 컴포넌트 통합 :

컴포넌트와 컴포넌트 사이를 연결시키는 작업을 의미한다.

9.6.2 컴포넌트 통합 형태

1. 직접 연결형 통합

이 방법은 아래 <그림 9-17>과 같이 컴포넌트와 컴포넌트 간에 어떤 중간 매개체가 없이 직접 통합하는 형태이다.

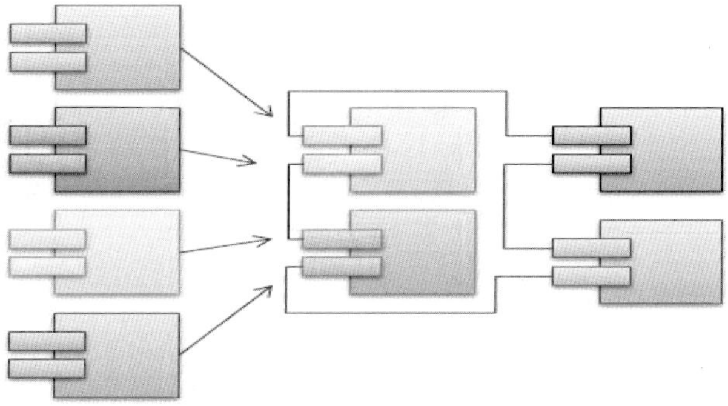

<그림 9-17> 직접 연결형 통합

2. 조합형 통합

이 방법은 아래 <그림 9-18>과 같이 컴포넌트와 컴포넌트 간에 인터페이스가 불일치할 경우 이들을 연결할 수 있는 어댑터 등을 통해서 연결하는 형태이다.

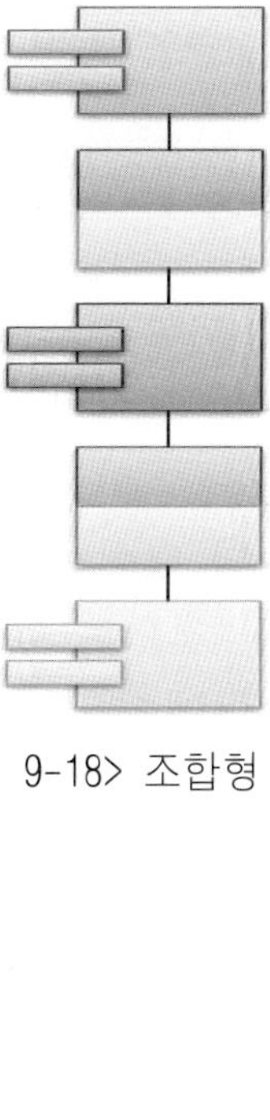

<그림 9-18> 조합형 통합

이들 조합형 통합은 다시 "포트기반 조합형", "속성기반 조합형", "아키텍처기반 조합형"으로 분류되는데 이들에 대해서 아래에 좀 더 구체적으로 고찰하여 두었다.

9.6.3 조합형 통합의 유형

1. 포트기반 조합형 통합

포트기반 조합형은 아래 <그림 9-19>와 같이 동일한 형태의 입·출력 포트(port)를 가진 컴포넌트들을 조합하는 유형이다.

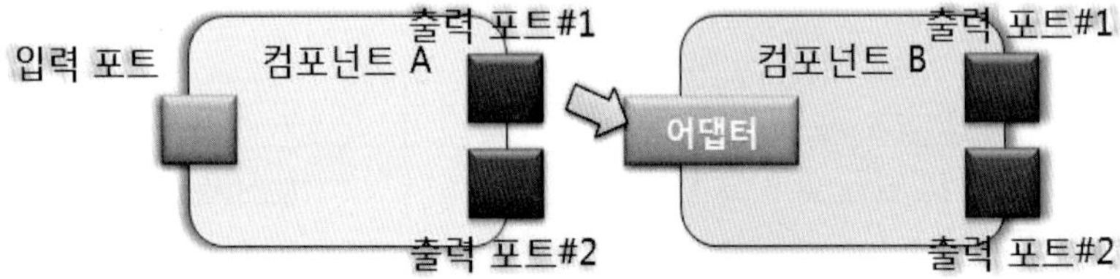

<그림 9-19> 포트기반 조합형 통합

2. 속성 기반 조합형 통합

이 방법은 아래 <그림 9-20>과 같이 하나의 컴포넌트 속성(Attribute)을 여러 구성요소로 분류하여 이들 중 필요한 구성요소를 선택하여 조합하는 형태이다.

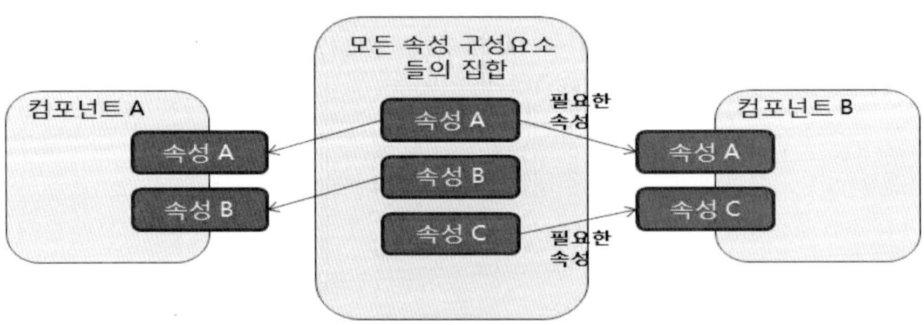

<그림 9-20> 속성 기반 조합형 통합

3. 계층기반 조합형 통합

이 방법은 아래 <그림 9-21>과 같이 앞에서 고찰한 두 가지 방법 즉, 포트기반과 속성기반 조합형 통합 형태를 혼합한 것으로 컴포넌트를 "기본 컴포넌트 계층", "공통 컴포넌트 계층", "도메인 컴포넌트 계층"으로 나누어서 각 계층에 속한 컴포넌트들을 기능적으로 통합하는 형태로 주로 비즈니스 컴포넌트의 통합에 이용된다.

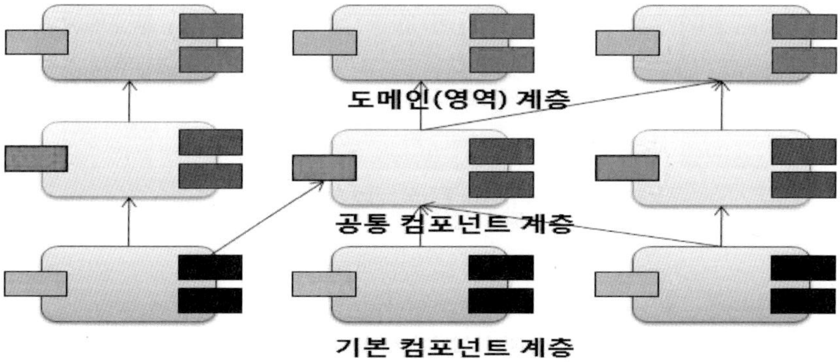

<그림 9-21> 계층기반 조합형 통합

9.6.4 컴포넌트 군 통합 형태

컴포넌트 군 통합 형태는 구성된 컴포넌트 군을 기반으로 컴포넌트 군의 특징에 따라 통합하는 것을 의미한다. 이들의 통합 형태는 "점대점 연결", "어댑터형 연결", "허브를 통한 연결"이 있다.

1. 점대점 연결

이것은 아래 <그림 9-22>와 같이 컴포넌트 군과 컴포넌트 군 간에 직접적으로 연결하는 형태이다.

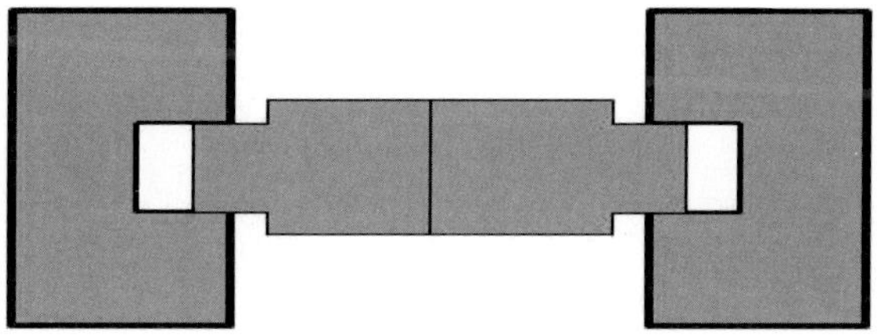

<그림 9-22> 점대점 연결

2. 어댑터형 연결

컴포넌트 군과 컴포넌트 군 간에 서비스 역할이 상이한 경우 중간에 인터페이스 역할을 하는 어댑터가 필요한데 이와 같은 어댑터를 이용하여 연결하는 형태를 의미한다(<그림 9-23>참조).

<그림 9-23> 어댑터형 연결

3. 허브를 통한 연결

이 방법은 아래 <그림 9-24>와 같이 컴포넌트 군과 컴포넌트 군 사이를 허브(분배기)를 이용하여 연결되는 형태이다.

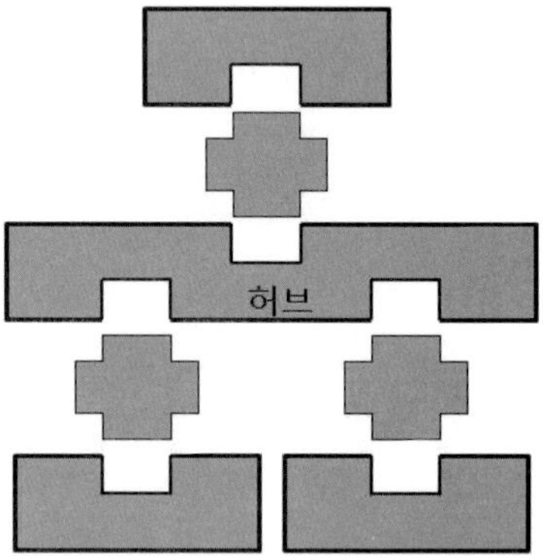

<그림 9-24> 허브를 이용한 연결

참고문헌

권영직, 강의자료, 자체개발, 2009. 02

http://blog.naver.com/jeongsu_kim/40251088

A.W.Brown, Componet-Based Software Engineering, IEEE CS Press, 1996

H.Councill, Component-Based Software Engineering, Addison-Wesley, 2001

Component-Based Software Development / COTS, Integration, 1997

C.Szyperski, D.Gruntz and S.Murer, Component Software Beyond Object Oriented Programming, Addison-Wesley, 2002

K.Whithead, Component-based Development: Principles and Planning for Business Systems, Addtion-Wesley, 2002

송영재외 5인, 소프트웨어공학, 이한출판사, 2004. 02

박현철, 실전 CBD Project, 컴포넌트비전, 2004. 04

연습문제

1. 컴포넌트기반 개발 기법의 개념에 대해 기술하세요.
2. 컴포넌트기반 개발 기법의 특징은?
3. 컴포넌트기반 개발 기법의 개발 단계에 대해 기술하세요.
4. 컴포넌트기반 개발 방법론의 유형은?
5. 컴포넌트기반 개발 환경의 특징에 대해 기술하세요.
6. 컴포넌트의 통합의 유형은?
7. 컴포넌트의 조합형 통합의 유형은?
8. 컴포넌트 군 통합 형태는?

10

프로그램 테스팅과 디버깅

학습목표

본 장에서는 구현한 프로그램에 오류가 있나 없나를 찾아내는 방법 즉, 테스팅 방법과 찾아진 오류를 수정하는 방법 즉, 디버깅 방법에 대해서 학습한다.

10.1 프로그램 테스팅의 개요

1. 개념

"프로그램 테스팅(Testing) 또는 시험"은 개발된 프로그램에서 사용자들의 요구사항을 만족하는지, 예상과 실제 결과가 어떠한 차이를 보이는지 수동 또는 자동방법을 동원하여 검사하고 평가하는 일련의 과정이라고 하였다[IEEE, 1993]. 또한 **"테스팅"**은 프로그램의 기능과 성능을 확인하는 것이며, 디버깅(Debugging)은 이미 노출된 결함을 제거하는 것이고, 테스팅은 노출되지 않고 숨어 있는 결함을 찾기 위해서 프로그램을 실행시키는 행위와 절차라고 하였다[2001. 행자부].

이상의 내용을 종합해 보면 프로그램 테스팅은 개발된 프로그램 내에 숨겨진 오류를 찾는 작업이며, 디버깅은 찾아진 오류들을 수정하는 작업이다.

2. 테스팅 원리

프로그램 테스팅의 원리는 다음과 같다.

가. 대부분의 심각한 결함들은 사용자의 요구사항을 충족시키지 못하는데 원인이 있으므로, 테스팅은 사용자의 요구사항들을 추적할 수 있어야 한다.

나. 개발자는 자신이 개발한 프로그램을 테스팅해서는 안 된다. 왜냐하면 자기는 항상 정확하게 프로그램을 개발하였다고 생각할 수 있기 때문이다.

다. 테스팅을 시작하기 전에 오랫동안 생각하고, 계획되어져야 한다.

라. Petro 원리는 프로그램 테스팅에 적합하다.

이것은 테스팅 동안 밝혀진 모든 오류들의 80%가 모든 프로그램 구성 요소들의 20%에서 추적 될 수 있다는 원리 즉, 8 : 2의 원리이다.

마. 테스팅은 "작은''부분에서부터 시작하고 "큰"부분으로 옮겨가야 한다.

바. 테스팅은 사람이 하기 때문에 완벽한 테스팅은 불가능하다.

사. 테스팅을 효과적으로 하기 위해서는 독립된 제삼자에 의해 수행되어져야 한다.

3. 테스팅 사례 설계

"테스팅 사례(Testing Case) 또는 시험 사례"는 통과해야 될 관문을 의미한다. 예를 들면 2등변 삼각형의 문제에 있어서 입력되는 양변의 각도 값이 60도가 아니면 오류이다. 이와 같이 "양변의 각도 값 60"이 시험 사례이다. 성적처리를 위한 시험 사례 값은 입력되는 값 "X"는 0≦X≦100이어야 한다.

이와 같이 시험 사례는 테스팅하려고 하는 문제를 잘 이해하여 시험 사례 값을 설계하여야 한다. 또한 시험 사례 설계 시 고려할 수 있는 모든 변수들을 포함하고, 너무 많은 시험 사례는 만들지 않는 것이 좋다.

4. 테스팅 절차

테스팅 절차는 보통 아래 <그림 10-1>과 같이 진행한다.

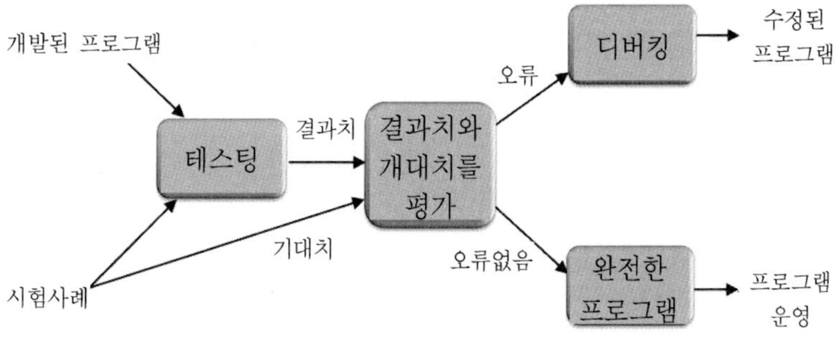

<그림 10-1> 테스팅 절차

위의 <그림 10-1>에서 보면 개발된 프로그램과 시험 사례를 가지고 테스팅을 실시한 후, 테스팅한 결과 값을 가지고 기대치와 비교 검토를 한다. 만약 오류가 있으

면 디버깅(수정)을 해서 프로그램을 수정한다. 오류가 없으면 개발된 프로그램을 운용부서에 적재하여 운영하면 된다.

10.2 프로그램 테스팅 방법

10.2.1 화이트 박스 테스팅

1. 화이트 박스 테스팅의 개요

화이트 박스 테스팅은 프로그램의 내부 구조를 테스팅하는 방법이다. 여기에는 "기본 경로 테스팅"과 "제어구조 테스팅"이 있다. 화이트 박스 테스팅 조건으로는 다음과 같다.

첫째, 프로그램 내에서 모든 독립 경로들이 적어도 한번 이상은 테스팅 되도록 보장되어야 한다.

둘째, 프로그램 내에서 비교 판단하는 실행문은 반드시 모든 논리적 비교가 가능해야 한다.

셋째, 프로그램 내의 경계선에 해당하는 명령문들이 잘 실행되는지 체크해 보아야 한다. 예를 들면, 1에서 100까지 합하는 문제에 있어서 경계 값을 잘 계산하는지를 체크해 보아야 한다.

개발된 프로그램에서 화이트 박스 방법으로 테스팅하는 경로의 유형은 다음과 같다.

① 문장 경로영역(Statement Path Coverage)

이것은 프로그램 내의 각 실행 명령문 전체가 테스팅이 수행되도록 테스팅 경로를 설계해 놓은 것이다.

② 분기 경로영역(Branch Path Coverage)

이것은 프로그램 내에서 분기되는 경로가 적어도 한번이라도 테스팅이 수행되도록 테스팅 경로를 설계해 놓은 것이다.

③ 논리적 경로영역(Logical Path Coverage)

이것은 프로그램 내의 모든 경로가 테스팅이 수행되도록 테스팅 경로를 설계해 놓은 것이다.

화이트 박스 테스팅 경로의 유형을 아래 <그림 10-2>에 요약하여 두었다.

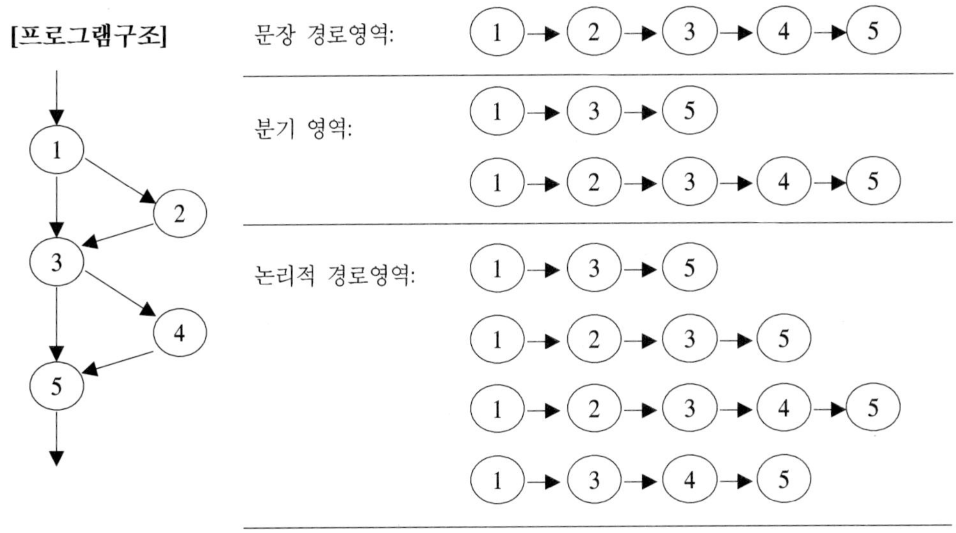

<그림 10-2> 화이트 박스 테스팅 경로의 유형

이들 화이트 박스 테스팅 방법에 대해서 아래에 좀 더 구체적으로 고찰하여 두었다.

2. 기본경로 테스팅

가. 개념

기본경로 테스팅은 프로그램의 복잡도를 계산한 결과 값을 가지고 테스팅 경로를 산출하여 각 경로들에 대해 테스팅을 수행하는 방법이다.

나. 테스팅 절차

기본경로 테스팅 절차는 다음과 같다.

1) 개발된 프로그램에서 플로우차트 즉, 흐름차트를 작성한다.
2) 플로우차트를 흐름도로 대응시킨다.
3) 프로그램의 복잡도를 계산한다.
4) 계산된 프로그램의 복잡도 수만큼 테스팅 경로를 도출한다.
5) 각 테스팅 경로에 해당하는 시험 사례를 작성한다.
6) 작성된 프로그램과 시험 사례를 가지고 테스팅을 실시한다.

다. 기본경로 테스팅의 예(1)

① 기본경로 테스팅을 위해 작성된 프로그램은 아래 <그림 10-3>과 같고, 이를 토대로 플로우차트를 작성 한 것이 아래 <그림 10-4>와 같다. 이 프로그램은 차량 네

트워크 통신을 제어하는 간단한 프로그램이다.

```
//=========================================================================
//void CAN_Init(unsigned char ACCEPTANCE_CODE, unsigned char ACCEPTANCE_MASK)
//=========================================================================
void CAN_Init(unsigned char accept_code, unsigned char accept_mask){

        unsigned char readData = 0;
        //----Can controller Initialization--------
        WriteCan(CAN_CONTROL, CAN_RESET_REQUEST);  //0x00, 0x01  other interrupt disable

        WriteCan(CAN_ACCEPT_CODE, accept_code);  //0x04,

        WriteCan(CAN_ACCEPT_MASK, accept_mask);  //0x05,

        WriteCan(CAN_BUSTIMING_0, CAN_BAUD_0);  //0x06,

        WriteCan(CAN_BUSTIMING_1, CAN_BAUD_1);  //0x07,

        WriteCan(CAN_OUTPUT_CONTROL, CAN_OUTPUT_VALUE);          //0x08,0xfa

        WriteCan(CAN_CLOCK_DIVIDER, CAN_DRIVER_VALUE);  //0x1f,0x47

        ReadCan(CAN_INTERRUPT);  //0x03, clear interrupt flag

        WriteCan(CAN_COMMAND,   CAN_CLEAR_OVERRUN   |CAN_RELEASE_RX_BUFFER   |
CAN_ABORT_TX); //0x01, 0xoE

        WriteCan(CAN_CONTROL,   CAN_RX_INT_ENABLE);//   |   CAN_ERROR_INT_ENABLE   |
CAN_OVERRUN_INT_ENABLE );  //0X00, 0X02

        do {
                readData = ReadCan(CAN_CONTROL);
        } while((readData & 0x01) != OFF);

  EX0 = 1; //external interrupt enable from SJA1000 INT.
}
```

```
//==========================================================================
//unsigned char ReadCan(unsigned char address)
//==========================================================================
unsigned char ReadCan(unsigned char address)
{

        int delay;
  unsigned char candata;

        CAN_ALE = 1;
        CAN_WR = 1;
        CAN_RD = 1;
        P0 = address;
        for(delay = 0; delay < PULSE_DELAY_TIME; delay++);
        CAN_ALE = 0;
        for(delay = 0; delay < PULSE_DELAY_TIME; delay++);
        CAN_RD = 0;
        for(delay = 0; delay < PULSE_DELAY_TIME; delay++);
        candata = P0;
        CAN_RD = 1;
        for(delay = 0; delay < PULSE_DELAY_TIME; delay++);
        return candata;
}

//==========================================================================
//void WriteCan(unsigned char address, unsigned char Data)
//==========================================================================
void WriteCan(unsigned char address, unsigned char Data)
{
  int delay;

  CAN_ALE = 1;
        CAN_WR = 1;
        CAN_RD = 1;
        P0 = address;
        for(delay = 0; delay < PULSE_DELAY_TIME; delay++);
        CAN_ALE = 0;
        for(delay = 0; delay < PULSE_DELAY_TIME; delay++);
        CAN_WR = 0;
```

```
		for(delay = 0; delay < PULSE_DELAY_TIME; delay++);
		P0 = Data;
		for(delay = 0; delay < PULSE_DELAY_TIME; delay++);
		CAN_WR = 1;
		for(delay = 0; delay < PULSE_DELAY_TIME; delay++);
}

//==========================================================================
//void CAN_DataRx()
//==========================================================================
void can_rx_data(void)
{
		extern unsigned char CanRxData[8];  //Rxbuffer 8byte
		extern unsigned int  CanRxId;  //RX ID
		extern unsigned char CanRxLen;  //RX byte length
		extern unsigned char CanRxRtr;  // Remote transmission Request
		unsigned char data_cnt = 0;
		unsigned char buf = 0;

  //---------Read IDENTIFICATION--------------
  CanRxId = ReadCan(CAN_RX_ID_0);
		CanRxId <<= 3;
		CanRxId = CanRxId + (ReadCan(CAN_RX_ID_1) >> 5);

		//------Need to solve RTR signal-----------
		CanRxRtr = ReadCan(CAN_RX_ID_1) & 0x10 ; //RTR bit is 5th bit

		//-----------Read Rx byte length-----------
		CanRxLen = ReadCan(CAN_RX_ID_1) & 0x0f; //lower 4bit is data length

  //-----------Read and save from Rx buffer----------------
		for(data_cnt = 0 ; data_cnt < CanRxLen ; data_cnt++){
				CanRxData[data_cnt] = ReadCan(22 + data_cnt); //coz CAN_RX_DATA_0 address is 
22(0x16)
				tx_hex_2pc(CanRxData[data_cnt]); tx_2pc_string(" ");
		}
  cr_lf();

		//-----------Release RX FIFO----------------
```

```
	WriteCan(CAN_COMMAND, CAN_RELEASE_RX_BUFFER); //0x01, 0x04
}

//===========================================================================
//void CAN_TXReg()
//===========================================================================
void can_tx_data(unsigned int id, unsigned char len)
{

	extern unsigned char CanTxData[8];  //Txbuffer 8byte
	unsigned char id_0, id_1;
	unsigned char status ;
	unsigned char data_cnt = 0;
	unsigned char cnt = 0;
	unsigned char delay = 0;


	for(cnt = 0; cnt < RETANSMIT_MAX_COUNT ; cnt++){  //when checked incomplite transmit,
will be transtmited three time

		//--------waiting for idle-------------
		if((status & CAN_TX_STATUS) == CAN_TX_STATUS){ //to check idle state
		}

		//--------Check Error state------------
		if((status & CAN_ERROR_STATUS) == CAN_ERROR_STATUS){
		}

		 //-----------writing identification--------------
		id_0 = id >> 3;  //upper 8 bit
		id_1 = (id << 5) + len;  //lower 3 bit + RTR(0)1bit + BYTE COUNT 4bit
		WriteCan(CAN_TX_ID_0, id_0);
		WriteCan(CAN_TX_ID_1, id_1);

	  //-----------------writing data----------------------
		for(data_cnt = 0 ; data_cnt < len ; data_cnt++){
			WriteCan(12  +  data_cnt,  CanTxData[data_cnt]);  //CAN_TX_DATA_0
address is 12(0x0c)
			tx_hex_2pc(CanTxData[data_cnt]);tx_2pc_string("  ");
```

```
                }
        cr_lf();

                //--------Tx data Reguest----------------
                WriteCan(CAN_COMMAND, CAN_TX_REQUEST);  //0X01, 0X01

                for(delay = 0; delay < 100 ; delay++);  //propagation delay time

                //---------- check tx complete-------------
                status = ReadCan(CAN_STATUS);

                if((status & CAN_TX_COMPLETE) != CAN_TX_COMPLETE){
                        WriteCan(CAN_COMMAND, CAN_ABORT_TX);  //0X01, 0X02

                        status = ReadCan(CAN_STATUS);
                }
                else {
                                cnt = RETANSMIT_MAX_COUNT;
        }
        }
}

//==========================================================================
//void can_RX_buf_check(void)
//==========================================================================
void can_RX_buf_check(void)
{
        extern unsigned char CanRxBuf_Chk;  //Rx buffer check

        CanRxBuf_Chk = ReadCan(CAN_STATUS);
        if(CanRxBuf_Chk == 0x01)
        {
                can_rx_data();
                WriteCan(CAN_COMMAND, CAN_RELEASE_RX_BUFFER);
        }
}
```

<그림 10-3> 소스 프로그램

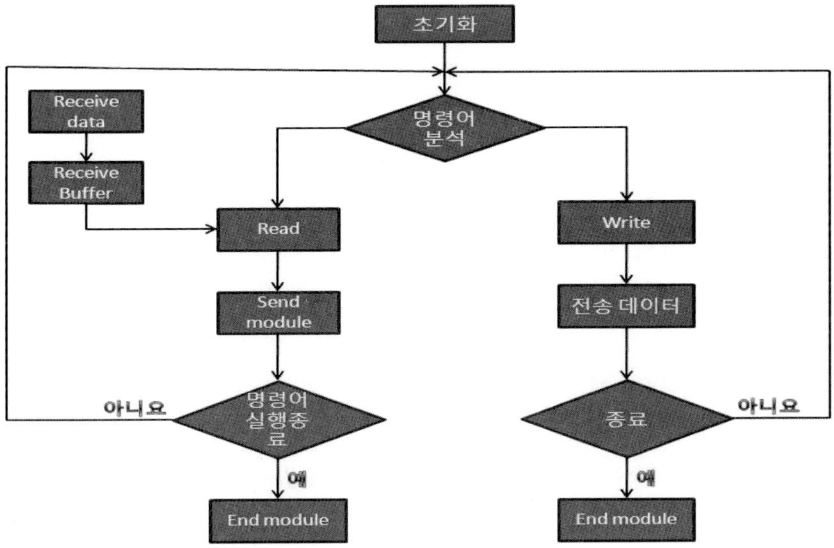

<그림 10-4> 플로우차트

② 위에서 작성된 플로우차트를 아래 <그림 10-5>와 같이 흐름도로 대응시킨다.

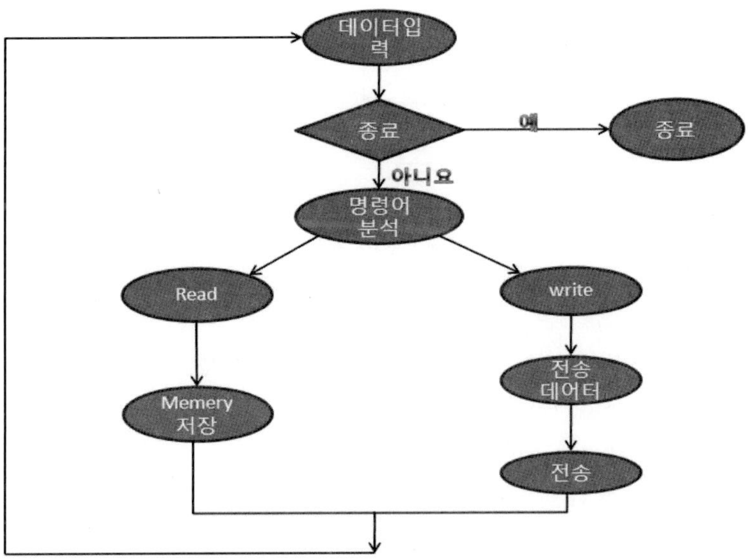

<그림 10-5> 흐름도

③ <그림 10-5>에 있는 흐름도를 참조하여 프로그램의 복잡도를 계산한다.
즉, 프로그램의 복잡도 V(G)는 다음과 같다.

V(G)=E-N+2(E: 화살표의 수, N: 노드 수)

따라서 복잡도 V(G)=9-8+2=3이다.

④ 복잡도가 “3”이므로 테스팅 경로 수는 “3”개가 된다.

⑤ 각 테스팅경로에 대한 시험 사례는 다음과 같다.

첫째, 초기화 : 초기 설정 값으로서 임의의 숫자이다.

둘째, 주소 값 : 임의의 주소 값이 입력된다.

셋째, 전송데이터 길이 : 정해진 Format형태로 데이터가 전송되어져야 한다.

라. 기본경로 테스팅의 예(2)

① 플로우차트 작성

임의의 개발된 프로그램으로부터 아래 <그림 10-6>과 같이 플로우차트를 도출하였다.

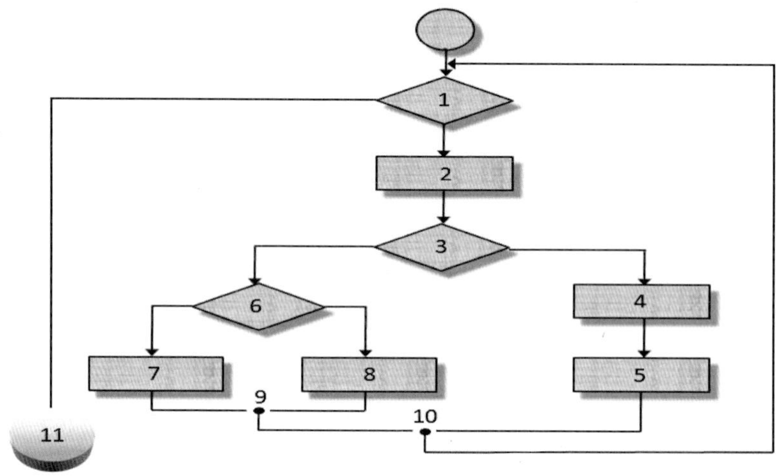

<그림 10-6> 임의의 프로그램으로부터 작성된 플로우차트

② 플로우차트를 흐름도로 대응

위의 <그림 10-6>의 플로우차트를 아래 <그림 10-7>과 같이 원(node : 하나의 실행문)과 화살표(실행문의 실행 순서)로 대응시킨다.

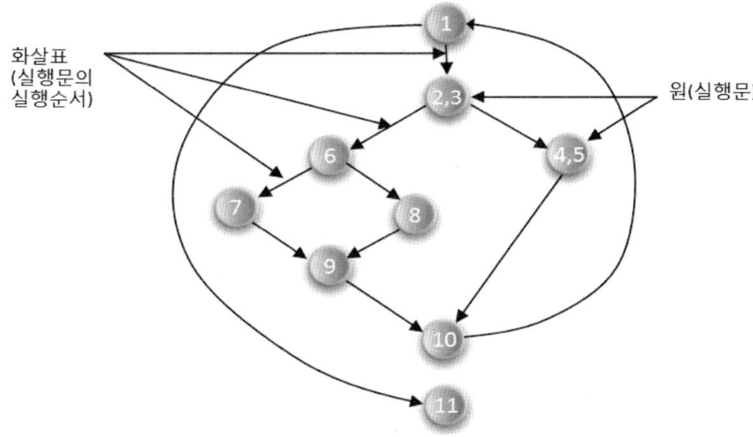

<그림 10-7> 플로우차트를 흐름도로 대응

③ 위의 <그림 10-7>에 있는 흐름도를 참조하여 프로그램의 복잡도를 계산한다.
즉, 프로그램의 복잡도 V(G)는 다음과 같다.
V(G)=E-N+2(E: 화살표의 수, N: 노드 수)
따라서 복잡도 V(G)=11-9+2=4이다.
④ 복잡도가 "4"이므로 테스팅 경로 수는 아래와 같이 "4"개가 된다.
첫째, 경로 1 : 1-11
둘째, 경로 2 : 1-2-3-4-5-10-1-11
셋째, 경로 3 : 1-2-3-6-8-9-10-1-11
넷째, 경로 4 : 1-2-3-6-7-9-10-1-11
⑤ 각 테스팅 경로에 대한 시험 사례를 작성하여 테스팅하면 된다.

마. 그래프 행렬에 의한 프로그램의 복잡도 계산

프로그램의 복잡도 계산은 위와 같이 T. McCabe에 의한 수식이 아니더라도 그래프 행렬에 의해서 산출할 수 있다. 이 방법에 의한 복잡도를 계산하는 절차는 다음과 같다.

① 개발된 프로그램을 아래 <그림 10-8>과 같이 흐름도로 나타낸다.

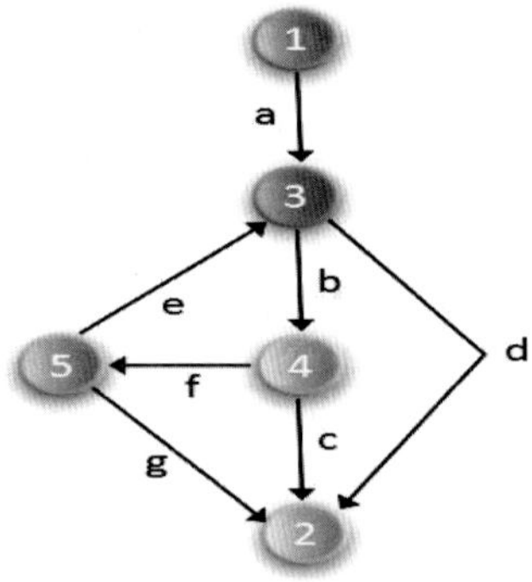

<그림 10-8> 흐름도

② 흐름도 상의 노드의 수와 동일하게 아래 <그림 10-9>와 같이 그래프 행렬(Graph Matrix)로 프로그램 구조를 작성한다. 여기서 그래프 행렬 상에서 나타나 있는 문자는 실행문 사이의 흐름 기호이다. 즉, "a"는 "1"번과 "3"번 실행문 사이의 흐름 기호이다. 나머지도 동일하다.

연결되는 수

노드	1	2	3	4	5
1			a		
2					
3		d		b	
4		c			f
5		g	e		

그래프 행렬

<그림 10-9> 그래프 행렬

③ 위의 <그림 10-9>의 그래프 행렬에서 행과 열이 서로 교차하는 칸(cell)의 값을 아래 <그림 10-10>과 같이 "1"로 변환한다.

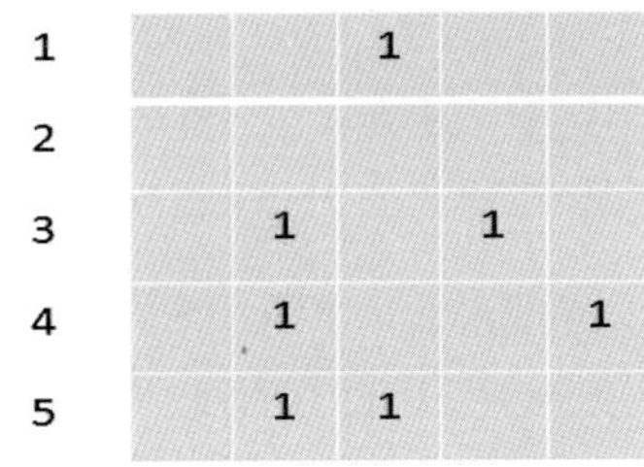

<그림 10-10> 변환된 그래프 행렬

④ 위의 <그림 10-10>의 흐름도에 대한 프로그램의 복잡도 V(G)는 다음과 같이 계산한다(아래 <그림 10-11>참조).

첫째, Q=그래프 행렬 상에서 연결되는 수의 합이다. 예를 들면 "1"번 열에는 "1"이 되고, "3"번 열에는 "1+1=2"가 된다. 마찬가지로 "4"번 열은 "2", "5"번열의 값도 "2"가 된다.

둘째, R=Q-1로 계산한다. 즉, 그래프 행렬의 각 열에서 연결되는 총 수 -1로 계산한다. 예를 들면 R1=Q1-1=1-1=0이다. R2=Q2-1=0-0=0, R3=Q3-1=2-1=1, R4=Q4-1=2-1=1. R5=Q5-1=2-1=1이다.

셋째, 프로그램의 복잡도를 아래와 같은 수식으로 계산한다.

프로그램의 복잡도 V(G)=P+1

여기서, P=R1+R2+......+Rn이다.

따라서 위의 프로그램에서 복잡도 수식은 V(G)=P+1이므로, V(G)=3+1=4이다.

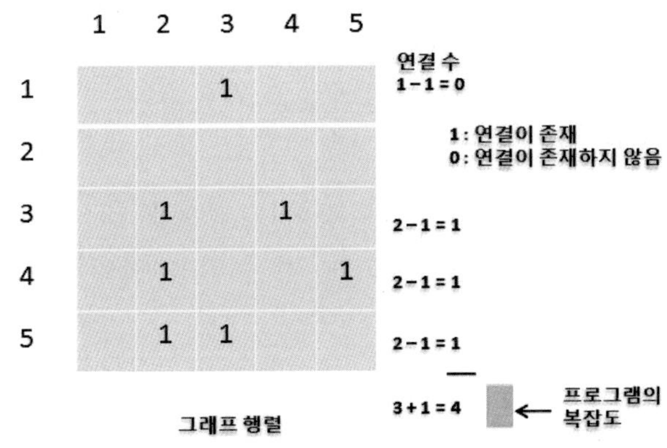

<그림 10-11> 그래프 행렬에 의한 프로그램의 복잡도 계산

3. 제어구조 테스팅

이것은 화이트 박스 테스팅의 한 형태로서 프로그램의 제어구조를 테스팅하는 방법이다. 제어구조 테스팅의 종류에는 "조건 테스팅", "자료흐름 테스팅", "루프 테스팅"방법이 있다.

가. 조건 테스팅

프로그램 내에 있는 논리적인 조건 구조를 테스팅하는 방법이다. 조건 테스팅의 유형에는 "단순 조건"테스팅과 "복합 조건"테스팅이 있는데, "단순 조건"테스팅은 한 개의 논리 연산자나 또는 관계식에 대한 조건 테스팅이다. 예를 들면, 한 개의 .AND.나 .≦.인 형태의 조건 테스팅을 의미한다.

반면에 "복합 조건" 테스팅은 두 개 이상의 논리 연산자(.AND., .OR., .NOT. 등)나 관계식에 대한 조건 테스팅이다.

조건 테스팅의 목적은 프로그램의 조건에 있는 오류뿐만 아니라 프로그램의 다른 오류도 발견하자는 것이다.

나. 자료흐름 테스팅

프로그램 내에서 사용되는 변수와 이들의 사용 위치에 따라서 자료의 흐름이 정상적으로 작동되는지를 테스팅하는 방법이다.

다. 루프 테스팅

이것은 프로그램 내의 루프 구조들에 대한 적합성 여부를 테스팅하는 방법이다. 루프 구조의 유형은 첫째, 단순 루프, 둘째, 중첩 루프, 셋째, 연결 루프, 넷째, 비 연결(비 구조적) 루프 구조 등이 있다.

여기에 대해서 아래에 좀 더 구체적으로 고찰하여 두었다.

① 단순 루프 테스팅

단순 루프 구조는 아래 <그림 10-12>와 같이 프로그램 내의 루프 구조가 1개만 있는 경우이다. 이 경우에 루프 구조에 걸리는 경계 값을 면밀히 체크해 보아야 한다.

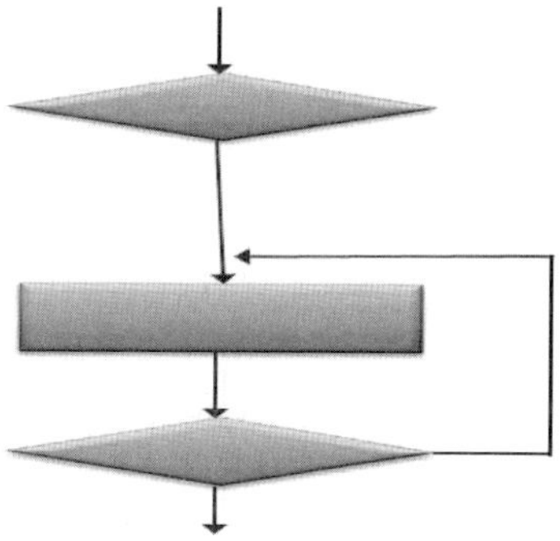

<그림 10-12> 단순 루프 구조

② 중첩 루프 테스팅

이 루프 구조는 아래 <그림 10-13>와 같이 루프 구조 안에 또 다른 루프 구조가 있는 경우를 의미한다. 이 경우에는 가장 안쪽에 있는 루프 구조에서부터 시작하여 바깥쪽 루프 구조로 테스팅을 해 나간다. 모든 루프 구조가 테스팅이 끝나면 종료된다.

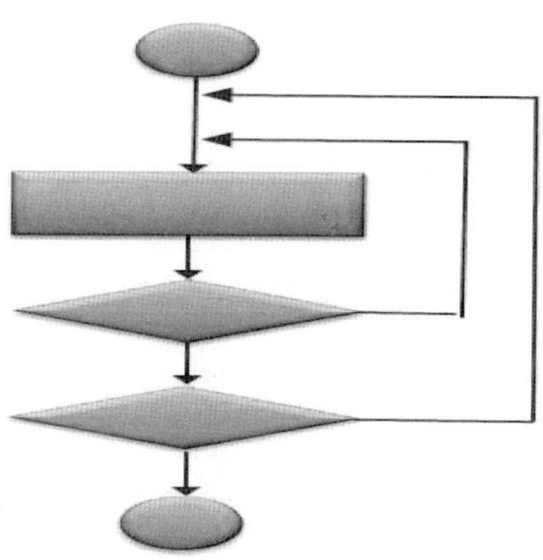

<그림 10-13> 중첩 루프 구조

③ 연결 루프 테스팅

이 방법은 아래 <그림 10-14>와 같이 프로그램 내의 루프 구조가 각각 독립적으로 구성되어 있는 경우의 테스팅 방법이다. 연결 루프 테스팅은 단순 루프 테스팅 방법과 동일하다.

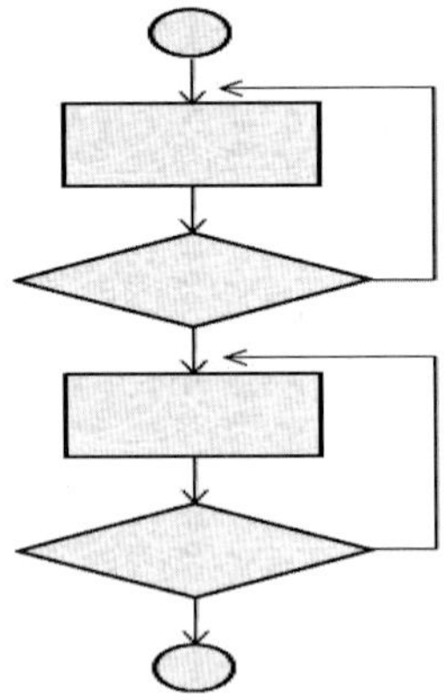

<그림 10-14> 연결 루프 구조

④ 비 연결(비 구조적) 루프 테스팅

비 연결(비 구조적) 루프 구조는 아래 <그림 10-15>와 같이 프로그램 구조가 복잡하게 구성되어 있는 경우인데, 이런 유형의 프로그램 구조는 프로그램을 새로 작성하는 것이 효과적이다.

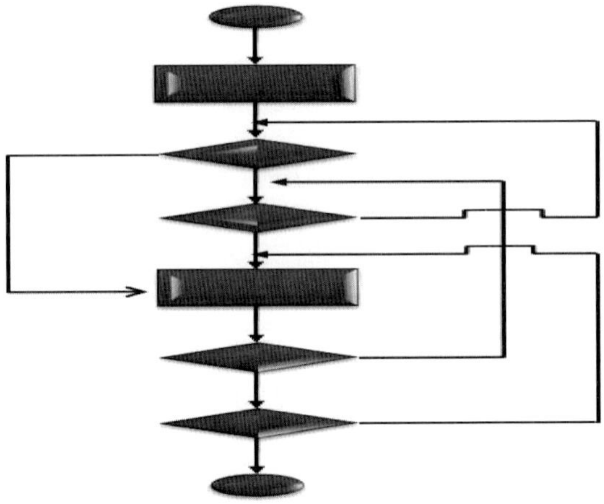

<그림 10-15> 비 연결(비구조적) 루프 구조

10.2.2 블랙박스 테스팅

1. 블랙박스 테스팅의 개요

블랙박스 테스팅은 프로그램 상에서 입·출력 사항의 오류를 찾기 위한 테스팅 방법이다. 즉, 블랙박스 테스팅은 프로그램 내의 내부적인 논리구조를 고려하지 않고, 프로그램의 기능을 테스팅하는 것이다. 따라서 프로그램의 기능이 제대로 작동하는지 여부를 테스팅하는 방법이다.

2. 블랙박스 테스팅의 종류

블랙박스 테스팅의 종류는 다음과 같다.

가. 그래프 기반 테스팅
나. 동질 분리 테스팅
다. 경계 값 분석 테스팅
라. 비교 테스팅
마. 직교 배열 테스팅

이들에 대해서 아래에 좀 더 구체적으로 고찰하여 두었다.

가. 그래프 기반 테스팅

그래프 기반 테스팅은 객체지향 개발 방법에 있어서 아래 <그림 10-16>과 같이 객체간의 연결 관계를 통하여 테스팅을 하는 방법이다.

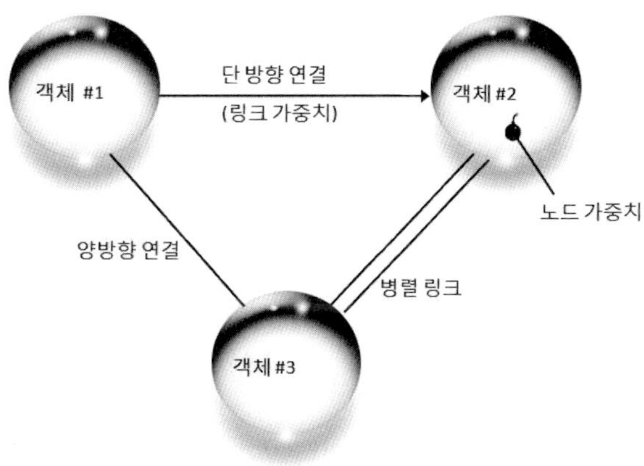

<그림 10-16> 그래프 기반 테스팅

위의 <그림 10-16>의 그래프 기반 테스팅에서 연결 관계는 다음과 같다.

① 노드 가중치(Node Weight)
: 각 노드의 특성을 설명해 준다.
② 링크 가중치(Link Weight)
: 각 링크들의 특성을 설명
③ 단 방향 연결(Directed Link)
: 단지 한 방향으로만 이동하는 경우이다.

④ 양방향 연결(Bidirectional Link)
: 양방향으로 이동하는 경우이다.
⑤ 병렬 링크(Parallel Link)
: 객체 간에 병행해서 이동하는 경우이다.

나. 동질 분리 테스팅

동질 분리(Equivalence Partitioning) 테스팅은 프로그램의 입력 영역을 같은 성질이 있는 것 끼리 분리하여 테스팅하는 방법을 의미한다. 예를 들면 주민번호 뒷자리 첫째 수가 "1" 이면 남자, "2"이면 여자로 분리하여 테스팅하는 경우를 말한다.

동질 분리 테스팅의 지침은 다음과 같다.

첫째, 만약 입력 조건에 범위가 명시되면, 범위를 벗어난 데이터가 입력되면 오류가 발생한다. 예를 들면, 입력되는 값의 범위가 $0 \leq X \leq 100$이라면 이 범위를 벗어난 데이터가 입력되면 오류가 발생한다.

둘째, 만약 입력 조건에 많은 집합을 요구하면, 입력되는 값을 분할해야 한다. 예를 들면, 여러 개의 학과가 입력되면 {A학과, B학과, C학과, ...,N학과}로 분할하고 이 범위에 속하지 않은 데이터가 입력되면 오류이다.

셋째, 만약 입력 조건에 일정한 값으로 정해져 있으면, 그 값을 명시해야 한다. 예를 들면, 입력되는 값이 성별이면 입력되는 값은 {남}, {여}, {중성}으로 구분하고 이 범위를 벗어난 데이터가 입력되면 오류이다.

넷째, 만약 입력 조건이 논리 조건이면, 논리 값이 입력되어져야 한다. 즉, .AND., .OR., .NOT. 값 등이 입력되어져야 한다.

다. 경계 값 분석 테스팅

경계 값 분석(BVA : Boundary Value Analysis) 테스팅은 동질 분리 테스팅을 보완해 주는 테스팅 방법으로 경계 값들을 조사하는 테스팅이다. 테스팅 지침은 다음과 같다.

첫째, 만약 입력 조건이 a와 b값으로 한정된 범위를 명시하면, 시험 사례는 a와 b의 바로위의 값과 바로 아래 값으로 시험 사례가 설계되어져야 한다. 예를 들면, 입력되는 값 $0 < X < 100$이면 시험 사례는 X=0, X=100, X < 0, X > 100으로 설계되어져야 한다.

둘째, 만약 입력 조건이 많은 값으로 명시되면 시험 사례는 최소와 최대의 수를 가지고 테스팅하고, 최소와 최대 바로 위의 값과 아래의 값도 또한 테스팅된다.

라. 비교 테스팅

비교 테스팅(Comparison Testing)은 입력되는 값을 서로 비교하여 오류가 여부를 테스팅 방법이다.

마. 직교 배열 테스팅

직교 배열 테스팅은 프로그램 내의 논리적 결함과 관련된 오류를 찾고자 하는 테스팅이며 즉, 지역 결함(Region Fault)과 연관된 오류를 발견하기 위한 테스팅 방법이다. 테스팅 지침은 다음과 같다.

첫째, 단일 모드 테스팅

이 방법은 단일 변수에 입력되는 데이터의 형태가 일치하는지에 대한 테스팅이며, 입력되는 데이터의 형태가 일치 하지 않으면 오류이다.

둘째, 이중 모드 테스팅

이 방법은 두 개의 매개변수에 대한 입력의 형태가 동일한지 여부를 테스팅하는 방법이다.

셋째, 다중 모드 결함(Multimode Faults) 테스팅

이 방법은 단일 모드와 이중 모드를 결합한 테스팅이다.

10.2.3 특별한 환경 하에서 테스팅

특별한 환경 하에서의 테스팅 방법은 "GUI", "클라이언트 / 서버", "실시간 시스템", "문서" 테스팅 방법 등이 있는데 여기에 대해서 아래에 좀 더 구체적으로 고찰하여 두었다.

1. GUI 테스팅

이 방법은 윈도우 환경 하에서 프로그램이 올바르게 작동하는지 여부를 테스팅하는 것이다. 예를 들면, 풀-다운 메뉴들과 마우스 작동은 제대로 되는지, 데이터 입력은 정확한지 등을 테스팅하는 것이다.

2. 클라이언트 / 서버 테스팅

이 테스팅 방법은 클라이언트 / 서버 환경이나 트랜잭션 처리와 연관된 성능 등을 테스팅하며, 많은 다른 하드웨어 플랫폼들에 대한 잠재적인 오류나 서버에 부여된 요구사항 등을 테스팅하는 것이다.

3. 문서 테스팅

이것은 문서 편집의 정확성과 독해성 등에 대해 테스팅하는 것이다. 또한 실제 프로그램과 연동시켜 문서를 테스팅한다.

4. 실시간 시스템에 대한 테스팅

어떤 자극을 주었을 때 즉각적인 반응을 일으키는지 여부에 대한 테스팅이며, 테스크 테스팅, 동작 테스팅 등이 있다.

10.2.4 단위 테스팅

1. 개념

단위 테스팅은 아래 <그림 10-17>과 같이 개발된 프로그램 하나하나를 개별적으로 테스팅하는 방법이다. 이것은 프로그램의 내부구조를 테스팅하는 화이트 박스 테스팅의 일종이다.

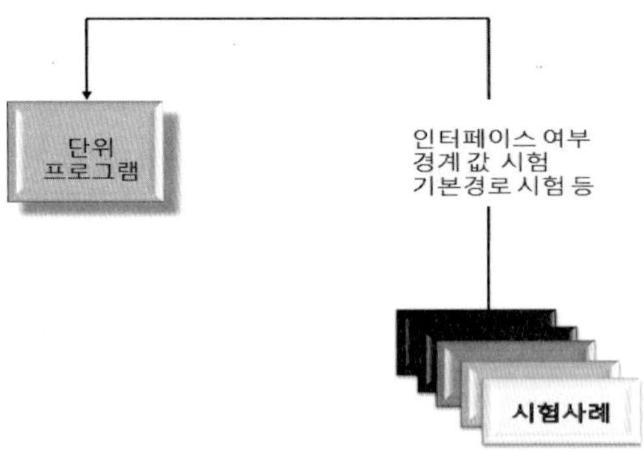

<그림 10-17> 단위 테스팅

2. 단위 테스팅에서 발견될 수 있는 오류

단위 테스팅에서 발견될 수 있는 오류는 부정확한 연산 순서나, 자료의 구조 및 부정확한 초기화와 부정확한 논리적 연산 및 비교 판단 등이다.

3. 단위 테스팅 환경

단위 테스팅을 하기 위한 환경은 아래 <그림 10-18>과 같이 시험 사례(Test Case), 유도자(Driver) 뿌리(Stub)가 있어야 하며, 이들의 역할은 다음과 같다.

가. 시험 사례

이것은 통과해야 될 관문을 의미한다.

나. 유도자

이것은 시험 사례와 테스팅될 프로그램을 받아들여서 테스팅을 한 후 그 결과들을 인쇄한다.

다. 뿌리

이것은 하위 프로그램들의 인터페이스를 이용해서 테스팅받을 프로그램들을 제어해준다.

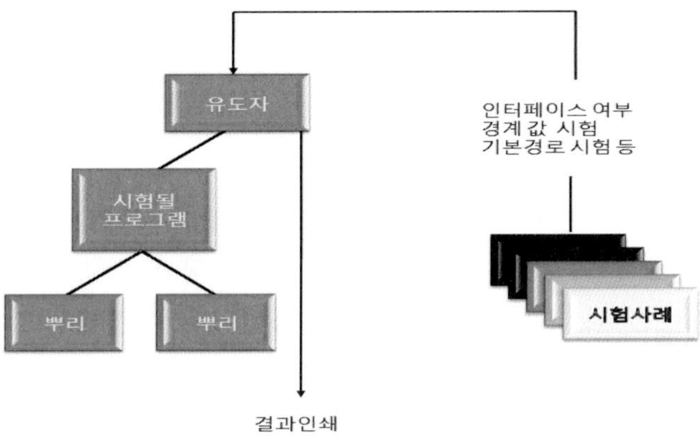

<그림 10-18> 단위 테스팅 환경

10.2.5 통합 테스팅

통합 테스팅은 각 프로그램에 대하여 단위 테스팅한 결과를 결합하여 하나의 시스템으로 완성시키는 과정에서의 테스팅하는 방법이다. 이것은 블랙박스 테스팅 방법의 일종이며, 시스템을 구성하는 개별 프로그램 간의 인터페이스와 결합에 대한 테스팅, 시스템 전체의 기능과 성능에 대한 테스팅을 한다. 통합 테스팅의 유형은 다음과 같다.

첫째, 하향식(Top-Down) 통합 테스팅

둘째, 상향식(Bottom Up) 통합 테스팅

셋째, 회귀 테스팅

넷째, Smoke 테스팅

다섯째, 통합문서 테스팅 등이 있다.

아래에 이들 방법에 대해서 좀 더 구체적으로 고찰하여 두었다.

1. 하향식 통합 테스팅

하향식 통합 테스팅(Top-down Integration Testing)은 아래 <그림 10-19>와 같이 개

발된 개별 프로그램들을 계층 구조도로 작성해 두고 위에서 아래로 내려오면서 통합하는 테스팅 방법이다.

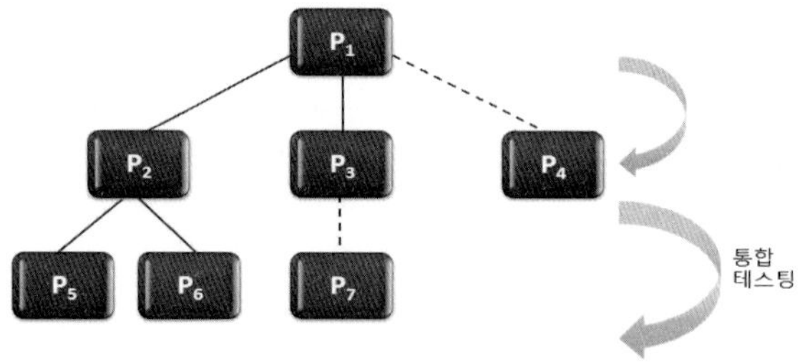

<그림 10-19> 하향식 통합 테스팅

하향식 통합 테스팅의 절차는 주요 제어 프로그램들은 테스팅 유도자(Test Driver)로 사용되고 뿌리(Stub)는 주요 제어 프로그램에서 직접 종속되는 모든 프로그램들로 교체된다. 테스팅은 각 개별 프로그램들을 통합하여 수행한다.
하향식 통합 테스팅의 단점은 뿌리들(Stubs)들과 함께 결합될 수 있는 부수적인 테스팅이 어렵다는 것이다.

2. 상향식 통합 테스팅

상향식 통합 테스팅(Bottom-up Integration Testing)은 아래 <그림 10-20>과 같이 하위 프로그램에서 부터 위로 올라가면서 통합하면서 테스팅하는 방법이다.

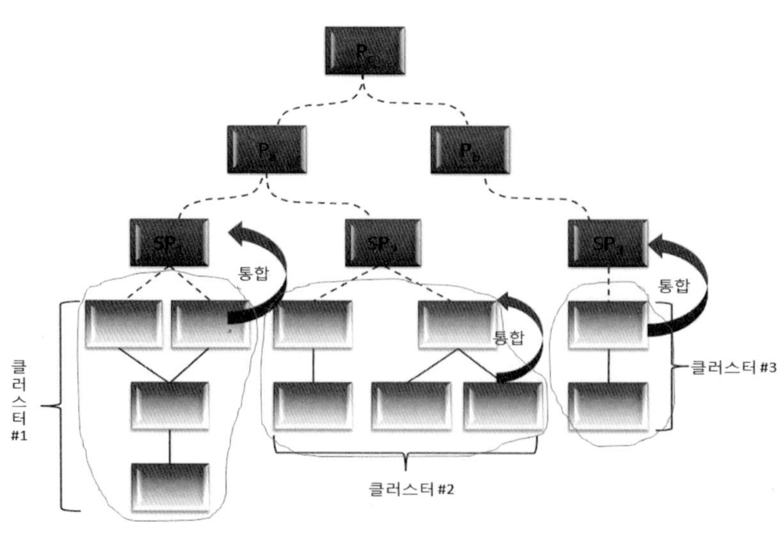

<그림 10-20> 상향식 통합 테스팅

상향식 통합 테스팅의 절차는 하위의 프로그램들은 동일한 기능을 수행하는 프로그램들끼리 하나의 클러스터로 결합하여 테스팅 한 후, 위로 올라가면서 개별 프로그램들을 통합하여 테스팅한다.

상향식 통합 테스팅의 단점은 마지막 프로그램이 추가될 때까지 계속하여 테스팅을 해야 한다.

3. 회귀 테스팅

변경된 부분을 확인하기 위하여 이미 테스팅되었던 몇 부분들을 다시 테스팅하는 방법이다.

4. Smoke 테스팅

이것은 다른 프로그램 또는 다른 업무에 방해가 되는지 어떤지를 테스팅하는 방법이다. 이 방법은 복잡하고 시간이 중요한 프로젝트들에 적용하면 편리하다. Smoke 테스팅 방법의 장점으로는 통합 리스크가 최소화되고, 마지막 생산물의 품질이 향상되며, 에러 진단과 수정이 단순하고, 평가 과정이 좀 더 쉽다는 것이다.

5. 통합문서 테스팅

이것은 분석명세서, 설계명세서, 개발보고서, 테스팅 명세서, 사용자 운영지침서와 같은 소프트웨어 형상 즉, 각종 문서들에 대한 테스팅이다. 여기에는 사용자들의 요구사항이 전부 반영되었는지, 설계 명세서는 완벽한지, 개발보고서에는 누락된 것이 없는지, 사용자 지침서는 사용자들이 쉽게 이해할 수 있는지 등에 대한 테스팅을 한다.

10.2.6 유효성 테스팅

유효성 테스팅은 사용자 관점에서 개발된 프로그램이 사용자의 요구를 충족하는지 어떤지를 테스팅하는 것이다. 즉, 개발된 프로그램이 모든 기능적, 성능적 요구사항을 만족하는지 여부에 대한 테스팅이다.

유효성 테스팅의 유형에는 **"알파 테스팅"**과 **"베타 테스팅"**이 있는데, **"알파 테스팅"**은 선택된 사용자가 개발자 입장(환경)에서 개발된 프로그램을 테스팅하는 것이고, **"베타 테스팅"**은 개발자가 사용자 입장(환경)에서 개발된 프로그램을 테스팅하는 것이다.

10.2.7 시스템 테스팅

시스템 테스팅은 개발된 프로그램의 기능과 성능에 대해 테스팅하는 것이 아니라, 프로그램을 하나의 제품으로서 갖는 가치에 대해 테스팅하는 것이다. 이 방법은 실제 운용과 같은 환경 하에서의 테스팅을 해야 하고, 개발자가 기대한 요구사항 대로 동작하는 지를 테스팅 해야 하며, 사용자의 모든 요구를 하나의 시스템으로서 완벽하게 수행하는지에 대한 다양한 테스팅을 수행해야 한다.

여기에는 "복구 테스팅", "보안 테스팅", "스트레스 테스팅", "성능 테스팅" 방법 등이 있는데 이들에 대해서 아래에 좀 더 구체적으로 고찰하여 두었다.

1. 복구 시험

개발된 프로그램을 고의적인 여러 가지 방법으로 실패하도록 시키고, 복구가 제대로 되는지 어떤지를 테스팅하는 방법이다. 즉, 프로그램이 천재지변으로부터 손상된 후 원래대로 복구가 되는지 어떤지를 테스팅하는 방법이다.

2. 보안 테스팅

개발된 프로그램이 외부의 부적당한 침투로부터 보호될 수 있는지 어떤지를 테스팅하는 방법이다.

3. 스트레스 테스팅

프로그램을 가장 바쁜 시간에 작동시켜서 정상적으로 운영되는지 어떤지를 테스팅하는 방법이다. 또한, 불규칙적인 데이터의 양 또는 사용 빈도수나 대용량의 자원들을 대상으로 하여 프로그램을 실행한 후 문제가 있는지 없는지를 테스팅하는 방법이다.

4. 성능 테스팅

성능 테스팅은 프로그램의 성능을 검사하는 테스팅이다. 여기에는 여러 가지 유형이 있는데 이들에 대해서 아래에 좀 더 구체적으로 고찰하여 두었다.

가. 외부기능 테스팅(Functional Testing)

사용자들의 요구 사항 명세서를 충족하고 있는지 어떤지를 테스팅하는 것이다.

나. 내부기능 테스팅(Facility Testing)

요구분석 명세서와 사용자의 운영 지침서에 제시된 기능이 정상적으로 작동되는지를 테스팅하는 것이다.

다. 부피 테스팅(Volume Testing)

예상되는 데이터의 최대량을 가지고 프로그램이 정상적으로 작동되는지를 테스팅하는 것이다.

라. 사용의 편리성 테스팅

개발된 프로그램이 사용자가 사용하기에 얼마나 편리한가 하는데 대한 테스팅이다.

마. 기억장치 테스팅

데이터를 기억시킬 기억용량이 충분한지 어떤지에 대한 테스팅이다.

바. 구성 테스팅(Configuration Testing)

하드웨어나소프트웨어 구성요소의 설치 및 변경 등에 대한 테스팅이다.

사. 호환성 및 변환 테스팅

개발된 프로그램이 다른 컴퓨터에서도 작동되는지 또는 개발된 프로그램과 기존의 프로그램 간에 변환하는데 문제가 없는지에 대한 테스팅이다.

아. 신뢰성 테스팅

개발된 프로그램에서 오류나 고장이 발생하는 빈도를 테스팅하는 것이다. 오류나 고장이 발생하는 빈도수가 적으면 적을수록 좋은 프로그램이다.

자. 유지 · 보수의 용이성 테스팅 등

개발된 프로그램이 유지 · 보수하는데 얼마나 편리한가에 대한 테스팅이다.

10.3 프로그램 디버깅

10.3.1 디버깅의 개요

디버깅(Debugging)은 아래 <그림 10-21>과 같이 프로그램을 테스팅하여 프로그램에 내재되어 있는 숨겨진 오류를 찾았으면 발견된 오류를 수정하는 작업이다. 이와 같은 디버깅은 "오류를 발견하기 위한 원리"와 "오류를 수정하기 위한 원리"가 있는데, 이들은 다음과 같다.

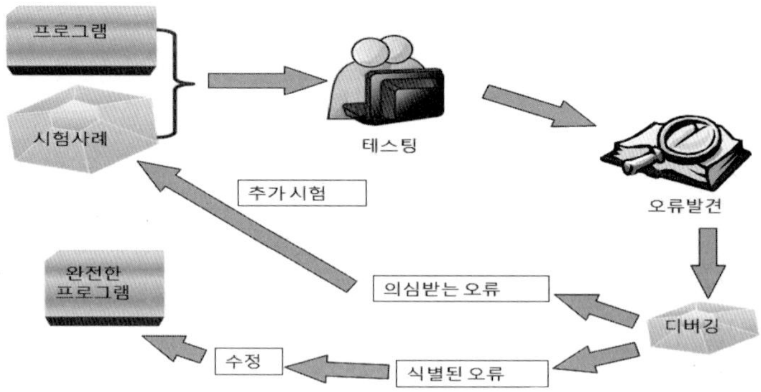

<그림 10-21> 디버깅의 개념

1. 오류를 발견하기 위한 원리

오류를 발견하기 위한 원리는 다음과 같다.

첫째, 생각하라. 그리고 도저히 오류를 찾을 수 없으면 일단 멈춰라.

둘째, 멈추고 있는 동안에 인간의 잠재력은 오류를 찾기 위한 새로운 아이디어를 제공해 준다.

셋째, 자신의 힘으로 오류를 발견하기가 불가능하면 도움을 청하라. 의외로 쉽게 해결될 수 있다.

2. 오류를 수정하기 위한 원리

오류를 수정하기 위한 원리는 다음과 같다.

첫째, 프로그램 내에 하나의 오류가 있다면 또 다른 오류도 있을 수 있다. 따라서 하나의 오류를 수정할 시에는 주변 환경도 고려하여야 한다.

둘째, 가시적인 오류만 수정하지 말고, 근본적인 원인을 수정하라

셋째, 오류를 정확하게 수정할 확률은 100%가 아니다. 왜냐하면 사람이 수정을 하기 때문이다.

넷째, 프로그램의 규모가 크면 클수록 수정이 정확할 확률은 그 만큼 적다. 즉, 수정이 정확할 확률은 프로그램 규모와 반비례한다.

다섯째, 오류 수정은 또 다른 오류를 유발할 수 있기 때문에 오류 수정으로 인한 파급효과를 고려하야야 한다.

10.3.2 디버깅의 유형

디버깅의 유형에는 "귀납법에 의한 디버깅(Debugging By Induction)", "연역법에 의한 디버깅(Debugging By Deduction)"과 "역행조사에 의한 디버깅(Debugging By Backtracking)"

방법이 있다.

1. 귀납법에 의한 디버깅

귀납법에 의한 디버깅은 아래 <그림 10-22>와 같이 개발된 프로그램(결과 값)으로부터 시작하여 오류의 원인을 찾아서 수정하는 방법이다.

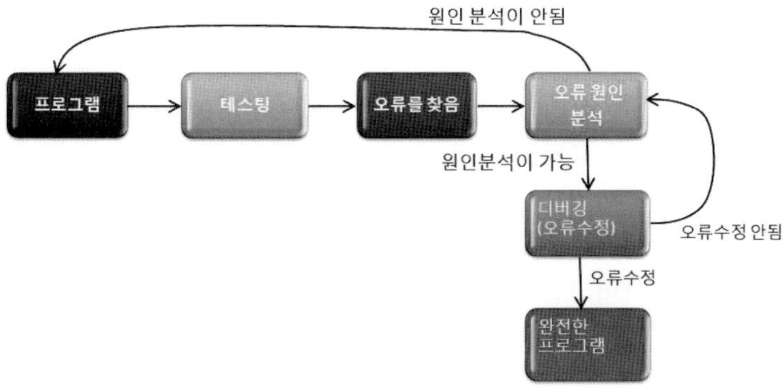

<그림 10-22> 귀납법에 의한 디버깅

2. 연역법에 의한 디버깅

연역법에 의한 디버깅은 아래 <그림 10-23>과 같이 오류를 발생시킬 만한 원인들을 나열한 후 오류 원인의 가능성을 분석해서 오류를 찾은 후 이들을 수정하는 방법이다.

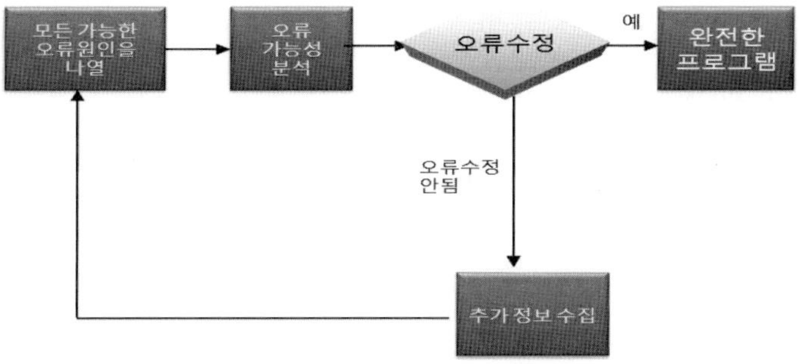

3. 역행조사에 의한 디버깅

역행조사에 의한 디버깅은 오류 발견 지점으로부터 오류를 발생시킨 지점을 찾기 위해 소스 프로그램으로 거슬러 올라가서 오류를 찾은 후 수정하는 방법이다. 이 방법은 소형 프로그램의 경우에 효과적이며, 귀납법이나 연역법과 함께 사용한다.

참고문헌

권영직, 강의자료, 자체개발, 2009. 02

우치수외 2인, Ian Sommerville 역, 소프트웨어공학, 홍릉과학출판사 1998. 03

우치수외 3 공역, 소프트웨어공학, McGraw-Hill Korea, 2001. 08

이주헌, 실용 소프트웨어 공학론, 법영사, 2000. 10

김용경, 대학생과 실무자를 위한 소프트웨어공학, 대경출판사, 2002. 01

박태순, 소프트웨어공학, 문성(글소리), 2005. 01

김국보, 소프트웨어공학 실무론, 대영사, 2003. 02

유해영 역, 이론과 실무 중심의 21세기용 소프트웨어공학, 사이텍미디어, 1998

연습문제

1. 프로그램 테스팅 및 디버깅의 개념은?
2. 테스팅의 원리는?
3. 시험 사례란?
4. 화이트박스 및 블랙박스 테스팅의 개념은?
5. 화이트박스 테스팅 조건은?
6. 화이트박스 테스팅의 영역은?
7. 화이트박스 테스팅의 종류는?
8. 제어구조 테스팅의 종류는?
9. 루프 테스팅의 종류는?
10. 블랙박스 테스팅의 종류는?
11. 특별한 환경 하에서의 테스팅 유형은?
12. 통합 테스팅의 유형은?
13. 회귀 테스팅, Smoke 테스팅의 개념은?
14. 알파 및 베타 테스팅의 개념은?
15. 시스템 테스팅의 유형은?
16. 성능 테스팅의 유형은?
17. 프로그램 디버깅 기법의 유형은?

11

소프트웨어 품질관리

학습목표

본 장에서는 구현한 소프트웨어(프로그램)에 시험과 디버깅이 종료되었으면, 소프트웨어가 지닌 바람직한 속성의 정도 즉, 요구기능을 발휘할 수 있는 소프트웨어 특성의 정도(이것을 "소프트웨어 품질"이라 함)의 품질의 개념 및 목표와 이들을 측정하는 방법과 소프트웨어의 신뢰성 공학에 대해서 공부한다.

11.1 소프트웨어 품질의 개요

11.1.1 소프트웨어 품질의 개념

일반적인 제품에 대한 품질의 개념으로 ISO8402에서는 품질을 **"제품이나 서비스가 가지고 있는 명시적 또는 묵시적 요구를 만족시키는 능력에 관한 특성 및 특징의 전체"**라고 정의하고 있다. 여기서 묵시적 요구는 문서 형태로 비교적 명확하게 정의된 것이 아니라 고객이 생각할 때, 개발자 측면에서 당연히 해주리라 믿고 명시하지 않은 요구를 의미한다. 즉, 고품질의 제품은 사용자들이 요구하는 제품의 모든 요구사항을 만족시키는 것이다. 일반적인 품질에 대한 개념은 품질 전문가 및 품질 관련 문서에서 다양한 정의를 내리고 있는데, 이들을 아래<그림 11-1>에 요약하여 두었다.

품질에 대한 정의	출 처
특정한 요구사항이나 고객의 요구사항에 대한 기대를 만족시키는 정도	IEEE
낮은 비용과 시장에의 적합성 하에서 일치성과 신뢰성에 대한 예측할 수 있는 정도	W.E. Deming
사용 용도에 대한 적합성	J.M.Juran
요구사항에 대한 일치	P.Camsby
물품이 출하 후, 사회에 미치는 손실	Taguchi
고객의 만족정도	Gryna
조직을 관리하는 하나의 본질적인 방법	Feigenbaum

<그림 11-1> 품질에 대한 다양한 정의

이상의 품질에 대한 개념을 요약해서 정리해 보면 품질은 **"고객의 요구사항을 만족시키는 정도"**라고 정의할 수 있다. 그러나 본 장에서는 일반적인 제품에 대한 품질의 개념이 아니라, 소프트웨어의 품질에 대한 개념이므로, 여기에 대한 정의는 다음과 같다.

또한 **소프트웨어 품질은** 품질목표, 정책, 책임을 결정하고, 품질 시스템 내에서 품질기획, 품질보증, 품질관리, 품질개선 등을 통한 총괄적인 경영기능이라고 할 수 있으며, 일정한 조건아래에서 최저비용으로 가급적 최량품질의 제품을 획득할 수 있도록 생산 활동을 통계 숫자에 의하여 관리 통제하는 경영관리 방식이라 할 수 있다.

위와 같은 여러 유형의 소프트웨어 품질에 대한 정의를 종합해 보면 다음과 같이 요약할 수 있다.

소프트웨어 품질은 "사용자들의 요구사항을 만족시킬 수 있는 소프트웨어가 지닌 바람직한 속성의 정도"라고 정의할 수 있다.

또한, 품질의 개념은 보는 관점에 따라 서로 다르게 정의를 내릴 수 있는데, 이들을 아래에 요약하여 두었다.

첫째, 사용자 관점에서의 품질

이는 개발된 소프트웨어(또는 프로그램)가 사용자가 원하는 기능을 제공하고, 사용하기 편리하고, 신뢰성 높고, 필요에 따라 계속 발전할 수 있는 것을 의미한다.

둘째, 개발자 관점에서의 품질

이는 개발된 소프트웨어(또는 프로그램)가 좋은 설계 구조를 가지며, 쉽게 유지·보수할 수 있고, 테스트하기가 쉽고, 환경에 맞도록 쉽게 변경 가능한 것을 의미한다.

셋째, 프로젝트 관리자 측면에서의 품질

이것은 표준에 따라서 제한된 비용과 기간 및 인원으로 소프트웨어(프로그램)를 구현하였는가 하는 것이다.

넷째, 유지 · 보수자 측면에서의 품질

이는 개발된 소프트웨어(또는 프로그램)가 이해하기 쉽도록 코딩되었고, 문서화가 체계적으로 잘 작성되었는가 하는 것이다.

11.1.2 소프트웨어 품질의 종류

이와 같은 소프트웨어 품질의 유형에는 제품 품질(Product Quality)과 프로세스 품질(Process Quality)로 나눌 수 있다. 제품 품질은 제품 자체가 가지는 품질로, 사용자가 요구하는 바에 얼마나 부합되는지를 나타내는 품질이다. 프로세스 품질은 제품을 개발하기 위해 필요한 모든 개발 활동이 계획을 준수하여 개발하였는가를 나타내는 품질이다(출처 : 김대성, "소프트웨어 품질이 소비자 구매 행동에 미치는 영향", 호서대학교 글로벌창업대학원 창업학 석사논문, pp.19-20, 2009.2). 이들 2종류의 품질 유형을 아래 <그림 11-2>에 요약하여 두었다.

구분	제품 품질	프로세스 품질
특징	제품측정, 제품검증, 제품확인	소프트웨어 프로세스 향상과 심사
품질 평가 요인	기능성, 신뢰성, 사용성, 효율성, 유지보수성, 이식성평가	프로세스(절차)준수여부 평가
표준	ISO/IEC 9126, 14598, 12119, 25000SQuaRE	ISO 9000. ISO/IEC 12207, SPICE, CMM, CMMI
장점	모든 종류의 소프트웨어에 적용 가능 전문적 판단의 객관화	많은 종류의 제품에 적용가능 검사기간이 짧고 인증비용 절감
단점	전수시험의 비용 및 시간소모 최신소프트웨어 평가가 어려움	상대적으로 품질을 보증 못함 혁신적 소프트웨어에는 적용 곤란

<그림 11-2> 소프트웨어 품질의 종류

11.1.3 소프트웨어 품질에 관한 용어 정의

소프트웨어 품질에 관한 용어를 아래와 같이 정의하여 두었다.

1. 외부품질(External Quality)

: 제품이 지정된 조건 아래에서 사용될 경우에, 명시되었거나 함축된 요구사항을 만족하는 정도를 의미한다.

2. 내부품질(Internal Quality)

: 제품이 지정된 조건 아래에서 사용될 경우에, 명시되었거나 함축된 요구사항을 만족하는 능력을 결정하는 제품 속성의 총체를 의미한다.

3. 사용 품질(Quality In Use)

: 지정된 사용자가 특정 사용 상황에서 효율성, 생산성, 안전성 및 만족도 측면에서 정해진 목표를 달성할 수 있게 해주는 소프트웨어 제품의 능력 정도를 의미한다.

4. 품질 모델(Quality Model)

: 품질 요구명세서 및 품질 평가의 기반을 제공하는 특성의 집합 및 그들 간의 관계를 의미한다.

5. 소프트웨어 품질 보증(QA : Quality Assurance)

: 설정된 요구사항과 일치하는 가를 확인하는 데 필요한 체계적인 작업을 의미한다.

6. 소프트웨어 품질 관리(QC : Quality Control)

: 요구수준의 제품 혹은 서비스의 질을 보존하는 데 필요한 기법과 활동 등을 의미한다.

(출처: 한국표준협회)

11.1.4 소프트웨어 품질관리 체계

1. 소프트웨어 품질관리상의 문제점

최근 소프트웨어 품질 요구수준이 점차 높아지고 있는 상황에서 기존의 품질관리가 제대로 실시되지 않는 것은 다음과 같은 원인이 있다.

첫째, 품질평가를 개발완료 후에 실시하여 유지·보수비용 증대 및 생산성이 저하된다.

둘째, 품질평가 점검항목이 개발자 중심으로 되어 있어 사용자 요구를 충분히 반영하기 어렵다.

셋째, 소프트웨어 품질에 대한 그릇된 인식으로 소프트웨어 품질에는 문제가 있기 마련이고, 그 정도는 허용할 수 있다는 사고이다.

넷째, 소프트웨어 품질보증은 곧 테스트라는 인식으로 개발과정의 품질은 무시되고 최종시험을 통해 문제점을 보완하려한다.

다섯째, 하드웨어에 비해 소프트웨어는 기능변경 및 추가가 용이하여 요구사항의 잦은 변경이 일어나며 이에 따라 변경사항의 기록을 기피하는 현상이 있다.

따라서 이러한 추진 상 문제점을 해결하기 위해서는 개발단계별 산출물을 정확히 정의하고 평가점검표를 통한 평가를 철저히 수행해야하며, 일단 형상관리에 들어간 산출에 대한 변경은 공식적인 절차를 통해 이뤄지도록 해야 하고, 개발요원의 소프트웨어 품질의 중요성에 대한 인식변환이 이뤄져야 할 것이다.

이 이외에도 특히 중요한 것은 소프트웨어 품질관리를 체계적으로 수행하기 위한 체계적인 관리 활동이 절실하다.

2. 소프트웨어 품질관리 체계

위와 같은 소프트웨어 품질관리상의 문제점을 해결하기 위한 방안으로 소프트웨어 품질관리 활동은 사용자들의 요구된 개발 및 품질보증활동과 이와 관련된 사항을 사전에 계획하고 조직화시킨 품질관리 체계에 따라 이루어져야 한다. 이에 따라 소프트웨어 품질관리 체계는 첫째, 품질목표를 정의하고 활동방안을 모색하는 품질관리계획, 둘째, 각 개발단계별로 품질을 평가하여 문제점을 분석하여 이를 시정하는 품질평가, 셋째, 개발된 제품의 변경을 처리하고 제품의 형상을 무결하게 유지하는 형상관리로 구성된다.

품질관리계획은 품질목표를 정의하고, 이를 실현하기 위해 개발 중 적용할 품질활동의 시행계획을 수립하여 공지하는 단계이다. 이 계획을 통하여 조직간 책임소재를 명확히 하고 유기적인 협조체제를 유지하게 된다. 품질평가는 개발내용이 요구사항을 충족하는지를 입증하고 개발형식이 제반 표준 및 지침에 부합하는지를 판정하기 위하여 품질 점검 항목을 근거로 시행된다. 형상관리는 시스템의 구성요소를 관리가 가능한 형상개체로 분할하여 식별하고, 공식적인 변경절차에 따라 형상개체의 변경을 체계적으로 관리 하는 것이다.

(출처: 조재규, “소프트웨어 개발단계별 정량적 품질평가 모델” 국방대학교 국방관리대학원, 전산정보전공, 석사논문, pp.18-20, 2004.02)

또한 소프트웨어 품질관리의 목적은 소프트웨어 개발의 전체 기간을 통해 지속적이고 표준화된 품질관리를 통해 최종 소프트웨어 제품의 품질과 생산성을 향상시키는데 있다. 또한, 사용자 요구사항의 정확한 파악과 제품에 대한 반영으로 사용자

만족을 꾀할 수 있고 개발단계별 생산되는 산출물에 대해 품질평가를 실시함으로써 소프트웨어의 변경이 용이하고, 향후 유지·보수가 용이하게 진행될 수 있다.

그러므로 소프트웨어 품질을 향상시키기 위해서는 소프트웨어를 체계적으로 관리할 필요성이 있으며, 이를 위한 소프트웨어 품질관리 체계는 크게 "계획단계", "실행단계", "통제단계"로 분류하여 수행될 수 있는데, 여기에 대한 상세한 내용을 아래 <그림 11-3>에 요약하여 두었다.

단계	수행내용	수행활동
계획단계 (품질계획수립)	적용할 품질의 표준을 식별하고 적용할 방법을 결정하는 활동	품질시스템 요구사항 파악, 품질보증절차파악, 품질관리체크리스트 작성, 품질관리 계획작성
실행단계 (품질보증활동)	개발된 프로그램과 요구사항이 일치하는지를 점검	프로그램의 산출물 검토, 사용자들의 초기품질에 대한 검토 및 피드백 요구
통제단계 (품질통제활동)	프로그램의 개발, 운영, 유지보수에 있어 자체적으로 품질활동을 수행	개발된 프로그램의 품질결과와 계획된 품질 수준과의 차이분석, 수정계획수립, 수정활동의 문서화 및 연동계획 수립

<그림 11-3> 소프트웨어 품질관리 체계

이와 같이 소프트웨어 품질관리를 체계적으로 수행한다하더라도 여기에는 몇 가지 문제점이 있는데, 소프트웨어 품질 평가를 위한 표준화가 미비하며, 품질평가는 보통 개발 완료 후에 실시하기 때문에 유지·보수에 대한 노력과 비용이 많이 소요되고, 프로그래밍의 생산성 저하를 가져오는 경향이 있다. 그러나 근래에 와서는 소프트웨어 품질관리를 위한 표준화가 어느 정도 정립이 되어 있어 여기에 관한 자료를 본 장 뒤편의 부록으로 첨부하여 두었다.

이와 같은 소프트웨어 품질관리의 문제점에도 불구하고 오늘날 소프트웨어 품질관리는 제품관점의 품질관리와 함께 프로세스 관점의 품질 관리로 발전하고 있으며, 여러 회사 및 소프트웨어 프로젝트를 수행할 경우에 소프트웨어 품질관리를 위한 전담 조직을 구성하여 체제적인 품질관리를 수행하고 있다.

향후 소프트웨어 품질관리의 발전방향으로는 프로세스 관점의 품질관리 도입 및 형식적인 소프트웨어 품질관리 인증취득을 지양하고, 지속적인 품질관리 프로세스 개선으로 실질적인 소프트웨어 품질관리 활동이 이루어져야 할 것이다.

11.2 소프트웨어 품질의 목표

11.2.1 소프트웨어 품질 향상을 위한 절차

소프트웨어 품질의 목표를 설정하기 전에 소프트웨어 품질 향상을 위한 절차는 다음과 같다.

가. 소프트웨어 품질 목표를 설정하기 전에 소프트웨어 품질 요인을 먼저 도출 한다.

나. 도출된 소프트웨어 품질 요인을 토대로 소프트웨어 품질 목표를 설정한다.

다. 설정된 소프트웨어 품질 목표를 달성하기 위하여 업무 시스템을 분석한다.

라. 업무 시스템을 분석한 명세서를 토대로 전산 시스템을 설계한다.

마. 설계된 전산 시스템 명세서를 토대로 소프트웨어 시스템을 개발한다.

바. 개발의 각 단계 마다 해당 품질 목표를 적용한다.

사. 설정된 소프트웨어 품질 목표를 가지고 최종 개발 시스템에 대한 품질을 평가한다.

11.2.2 소프트웨어 품질 보증을 위한 접근 방법

1. 소프트웨어 품질 보증 활동 절차

소프트웨어 품질 보증 활동 절차는 보통 다음과 같이 이루어진다.

첫째, 업무 시스템 분석명세서, 전산 시스템 설계명세서를 작성한다.

둘째, 위에서 작성된 명세서를 토대로 프로그램을 개발한다.

셋째, 개발된 프로그램(소프트웨어)을 관리표준과 기술표준 등을 적용하여 테스팅(시험)한다.

넷째, 임의적인 변경을 통제(Change Control)한다.

다섯째, 시험을 한 후 오류가 있으면 수정을 하여 소프트웨어 품질 보증을 위한 신뢰도 모형을 작성한다.

여섯째, 위의 작업 내용들을 반드시 문서로 작성해서 보관하고, 보고를 해야 한다.

2. 소프트웨어 품질 보증 활동의 역할

소프트웨어 품질 보증 활동은 "관리자적 측면", "기술자적 측면", "평가자적 측면"에서 이루어 질 수 있는데, 이들의 역할은 다음과 같다.

첫째, 관리자적 측면 :

이들은 프로그램 관리자, 인수자들인데 주로 "품질 목표를 설정"하는 역할을 한다.

둘째, 기술자적 측면 :

이들은 시스템분석가, 설계자, 프로그래머, 시험요원, 유지 · 보수요원들인데, 주로 품질기준을 설정하는 역할을 한다.

셋째, 마지막으로 평가자들인데, 이들은 체크리스트를 작성하여 품질보증 활동을 수행한다.

3. 소프트웨어 품질 보증을 위한 접근 방법

소프트웨어 품질보증은 소프트웨어 시스템의 특성이 바람직한지를 보장하기 위해서 설계된 계획적이고 체계적인 활동 프로그램이다. 품질이 우수한 제품을 개발하기 위한 최고의 방법이 제품 자체에 초점을 맞추는 것처럼 보일지라도 소프트웨어 품질 보증에서는 소프트웨어 개발 프로세스에도 초점을 맞추어야 한다. 소프트웨어 품질 향상을 위한 프로그램의 몇 가지의 요소를 살펴보면 다음과 같다.

첫째, 소프트웨어 품질의 목표

소프트웨어 품질을 향상시키는 가장 강력한 기법은 외적·내적 특성들 중에서 명확한 품질의 목표를 설정하는 것이다. 만약 명확한 목표를 설정하지 않는다면 프로그래머들은 우리가 예상하는 것과는 다른 특성들을 최대화하기 위하여 작업할 수도 있다.

둘째, 명확한 품질보증 활동

품질보증에 있어서 한 가지 문제는 품질이 부차적인 목표로 인식되는 것이다. 실제로 어떤 조직에서는 빠르지만 지저분한 프로그래밍을 예외적인 것이 아닌 당연한 것으로 여긴다. 이러한 조직에서는 프로그래머들이 품질을 최우선 순위에 두지 않는 것에 대해서 대수롭지 않게 생각한다. 이러한 조직에는 프로그래머에게 품질이 우선순위에 있어야 한다는 것을 알려줘야 한다. 따라서 품질보증 활동을 명시적으로 수행하면 우선순위가 분명해지고 프로그래머들도 적절하게 반응하게 된다.

셋째, 테스트 전략

테스트 수행은 제품의 신뢰성에 대한 상세한 평가를 제공할 수 있다. 품질보증의 일부는 제품의 요구사항, 아키텍처, 그리고 설계와 함께 테스트 전략을 개발하는 것이다. 많은 프로젝트에서 개발자들은 품질 평가와 품질 개선의 주요 수단으로 테스트에 의존하게 되는데 테스트만으로는 모든 것을 감당하기에는 부담이 크므로 또 다른 수단을 강구하지 않으면 안된다.

넷째, 소프트웨어 공학 지침

이 지침은 개발 당시 소프트웨어의 기술적인 특성을 관리해야 한다. 그러한 지침들은 문제의 정의 요구사항 분석, 아키텍처, 구현 시스템 테스트를 포함한 모든 소프트웨어 개발 활동에 적용된다.

다섯째, 비형식적인 기술적 검토

많은 소프트웨어 개발자들은 형식적인 검토단계 전에 자신이 작업한 내용을 검토한다. 비형식적인 검토에는 설계나 코드를 책상에서 검사하거나 동료와 함께 코드를 살펴보는 방법이 포함된다.

여섯째, 형식적인 기술적인 검토

공학 프로세스의 관리에 있어서의 한 부분은 최저비용 즉, 투자한 비용이 가장 적고 문제해결 비용이 가장 적게 드는 시기에 문제를 해결하는 것이다. 이러한 목표를 달성하기 위해서 개발자들은 품질관문이나 주기적인 테스트 또는 검토 등을 이용하여 제품의 품질이 다음 단계로 넘어가기에 충분한지를 결정한다. 품질관문은 일반적으로 요구사항 분석에서 아키텍처로 아키텍처에서 구현으로 구현에서 시스템 테스트로 이동할 때 사용된다. 관문은 정밀검토, 동료검토, 고객검토 또는 감사가 될 수 있다.

일곱째, 외부감사

외부 감사는 개발 중인 프로젝트의 상태나 제품의 품질을 결정하기 위해서 사용되는 특정한 형태의 기술적 검토로서, 감사팀은 외부조직으로부터 구성하고 감사 결과는 감사를 위임 받은 사람이 일반적으로 경영진에게 보고한다.

위에서 설명한 요소들은 명시적으로는 소프트웨어의 품질보증과 관련이 되어 있고, 암시적으로는 소프트웨어 개발프로세스와 관련이 있다. 품질보증을 포함한 개발 노력들은 그렇지 않는 개발 노력보다 더 훌륭한 소프트웨어를 만들어낸다. 명시적으로 품질보증 활동이 아닌 다른 프로세스들도 소프트웨어 품질에 영향을 미치게 되는데 몇 가지를 살펴보면 다음과 같다.

첫째, 변경관리 과정

소프트웨어 품질을 유지하는데 있어서 한 가지 큰 걸림돌은 통제되지 않는 변경이다. 요구사항에서의 통제되지 않는 변경은 설계와 코드 작성에 분열을 초래할 수 있다. 설계에서의 통제되지 않은 변경은 요구사항을 만족하지 못하는 코드나 모순된 코드, 또는 프로젝트를 앞으로 진행하기 위한 시간보다 설계상에서 변경 사항들을 충족시키기 위해서 코드를 수정하는데 더 많은 시간을 초래할 수 있다. 코드에서의 통제되지 않은 변경은 내부적인 모순을 초래하거나 코드가 완벽하게 검토되고 테스트되었는지를 확신할 수 없는 결과를 초래할 수 있다. 따라서 변경을 효율적으로 관리하는 것이 높은 품질을 유지하는 지름길이다.

둘째, 결과의 측정

만약 품질보증 계획의 결과가 측정되지 않는다면 계획대로 되고 있는지를 알지 못할 것이다. 측정은 계획이 성공적인지 아니면 실패했는지를 말해주며 측정을 이용하면 프로세스가 향상될 수 있도록 조정된 방법으로 변경할 수 있다. 또한 품질 특성 자체 예를 들면, 정확성 유용성, 효율성 등을 측정하면 많은 도움이 될 것이다.

셋째, 프로토타이핑

프로토타이핑은 시스템의 핵심 기능들에 대한 실질적인 모델을 개발하는 것이다. 개발자는 유용성을 결정하기 위해서 사용자 인터페이스의 일부를 프로토타이핑하거나 수행시간을 결정하기 위해서 핵심적인 부분을 계산하거나 필요한 메모리의 크기를 결정하기 위해서 전형적인 데이터의 집합을 프로토타이핑 한다. 한 연구에서 프로토타이핑을 전형적인 명세개발 방법과 비교한 결과 프로토타이핑 방법이 좋은 설계와 사용자 요구에의 부합성 그리고 유지·보수성의 향상이 있었음을 알려주고 있다.

품질의 목표를 정확하게 설정하는 것은 품질이 뛰어난 소프트웨어를 개발하기 위한 가장 간단하고 명확한 과정이지만, 간과하기 쉽다. 우리가 목표로 하는 품질을 명확하게 설정한다면 즉, 목표가 무엇인지를 알고 목표가 합리적인 것이라면 프로그래머들은 그 품질의 목표를 달성하기 위해서 열심히 일할 것이다.

(출처: 임희경, 김승언, 정문재,"소프트웨어 품질 보증을 위한 절차 및 관리방법" 한국정보처리학회, 소프트웨어공학논문지 9(2) 44-55 1229-5906, p.48-50, 2006)

11.2.3 소프트웨어 품질의 목표

소프트웨어 품질의 목표를 알아보기 전에 소프트웨어 품질 평가에 대해서 아래에 고찰하여 두었다.

1. 소프트웨어 품질 평가

소프트웨어 품질 평가는 기본적인 2가지 접근 방법이 있는데, 하나는 소프트웨어 제품의 개발 과정에 대한 절차의 평가와 다른 하나는 소프트웨어 제품 개발이 끝난 후 완성품에 대한 품질평가이다. 두 방법 모두 소프트웨어 품질 관리에 있어서 매우 중요하다.

또한, 소프트웨어 품질 평가는 아래와 같이 크게 4가지 부분으로 나뉘어 평가한다.

첫째, 기술지원에 대한 평가 : 기술지원의 적절성 여부를 평가한다.

둘째, 자원에 대한 평가 : 적합한 자원의 활용 및 투입된 비용에 대해 평가한다.

셋째, 프로세스에 대한 평가 : 소프트웨어 개발 생명주기의(SDLC : Software Development Life Cycle) 각 단계에 대해 평가한다.

넷째, 제품에 대한 평가 : 인수시험, 산출물 평가, 타제품과의 비교 평가 등을 수행한다.

2. 소프트웨어 품질 요인

소프트웨어 품질 요인은 여러 가지가 있으나, 대표적인 몇 가지 요인을 아래에 요약하여 두었다.

첫째, 운용측면의 요인 : 정확성, 신뢰성, 효율성, 확장성, 사용의 용이성, 무결성

둘째, 수정측면의 요인 : 유지·보수성, 이식성

셋째, 적응측면의 요인 : 시험의 용이성, 재사용성, 상호운영성 등이 있다.

이상의 소프트웨어 품질 평가 부분과 소프트웨어 품질요인을 토대로 아래에 소프트웨어 품질 목표를 도출하였다.

3. W. E. Perry의 품질 목표

미국 품질보증연구소(Quality Assurance Institute)의 W. E. Perry는 아래 <그림 11-4>와 같이 11가지의 품질 목표 요인을 설정하였다.

품질목표	정의
정확성(Correctness)	사용자의 요구 기능을 충족시키는 정도
신뢰성(Reliability)	개발된 프로그램에서 오류가 발생하지 않을 확률
테스트 용이성(Testability)	개발된 프로그램을 쉽게 테스트할 수 있는 정도
유지 · 보수성(Maintainability)	오류가 발견되었을 때 쉽게 수정할 수 있는 정도
융통성(Flexibility)	새로운 요구사항에 쉽게 수정할 수 있는 정도
재 사용성(Reusability)	시스템의 부품들이 여러 응용분야에서 재사용될 수 있는 정도
이식성(Portability)	하나 이상의 하드웨어 환경에서 운용되기 위해 쉽게 수정될 수 있는 정도
효율성(Efficiency)	최소의 노력과 자원으로 요구되는 기능을 수행할 수 있는 정도
무결성(Integrity)	허용되지 않은 사용자가 데이터의 변경을 억제할 수 있는 정도
상호 운용성(Interoperability)	다른 시스템과 정보를 상호 교환할 수 있는 정도
사용 용이성(Usability)	개발된 프로그램을 쉽게 사용할 수 있는 정도

<그림 11-4> Perry의 소프트웨어 품질의 목표

4. McCall이 제안한 품질 목표

McCall이 제안한 소프트웨어 품질 목표는 아래 <그림 11-5>와 같다.

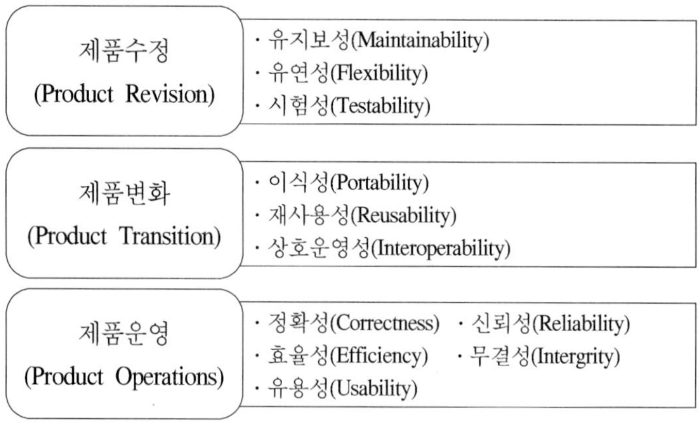

<그림 11-5> McCall이 제안한 소프트웨어 품질 목표

5. 국제 표준 기구의 품질 목표

국제 표준 기구(ISO : International Standard Organization)에서는 일반 제품뿐만 아니라 소프트웨어에 대해서도 품질 목표를 지정하고 있는데, 소프트웨어에 대한 품질 목표는 ISO9126에 지정되어 있다. 따라서 이들에 대해 아래에 좀 더 구체적으로 고찰하여 두었다.

가. 소프트웨어의 품질 특성

ISO9126에서 지정한 소프트웨어의 품질 특성은 아래 <그림 11-6>과 같다.

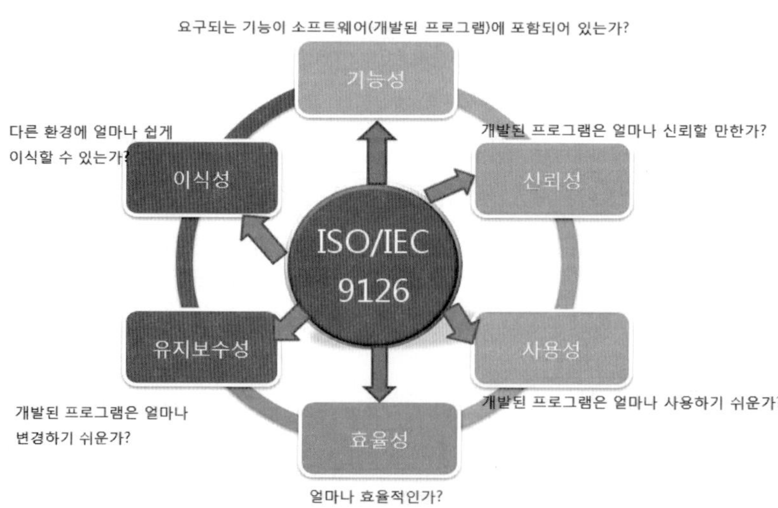

<그림 11-6> ISO9126에서 지정한 소프트웨어의 품질 특성

ISO9126에서는 위와 같은 소프트웨어의 품질 특성 요인을 토대로 아래와 같이 “산출물 부분”, “프로세스 부분”, “관리활동 부분”으로 나뉘어 소프트웨어의 품질 목표를 설정하였다.

나. 산출물 부분의 소프트웨어의 품질 목표

이는 소프트웨어가 생산하는 산출물이 보유하는 품질 목표를 정의하는 것인데, 산출물 부분에 대한 소프트웨어의 품질 목표는 아래 <그림 11-7>과 같다.

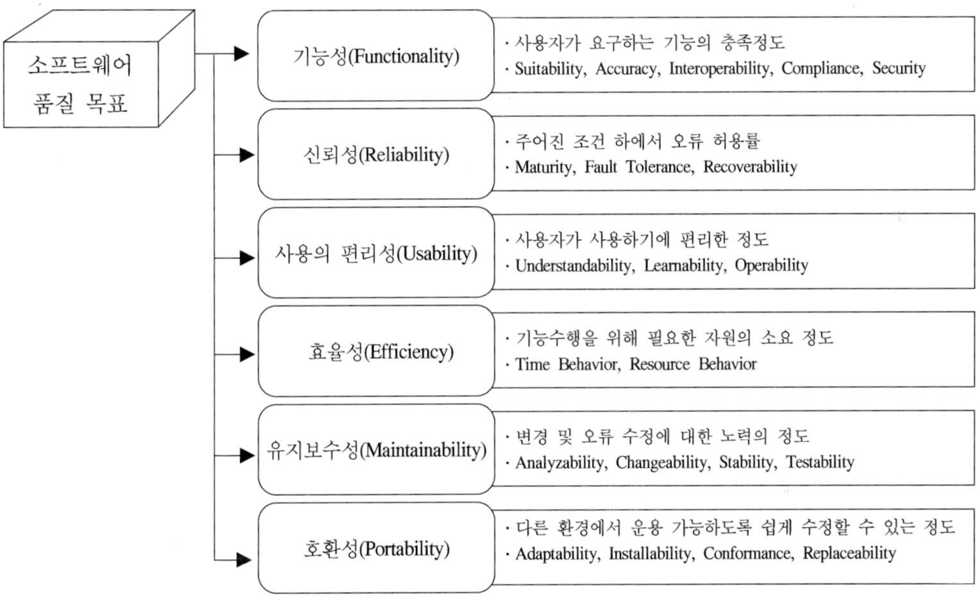

<그림 11-7> 산출물 부분에 대한 소프트웨어의 품질 목표

다. 프로세스 품질 목표

이는 아래 <그림 11-8>과 같이 산출물을 생산하는 프로세스의 정의와 이들 프로세스가 얼마만큼 체계적으로 수행하는가에 대한 품질 목표이다.

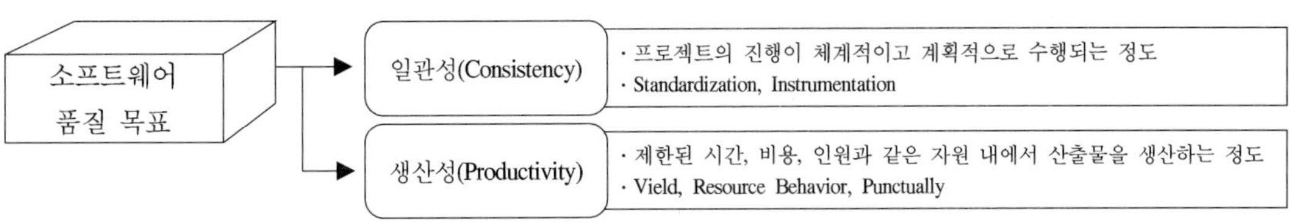

<그림 11-8> 프로세스 부분에 대한 소프트웨어의 품질 목표

라. 관리활동 부분에 대한 소프트웨어 품질 목표

이는 아래 <그림 11-9>와 같이 소프트웨어의 성공적 수행을 위해 관리되어야 할 활동에 대한 품질 목표이다.

<그림 11-9> 관리활동 부분에 대한 소프트웨어 품질 목표

11.3 소프트웨어 품질척도

11.3.1 소프트웨어 품질특성 지향성

소프트웨어는 모든 품질특성을 고루 갖추어서 개발할 수는 없다. 즉, 이들은 상호 배타적인데, 기능성과 신뢰성, 사용성, 이식성을 강조하면 효율성이 저하되는 경향이 있다. 반면에 이식성을 강조하면 기능성이 저하되는 경향이 있다. 이들의 상호배타적인 품질특성 지향성을 아래 <그림 11-10>에 요약하여 두었다.

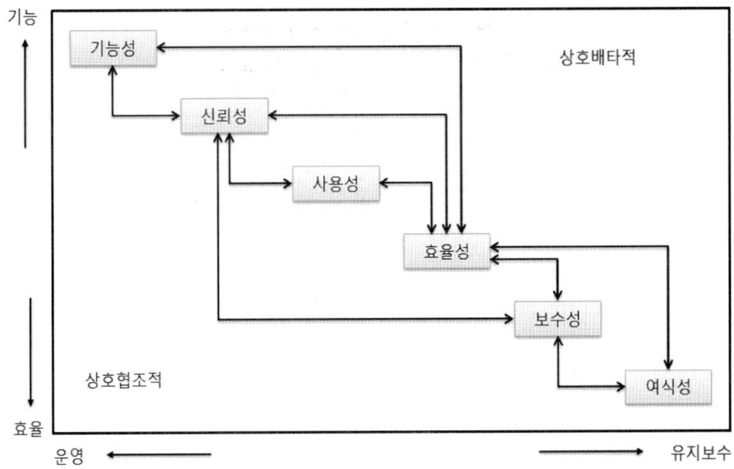

<그림 11-10> 품질특성 지향성

다양한 사용자에 대해서 강조하는 품질의 특성은 다음과 같다.
첫째, 일반사용자는 "사용성"과 "기능성"에 중점을 둔다.
둘째, 기술요원은 "이식성"과 "유지 · 보수성"에 중점을 둔다.
셋째, 관리자는 "사용성과 생산성", "품질경영", "유지 · 보수성"에 중점을 둔다.

11.3.2 소프트웨어 품질척도

소프트웨어의 품질을 측정하기 위한 품질척도는 매우 다양하다. 그러나 여기서는 ISO의 외부 품질척도 일부를 아래 <그림 11-11>에 요약하여 두었다. ISO의 좀 더 상세한 소프트웨어의 품질을 측정하기 위한 품질척도는 부록 #2의 ISO의 소프트웨어 품질척도 #1과 부록 #3의 ISO의 소프트웨어 품질척도 #2에 수록하여 두었다.

품질특성	부특성	매트릭	측정 방법	범위	스케일
기능성	적합성	기능 타당성	X=1 문제 유발 기능의 수/전체 기능의 수	0<=X<=1	절대
		기능 구현 완전성	X=1 빠진 기능의 수/전체 기능의 수	0<=X<=1	절대
		기능 구현 범위	X=1 잘못 구현된 기능 수/전체 기능 수	0<=X<=1	절대
	정확성	예측 정확성	X=1 예측한 결과가 차이 나는 회수/운영 시간	0<=X	비율
		계산 정확성	X= 부정확한 계산 회수/운영 시간	0<=X	비율
		정밀성	X= 예상과는 다른 자릿수/운영 시간	0<=X	비율
	상호 운용성	데이터 교환성 (자료 형태)	X= 성공적으로 데이터가 교환된 회수/데이터가 교환된 총 회수	0<=X<=1	절대
		데이터 교환성 (사용자 접근 시도)	X=1 교환에 실패한 회수/교환 시도 총 회수	0<=X<=1	절대
	보안성	접근 감시	X= 시스템 접근 내역 기록 회수/시스템 접근 회수	0<=X<=1	절대
		접근 통제	X= 불법적인 접근 적발 회수/불법 오퍼레이션의 수	0<=X<=1	절대
	준수성	기능 준수성	X=1 구현되지 않은 기능 수/기능 준수 아이템 수	0<=X<=1	절대
		인터페이스 표준 준수성	X= 적합하게 구현된 인터페이스 수/적합성이 요구되는 인터페이스	0<=X	절대
신뢰성	성숙성	예측된 결함 빈도	X=ABS(예측된 오류-발견된 오류)/제품 크기	0<=X	절대
		결함 발생율	X= 발견된 결함의 수/수행된 테스트 수	0<=X	절대

<그림 11-11> ISO의 외부 품질척도

11.4 객체지향 환경 하에서 품질평가 방법

11.4.1 ADT의 개념

객체는 데이터와 연산기능(또는 업무처리절차)들의 집합체를 의미한다. ADT(Abstract Data Type)는 객체들을 함께 캡슐화한 것이다. 그러므로 객체지향 환경 하에서 품질평가 방법은 이와 같은 ADT중심으로 소프트웨어 품질을 평가하면 된다.

11.4.2 ADT를 중심으로 소프트웨어 품질평가 지침

ADT를 중심으로 소프트웨어의 품질을 평가하기 위한 지침은 아래와 같다.

1. 모듈 강도의 측정

한 클래스가 어느 정도의 자료 추상화를 이루었는가를 기준으로 평가한다.

2. 캡슐화의 기능

ADT의 변경은 응용 프로그램의 구현에 어떠한 영향도 미치지 않도록 해야 한다.

3. 결합도

결합도는 클래스와 클래스들 간에 중복되는 정도를 측정하는 것인데, 이들 간에 중복되는 기능이 없어야 한다.

11.5 소프트웨어 품질 관리를 위한 CASE 시스템

11.5.1 CASE의 개요

1. CASE 도구의 개념

CASE(Computer Aided Software Engineering)는 소프트웨어 개발 및 유지·보수 작업까지 전체의 공정을 자동화하기 위한 도구이다.

2. CASE의 등장배경

일반적으로 프로그램을 개발하고자 할 때는 사용자 관점과 개발 프로그램과의 차이가 많고, 개발이 완료되어도 문서화가 어려우며, 프로그램의 재사용율도 낮은 경향이 있다. 그리고 개발하려는 업무시스템이 크고 복잡한 경우도 있고, 개발이 완료되어도 개발된 프로그램의 품질보증이 어렵고, 개발자의 전문지식이 부족한 경향이 있다.

그러므로 이들을 해결하기 위한 방안이 CASE의 도입과 최신의 개발방법론을 활용하는 것이다. 이들의 관계를 아래 <그림 11-12>에 요약하여 두었다.

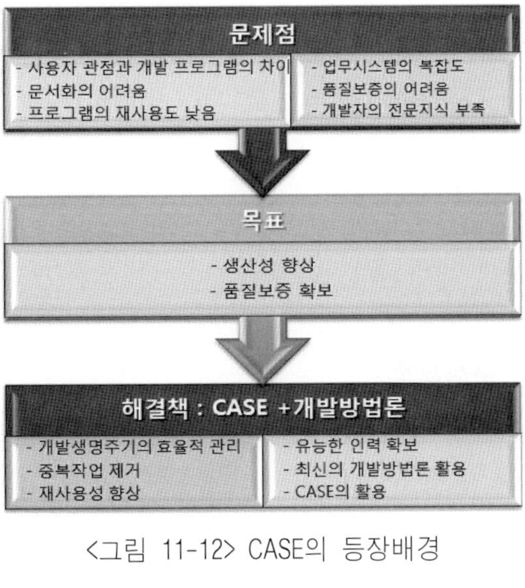

<그림 11-12> CASE의 등장배경

11.5.2 CASE의 목표

CASE의 목표는 좋은 품질의 소프트웨어 제품을 가능한 적은 노력과 비용을 들여 얼마나 많이 만들어내는가 하는 것이다. 즉, 소프트웨어의 생산성 향상을 도모하자는 것이다. 또한 자동화된 검사를 통한 소프트웨어 품질을 향상시키고, 소프트웨어 개발의 자동화를 도모하자는 것이다. 컴퓨터의 도움을 받는 소프트웨어 공학을 지향하고, 소프트웨어 개발생명주기의 전체 단계를 연결시켜 주고 자동화시켜 통합된 도구들을 제공하자는 것이다. 그리고 프로그램의 유지·보수 간편화와 개발 시간의 단축 및 비용을 절감하자는 것이 CASE의 목표이다.

11.5.3 CASE의 분류

CASE의 분류를 아래 <그림 11-13>에 요약하여 두었다.

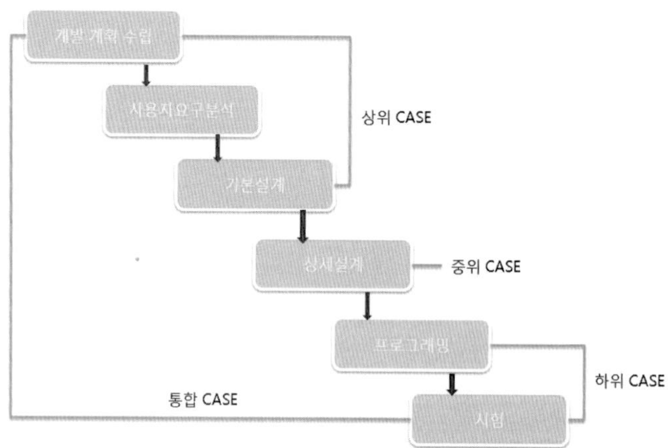

<그림 11-13> CASE의 분류

위의 <그림 11-13>에서 상위에 있는 "개발 계획 수립", "사용자 요구분석", "기본설계"는 상위 CASE에 해당되고, "상세설계"는 중위 CASE에 해당되며, "프로그래밍"과 "시험"은 하위 CASE에 해당된다.

11.5.4 CASE 시스템 구성요소

CASE 시스템 구성요소는 아래 <그림 11-14>와 같이 "다이어그램 작성 도구", "설계 분석기", "코드 생성기", "전문가 시스템", "시제품 제작 도구", "소프트웨어 프로젝트 관리 지원 도구"로 구성된다. 이들 각각 구성요소에 대해서 아래에 좀 더 자세히 살펴 두었다.

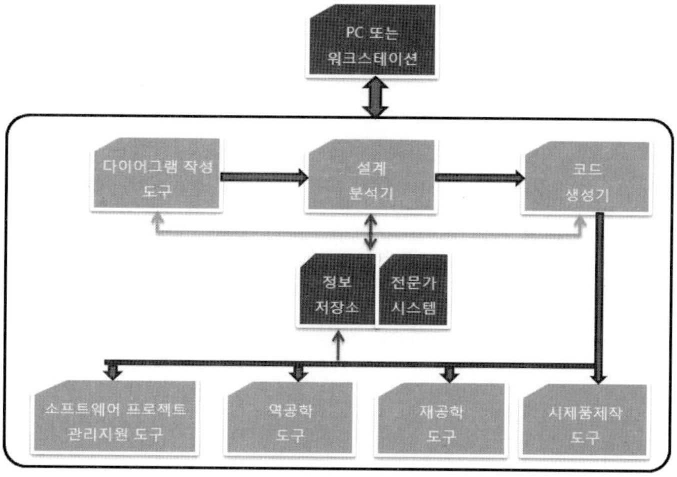

<그림 11-14> CASE 시스템 구성요소

1. 다이어그램 작성 도구

사용자나 시스템 설계자가 시스템의 범위와 내용에 관한 내용을 다이어그램 형태로 표현하고, 이해하고, 개선해 나갈 수 있게 해주는 자동화 도구이다.

2. 설계 분석기

시스템 설계 명세서에 있어서의 내부 불일치성, 모호성, 불완전성 등을 자동적으로 검사하는 것이다. 정형적인 정보 모델에 기반을 둔 자동화 도구이다.

3. 코드 생성기

다양하고 일관성 있는 명세서로부터 고수준의 프로그래밍 언어로 작성되어진 코드를 자동 생성하여 주는 도구이다. 독립적인 도구로 사용하여 개발을 지원한다.

4. 전문가 시스템

자료와 규칙을 포함하는 지식 베이스에 대한 추론 작업을 수행해 주는 도구이다.

5. 시제품 제작 도구

시제품을 작성하는데 자동화를 지원해 주는 도구이다.

6. 재 공학 도구

개발된 프로그램의 구조가 "스파게티"모양으로 엉켜있는 소스 코드를 잘 구조화된 형태로 재구성해 주는 자동화 도구이다.

7. 역 공학 도구

산출된 결과물부터 역으로 프로그램 구조도, 자료흐름도, 자료사전 같은 설계 명세서를 생성해 주는 자동화 도구이다.

8. 소프트웨어 프로젝트 관리 지원 도구

소프트웨어 프로젝트 관리자로 하여금 소프트웨어 프로젝트에 관한 추적, 보고, 제어 등의 작업 능력을 향상시키도록 도와주는 자동화 도구이다. 효율을 극대화시키기 위해서는 소프트웨어 프로젝트 관리 도구가 모든 시스템 정보가 저장되어 있는 CASE 정보 저장소를 액세스하여 정보를 얻을 수 있어야 한다.

11.6 워크스루와 인스펙션

11.6.1 워크스루와 인스펙션의 개요

1. 워크스루

워크스루(Walkthrough : 검토회의)는 업무시스템 개발의 각 단계에서 실시하는 기술적 검토 회의를 의미한다. 워크스루의 목적은 개발된 프로그램의 특정 부분을 검토하고, 각각의 상세 설계 내용에 대해서 검토하며, 오류를 조기에 검출하자는 것이다.

워크스루의 장점으로는 정형적 검토 방법보다는 덜 정형적이지만, 계획된 검토 회의로서는 효율적인 방법이다. 또한 검토하는 실행시간이 짧고, 참여자수가 소규모이다.

2. 인스펙션

인스펙션(Inspection, 검열회의 또는 심사)은 소프트웨어 개발생명주기의 각 단계에서 나온 결과를 여러 사람이 검증하는 것이다. 인스펙션 팀 구성은 검열 책임자, 설계자, 코드 작성자, 시험 담당자 등으로 구성된다. 인스펙션 절차는 소프트웨어 설계자(인스펙션 팀)에게 개략적으로 소프트웨어의 기능과 세부 처리 절차와 설계 부분들을 설명한 후 인스펙션 참여자들은 검열부분에 대한 질문과 오류를 찾아낸다. 이때 조정자(Moderator)가 있는데, 이는 책임자의 역할을 수행한다. 인스펙션 결과는 시스템 설계자나 프로그래머에게 즉시 피드백 해야 한다.

11.6.2 인스펙션 과정

인스펙션 과정은 인스펙션 계획을 먼저 수립한다. 그 다음으로 참여자들에게 인스펙션에 관한 사전교육을 실시한 후 인스펙션 준비를 해서 인스펙션 회의를 개최한다. 회의를 해서 인스펙션을 한 후 오류가 검출되면 수정 한 후 또다른 인스펙션 계획을 수립한다. 오류가 없으면 다른 후속조치를 취한다.

이들의 과정을 아래 <그림 11-15>에 요약하여 두었다.

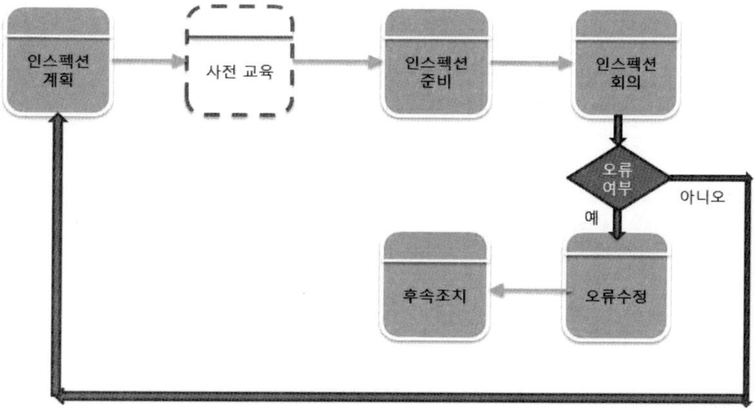

〈그림 11-15〉 인스펙션 과정

11.6.3 워크스루와 인스펙션과의 비교

워크스루와 인스펙션과의 차이점을 아래 <그림 11-16>에 요약하여 두었다.

워크스루는 주최자가 "제품 개발자"이지만, 인스펙션은 "조정자"이다. 참가자는 인스펙션에 "조정자"가 있다. 공정에는 워크스루는 "3"단계이지만, 인스펙션은 "4"단계이다. 문서에는 워크스루는 "제품 설명서"하나이지만, 인스펙션은 "제품 설명서"이외에 4개가 더 있다. 시스템 제어 부분에서 워크스루는 없지만, 인스펙션에는 "피드백" 기능이 있다.

항목	워크스루	인스펙션
주최자	제품 개발자	조정자(moderator)
참가자	설계자, 프로그래머, 테스터, 사용자	조정자, 설계자, 프로그래머, 테스터, 사용자
공정	. 자료의 사전배포와 검토 . 회의 . 수정작업(follow up) 및 분석	. 계획, 준비 . 자료 검토 . 회의 . 수정작업 및 분석
문서	. 제품 설명서	. 제품 설명서 . 체크리스트 . 문제 기술서 . 에러 요약 보고서 . 에러 분석 보고서
피드백 기능	없음	피드백(feed back)

<그림 11-16> 워크스루와 인스펙션과의 차이점

11.7 소프트웨어의 신뢰성 공학

11.7.1 소프트웨어 신뢰성의 개요

1. 소프트웨어 신뢰성의 개념

소프트웨어 신뢰성은 일정 시간 동안 주어진 조건하에서 원하는 기능을 고장 없이 실행할 수 있는 프로그램의 능력을 의미한다. 또한 주어진 시간 및 환경 하에서 고장 나지 않고 사용될 수 있는 확률을 의미한다. 이 이외에도 소프트웨어 신뢰성은 설정된 시간 동안 설정된 환경 하에서 컴퓨터 프로그램의 임의의 연산이 실패하지 않을 확률을 의미하며, 사용자가 프로그램에 대하여 의존하고 신뢰 할 수 있는 정도로 주어진 기간 동안 프로그램이 제대로 작동할 확률을 의미하기도 한다.

업무시스템의 요구사항에 조금만 벗어나도 프로그램의 정확성은 읽게 되지만, 프로그램에 내재된 오류가 심각한 것이 아니라면 개발된 프로그램은 신뢰할만하다고 볼 수 있다. 소프트웨어의 품질 요소에 있어서 정확성은 절대적인 품질요소이지만 신뢰성은 상대적인 품질 요소라고 할 수 있다.

2. 소프트웨어의 오류 분류

소프트웨어의 오류에는 “초기 오류”와 “우발적인 오류”로 대별될 수 있다. “초기 오류”는 계산 오류, 논리 오류, 인터페이스 오류 등과같이 설계나 코딩의 잘못으로 발생되는 오류를 의미한다. 반면에 "우발적 오류"는 사용자의 요구사항 변화나 운용 조건의 변화 등으로 인한 오류를 의미한다.

3. 소프트웨어의 오류에 영향을 미치는 요소

소프트웨어의 오류에 영향을 미치는 요소로는 "결함의 수(the Number of Faults)"와 "수행 환경(Execution Environment)"으로 대별될 수 있다. "결함의 수"는 잔존하는 결함의 수(발생된 결함의 수 - 제거된 결함의 수)"를 의미하며, "수행 환경"은 운용 기간과 작업의 유형 등을 의미한다.

4. 신뢰성을 위한 프로그래밍 기법

소프트웨어 신뢰성을 위한 프로그래밍 기법으로는 결함 회피(Fault Avoidance), 결함 허용(Fault Tolerance), 결함 복구(Fault Recovery), 예외 처리(Exception Handling), 결함 방지(fault prevention) 기법 등이 있다.

11.7.2 소프트웨어 신뢰도 측정

일반적으로 소프트웨어 신뢰도 측정은 하드웨어의 신뢰도 측정 방법을 적용한다. 신뢰도 측정 공식은 다음과 같다.

신뢰도 측정 공식 : MTBF = MTTF + MTTR,

가용도 = MTTF / (MTTF + MTTR) x 100%이다.

여기서, MTBF(Mean Time Between Failure)는 고장과 또 하나의 고장 사이의 평균 시간을 의미한다. MTTF(Mean Time to Failure)는 주어진 시점에서 실패 할 때까지의 평균 시간을 의미한다. MTTR(Mean Time to Repair)는 복구하는 데 소요되는 평균 시간을 의미한다.

MTBF는 MTTF와 MTTR에 동일하게 민감하며, 가용도는 MTTR에 더욱 민감하다.

11.7.3 소프트웨어 신뢰도 측정 모형

소프트웨어의 신뢰도 측정 모형을 아래에 간략하게 살펴 두었다.

1. 고장간의 시간 모형(Time between Failure Models)

이는 고장시간 간격을 모형화한 것으로 오류를 제거하면 고장간격이 길어진다고 기대하는 모형이다.

2. 오류 계수 모형(Error Count Models)

이는 시간 간격 동안의 오류 수를 모형화한 것으로 오류가 제거되면 시간 간격 당 오류 수는 감소한다는 모형이다.

3. 오류 파종 포형(Error Seeding Models)

이는 임의의 오류를 삽입해 놓은 모형이다. 주어진 시간 동안에 잔재 오류와 파종 오류의 확률은 동일하다는 가정이다.

4. 입력 영역 모형(Input Domain Models)

이는 하나의 입력에 대해 고장 나지 않고 정상적인 작동을 하는 확률을 측정하는 모형이다.

참고문헌

권영직, 강의자료, 자체개발, 2009. 02

W. E., Perry, Effective Method of EDP Quality Assurance, Handbook of Software Quality Assurance, Van Nostrand Reinhold, 1987

김종걸, 김형만, 박지성, "소프트웨어 품질관리의 표준화 동향 조사 분석", 대한안전경영학회, 대한안전경영과학회 2010년도 춘계학술대회, 2010, pp.562~571

"정보기술-소프트웨어 제품 품질-제1부: 품질 모델 KSX ISO/IEC 9126-1", 한국표준협회, 2006, p.18

조재규, "소프트웨어 개발단계별 정량적 품질평가 모델", 국방대학교 국방관리대학원, 전산정보전공, 석사논문, 2004. 02, pp.18~20

김행곤, 한은주, 객체및 컴포넌트 기반 소프트웨어공학, 도서출판 그린, 2003. 02, p.428~452

최은만, 소프트웨어공학, 최은만, 정익사, 2007. 09, p.460~498

핵심 소프트웨어공학 BEST, 은하출판사, pp.136~149

이주헌, 소프트웨어 공학, 법영사, 2000. 10, p.521~524

우치수, 이경환, Ian. Sommerville 역, 소프트웨어 공학 개론, 1998. 03

박태순, 전산직 수험서 소프트웨어공학, 탑스팟, pp.159~196, pp.657~665

연습문제

1. 소프트웨어 품질 향상을 위한 절차를 기술하세요.
2. McCall의 소프트웨어 품질의 목표를 기술하세요.
3. 소프트웨어 품질관리 체계를 간략하게 기술하세요.
4. CASE시스템의 구성 요소는?
5. 워크스루와 인스펙션의 개념은?
6. 신뢰성을 위한 프로그래밍 기법을 요약하세요.
7. 소프트웨어 신뢰도를 측정하기 위한 공식은?
8. 신뢰도 측정 모형을 간략하게 기술하세요.

부록 1 소프트웨어 품질 관리를 위한 표준

1. ISO / IEC 9126의 소프트웨어 품질 관리 표준

ISO/IEC 9126(Information Technology-Software Quality Characteristics and Metrics)은 품질특성 및 메트릭을 정의하고 있는 표준으로 1991년에 제정된 후 1994년부터 품질특성과 내부 메트릭(Internal Metrics)과 외부 메트릭(External Metrics)을 조정하고 품질 측정 절차를 별도의 ISO/IEC 14598 표준으로 분리하였다. 최근에는 이 두 표준을 통일하기 위한 노력이 SPQRE(Software Product Quality Requirement and Evaluation)프로젝트라는 이름으로 진행되고 있다.

ISO/IEC 9126의 품질 모델(Quality Model)은 소프트웨어의 품질요소와 특성을 정의하고, 개발공정에서 품질을 정량화 하는데 요구되며, 일반적으로 이러한 품질모델은 계층구조로 세분화되어 표현된다. 최상위 계층은 사용자 관점에서 소프트웨어의 품질목표를 정의하고, 제2계층은 품질목표를 달성할 수 있는 광범위한 품질특성을, 제3계층은 상위특성을 구성하는 구체적인 품질 부 특성을 갖게 된다. 그리고 최하위 계층에는 소프트웨어 특성을 측정하기 위한 메트릭이나 품질인자가 위치하게 된다.

ISO/IEC 9126은 소프트웨어 품질특성과 척도에 관한 지침으로 고객 관점에서 소프트웨어에 관한 품질특성과 부 품질특성을 정의하고 있다. ISO / IEC 9126은 소프트웨어 품질속성을 <표 1>과 같이 여섯 가지 특성으로 구분하며, 이러한 품질특성은 다시 부 특성들로 세분된다. 각 품질 부 특성별로 세부 메트릭을 제시하고 있으며, 이는 소프트웨어 개발과정에서 개발자들이 적용할 수 있는 내부 메트릭과 소프트웨어 사용자들이 개발초기 또는 개발완료 후에 적용할 수 있는 외부 메트릭으로 구성되어 있다.

ISO/IEC 9126은 소프트웨어 제품에 대한 품질 요구사항을 기술하는데 사용할 수 있으며 개발 중에 있거나 또는 개발 완료된 소프트웨어의 품질을 측정하는데 척도로 사용할 수 있다.

2. ISO/IEC 14598의 소프트웨어 품질 관리 표준

ISO/IEC 14598(Information Technology-Software Product Evaluation)은 소프트웨어 제품의 품질을 측정하거나 평가하는데 필요한 방법과 절차를 <표 1>과 같이 여섯 부

분으로 나누어서 정의하고 있는 표준이다.

<표 1> ISO/IEC 14598의 여섯 가지 정의

부 분	정 의
Part 1	일반적인 개요를 다루고 있다.
Part 2	제품품질 측정 계획의 준비와 구현뿐 아니라 제품 평가 기능의 관리를 위한 전체적인 사항을 다루고 있다.
Part 3, 4, 5	Part 3, 4, 5, 는 품질평가 주체를 소프트웨어 개발자, 구매자, 평가자로 구분하여 이들 각각을 위한 소프트웨어 위한 소프트웨어제품 평가 활동을 다루고 있다.
Part 6	평가를 위해 사용되는 자료와 명령의 구조적 집합과 평가모듈의 문서화를 다룬다.

당초에는 ISO/IEC 9126에 품질측정 방법 및 절차가 개략적으로 포함되어 있었으나, 1994년부터 별도 표준으로 제정되었다. 품질 평가를 시행하는 절차로는 평가 요구사항 도출, 평가명세서 작성, 평가계획 수립, 평가수행 및 결과도출 등의 단계를 제시하고, 평가명세서를 작성할 때는 ISO/IEC 9126에 따른 내·외부 메트릭을 활용하도록 하고 있다. 메트릭을 적용하여 평가를 수행하는 과정에서 객관성 및 공정성을 확보하기 위하여 각 메트릭 적용절차 및 공정성을 확보하고, 각 메트릭 적용절차 및 기준 등을 명시한 평가모듈 라이브러리를 이 표준에서 제공한다.

3. ISO/IEC 25000의 소프트웨어 품질 관리 표준

현재 ISO/IEC 9126, ISO/IEC 14598의 국제표준을 보강·통합하는 새로운 소프트웨어 평가 모델인 SPQRE(Software Product Quality Requirement and Evaluation) 프로젝트(ISO/IEC 25000)가 진행 중에 있다. 프로젝트를 진행 중인 국제표준기구 ISO/IEC, JTC/ SC7/WG6는 소프트웨어 평가와 메트릭에 대한 표준을 개발하는 책임을 맡고 있으며 소프트웨어 품질을 구성하는 6가지의 품질특성 값을 정량적으로 평가하는 소프트웨어 제품 평가를 위한 기존 국제표준을 대폭 강화해 나가고 있다.

SPQRE는 기존의 ISO/IEC 9126과 14598 표준을 합치는 과정에서 문서의 일관성을 유지하기 위해 약간 또는 상당부분 문서자체를 변경하거나 기술적으로 상당부분을 개정하였으며, 필요에 따라 새로 하부 프로젝트를 도입하였다. 이 부분에서 기존 연구에 추가하여 다음과 같은 새로운 기여를 제시하고자 노력하였다.

첫째, SPQRE의 전체적인 개요와 SPQRE의 체계 또는 구조모델에 대해 소개하는 "SPQRE 개요 및 지침(General Overview and Guide to the SPQRE)"

둘째, 메트릭 참조모델을 소개하는 "메트릭 참조모델과 지침(Metrics Reference

Model and Guide)"

셋째, 소프트웨어 개발 생명주기에서 공통적으로 사용되는 메트릭을 설명하는 "기본 메트릭(Base Metrics)"

넷째로, 소프트웨어 품질 요구사항과 이의 추적, 타당성 및 관련성을 다루는 "품질 요구사항(Quality Requirement)" 등이다.

아울러 기술적으로도 상당부분 개정되었는데 그 내용을 보면 "외부 메트릭(External Metrics)", "사용자 관점의 품질 메트릭(Quality in Use Metrics)" 등이고, 나머지 부분은 표준 문서의 일관성 유지를 위해 약간 또는 상당부분 편집한 것이다.

4. 국립기술품질원(NITQ)의 KS X 2216 소프트웨어 품질 관리 표준

1994년에 제정된 KS X 2216(소프트웨어 제품평가의 품질 특성 및 사용지침)은 소프트웨어의 품질을 기술함에 있어 중복을 최소화한 6가지 특성으로 규정하고, 보다 상세한 부 특성 및 메트릭, 측정방법 등은 부속서로 처리하여 표준화 범위에서 제외하였다. 이 표준은 1991년 제정된 ISO/IEC 9126을 원안 그대로 채택하였으며, 이에 따라 6가지 품질특성도 ISO/IEC 9126에 정의된 바와 완전히 일치한다. KS X 2216은 당초에는 KSC 5679로 제정되었으나, 한국 산업표준의 분류체계를 조정하는 과정에서 X계열로 재분류 되었다.

5. 한국정보통신기술협회(TTA)의 KICS.IS-8402와 KICS.IS-9126 소프트웨어 품질 관리 표준

KICS.IS-8402(소프트웨어 품질의 측정, 평점 및 심사를 위한 기술 지원서)는 개발 완료된 유사한 소프트웨어 제품이나 패키지들 중에서 가장 접합한 제품을 선정하여 구매하고자 할 때 적용되는 표준으로 1994년에 제정되었다. 소프트웨어 제품을 선정하는 절차로 요구사항 정의, 평가 준비, 평가 절차의 3단계를 제시하고 있다. 요구사항 정의 단계에서는 구매자가 소프트웨어에 대한 기능 요구사항과 사용 환경, 품질 요구사항 등을 정의하는데, 품질 요구사항을 기술함에 있어서는 ISO/IEC 9126의 품질특성을 활용할 것을 권하고 있다. 평가 준비 단계에서는 품질특성별로 적절한 메트릭을 선택하고 평점수준과 심사 기준을 정의하도록 하고 있으며, 평가 절차에서는 모든 심사 대상 소프트웨어에 대하여 메트릭을 적용하여 측정값을 도출하고 각 등급별로 평점을 매겨 심사하도록 되어 있다.

1994년에 제정된 KICS.IS-9126(소프트웨어 패키지의 품질 요구사항과 시험에 관한 기술지원서)은 소프트웨어 패키지 사용자나 구매자가 품질 요구사항을 정확히 식별하고, 이에 따라 소프트웨어 제품설명서와 사용자 문서, 프로그램과 데이터에 대한 요구사항을 명확히 기술하고 있어야 한다. 그리고 시험 수행 시 에는 각 품질 요구사항을 기준으로 시험항목을 도출하여 제품 설명서 및 사용자 문서, 프로그램과 데이터에 대하여 시험을 수행하고 시험기록을 작성할 것을 요구하고 있다. 이 표준 역시 개발이 완료된 소프트웨어 패키지를 구매자가 평가하여 선정하는 과정에서의 평가 방법을 기술하고 있으며, 개발과정에서의 활동과 중간산출물에 대해서는 표준화 범위에서 제외하고 있다.

KICS.IS-8402와 KICS.IS-9126은 1994년 한국전산원(NCA)에서 KIS-0046과 KIS-0043 표준으로 제정된 뒤 1997년 정보통신 분야에 대한 국가 표준화 업무가 TTA로 일원화되면서 해당 표준의 번호가 변경되었다

(출처: 김종걸, 김형만, 박지성 , "소프트웨어 품질관리의 표준화 동향 조사 분석" 대한안전경영과학회, 대한안전경영과학회 2010년도 춘계학술대회, p.562-571, 2010)

부록 2　ISO의 소프트웨어 품질척도 #1

<table>
<tr><th rowspan="2">평가대상</th><th rowspan="2">평가할 특성</th><th rowspan="2">합격기준</th><th rowspan="2" colspan="2">계산식</th><th colspan="3">판정</th></tr>
<tr><th>Y</th><th>N</th><th>NA</th></tr>
<tr><td>일반적 요구사항</td><td>바이러스 감염 여부</td><td>바이러스에 감염되어 있지 않음</td><td>바이러스 감염 여부</td><td>바이러스 감염 여부=Y or N or NA</td><td></td><td></td><td></td></tr>
<tr><td rowspan="6">기능성</td><td>사용 환경 명세 제공</td><td>웹 기반 소프트웨어시스템의 사용환경 명세제공</td><td>소프트웨어의 사용환경 명세 제공여부</td><td>사용 환경 명세제공=Y or N or NA</td><td></td><td></td><td></td></tr>
<tr><td>문제해결 이력정보제공</td><td>소프트웨어 제품의 이전 버전 또는 이전 릴리즈에서 발견된 문제의 해결 정보 제공</td><td>문제해결 이력정보제공=문제해결 이력정보제공 여부</td><td>문제해결 이력정보제공=Y or N or NA</td><td></td><td></td><td></td></tr>
<tr><td>데이터 교환정보 제공수준</td><td>사용자문서에 다른 프로그램과의 데이터 교환을 위한 기능이 80%이상 기술됨</td><td>데이터 교환정보 제공수준 =사용자 문서에 명세된 데이터 교환 기능의 수 / 프로그램에서 제공하는 모든 데이터 교환 기능의 수</td><td>데이터 교환정보 제공수준=Y or N or NA</td><td></td><td></td><td></td></tr>
<tr><td>접근통제 정보제공</td><td>사용자문서에 접근통제에 대한 정보 제공</td><td>접근통제 정보제공=접근통제 정보제공 여부</td><td>접근통제 정보제공=Y or N or NA</td><td></td><td></td><td></td></tr>
<tr><td>기능표준 준수 정보제공</td><td>제품설명서와 사용자 문서에 기능 표준 준수에 대한 정보 제고</td><td>기능표준 준수 정보제공=기능표준 준수 정보제공 여부</td><td>기능표준 준수 정보제공=Y or N or NA</td><td></td><td></td><td></td></tr>
<tr><td>인터페이스 표준 준수 정보제공</td><td>인터페이스 표준 준수 정보제공 여부 확인</td><td>인터페이스 표준 준수 정보제공=인터페이스 표준 준수성에 대한 정보제공여부</td><td>인터페이스 표준 준수 정보제공=Y or N or NA</td><td></td><td></td><td></td></tr>
<tr><td rowspan="2">신뢰성</td><td>보안성 검증여부</td><td>보안성 검증여부 확인</td><td>보안성 검증여부</td><td>보안성 검증여부=Y or N or NA</td><td></td><td></td><td></td></tr>
<tr><td>등록거절</td><td>위. 변조한 메시지 거절 확인</td><td>등록거절=등록거절여부</td><td>등록거절=Y or N or NA</td><td></td><td></td><td></td></tr>
</table>

	데이터 회복 정보제공	오류발생시의 데이터 회복에 관한 정보 제공	데이터 회복 정보 제공=데이터 회복 정보 제공 여부	데이터 회복 정보 제공=Y or N or NA			
	신뢰성 수준 정보 제공	웹 기반 시스템의 신뢰성 수준에 대한 정보 제공	신뢰성 관련 표준 준수 정보제공=신뢰성 관련 표준 정보 제공여부	신뢰성 관련 표준 준수 정보 제공 =Y or N or NA			
사용성	예비 지식 정보 제공	제품 사용 시 요구되는 예비지식 정보의 제공	예비지식정보제공=A	예비지식 정보제공 =Y or N or NA			
	사용자 안내성	프로그램이 사용자의수준에 따라 사용할 수 있게 하는 기능을 제공	사용자 안내성=A	사용자 안내성 =Y or N or NA			
	운영 절차 조정 가능성	프로그램 운영 절차 조정 기능제공	운영 절차 조정 가능성=운영 절차 조정 가능성 여부	운영 절차 조정 가능성 =Y or N or NA			
	사용성 표준 준수 정보제공	사용성 표준 준수성에 대한 정보의 제공	사용성 표준 준수 정보제공=A	사용성 표준 준수 정보제공 =Y or N or NA			
효율성	처리기한 명세(송경희)	시스템의 과체처리 기한에 대한 명세 여부	시스템의 과제 처리기한에 대한 명세 여부	처리기한 명세=Y or N or NA			
	효율성 표준 준수 정보제공	효율성 표준 준수 정보 제공	효율성 표준 준수 정보 제공=A	효율성 표준 준수 정보 제공=Y or N or NA			
유지보수성	진단 기능 정보 제공	진단기능에 관한 정보 제공	진단 기능 정보 제공=A	진단 기능 정보제공 =Y or N or NA			
	문제해결 정보 제공	S/W 제품 사용 시 발생하는 오류의 증상 및 문제해결에 관한 정보 제공	문제해결 정보 제공=A	문제해결 정보제공 =Y or N or NA			
	환경설정 변경 정보 제공	환경 설정에 대한 정보 제공	환경설정 변경 정보 제공=A	환경설정변경정보제공=Y or N or NA			
	환경설정 변경 안정성 정보 제공	환경 변경으로 인해 발생할 가능성이 있는 오류에 대한 정보 제공	환경설정 변경 안정성 정보제공=A	환경설정 변경 안정성 정보제공= Y or N or NA			

	내장형 시험기능 정보제공	내장형 시험기능 정보 제공	내장형 시험기능 정보제공=A	내장형 시험기능 정보제공=Y or N or NA			
	유지·보수 표준 준수 정보 제공	유지·보수 관련 표준 정보제공	유지·보수 표준 준수 정보제공=A	유지보수표준준수정보제공=Y or N or NA			
이식성	적용환경 적응 정보 제공	프로그램의 사용환경을 문서에서 명시	적용환경 적응 정보 제공=적용환경 적응 정보 제공 여부	적용환경 적응 정보제=Y or N or NA			
	데이터지속정보 제공	데이터 대체에 관한 정보제공	데이터 지속 정보제공=A	데이터 지속 정보 제공=Y or N or NA			
	공존 가능 정보 제공여부	소프트웨어 제품을 사용자가 자주 사용하는 다른 소프트웨어와 동시에 사용할 수 있는지에 대한 정보제공	공존 가능 정보 제공=A	공존 가능 정보 제공=Y or N or NA			
	이식 표준 준수 정보 제공	이식 관련 표준 준수 정보 제공	이식 표준 준수 정보 제공= A	이식 표준 준수 정보 제공=Y or N or NA			

부록 3 ISO의 소프트웨어 품질척도 #2

평가대상	평가할 특성	합격기준	계산식		판정		
					Y	N	NA
	제품 정보 제공	식별 정보의 90%이상을 제공	제품 정보 제공=(Y로 측정되는 항목 수)/ 적용 가능한 데이터 수)	0≤제품정보 제공≤1			
	기능 정보 제공	프로그램에서 제공하는 모든 데이터에 대한 설명 제공	기능 정보 제공 =문서에 언급된 기능 수/ 성	0≤기능 정보 제공≤1			
	데이터정보제공	프로그램에서 제공하는 모든 데이터에 대한 설명제공	데이터 정보제공= 프로그램에 구현된 기능의 수 / 프로그램에서 제공하는 모든 데이터 파일의 수	0≤데이터 정보 제공≤1			
	기능 충분성	소프트웨어 유형에 따른 필수 기능 90%이상 적절한 구형	기능 충분성 = 필수 기능 중 프로그램에 구현된 기능의 수 / 유사한 유형의 소프트웨어들이 갖는 공통적인 필수 기능의 수	0≤기능 충분성≤1			
	경계값 정보 제공	경계값 항목의 90%이상 정보 제공	경계값 정보 제공= 문서에 설명된 경계값 항목의 수 / 프로그램 사용에 필요한 모든 경계값 항목의 수	0≤경계값 정보 제공≤1			
	기능 구분 적절성	소프트웨어로 구현된 부분이 90% 이상 적절한 구현	기능구분 적절성= - $B=\sum_{i=1}^{A}\frac{Success\_TC_i}{Total\_TC_i}$ -Success_TC: i번째 기능 요소를 검토하여 적절한 것으로 판정된 기능요소 -Total_TC: i번째 기능 요소	0≤기능구분 적절성≤1			
	기능 구현 완전성	프로그램에서사용자문서에 기능이 프로그램에 100%구현되어 있음.제공하는 모든 데이터에 대한 설명 제공	기능구현 완전성=B (사용자 문서에 기술된 기능의 수) / A(시스템 구현된 소프트웨어적인 기능의 수)	0≤기능구현 완전성≤1			

	경계값 처리율	경계값을 벗어나는 입력에 대한 예외에 대해 100% 처리	-경계값 처리율 = B(각 항목별 테스트케이스 성공률의 합) / A(경계값 확인 대상 항목수) - $B=\sum_{i=1}^{A}\frac{Success\_TC_i}{Total\_TC_i}$ -Success_TC: i번째 경계값 처리 기능 확인을 위해 수행한 테스트케이스 중 성공한 건수 -Total_TC: i번째 경계값 처리 기능 확인을 위해 수행한 테스트케이스 수	0≤경계값 처리율≤1			
	기능분류 명확성 (송경희)	하드웨어적인 기능과 소프트웨어적인 기능을 80% 이상 정확히 분류	기능분류 명확성=기능수/소프트웨어가 제공하는 전체 기능 수	0≤기능분류 명확성≤1			
	기능구현 정확성 정보제공	사용자 문서에 기능에 대한 정보가 95%이상 정확	기능구현 정확성 정보제공 = 문서에 정확히 기술되어 있는 기능 수/ 프로그램에서 제공하는 전체 기능 수	0≤기능구현 정확성 정보제공≤1			
	기능구현 정확성	사용자 문서에 기술된대로 100%정확히 구현	-기능구현 정확성 = 각 항목별 테스트케이스 성공률의 합 / 평가되어야 하는 기능의 수 - $B=\sum_{i=1}^{A}\frac{Success\_TC_i}{Total\_TC_i}$ -Success_TC: i번째 기능 확인을 위해 수행한 테스트케이스 중 성공한 건수 -Total_TC: i번째 기능 확인을 위해 수행한 테스트케이스 수	0≤기능구현 정확성≤1			
	연결 가능성	연결이 기대되는 대상과 80%이상 연결 가능	실제 연결 가능한 다른 유형의 소프트웨어의 수/ 연결 가능하리라 기대되는 유형의 산업 기기의 수	0≤연결가능성≤1			
	데이터 교환성	다른 프로그램과의 데이터 교환을 위해 구현된 기능이 100%이상 성공적으로 동작	- 데이터 교환성=(데이터 교환에 이용되는 모든 기능의 수)B/A(데이터 교환에 이용되는 모든 기능의 수) -Success_TC: i번째 기능 확인을 위해 수행한 테스트케이스 중 성공한 건수 -Total_TC: i번째 기능 확인을 위해 수행한 테스트케이스 수 - $B=\sum_{i=1}^{A}\frac{Success\_TC_i}{Total\_TC_i}$	0≤데이터 교환성≤1			

	접근 통제 가능성	접근 통제를 위한 기능이 100%성공	-접근 통제 가능성= B(각 항목별 테스트케이스 성공률의 합) / A(접근 통제를 위한 모든 기능의 수) -Success_TC: i번째 기능 확인을 위해 수행한 테스트케이스 중 성공한 건수 -Total_TC: i번째 기능 확인을 위해 수행한 테스트케이스 수 $B=\sum_{i=1}^{A}\frac{Success\_TC_i}{Total\_TC_i}$	0≤접근 통제 가능성≤1			
	기능표준 준수율	기능표준 준수 항목을 80%이상 준수하고 있음.	-기능표준 준수율= B(각 항목별 테스트케이스 성공률의 합) / A(평가할 기능표준 준수 항목수)율	0≤기능표준 준수율≤1			
	인터페이스 표준 준수율	인터페이스 표준 준수성의 비율 0≤P≤1	-인터페이스표준준수율=B(각 항목별 테스트케이스 성공률의 합) / A(평가할 기능 표준 준수 항목수) -Success_TC: i번째 기능 확인을 위해 수행한 테스트케이스 중 성공한 건수 $B=\sum_{i=1}^{A}\frac{Success\_TC_i}{Total\_TC_i}$ -Total_TC: i번째 기능 확인을 위해 수행한 테스트케이스 수	0≤인터페이스표준준수율≤1			
	결함 회피율	운용 시간 중 발견된 결함의 수가 규정된 값을 넘지 않음.	결함 회피율=1-min(1, B(발견된 결함 수) / A(단위 응용시간))	0≤결함 회피율≤1			
	평균 고장발생 간격 (노성권)	고장발생시간	소프트웨어의 총가동시간 / 관측된 고장 발생건수	0≤평균고장발생간격≤1			
	오류 발견율 (노성권)	프로그램 작동 중 오류발생율 0≤p≤1	최종성과물에 포함된 장해건수 / 최종성과물의 량	0≤오류발견율≤1			
	장애 추적율 (노성권)	장애발생 추적율 0≤p≤1	총추출 장해수 / 신뢰도 성장곡성의 포화점	0≤장애추적율≤1			
	테스트 밀도 (노성권)	테스트량	테스트량/성과물량	0≤테스트 밀도≤1			
	테스트 실시율 (노성권)	실제테스트 량의 비율 0≤p≤1	실시된 테스트량 / 예정된 테스트량	0≤테스트 실시율≤1			

	문제 해결율	문제 해결 이력 정보 100%문제 해결 확인	문제 해결율 = B(확인된 문제 해결 항목수)/ A(시험 대상 문제 해결 항목수)	0≤문제해결율≤1			
	다운 회피율	결함이 시스템의 다운을 가져오는 경우가 10%미만	다운회피율=1-B(프로그램의 재시동이 ㅣ ㄹ요한 결함의 장수)/ A(발견된 결함수)	0≤다운회피율≤1			
	고장 회피율	고장을 발생시키는 정도의 심각한 결함은 전체 결함중 20%미만	고장 회피율= 1-B(고장 회수(심도각한 결함이 발생한 수)/ A(발견된 결함수)	0≤고장회피율≤1			
	오조작 회피율	오조작율 수행했을 때 결함이 발생하는 경우가 5%미만	오조작회피율=1-B(결함발생수) / A(사용자가 오조작을 수행한 수)	0≤오조작회피율≤1			
	복구 가능율	제품 결함에 대한 복구를 시도했을 때 80%이상 복구가능	복구가능율=복구 시도 수 /성공적으로 복구가 완료된 회수	0≤복구가능율≤1			
	평균재개 소요시간 (노성권)	Down후의 재가동에서 정상상태로 복귀하기까지의 시간	재개에 필요한 총시간수 / 관측된 Down의 횟수	0≤평균재개소요시간≤1			
	신뢰성 수준 준수율	명세된 신뢰성 수준을 95%이상 준수	-신뢰성 관련 표준 준수율= B(각 항목별 테스트케이스 성공률의 합) / A(평가하여야 하는 신뢰성 관련 표준 항목수) - $B=\sum_{i=1}^{A}\frac{Success\_TC_i}{Total\_TC_i}$ -Success_TC: i번째 신뢰성 표준 준수확인을 위한 수행한 테스트케이스 중 성공한 건수 -Total_TC: i번째 신뢰성 표준 준수확인을 위한 수행한 테스트케이스 수	0≤신뢰성수준준수율≤1			
	기능 이해도	제품설명서와 사용자 문서를 통해 이해할 수 있는 기능의 수가 90% 이상	기능 이해도=제품설명서와 사용자 문서를 통해 이해할 수 있는 기능의 수 / 전체 기능의 수)	0≤인터페이스 이해도≤1			

	인터페이스 이해도	인터페이스를 통하여 이해할 수 있는 기능의 수가 85%이상	인터페이스 이해도=인터페이스를 통하여 이해할 수 있는 기능의 수 / 전체 기능의 수	0≤인터페이스 이해도≤1				
	입/출력 데이터 이해도	입출력 화면 및 데이터를 쉽게 이해할 수 있는 경우가 90%이상	입/출력 데이터 이해도=해당 점검표에서 Y로 측정된 항목의 수 / 해당 점검표에서 평가 대상이 되는 항목의 수	0≤입/출력 데이터이해도 ≤1				
	내용 일관성	제품 설명서와 사용자 문서가 서로 간 또는 프로그램과 90%이상 일관성 있게 작성됨	내용 일관성=해당 점검표에서 평가 대상이 되는 항목의 수) / 해당 점검표에서 Y로 측정된 항목의 수)	0≤내용일관성≤1				
	기능 학습 용이성	학습을 쉽게 할 수 있는 기능의 수가 85%이상	기능 학습 용이성=학습늘 쉽게 할 수 있는 기능의 수 / 전체 기능의 수	0≤기능학습 용이성≤1				
	도움말 접근 용이성	사용자가 도움말의 90%이상의 수비게 학습 가능	도움말접근용이성=해당 점검표에서 검사결과가 Y로 측정된 항목의 수) / 도움말접근용이성 점검표에서 평가 대상이 되는 항목의 수	0≤도움말접근용이성≤1				
	오류 복구 용이성	프로그램을 사용하는 도중 발생한 오류를 90%이상 쉽게 복구	오류 복구 용이성=B(해당 점검표에서 검사결과가 Y로 측정된 항목의 수) / 해당 점검표에서 평가 대상이 되는 항목의 수)	0≤오류복구 용이성≤1				
	오류 방지성 (윤여웅)	문제를 방지하기 위한 기능 제공	오류 방지성=해당 점검표에서 검사결과가 Y로 측정된 항목의 수 / 해당 점검표에서 평가 대상이 되는 항목의 수	0≤오류방지성≤1				
	메시지 이해 용이성	프로그램 사용 시 나타나는 메시지를 90%이상 이해 용이	메시지 이해 용이성=해당 점검표에서 검사결과가 Y로 측정된 항목의 수 / 해당 점검표에서 평가 대상이 되는 항목의 수	0≤메시지이해용이성≤1				
	진행 상태 파악 가능성	프로그램의 진행 상태를 사용자에게 보여주는 기능이 90%이상 제공됨	진행상태 파악가능성=해당 점검표에서 검사결과가 Y로 측정된 항목의 수 / 해당 점검표에서 평가 대상이 되는 항목의 수	0≤진행상태 파악가능성 ≤1				

	인터페이스 조정 가능성	필요한 경우에 대해 80%이상 인터페이스 조정 기능 제공	인터페이스 조정 가능성=해당 점검표에서 검사결과가 Y로 측정된 항목의 수 / 해당 점검표에서 평가 대상이 되는 항목의 수	0≤인터페이스조정가능성≤1				
	인터페이스 선호도	인터페이스가 시각적으로 사용자에게 호감을 주는 항목이 80%이상	인터페이스 선호도=해당 점검표에서 검사결과가 Y로 측정된 항목의 수 / 해당 점검표에서 평가 대상이 되는 항목의 수	0≤인터페이스 선호도≤1				
	사용성 표준 준수율	프로그램이 사용성과 관련된 표준을 80%이상 준수	-사용성 표준 준수율=각 항목별 테스트케이스 성공률의 합 / 평가할 사용성 표준 준수 항목 수 $- B = \sum_{i=1}^{A} \frac{Success\_TC_i}{Total\_TC_i}$ -Success_TC: i번째 효율성 표준 준수확인을 위한 수행한 테스트케이스 중 성공한 건수 -Total_TC: i번째 효율성 표준 준수확인을 위한 수행한 테스트케이스 수	0≤사용성 표준 준수율≤1				
	평균 반응 시간	프로그램이 명세된 반응시간	-평균 반응 시간=1-min(1, 반응 평균 시간)/반응평균시간의 한계값) $- B = \frac{\sum_{i=1}^{n} T_i}{N}$ -Ti= I번째의 테스트의 반응시간 -N= 반응 시간 테스트 케이스 수	0≤평균 반응 시간≤1				
	평균 처리율	평균 처리량의 한계 값을 80%이상 준수	-평균 처리율=1-min(1, 처리 평균량)/처리평균량의 한계값) $- B = \frac{\sum_{i=1}^{n} T_i}{N}$ -Ti= I번째의 테스트의 반응시간 -N= 반응 시간 테스트 케이스 수	0≤평균 처리율≤1				
	평균 처리 시간	처리 평균 시간의 한계값을 80%이상 준수	-평균 처리 시간 =1-min(1,처리 평균시간)/ $- B = \frac{\sum_{i=1}^{n} T_i}{N}$ 처리 평균 시간의 한계값)) -Ti= I번째의 테스트의 처리시간 -N= 처리 시간 테스트 케이스 수	0≤평균 처리 시간≤1				

	입·출력 자원 사용율	입출력 장치를 대기하는 시간에 대한 규정 준수	-입/출력 자원 사용 정도=1-min(1,입출력 자원 사용 대기 평균 시간) / 입·출력 자원 사용 대기 평균 시간의 한계값) - $B = \frac{\sum_{i=1}^{n} T_i}{N}$ -Ti=I번째의 테스트의 입·출력 자원 사용 대기시간 -N=입·출력 자원 사용 정도 테스트케이스 수	0≤입·출력 자원 사용율 ≤1				
	메모리 사용율	운용 시간에 대한 에러메시지의 수가 규정된 값의 90%이상 준수	메모리 사용율=1-메모리 관련 에러 메시지 수 / 운용시간)	0≤메모리 사용율≤1				
	데이터 전송율	데이터 전송 속도의 한계값을 준수	-데이터전송율=1-min(1, B(평균 전송 속도) / A(데이터 전송 평균 속도의 한계값))	0≤데이터 전송율≤1				
	효율성 표준 준수율	준수하여야 하는 표준에 따라 프로그램이 80%이상 동작	-효율성 표준 준수율=B(각 항목별 테스트케이스 성공률의 합) / A(평가할 효율성 표준 준수 항목수) - $B = \sum_{i=1}^{A} \frac{Success\_TC_i}{Total\_TC_i}$ -Success_TC: i번째 효율성 표준 준수확인을 위한 수행한 테스트케이스 중 성공한 건수 -Total_TC: i번째 효율성 표준 준수확인을 위한 수행한 테스트케이스 수	0≤효율성 표준 준수율≤1				
	진단 기능 지원율	평가 대상에 대해 80%이상의 진단 기능 제공	진단 기능 지원=B(각 항목별 테스트케이스 성공률의 합) / A(평가할 진단기능의 수) - $B = \sum_{i=1}^{A} \frac{Success\_TC_i}{Total\_TC_i}$ -Success_TC: i번째 진단기능 확인을 위한 수행한 테스트케이스 중 성공한 건수 -Total_TC: i번째 진단기능 확인을 위한 수행한 테스트케이스 수	0≤진단 기능 지원율≤1				
	문제 해결 구현율	문제 해결 정보에 따라 문제를 해결 가능한 경우가	문제 해결 구현율=B(각 항목별 테스트케이스 성공률의 합) / A(평가할 문제 해결 항목 수)	0≤문제 해결 구현율≤1				

		90%이상	- $B=\sum_{i=1}^{A}\frac{Success\_TC_i}{Total\_TC_i}$ -Success_TC: i번째 항목 확인을 위한 수행한 테스트케이스 중 성공한 건수 -Total_TC: i번째 항목 확인을 위한 수행한 테스트케이스 수				
	변경 가능율	환경 설정을 변경 정보대로 90%이상 구현	변경 가능율= B(연계되어 동작하는 타 시스템이나 변경가능성이 있는 미들웨어 플랫폼의 수) / A(변경 이후에도 정상적으로 연계되어 수행되는 타 시스템이나 미들웨어 플랫폼의 수)	0≤변경 가능율≤1			
	내장형 시험 기능 구현율	내장형 시험 기능이 정보에서 제공되어 있는 대로 80%이상 구현	내장형 시험 기능 구현율= B(평가할 내장형 시험기능 수) / A(각 항모별 테스트케이스 성공률의 합) - $B=\sum_{i=1}^{A}\frac{Success\_TC_i}{Total\_TC_i}$ -Success_TC: i번째 내장형 시험 기능 확인을 위한 수행한 테스트케이스 중 성공한 건수 -Total_TC: i번째 내장형 시험 기능 확인을 위한 수행한 테스트케이스 수	0≤내장형 시험 기능 구현율≤1			
	유지·보수 표준 준수율	유지·보수와 관련된 표준,규약 정보에 따라 프로그램이 80%이상 구현	-유지·보수 표준 준수율= B(평가할 유지보수 준수 항목 수) / A(각 항목별 테스트케이스 성공률의 합) -Success_TC: i번째 항목 확인을 위한 수행한 테스트 케이스 중 성공한 건수 -Total_TC: i번째 항목 확인을 위한 수행 $B=\sum_{i=1}^{A}\frac{Success\_TC_i}{Total\_TC_i}$ 한 테스트케이스 수	0≤유지·보수 표준 준수율≤1			
	이식 편리성	자신의 환경에 쉽게 적응시킬 수 있는 수준이 규정값을 준수함.	이식 편리성=(B(설치하거나 셋업 변경횟수) / (전체 설치하거나 셋업 변경시 총 소요 시간)) / C설치하거나 셋업 변경시 요구되는 평균 소요시간) 이식편리성=(B/A)/ C	0≤이식 편리성≤1			
	적용 환경 적응율	프로그램의 사용 환경을 문서에서 명시	적용 환경 적응율=지원가능한 하드웨어 / 소프트웨어 환경 수 / 실제 지원이 되는 하드웨어/ 소프트웨어 환경수	0≤적용 환경 적응율≤1			

	제거정보 제공	적용가능성 비율 0≤p≤1	제거정보제공=Y로 측정되는 항목 수 / 데이터 항목수	0≤제거정보 제공≤1			
	제거 가능율	제거 성공률이 95%이상	제거가능율=성공한 제거 횟수 / 시도한 제거 횟수	0≤제거 가능율≤1			
	설치 가능율	설치 성공률이 95%이상	설치가능율=성공한 설치(설치재시도)횟수/ 시도한 설치(설치재시도) 횟수	0≤설치 가능율≤1			
	설치 정보 제공	설치 재시도 정보제공	설치 정보 제공= B(Y로 측정되는 항목 수) / A(데이터 항목수)	0≤설치 정보제공≤1			
	데이터 지속 가능율	평가 대상 데이터가 95%이상 재사용 가능	-데이터 지속 가능율= B(평가할 대체 가능한 데이터 형식 항목 수) / A(각 항목별 테스트케이스 성공률의 합) $B=\sum_{i=1}^{A}\frac{Success\_TC_i}{Total\_TC_i}$ -Success_TC: i번째 항목 확인을 위한 수행한 테스트케이스 중 성공한 건수 -Total_TC: i번째 항목 확인을 위한 수행한 테스트케이스 수	0≤데이터 지속 가능율≤1			
	공존 가능율	다른 소프트웨어와 공존 가능한 경우가 95%이상	-공존 가능율=B(평가할 공존 시스템 항목 수) / A(각 항목별 테스트케이스 성공률의 합) $B=\sum_{i=1}^{A}\frac{Success\_TC_i}{Total\_TC_i}$ -Success_TC: i번째 공존 시스템 확인을 위한 수행한 테스트케이스 중 성공한 건수 -Total_TC: i번째 공존 시스템 확인을 위한 수행한 테스트케이스 수	0≤공존 가능율≤1			
	이식 표준 준수율	이식과 관련된 표준, 규약 등의 정보에 따라 90%이상 구현	이식 표준 준수율=B(평가할 이식 표준 준수 항목수) / A(각 항목별 테스트 케이스 성공률의 합) $B=\sum_{i=1}^{A}\frac{Success\_TC_i}{Total\_TC_i}$ -Success_TC: i번째 항목 확인을 위한 수행한 테스트케이스 중 성공한 건수 -Total_TC: i번째 항목 확인을 위한 수행한 테스트 케이스 수	0≤이식 표준준 수율≤1			

12

소프트웨어 유지·보수

학습목표

본 강의에서는 구현한 소프트웨어(프로그램)를 실제 운영하면서 하자가 발생한다던가, 새로운 기능을 추가하거나, 환경변화 등이 발생하면 운영하던 소프트웨어를 수정/보완을 해야 되는데, 여기에 필요한 제 방법들을 학습한다. 또한 운영하던 소프트웨어를 재구축하는 방법과 소프트웨어를 개발하는 과정 및 개발 완료되었을 때 거기에 관련되는 각종 명세서(형상)들이 있는데, 이들을 관리하는 방법에 대해서도 학습한다.

12.1 소프트웨어 유지·보수의 개요

12.1.1 유지·보수의 개념

소프트웨어(여기서 소프트웨어는 "프로그램"을 의미함) 유지·보수는 소프트웨어의 수명 즉, 완성된 소프트웨어가 폐기처분 될 때까지의 사용기간을 연장시키는 일을 의미한다. 또한 소프트웨어를 항상 최상의 상태로 운영하기 위해 각 장치를 시험·조정하는 것이며, 하자가 발생할 경우 수리, 복구 등을 하는 것이기도 하다. 이 이외에도 프로그램이나 파일의 내용을 변경하는 것이거나, 소프트웨어가 인수 설치된 후 일어나는 모든 작업을 의미하기도 한다.

12.2.2 유지·보수의 중요성

일반적으로 소프트웨어가 유용하게 활용되는 기간은 개발기간보다 유지·보수 기간이 더 길어질 것이다. 유지·보수비용은 전체 예산의 약 70% 정도 차지하는 경향이 있다.

이와 같이 소프트웨어 예산에서 유지·보수비용이 차지하는 비중이 급격히 높아지므로 유지·보수에 관한 경제적 대응책이 절실히 필요하다 하겠다. 소프트웨어 업무에 종사하는 전문가들의 대부분이 앞으로 신규 개발 프로젝트보다는 기존 소프트웨어 개선에 많이 투입될 거라는 전망이 있다. 소프트웨어 기술의 발전으로 인해 앞으로는 값비싼 자체개발보다는 패키지를 구매하여 개발하는 편이 더욱 매력적이 될 것이다.

그러므로 향후에는 소프트웨어 개발도 중요하지만, 그에 못지않게 개발된 소프트웨어의 유지·보수의 중요성이 더욱 증대될 것이다.

12.1.3 유지·보수 작업의 유형

유지·보수 작업의 유형은 아래와 같이 크게 4가지 유형으로 대별될 수 있다.

첫째, 하자 유지·보수 (Corrective Maintenance, 또는 수리 보수)

이는 개발된 프로그램의 버그(Bug 또는 Error)의 원인을 찾아서 정상적으로 가동되도록 하는 유지·보수 작업이다. 즉, 개발된 프로그램에서 하자가 발생할 경우 이들을 수정하는 유지·보수 작업이다.

둘째, 기능 개선 유지·보수 (Perfective Maintenance, 완전 유지·보수)

이는 소프트웨어 유지·보수의 비용 분포 중 가장 많은 부분을 차지하는 유지·보수로서 잠재적 오류나 성능의 문제를 수정, 보완하여 최상의 소프트웨어로 유지시키는 것이다. 즉, 개발된 프로그램을 사용자들이 사용하다가 추가로 기능을 요구할 경우 이들 기능을 개선시키기 위한 유지·보수 작업이다.

셋째, 환경 적응 유지·보수 (Adaptive Maintenance, 적응 유지·보수)

이는 개발된 프로그램을 환경 변화에 적응시키기 위한 유지·보수 작업이다.

넷째, 예방 조치 유지·보수 (Preventive Maintenance, 예방 유지·보수)

현재는 개발된 프로그램에 오류가 없지만, 앞으로 오류가 발생하지 않도록 사전에 유지·보수하는 작업이다.

12.1.4 유지·보수의 어려움

개발된 프로그램을 유지·보수한다는 것은 대단히 어려운 일인데, 여기에 대한 이유를 아래에 몇 가지 요약하여 두었다.

첫째, 다른 사람이 개발한 프로그램을 이해한다는 것은 대단히 어렵다. 즉, 남이

짠 프로그램을 따라가며 변경을 가하는 것은 매우 어려운 일이다. 특히, 소스 프로그램의 명세서가 없으면 문제는 더욱 심각하다.

둘째, 개발담당자의 이동 등으로 인한 개발담당자에게 도움을 받을 수 없을 때 유지·보수작업은 어렵다.

셋째, 개발보고서 등 관련문서가 없거나 미흡한 경우 어렵다. 즉, 기존의 프로그램에 대한 이해가 있어야만 유지 · 보수가 가능하다.

넷째, 보통 개발할 시스템을 설계할 때 변경을 염두에 두고 설계하는 것은 아니다. 즉, 모듈의 독립성, 재사용성, 객체지향기법, 컴포넌트 기반 개발기법 등을 활용하지 않기 때문에 오류가 발생할 경우 수정이 어렵다.

다섯째, 유지 · 보수 작업은 인기가 없는 일이다. 왜냐하면 아무리 열심히 일을 해도 남이 작성한 프로그램을 수정하기 때문에 일에 대한 성과가 없다. 따라서 일에 대한 좌절감을 느낄 때가 많다.

여섯째, 오래된 소프트웨어는 분석, 설계, 코딩, 테스트, 이행 등 개발수명주기에 대한 문서화가 없는 경우가 많다.

12.2 소프트웨어 유지·보수비용

12.2.1 유지·보수비용에 영향을 미치는 요인

소프트웨어 유지·보수비용에 영향을 미치는 "기술적인 요인"과 "비 기술적인 요인"을 아래에 살펴 두었다.

1. 기술적인 요인

① 모듈간의 독립성 : 모듈간의 독립성은 모듈과 모듈간의 중복성 여부를 평가하는 척도인데, 하나의 모듈을 수정하면 다른 모듈에게 영향을 미치지 않고 수정 및 변경 될 수 있는 정도를 의미한다.

② 프로그래밍 언어 : 프로그램을 자연어로 작성할수록 컴파일 언어보다도 유지·보수하기가 쉽다.

③ 프로그래밍 스타일 : 프로그래밍 스타일에 따라 개발된 프로그램을 이해하는 정도가 틀려진다.

④ 프로그램 테스팅 : 개발된 프로그램을 철저히 시험함으로서 오류를 줄일 수 있고, 또한 유지·보수하기가 쉽다.

⑤ 문서화 : 문서화가 잘되어 있으면 있을수록 그만큼 유지·보수하기가 쉽다.

2. 비 기술적인 요인

① 업무시스템에 대한 이해 : 사용자들이 업무시스템을 잘 이해하면 할수록 사용자들의 요구사항이 명확해질 수 있으므로 그만큼 유지 · 보수 비용이 감소될 수 있다.

② 유지 · 보수담당자 : 유지 · 보수 담당자가 개발에 직접 참여하면 개발된 프로그램을 잘 이해할 수 있으므로 유지 · 보수비용은 그만큼 저하될 수 있다.

③ 프로그램의 수명 : 프로그램의 수명이 길면 길수록 유지 · 보수비용이 높아질 가능성이 있다.

④ 외부환경 : 프로그램이 외부환경에 영향을 받는다면, 외부환경이 변경될 때 마다 유지 · 보수가 필요하다. 즉, 유지 · 보수비용이 높아질 가능성이 있다. 예를 들면, 수강신청제도가 변경되면 수강신청 프로그램을 수정해야 한다.

⑤ 하드웨어 환경 : 새로운 하드웨어가 설치되면 기존의 프로그램을 새로운 하드웨어에 이식시켜야 하므로 유지 · 보수비용이 높아질 가능성이 있다.

12.2.2 유지·보수비용의 예측방법

유지·보수비용의 예측방법은 소프트웨어 비용 산출 공식에 근거하여 예측한다. 여기서는 대표적인 3가지 공식만 살펴보기로 한다.

1. 직관적인 경험에 의한 예측 방법

이 방법은 유지·보수비용이 개발비와 비슷하게 소요될 것이라고 유지·보수비용을 예측하는 것이다.

2. BL방법

이 방법은 Belady와 Lehman에 의해 제안된 것으로 아래 공식을 이용하여 유지·보수비용을 예측한다.

공식 : M = E + I exp(c-f)

여기서, M : 유지·보수를 위한 인원/월이다. 즉, 유지·보수를 위한 매월 당 필요한 인원수를 의미한다.

E : 시스템분석, 설계, 코딩, 테스팅 등 실제 개발에 투입된 노력을 의미한다.

I : 통계에 의한 상수(Constant)

c : 프로그램의 복잡도

f : 프로그램과의 친숙성을 의미한다.

3. COCOMO에 의한 방법

이는 Boehm의 소프트웨어 개발비 산정 공식을 응용한 개념으로 아래의 공식을 적용하여 유지·보수비용을 예측한다.

공식 ; M = R*E*EF

여기서, M : 유지·보수를 위한 인원/월이다. 즉, 유지·보수를 위한 매월 당 필요한 인원수를 의미한다.

R : 전체 개발 공정에서 유지·보수작업이 차지하는 연평균 비율

E : 개발노력을 의미한다.

EF : 유지·보수작업을 위한 노력조정 계수를 의미한다.

12.3 소프트웨어 유지·보수의 작업 순서

소프트웨어의 유지·보수 작업 순서를 아래에 살펴 두었다.

12.3.1 유지·보수 작업공정

소프트웨어의 유지·보수 작업공정은 소프트웨어의 개발생명주기 상에서 사용자요구분석 ➔ 시스템 설계 ➔ 코딩 ➔ 테스트가 끝나고 이행 즉, 소프트웨어가 본 가동되기 시작한 시점으로부터 파기될 때까지의 기간을 의미한다. 이들 전체 공정에서 기존의 소프트웨어(프로그램)를 수정하는 유지·보수와 신규로 기능을 추가하는 유지·보수작업 공정이 있다. 이들에 대해서 아래에 좀 더 구체적으로 고찰하여 두었다.

1. 기존의 프로그램 수정

이미 개발이 완료된 프로그램에 있어서 기존의 프로그램 구성요소 일부를 수정하는 유지 · 보수작업 공정을 의미한다. 프로그램의 전체 구성과 기능요소를 사전에 파악해야 하며 종종 신규 개발보다도 더 어려운 작업이 되는 경우가 있다. 만약, 기존의 프로그램을 수정했을 경우 다른 부분에 악영향을 끼치는 경우도 있는데(이것을 파급효과라고 함), 이들 현상에 대해서 특히 유의를 해야 한다.

2. 신규로 기능 추가

이미 개발이 끝난 프로그램의 구성요소에 새로운 기능을 추가하기 위한 유지 · 보수 작업 공정을 의미한다.

12.3.2 유지·보수의 작업 순서

위와 같이 기존의 프로그램을 수정하거나, 신규로 기능을 추가하여 유지 · 보수하는 작업의 실제순서는 아래 <그림 12-1>과 같다.

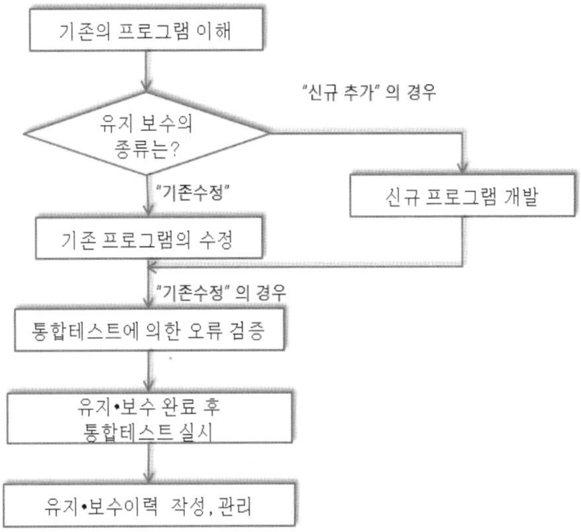

<그림 12-1> 유지·보수 작업 순서

위의 <그림 12-1>유지 · 보수 작업의 순서에 대해 아래에 좀 더 구체적으로 살펴두었다.

① 기존의 프로그램 이해

사용자요구사항 분석 및 시스템 설계 명세서를 참조하여 업무 시스템을 분석한 후 개발된 기존의 프로그램을 이해한다. 기존의 프로그램을 이해할 부분은 프로그램의 주석, 변수, 프로그램의 구조와 실행명령순서, 모듈의 구조, 객체 다이어그램, 컴포넌트, 입·출력 양식, 화면내용 등이 있다. 기존의 프로그램이외에도 사용자 지침서, 각종 분석 및 설계 명세서, 유지·보수 관련 이력서 등을 이해해야 한다.

② 기존 프로그램의 수정

기존 프로그램 상에 오류가 발생할 경우 기존 프로그램을 수정한 후 재 컴파일을 하여 최신의 소스 프로그램 및 목적 프로그램을 보관한다. 수정된 개별 프로그램은 단위테스트를 실시함과 동시에 개발 보고서도 수정을 해야 한다. 이때, 기존의 프로그램을 수정함으로서 야기될 수 있는 파급효과에 특히 주의를 해야 한다.

③ 신규 프로그램 개발

신규로 기능을 추가할 경우에는 기존의 프로그램에 새로운 기능을 추가하던가, 아니면 새로 프로그램을 개발하는 것이 더 효과적이다.

④ 통합 테스트에 의한 오류 검증

수정된 개별 프로그램에 대해 단위테스트가 종료되면 통합테스트를 실시하여 오류를 검증해야 한다.

⑤ 유지・보수 완료 후 통합테스트 실시

유지・보수작업이 완료되고 나면 전체 시스템에 대한 통합테스트를 실시한다.

⑥ 유지・보수이력 작성, 관리

위와 같이 모든 유지・보수 작업이 완료되고 나면 변경일자, 변경원인, 변경개요, 변경세부사항, 변경요원, 변경의 노력과 비용, 파급효과 등을 기록하여 관리해야 한다.

12.3.3 유지·보수의 역효과

소프트웨어의 유지·보수 작업은 잘 이용하면 소프트웨어의 수명을 연장해서 폐기처분 될 때까지의 사용기간을 연장시키는 좋은 역할을 하지만, 잘못하면 역효과를 가져올 수도 있는데 이들을 아래에 요약하여 두었다.

1. 프로그램에 대한 유지·보수의 역효과

프로그램 내에 있는 배열 및 인덱스, GO TO명령, 조건문, 실행문의 변경, 변수, 전체 프로그램이나 성능향상을 위한 유지·보수 등은 자칫 잘못하면 역효과를 초래할 수 있으므로 주의를 기울려야 한다. 실제 대학 입시 실기 시험에서 점수배열의 인덱스를 잘못 사용함으로서 엄청난 문제점을 초래할 수 있었다.

2. 자료구조에 대한 유지·보수의 역효과

기존의 자료구조를 변경함으로서 기존의 데이터 사용에 엄청난 문제점을 야기할 수도 있다. 따라서 수정한 내용을 반드시 문서로 기록해두어야 한다.

3. 문서의 역효과

유지・보수는 프로그램뿐만 아니라 자료에 대해서도 이루어지지만 각종 문서를 유지・보수하는데 있어서도 각별한 주의를 기울려야 한다. 각종 문서를 유지・보수할 때는 반드시 변경 요청서에 변경신청을 하여 상급자로 하여금 승인을 득한 후 문서를 유지・보수해야한다.

이와 같이 기존의 프로그램을 지속적으로 유지・보수를 하여도 프로그램은 진화를 해서 언젠가는 수명을 다해서 폐기처분된다. 프로그램이 폐기처분되는 원인은 좀 더 성능이 강력한 프로그램이 출현되거나, 프로그램의 기능이 상실되거나, 새로운 하드웨어로의 교체 등이 있는데 사람과 프로그램과의 차이점은 사람도 언젠가는 폐기처분되고, 프로그램도 진화를 해서 언젠가는 폐기처분되지만, 폐기처분되고 난 후 사람은 이름과 무덤을 남기지만, 프로그램은 흔적도 없어진다는 것이다.

12.4 소프트웨어 재구성

12.4.1 소프트웨어의 개조

소프트웨어(여기서는 프로그램의 의미임)의 개조는 기존의 소프트웨어에 수정을 가함으로써 이해하기 쉽고 변경하기 쉬우며, 미래의 환경변화 등에 신속한 대응을 하여 양질의 소프트웨어를 산출하자는 것이다. 이와 같은 소프트웨어를 개조하는 방법에는 크게 "소스 프로그램을 변경하는 경우"와 "소스 프로그램의 변경이 불필요한 경우"로 대별 될 수 있다.

"소스 프로그램의 변경이 불필요한 경우"에는 각종 문서를 개선거나, 기술요원들을 재교육시키거나, 전문지식을 갖춘 전문요원을 채용하여 기존의 소프트웨어를 개조하는 방법이 있다.

"소스 프로그램을 변경하여 개조하는 경우"에는 "관리 • 제도 개선", "신기술도입", "각종 도구의 활용" 등을 통하여 기존의 소프트웨어를 개조하는 방법이 있다.

우선 "관리 • 제도 개선"에는 조직개편을 포함한 개발환경을 개선하거나, 검토회의 개최, 평가척도의 확립 등으로 기존의 소프트웨어를 개조하는 방법이 있다.

"신기술도입"에는 자료구조의 변경, 객체지향 개발방법, 컴포넌트기반 개발방법, 애자일 기법 등 새로운 개발기법의 도입, 재사용성 향상, 패키지 구입 등으로 기존의 소프트웨어를 개조하는 방법이 있다.

"각종 도구의 활용"에는 최근에 개발된 CASE도입, 제 5세대 언어 등을 이용하여 기존의 소프트웨어를 개조하는 방법이 있다.

12.4.2 소프트웨어의 재구축

소프트웨어 재구축은 기존 소프트웨어의 취약한 부분을 단계적으로 보완하여 작업 수행 시 마다 기존의 소프트웨어의 기능을 향상시키자는 것이다. 즉, 현 소프트웨어를 검사하여 전체 소프트웨어의 구조를 개선하기 위해 프로그램의 일부를 재작성하는 것이다. 이러기 위해서는 프로그램의 "정적 분석"과 "동적 분석"을 해야 하는데, 여기에 포함되는 내용은 다음과 같다.

"정적 분석"에는 소스 프로그램의 라인 수, 모듈 및 컴포넌트의 수, 조건문의 수, 데드라인 및 변수(Dead line and Variable) 즉, 수행되지 않는 실행명령문 및 변수, 비구조적인 실행명령문의 수, 주석이 붙지 않은 실행명령문의 수, 프로그램의 복잡도, 기타 품질척도 등을 분석해야 한다.

"동적 분석"에는 프로그램의 수행경로의 수, 경계 값 분석, 프로그램을 이해하는데 소요되는 시간, 검색속도 즉, 응답시간, 프로그램 코드나 변수 및 데이터를 변경했을 때 나타는 파급 효과 등을 분석해야 한다.

12.4.3 소프트웨어의 재 공학

소프트웨어의 재 공학(Reengineering)은 기존의 프로그램을 분석 및 이해하여 프로그램의 전체적인 구조를 완전히 수정한 후 새로운 프로그램 형태로 재구성하는 것이다.

소프트웨어 재 공학의 특징으로는 프로그램의 일부 기능개선이 아닌 원천적으로 프로그램의 기반기술을 변화 시키는 것이다. 전체 프로그램의 구조를 변경하였을 경우에 재구성된 프로그램은 반드시 질적 향상을 가져와야 된다.

12.4.4 소프트웨어의 역 공학

순 공학(Forward Engineering)은 분석➔설계➔코딩➔테스트➔이행의 순서로 프로그램을 재구성하는 것이고, 역 공학(Reverse Engineering)은 순 공학의 반대 개념으로 이행 ➔ 테스트 ➔ 코딩 ➔ 설계 ➔ 분석의 순서로 프로그램을 재생시키는 것이다.

이들의 관계를 아래 <그림 12-2>에 요약하여 두었다.

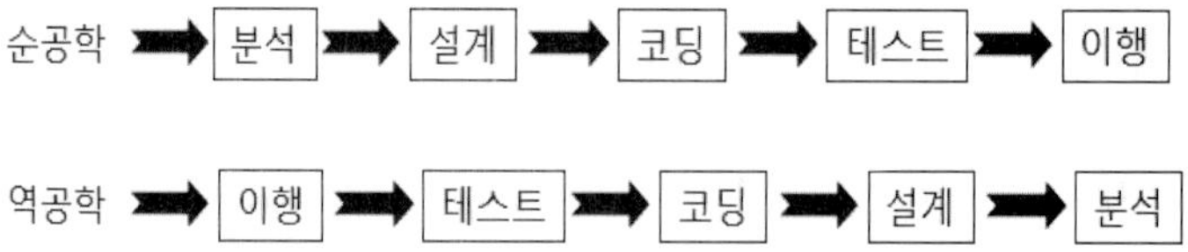

<그림 12-2> 순 공학과 역 공학

소프트웨어의 역 공학에는 "프로그램의 역 공학"과 "데이터의 역 공학"이 있는데, "프로그램의 역 공학"은 프로그램으로부터 프로그램의 구조도표, 자료흐름도 등으로 역으로 프로그램을 재구성하는 것이다.

반면에 "데이터의 역 공학"은 프로그램으로부터 자료사전이나 E-R도표 등으로 프로그램을 재구성하는 것이다.

이들의 관계를 아래 <그림 12-3>에 요약하여 두었다.

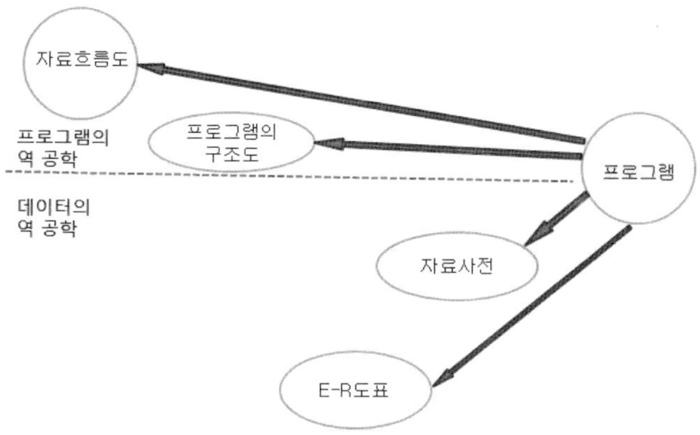

〈그림 12-3〉 소프트웨어의 역 공학

12.4.5 소프트웨어 재구성의 문제점

소프트웨어의 재구성은 개발보고서와 같은 각종 문서가 없으면 수행하기가 어렵다. 또한 소스 프로그램 내에 주석이 붙어있지 않으면 프로그램을 이해하기가 어렵기 때문에 재구성하기가 어렵다. 스파게티 프로그램처럼 프로그램 구조가 복잡하면 복잡할수록 프로그램을 새로 개발하는 것이 좀 더 효율적이다. 만약 프로그램이 구조적 프로그램으로 개발되었다면 이것을 객체지향프로그램이나, 컴포넌트기반 프로그램으로 다시 재구성할지, 새로 개발할지에 대해서도 한번 고려해볼만한 문제이다.

12.5 형상관리

12.5.1 형상관리의 개요

1. 형상의 개념

형상은 소프트웨어 개발과정에서 생성된 모든 정보 항목들의 집합체를 의미한다. 예를 들면, 소스 프로그램, 자료구조명세서, 분석 및 설계 명세서, 개발보고서, 시험계획서, 사용자지침서 등이다.

2. 형상관리의 개념

형상관리는 위에서 작성된 형상들에 대해 변경하는 것을 통제하고, 진화중인 형상들에 대해서 여러 버전들로 관리하는 절차를 말한다. 즉, 형상들에 대한 변경을 관리하기 위해 개발된 일련의 활동을 의미한다.

3. 형상관리의 목적

형상관리의 목적은 형상을 변경하는데 있어서 노력과 비용을 최소화하고, 사용자들에게 개발된 소프트웨어를 사용하는데 있어서 최소한의 방해가 되지 않도록 보증하는 활동을 의미한다.

12.5.2 형상관리 계획 수립

이러한 형상관리를 제대로 하려면 철저한 형상관리 계획을 수립해야 하는데, 여기에 대해서 아래에 좀 더 구체적으로 살펴두었다.

1. 형상관리 계획의 개념

형상관리 계획은 정확히 어떤 형상항목들이 형상관리를 향상하게 될 것인지를 결정하는 것이다. 형상관리는 업무시스템을 개발한 후 작성된 형상들에 대해 변경하는 것을 통제하는 행위이다. 형상관리 프로세스에 대한 계획 수립은 반드시 시스템 개발 동안에 이루어져야 한다. 형상관리 계획은 전체적인 개발 프로젝트 프로세스의 일부분으로 작성되어 진다.

2. 형상관리 계획에 포함되는 내용

형상관리 계획에 포함되는 내용으로는 소프트웨어 프로젝트 개발이 완료된 후 개발 과정에서 생성된 모든 문서들이 해당된다. 예를 들면, 개발 계획서, 분석명세서, 설계명세서, 프로그램과 테스트 명세서, 사용자 지침서 등이다. 이들은 향후 개발된 전산시스템의 유지·보수에 필요하다. 이들 모든 형상들은 형상관리의 통제 하에 있어야 한다.

3. 형상관리 계획 과정에서 정의할 것

형상관리 계획 과정에서는 모든 형상들의 명명 형태, 모든 형상들 사이의 관계, 형상들에 대한 품질 검사 담당자, 형상들을 전달하는 책임자, 형상관리 절차들과 제어하는 형상들의 개체, 변경제어와 버전관리를 위해 사용하는 형상관리의 정책들,

유지·보수해야 하는 형상관리 절차에 대한 보고서, 형상관리를 위해 사용되는 도구들과 이 도구들을 사용할 때 적용해야 하는 프로세스에 대한 설명들, 형상 정보를 기록하기 위해 사용할 형상 데이터베이스 등이 정의되어야 한다.

4. 형상관리 절차

형상관리 절차를 아래에 요약하여 두었다.

가. 형상관리 대상 선정(Identification)

형상관리 대상을 아래 <그림 12-4>와 같이 나무구조로 구분하고 형상관리 프로그램마다 관리목록 번호를 부여한다. 이때 형상관리 대상의 프로그램 변경에 대한 통제가 용이하도록 나무구조로 나타내어야 한다.

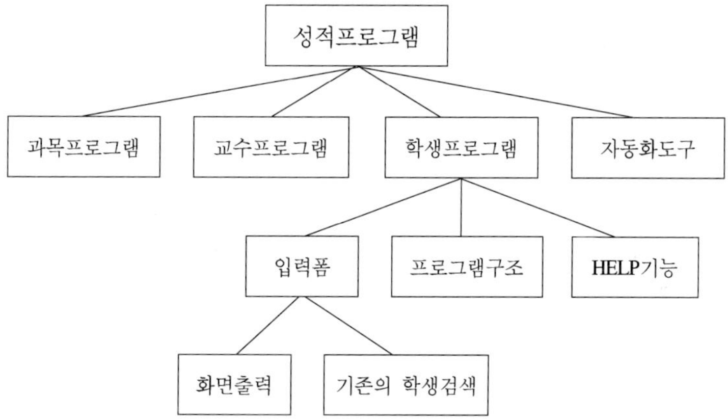

<그림 12-4> 형상관리 대상을 선정하기 위한 나무구조

나. 형상변경(Change)

변경할 형상들을 식별해서 형상변경 통제위원회에 송부한다. 형상변경 통제위원회에서는 변경할 형상들에 대해 검토를 한 후 별 문제가 없으면 형상변경에 대해서 승인을 한다. 만약 문제가 있으면 형상변경 요구를 기각한다. 변경 승인을 받은 형상들에 대해 수정을 한 후 시험을 한다. 시험한 형상들에 대해서 다시 형상변경 통제위원회에서 검토를 한 후 별 문제가 없으면 새로운 형상을 제작해서 사용자들에게 배포한다. 만약 문제가 있으면 보완을 해서 다시 형상변경 통제위원회로 회송한다. 형상변경을 할 때는 반드시 아래 <그림 12-5>와 같이 형상변경 요청서를 작성하여 제출해야 한다.

형상변경 절차는 아래 <그림 12-6>에 요약하여 두었다.

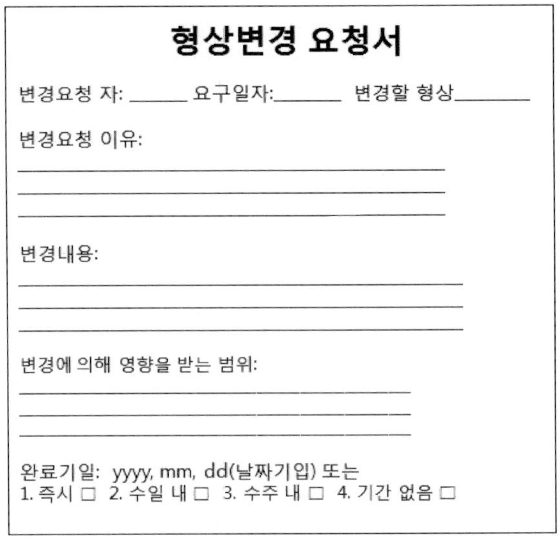

형상변경 요청서

변경요청 자: ______ 요구일자:______ 변경할 형상________

변경요청 이유:

변경내용:

변경에 의해 영향을 받는 범위:

완료기일: yyyy, mm, dd(날짜기입) 또는
1. 즉시 □ 2. 수일 내 □ 3. 수주 내 □ 4. 기간 없음 □

<그림 12-5> 형상변경 요청서

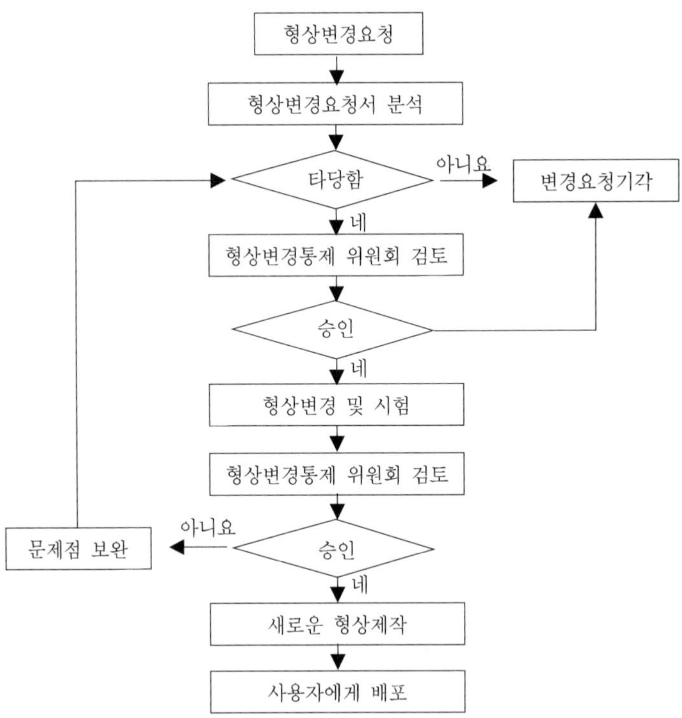

<그림 12-6> 형상변경 절차

다. 형상감사(Auditing)

형상감사는 변경된 형상의 무결성을 평가하여 공식적으로 승인하는 단계이며, 확인은 형상변경을 요구한 것에 대해 만족시키는지 어떤지 여부를 검증하는 단계이다.

라. 형상변경 사항 명세서

변경된 형상들은 반드시 데이터베이스로 저장을 해서 관리를 해야 하며, 형상변경 사항에 대해서는 반드시 명세서로 작성해 두어야 한다. 형상변경 관리를 체계적으로 하기 위해서 시스템 분석가는 사용자와 상의하여 무슨 형상이 문제이며, 어떤 기능을 향상시킬 것이며, 어떤 형상을 변경할 필요성이 있는지 등에 대한 일을 한다. 프로그래머는 분석가와 협의하여 문제의 원인을 찾아내고, 형상변경의 형태와 내용을 알아낸다. 실제적으로 형상 변경을 담당한다. 사서원은 형상 변경에 대한 문서를 계속 보관하고 관리한다.

12.5.3 버전과 릴리스 관리

1. 버전과 릴리스 관리의 개념

버전관리는 각 엔터티(Entities : 실체)를 구별하여 서로 다른 버전의 엔터티를 인식하는 것을 의미한다. 또한 버전관리는 한 시스템의 여러 버전들과 릴리스들을 인식하고 추적하는 절차를 말한다. 버전관리를 체계적으로 하기 위해서 버전에 일련번호를 부여한다. 버전관리자에게는 시스템의 다른 버전들이 필요할 때 그들을 검색할 수 있어야 하고, 버전을 임의로 변경하지 못하도록 보증하는 절차 등이 필요하다.

반면에 릴리스는 고객에게 배포된 버전을 의미한다. 이와 같은 릴리스를 관리하기 위해서는 릴리스를 만드는 것은 복잡하고 많은 비용이 소요되므로 릴리스를 반드시 패키지화하여 관리하는 것이 효율적이다. 또한 결함에 대한 수리를 포함하는 잠정적 릴리스를 만들고, 시스템의 기능에 너무 많은 부분을 변화시키면 안되며, 결함을 수리한 릴리스들과 시스템의 기능을 변경한 릴리스들을 혼합하여 관리하는 것이 좋다.

2. 릴리스에 포함하는 내용

릴리스에 포함되는 내용으로는 다음과 같다.

첫째, 형상 파일들(설치를 위한 릴리스를 형상화한 것)

둘째, 자료 파일들(성공적인 시스템 작동을 위한 필요한 자료항목들)

셋째, 설치할 프로그램(하드웨어에 설치할 프로그램)

넷째, 전자식과 종이 문서(시스템 설명서 등) 등이 있다.

3. 하나의 릴리스 생성 시 고려요인

하나의 릴리스를 생성할 시 고려요인으로는 사용할 운영체제, 생성한 릴리스를 저장시킬 라이브러리, 컴파일러, 다른 도구들의 버전 등이 있다.

4. 버전 인식

버전인식은 보통 버전에 붙은 일련번호를 가지고 식별한다. 그러나 버전을 인식하기 위해서는 아래 사항들을 고려해야 한다.

첫째, 언제 새로운 버전이 아닌 새로운 릴리스가 생성되는가?

둘째, 여러 버전이 하나의 부모 밑에서 생성된다면 번호를 어떻게 부여해야 하는가?

셋째, 버전이 많이 생성되고 배포될 때 버전의 인식 속성은 어떤 유형으로 할 것인가? 등이다.

버전을 인식하기 위한 속성들로는 "고객", "개발에 사용된 언어", "개발상태", "하드웨어 플랫폼", "생성 일자" 등이 있다. 버전을 식별하기 위한 버전의 파생구조에 대한 예는 아래 <그림 12-7>과 같다.

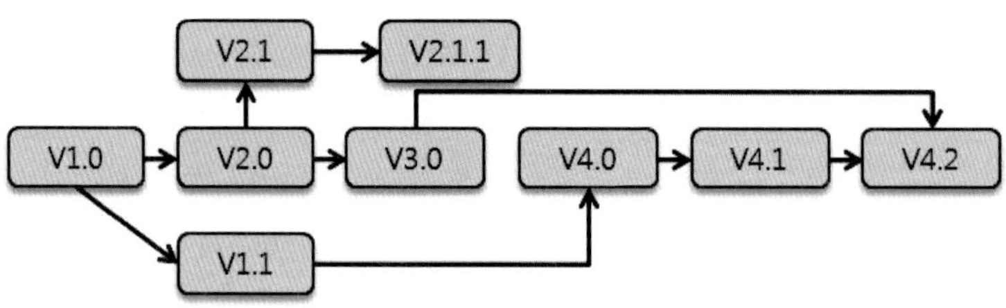

<그림 12-7> 버전의 파생구조

12.5.4 시스템 변경 구축

1. 시스템 변경 구축의 개념

지금까지 형상관리를 하였으면 이를 토대로 기존의 시스템(여기서는 전산시스템 즉, 프로그램과 동일한 의미임)을 변경하여 재구축할 필요성이 있다. 이와 같이 기존의 전산시스템을 변경 구축한다는 것은 부품들을 결합하여 특정한 목표 형상 위에서 프로그램을 새로 제작하는 과정을 의미한다. 시스템 구축은 많은 계산을 필요로 하는 과정이고, 일부 부품들에 대한 컴파일 작업과 실행 가능한 시스템을 만들기 위해 목적 코드를 결합하는 링킹 과정도 포함한다. 이와 같은 시스템 변경 구축은 소프트웨어적 의미에서는 어떤 프로그램을 하나 만들어서 운영한다는 개념이고, 하드웨어적 의미로는 장비부터 새롭게 구축해 나가는 것을 의미한다.

전산시스템을 변경하여 재구축하였을 경우에는 게시판에 게재하거나, 모든 전산시스템 사용자에게 정규적인 뉴스 등을 통해서 알려주어야 한다. 또한 사용자 지침서도 수정해야하고, 수정된 내용들은 사용자들에게 알려주어야 한다.

2. 시스템 변경 구축 시 고려요인

하나의 전산시스템을 변경하여 재구축할 시에는 아래의 시항들을 고려해야 한다.

첫째, 새로 변경을 하여 구축한 전산시스템에는 실행할 모든 부품들이 새로운 전산시스템(프로그램)에 포함되었는가?

둘째, 필요한 부품들의 각각에 대하여 적당한 버전들로 구성이 되었는가?

셋째, 필요한 자료 파일들은 모두가 이용 가능한가?

넷째, 만약 자료 파일들이 어떤 부품 내에서 참조된다면, 사용된 이름은 목표 컴퓨터에서의 자료 파일 이름과 동일한가?

다섯째, 소프트웨어 도구들에 대한 현재의 버전들은 그 시스템을 개발하기 위해 사용된 이전 버전들과 호환이 가능하지 않을 수도 있기 때문에 컴파일러와 다른 필요한 도구들의 적당한 버전들의 이용은 가능한가? 등이다.

3. 시스템 구축 도구

시스템 구축 도구의 유형으로는 여러 가지가 있으나, 여기서는 대표적인 도구 3가지만 살펴보기로 한다.

가. MAKE

MAKE는 Unix운영체제하에서 운영하는 시스템 구축 도구이며, 한 시스템의 원시코드와 목적 코드 사이의 대응관계를 관리해주며, 파일과 파일간의 종속성들을 명시해주고. 원시 코드의 변경 일자가 동일한 이름을 가진 목적 코드의 변경일자 보다 나중이라면 프로그램을 재 컴파일해 주는 기능이 있다.

MAKE도구의 한계점으로는 한 시스템의 원시 코드와 목적 코드 사이의 대응관계를 관리해주고, 파일과 파일간의 종속성들을 관리하기 위해서는 프로그래머에게 의존해야한다. 크고 복잡한 업무시스템에 대해서는 MAKE도구를 이용하여 프로그램을 작성하거나 또는 작성된 프로그램을 이해하기가 어렵다. 또한 버전 관리 시스템과의 통합에도 어려움이 많다.

나. PCL

PCL 도구를 이용한 시스템 구축절차는 아래 <그림 12-8>과 같다. 이들에 대해서 아래에 좀 더 구체적으로 살펴두었다.

첫째, PCL시스템 기술문으로 부터 PCL 바인드(Bind)를 도출한다.

둘째, 버전 기술문으로 부터 명시된 속성들에 의존하여 적절한 부품을 선택한다.

셋째, PCL코드를 처리하고, 모든 if문장들을 제거해서 PCL 모델을 구축한다.

넷째, 구축된 모델에 있는 종속성과 명시된 부품들의 속성으로부터 makefile을 생성한다. 여기서는 파일속성들을 사용해 버전관리 시스템에서 필요한 파일을 인식하여 사용한다.

다섯째, 생성된 makefile을 UNIX 운영체제에서 처리하고, 시스템을 구축하기 위해 파일을 체크한 후 시스템을 구축한다.

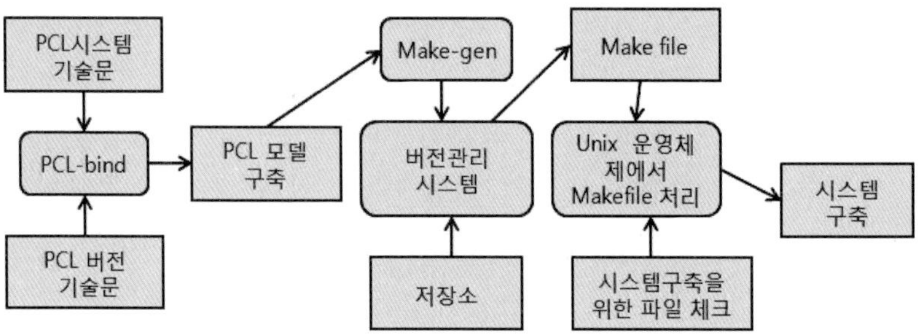

<그림 12-8> PCL 도구를 이용한 시스템 구축절차

다. DSEE를 이용한 시스템 구축

DSEE를 이용한 시스템 구축은 아래 <그림 12-9>와 같이 컴퓨터 네트워크 응용시스템의 한 형태로서 시스템 버전들에 대한 참조가 이뤄질 수 있도록 버전 관리 시스템과 통합된 시스템이다.

DSEE의 특징으로는 아래 <그림 12-9>에 보듯이 여러 시스템의 버전이 병행하여 컴파일 할 수 있으며, 따라서 동일한 시스템의 여러 버전들이 병행적으로 구축이 가능하고, 시스템 구축에 필요한 시간을 절감할 수 있으며, 원시 코드에 제어가 가능하고, 어떤 파일들이 형상을 구성하는지를 인식할 수 있으며, 목적코드와 원시 코드들이 정보저장소에서 연결될 수 있다는 것이다.

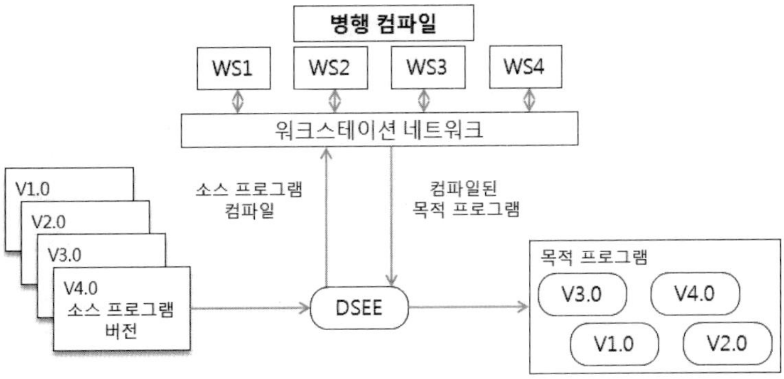

<그림 12-9> DSEE를 이용한 시스템 구축

참고문헌

권영직, 강의자료, 자체개발, 2009. 02
권기태, 남영광, 소프트웨어공학, 홍릉과학출판사, 2008. 02, pp.746~766
김행곤, 한은주, 객체 및 컴포넌트기반 소프트웨어공학, 도서출판 그린, 2003, pp.456~473
이주헌, 소프트웨어 공학, 법영사, 2000. 10, pp.462~487
우치수, 소프트웨어 공학, McGraw-Hill, Korea, 2001.08, pp.735~762
김신홍, 새로운 소프트웨어 개발 기법의 소프트웨어 공학, 내하출판사, 제12장, 16장
송영재외5명, 소프트웨어공학, 이한출판사, 2004. 02

연습문제

1. 소프트웨어 유지·보수작업의 유형을 요약하세요.
2. 소프트웨어 유지·보수비용 예측에 있어서 기술적인 요소에 대해 기술하세요.
3. 소프트웨어 유지·보수비용 예측에 있어서 비 기술적인 요소에 대해 기술하세요.
4. 소프트웨어 유지·보수비용의 예측 공식을 요약하세요.
5. 소프트웨어 유지·보수가 어려운 이유는?
6. 소프트웨어 수정의 역효과의 유형에 대해 기술하세요.
7. 소프트웨어의 기술적인 재구성 방법의 유형은?
8. 형상의 개념에 대해 간단하게 설명하세요.
9. 형상관리의 절차에 대해 기술하세요.
10. 버전과 릴리스의 개념에 대해 간단하게 설명하세요.
11. 시스템의 변경 구축 도구들에 대해 간단하게 설명하세요.

13

웹 기반 시스템

학습목표

본 강의에서는 웹 기반으로 시스템을 개발 할 시 웹 기반 시스템에 대한 속성, 구축절차, 웹 기반 시스템의 분석, 웹 디자인 패턴, 웹 구조 설계, 내비게이션 설계, 인터페이스 설계, 웹 기반 시스템 테스트, 구축 시스템에 대한 평가 등에 대해서 학습한다.

13.1 웹 기반 시스템의 개요

13.1.1 웹 공학의 개요

웹 공학은 웹을 기반으로 업무시스템을 전산시스템으로 개발하고자할 시 공학적 기법을 적용하자는 것이다. 즉, 업무시스템을 웹 기반으로 개발하고자할 시 전체적인 측면에서 전산시스템을 관찰해야하고, 수학적이고, 기호적이고, 논리적으로 개발하자는 것이다. 그러나 현재까지 웹 기반으로 업무시스템들을 개발하고자할 시 체계화된 기법이 없었고, 시스템들의 성공적인 개발, 전개(또는 배치(Deployment)), 유지·보수(Maintenance)에 대해서 심각한 문제들에 직면할지에 대한 관심이 증가하고 있다. 따라서 체계적인 웹 공학 접근법과 웹 기반 시스템 개발 및 평가에 대한 새로운 방법들과 도구들이 필요하다. 이러한 추세에 발맞추어 웹 공학의 일환으로 고 품질의 웹 기반 시스템을 성공적으로 개발하기 위해서는 여기에 필요한 공학 및 경영학 원리를 확립하고 활용하는 것이 절실히 요구된다.

13.1.2 웹 기반 시스템의 속성

1. 웹 기반 시스템에 대한 개요

본 장에서의 웹 기반 시스템은 웹을 응용하여 개발한 업무시스템 즉, 웹 기반 시스템을 의미한다. 웹 기반 시스템은 "웹 응용업무"라고도할 수 있는데, 여기에는 전자상거래시스템, 정보검색, 데이터 웨어하우스(Data Warehouse)구축, 고객관계관리, 공급망관리 등 아주 다양하다. 이와 같은 웹 기반 시스템들의 속성과 구성요소 및 유형에 대하여 아래에 좀 더 구체적으로 살펴두었다.

2. 웹 기반 시스템의 속성

웹 기반 시스템들의 속성은 아래와 같다.

가. 네트워크 집약적

웹 기반 시스템들은 인터넷이라는 컴퓨터 네트워크를 이용하여 시스템을 개발하며, 다양한 클라이언트들의 서비스 요구를 충족시켜야 한다.

나. 7C로 구성

웹 기반 시스템들은 아래 <그림 13-1>과 같이 7C로 구성된다. 즉, 정황(Context), 상거래(Commerce), 연결(Connection), 커뮤니케이션(Community), 고객화(Customization), 커뮤니티(Community), 콘텐츠(Content)로 구성된다.

여기서 "정황"은 웹 기반 시스템의 레이아웃과 디자인구성을 의미한다. "상거래"는 웹 기반 시스템이 상거래를 수행하는 역할을 의미한다. "연결"은 다른 웹 기반 시스템과의 연결을 의미한다. "커뮤니케이션"은 웹 기반 시스템과 사용자 간의 커뮤니케이션 방법을 의미하며, "고객화"는 웹 기반 시스템이 고객별 맞춤 서비스를 제공해야함을 의미한다. "커뮤니티"는 사용자간의 의사소통을 가능하게 하는 방법들이며, "콘텐츠"는 웹 기반 시스템이 포함하고 있는 텍스트, 그림, 사운드 및 동영상 자료 등을 의미한다.

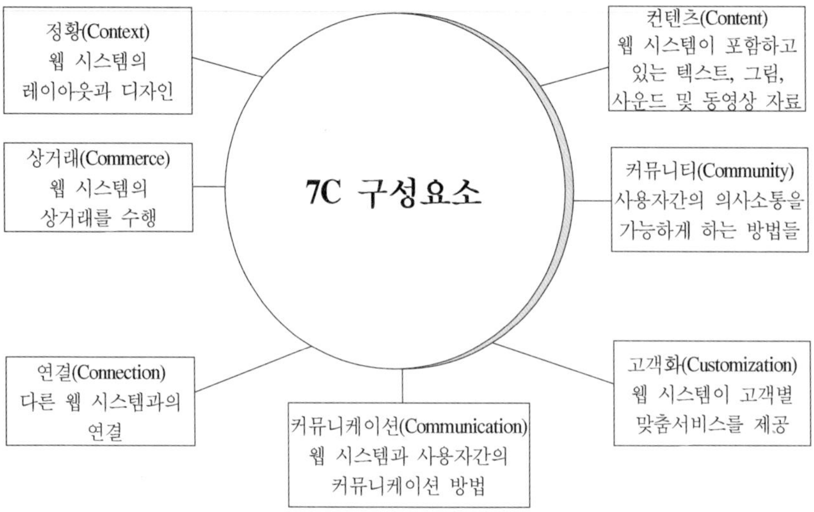

<그림 13-1> 웹 기반 시스템의 7C

다. 짧은 수명주기

웹 기반 시스템의 수명은 조금 긴 것도 있지만, 심지어 며칠 또는 몇 주에 불과한 것도 있다. 따라서 웹 기반 시스템들은 지속적으로 변화를 해가며, 또한 그 수명도 짧다.

3. 웹 기반 시스템의 구성요소

웹 기반 시스템들은 크게 아래와 같은 요소들로 구성된다.

가. 컨셉

컨셉(Concepts)은 웹 기반 시스템을 구축하여 달성하고자 하는 목표 · 방향 · 목표고객 · 이미지 등을 말한다. 웹 기반 시스템은 목적을 분명히 정의하고 목표 시스템을 무엇으로 할 것인가를 결정해야 한다. 이들 목표 시스템을 통해 조직에서 어떤 이익을 가져올 것인가에 대해서도 명확히 정의해야 한다.

나. 콘텐츠

콘텐츠(Contents)는 웹 기반 시스템에서 제공하는 내용물들이다. 예를 들면, 문서 · 그래픽 · 오디오 · 비디오 · 동영상 등이 여기에 해당한다. 콘텐츠가 얼마나 충실한가에 따라서 웹 기반 시스템의 인기나 활용도가 달라진다. 고객들은 그 콘텐츠 내용을 보고 기업이나 상품 등을 평가하기 때문에 콘텐츠가 웹 기반 시스템에서 중요한 역할을 한다.

다. 웹 기반 시스템 구조 및 내비게이션

웹 기반 시스템 구조 및 내비게이션(Navigation)은 콘텐츠를 분류하고 체계화시킨 후 이들을 연결함으로써 고객들이 쉽게 웹 기반 시스템을 이용할 수 있게 하는 체계를 말한다. 웹 기반 시스템은 이러한 요소로 구성되며, 이들은 각각의 웹 페이지들을 체계적으로 연결하여 웹 기반 시스템과 고객들을 연계시키는 매개체 역할을 할 수 있어야 한다.

라. 백 앤드 시스템

백 앤드 시스템(Back End System)은 데이터베이스 검색이나 특수 연산을 위해 메인 컴퓨터를 보조하는 전용컴퓨터나 프로세서를 말한다. 또한 웹 기반 시스템의 이면에서 동작하는 각종 데이터베이스, 업무처리 시스템, 웹 기반 시스템 관리 시스템 등 다른 시스템과 연계되는 모든 업무시스템을 말한다. 예를 들면, 원격지 수주・발주 업무, 대리점관리 업무, 고객관계 업무 등이다.

따라서 웹 기반 시스템은 이러한 업무들로 구성된다.

마. 프론트 앤드 시스템

프론트 앤드 시스템(Front End System)은 조직 내에서 이루어지는 업무들이다. 예를 들면, 인사관리업무, 생산관리, 자재관리 업무 등이다.

따라서 웹 기반 시스템은 이러한 업무들로 구성된다.

4. 웹 기반 시스템들의 유형

웹 기반 시스템들의 유형을 요약하면 다음과 같다.

① 정보제공(Informational)

이는 정보를 제공해 주는 웹 기반 시스템으로서 예를 들면, 주식정보를 제공해주는 웹 기반 시스템이다.

② 다운로드(Download)

정보를 저장하고 있는 서버에서 사용자가 원하는 정보를 다운로드 할 수 있게 해주는 웹 기반 시스템으로서, 음악이나 영화 같은 콘텐츠를 다운로드 해주는 웹 기반 시스템이다.

③ 주문제작(Customizable)

고객들의 특정한 요구에 따라 콘텐츠를 주문·제작해 주는 웹 기반 시스템이다.

④ 상호작용(Interaction)

고객 그룹들 사이의 통신은 채팅, 게시판 또는 간단한 메시징을 통해 일어나는데, 이들을 지원해 주는 웹 기반 시스템이다.

⑤ 사용자 입력(User input)

입력 폼을 지정하여 고객이 직접 입력할 수 있도록 지원해 주는 웹 기반 시스템이다.

⑥ 트랜잭션 중심(Transaction-oriented)

거래 데이터 즉, 변동되는 자료들을 처리할 수 있도록 지원해 주는 웹 기반 시스템이다.

⑦ 서비스 중심(Service oriented)

고객들에게 각종 서비스를 제공해 주는 웹 기반 시스템이다.

⑧ 포탈(Potal)

종합 정보검색을 지원해 주는 웹 기반 시스템이다.

⑨ 데이터베이스 액세스(Database Access)

고객들이 대규모 데이터베이스에 질의하고 정보를 추출할 수 있도록 지원해 주는 웹 기반 시스템이다.

⑩ 데이터 웨어하우징(Data Warehousing)

고객들이 대규모 데이터베이스들의 집합체에 질의하고 정보를 추출할 수 있도록 지원해 주는 웹 기반 시스템이다.

이상 고찰한 웹 기반 시스템들의 속성을 바탕으로 아래에 웹 기반 시스템들의 품질속성과 기술속성에 대해서 살펴 두었다.

13.1.3 웹 기반 시스템의 품질 속성

웹에 대한 개인적인 관점이 매우 다양하기 때문에, 플래시나 그래픽 같은 미적인 감각의 콘텐츠를 좋아하는 고객들도 있고, 어떤 사람들은 기능에 중점을 두어서 출력이 빠른 단순한 텍스트를 좋아하기도 한다. 웹을 이용하는 고객들은 웹 기반 시스템의 품질이 어떠한 기술적인 요인보다도 더 중요하다고 생각하기도 한다.

웹 기반 시스템의 품질 속성은 대부분 기존의 소프트웨어 품질에 대한 일반적인 속성들(제 11장 참조)이 그대로 적용된다. 즉, 아래 <그림 13-2>와 같이 사용의 편리성, 기능성, 신뢰성, 효율성, 유지·보수성과 같은 품질 속성들이 웹 기반 시스템의 품질을 평가하는데도 적용된다.

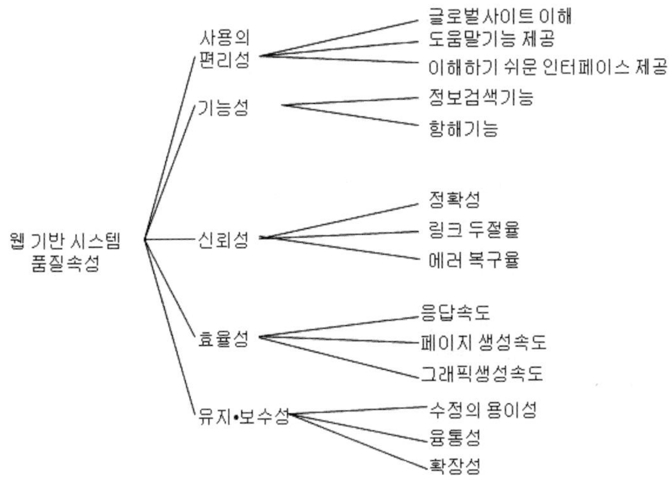

<그림 13-2> 웹 기반 시스템의 품질 속성

13.1.4 웹 기반 시스템의 기술 속성

웹 기반 시스템들은 컴포넌트기반 개발, 보안, 인터넷 표준이라는 세 가지의 중요한 기술들을 사용 한다. 이들에 대해서 아래에 좀 더 구체적으로 살펴 두었다.

1. 컴포넌트기반 개발

웹 공학자들은 CORBA, COM/DCOM, JavaBeans 등 컴포넌트기반 구조의 중요한 표준들을 이용하여 웹 기반 시스템들을 개발한다.

2. 보안

웹 기반 시스템들은 개방형이기 때문에 누구나 접근이 가능하다. 따라서 웹 기반 시스템은 권한이 없는 사람들도 접근이 가능하다. 그러므로 네트워크 기반 구조, 암호화 기법, 방화벽 등에 의한 보안 조치들이 제공되어야 한다.

3. 인터넷 표준

웹 기반 시스템을 개발할 시에는 웹 콘텐츠와 웹 구조의 생성에 대해 주로 HTML(Hyper Text Markup Language)표준 언어를 이용하였다. 그러나 개발할 시스템들의 크기와 복잡도가 증가되고 호환성이 대두되면서 XML(eXtensible Markup Language)이 등장하게 되었으며, 이 이외에도 다음 세대의 웹 기반 시스템들을 위한 표준 언어들이 많이 개발되고 있다.

13.2 웹 기반 시스템의 분석

13.2.1 분석의 개요

웹 기반 시스템을 구축하고자할 때는 우선 아래와 같은 질문에 대해서 분석을 하여야 한다.

첫째, 개발하고자 하는 웹 기반 시스템의 주요한 동기는 무엇인가?

둘째, 왜 웹 기반 시스템이 필요한가?

셋째, 누가, 또 언제 개발된 웹 기반 시스템을 사용할 것인가?

넷째, 개발하고자 하는 웹 기반 시스템의 콘텐츠는 무엇으로 할 것인가?

다섯째, 웹 기반 시스템의 구조는 어떻게 할 것인가?

여섯째, 웹 기반 시스템의 항해(내비게이션)는 어떻게 할 것인가? 등이다.

이와 같은 질문들에 대한 분석은 가능한 한 간단명료하게 이루어져야 한다.

13.2.2 웹 기반 시스템의 분석 유형

웹 기반 시스템의 분석 유형은 아주 다양하지만, 그 중에 대표적인 몇 가지만 아래에 고찰하여 두었다.

1. 콘텐츠 분석

콘텐츠는 웹 기반 시스템에 담겨진 내용물을 말하는데, 콘텐츠로서 어떤 정보를 제공할 것인지와 고객들로 하여금 얼마나 만족할 것인가 등에 대해서 분석을 해야 한다.

콘텐츠의 종류로는 정적 콘텐츠, 동적 콘텐츠, 디지털 콘텐츠, 기능적 콘텐츠 등이 있다.

2. 상호 작용 분석

컴포넌트기반 구조와 콘텐츠를 생성하기 위한 데이터베이스와의 상호작용에 대하여 분석한다.

3. 기능 분석

웹 기반 시스템의 콘텐츠에서 적용될 동작들을 정의하고, 이들의 기능들을 분석한다.

4. 형상 분석

웹 기반 시스템의 각종 형상들에 대하여 분석한다.

5. 웹 기반 시스템의 구조 분석

개발하고자 하는 웹 기반 시스템의 구조를 어떻게 구성할지에 대해 분석한다. 예를 들면, 순차구조, 계층구조, 그리드구조, 네트워크구조, 혼합구조 중에서 어떤 구조로 구성할지에 대해 분석한다.

6. 내비게이션 분석

내비게이션은 사전적 의미로는 항해라는 뜻인데, 웹 기반 시스템에서 이동을 규정하는 것이다. 즉, 웹 기반 시스템 내에 존재하는 수많은 웹 페이지로 이동할 수 있도록 지원해주는 역할을 하며, 하나의 웹 기반 시스템에서 다른 웹 기반 시스템으로의 링크라든가 웹 기반 시스템 안에서 자유자재로 돌아다닐 수 있는 모든 방법을 지칭한다. 이와 같은 내비게이션은 웹 기반 시스템 이용의 가장 기본적인 흐름이 되며, 내비게이션은 원하는 정보를 쉽게 찾을 수 있도록 도와줄 수 있는 기능이어야 한다.

내비게이션의 기능으로는 메뉴, 서치, 링크, 사이트 맵, 브라우저 기능 등이 널리 사용된다.

내비게이션의 종류로는 Global 내비게이션, Central 내비게이션, Feature 내비게이션, Related 내비게이션, Contents 내비게이션, Historical 내비게이션, Drop-down 내비게이션, Language 내비게이션, Geographic 내비게이션, URL 내비게이션 등이 있는데 이들의 내비게이션 기능들을 잘 분석해야 한다.

13.3 웹 기반 시스템의 설계

13.3.1 설계의 개요

1. 설계의 개념

설계는 웹 기반 시스템 구축을 위한 청사진을 그리는 것이다. 이와 같은 설계를 잘 하기 위해서는 웹 설계자에게 웹 기반 시스템들의 특징 중 긴급성과 진화성 요인이 요구된다. 즉, 긴급한 문제를 빠르게 해결 하는 것이 웹 설계자로서의 과제이며, 웹 기반 시스템은 시간이 지남에 따라 빠르게 진화하기 때문에 여기에 대비한 설계방법을 확립하는 것이 필요하다. 따라서 웹 기반 시스템 설계를 효과적으로 수행하기 위해 필요한 4가지 기술적 요소를 아래에 요약하여 두었다.

첫째, 설계 원리와 방법

소프트웨어 설계의 원리가 웹 기반 시스템 설계에서도 활용된다. 즉, 높은 응집도와 낮은 결합도를 갖는 효과적인 모듈성, 추상화의 원리, 정보 은폐의 원리, 단계적 상세화의 원리, 구조화의 원리 등이 활용되어 진다. 또한 UML 다이어그램들을 이용한 설계 방법이 웹 기반 시스템의 설계에서도 사용되어 진다.

둘째, 경험적 규칙

초기 설계 단계에 이용했던 설계 방법들을 새로운 웹 기반 시스템들의 설계를 거치면서 재이용할 수 있는 경험적 설계 방법들을 개발하여 이용해야 한다.

셋째, 설계 패턴

웹 기반 시스템의 텍스트, 그래픽, 그리고 동영상 등에도 일반적인 설계 패턴을 적용해야 한다. 여기에 대해서는 바로 다음 2항에서 상세하게 고찰하여 두었다.

넷째, 템플리트

웹 기반 시스템에서 사용할 설계 패턴이나 문서들을 위한 프레임워크를 제공하기 위해서 일정한 양식의 템플리트(척도 : Template)가 사용되어져야 한다.

2. 설계 패턴

가. 개념

하이퍼텍스트 수준의 설계 패턴은 사용자가 사용하기 쉬운 방식으로 구성하여 웹 기반 시스템의 콘텐츠들을 둘러보는 것을 가능하게 하는데 설계의 초점을 맞춘다. 그러나 웹 기반 시스템의 문맥에서 설계 패턴은 아키텍쳐 수준, 컴포넌트 수준, 내비게이션 수준에서 적용될 수 있다. 여기서는 Berstein. M이 제시한 하이퍼텍스트 수준의 설계 패턴에 대해 살펴두었다.

나. Berstein. M이 제시한 하이퍼텍스트 수준의 설계 패턴

① 싸이클(Cycle) : 사용자가 이전의 방문했던 콘텐츠 노드로 되돌아가는 설계 패턴이다.

② 웹 링(Web ring) : 모든 하이퍼텍스트들을 연결하는 거대한 순환(Cycle)을 구현한 설계 패턴이다.

③ 콘투어(Contour) : 순환에 의해 정의되는 경로들을 따라 항해하는 것을 허용하면서 순환 링크들이 서로 겹쳐질 때에 발생하는 설계 패턴이다.

④ 카운터포인트(Counterpoint) : 부가적인 정보를 제공하기 위해 콘텐츠 내용을 가

로채기 위해서 하이퍼텍스트에 주석을 부여하는 디자인 설계 패턴이다.

⑤ 미러월드(Mirrorworld) : 콘텐츠는 각각 다른 관점이나 전망을 가진 여러 쓰레드(Thread)를 사용하는 설계 패턴이다.

⑥ 시브(sieve) : 사용자가 특정한 콘텐츠를 선택할 수 있도록 허용하는 설계 패턴이다.

⑦ 네이버후드(Neighborhood) : 사용자가 웹 기반 시스템 내에서의 위치에 관계없이 일관된 내비게이션을 할 수 있도록 모든 웹 페이지들에 일정한 내비게이션 프레임을 설정해 놓은 설계 패턴이다.

13.3.2 사이트 맵

1. 사이트 맵의 개요

사이트 맵은 웹 기반 시스템의 구조를 한 눈에 파악할 수 있도록 웹 페이지간의 계층 구조를 나타낸 것이며, 웹 기반 시스템의 구조와 내용을 한 눈에 파악할 수 있도록 만든 시각적인 지도이다. 또한 웹 기반 시스템을 제작하는데 만들어지는 이미지 파일을 제외한 모든 파일의 리스트 및 디렉토리 구조를 작성해서 보여주는 문서이기도 하다.

사이트 맵은 웹 기반 시스템의 내용을 계층적 구조의 형태로 보여 주기 때문에 정보의 위치를 확인하기가 쉽다.

2. 사이트 맵에 들어가는 요소

가. 파일 넘버

사이트 맵에서는 만들어질 모든 파일을 정의하고 각 파일에 일련번호를 부여한다. 스토리 보드의 웹 페이지 번호를 이 넘버로 사용하면 사이트 맵이 스토리 보드의 목차 역할을 한다.

나. 구분

사이트의 메뉴 부분이 주로 구분으로 들어가며, 사이트 맵을 전체적으로 이해할 수 있도록 해주는 부분이다. 사이트의 구조에 따라서 여러 단계로 나누어질 수 있다.

다. 폴더 및 파일

각 파일을 저장할 폴더 값과 파일 이름을 미리 지정해 주면 링크를 걸 때 수월해진다. 즉, 테스트를 거치고 나서 디버깅을 할 때 전체적으로 잘못 걸린 링크를 찾아내서 수정을 쉽게 할 수 있다. 여러 사람들이 작업을 하다 보면 폴더 이름과 파일 이름들의 통일성이 없어지거나 파일이 많아져 업데이트 작업이나 수정작업이 힘들어 지는 단점이 생길 수 있는데, 미리 전체 구조를 고려하여 폴더를 지정해 놓으면 이런 단점을 보완할 수 있다.

라. 각 파일의 기능

각 파일별로 해당 파일이 어떤 기능을 하는지를 간단명료하게 설명을 해주고, 자세한 내용은 스토리 보드를 통해 설명을 해주면 된다.

마. 작업 구분

작업 구분은 해당 파일을 작성하는 데 어떤 작업들이 필요한지를 표시해 주는 역할을 한다. 구분하는 방법은 주로 작업 영역별로 구분하고, 기획 · 디자인 · 프로그램 등으로 나누어서 필요한 작업을 표시하는 것이 일반적이다. 개발팀들은 이 부분을 통해 작성해야 할 파일들을 정확하게 알 수 있다. 작업 구분을 한곳에 작성하는 것보다는 기획 · 디자인 · 프로그램 등의 필드 값을 주고 해당되는 곳에 표시를 해서 사용하는 것이 훨씬 편리하다.

바. 기타

사이트의 특성에 따라서 필요한 요소들이 있는 경우 이런 부분들을 표시해 주는 요소이다.

3. 사이트 맵의 활용도

사이트 맵의 활용도를 아래에 요약하여 두었다.

가. 사이트 전체의 규모 파악

메뉴 구조도에 비해서 제작될 개개의 파일과 디렉토리까지 표현이 되므로 사이트 전체의 규모까지도 쉽게 파악할 수 있다.

나. 스토리 보드의 목차

사이트 맵의 파일 넘버는 스토리 보드의 목차 역할을 한다.

다. 작업 요소의 추출

파일 기준으로 제작되기 때문에 정확한 작업 요소를 추출할 수 있다.

라. 스케쥴링 가능

개개의 작업들에 필요한 기간과 비용 및 인원을 산정하는 근거 자료로 활용이 가능하다.

4. 사이트 맵의 예

쇼핑몰에 대한 사이트 맵의 예를 아래 <그림 13-3>에 나타내 두었다.

번호	대구분	소구분	디렉토리	파일이름	기획	디자인	프로그램	내용
PR01	상품	메인메뉴 상품리스트	/product	mapd_list.html	o	o	o	메인메뉴 선택 시 나타나는 상품리스트
PR02		서브메뉴 상품리스트	/product	subpd_list.html	o	o	o	서브메뉴 선택 시 나타나는 상품리스트
PR03		상품 상세웹 페이지	/product	pddtview.html	o	o	o	상품의 상세정보 웹 페이지
CA01	구매/장바구니	장바구니	/cart	cainsert.php			o	장바구니 담기
CA02			/cart	cadel.php			o	장바구니에서 상품 삭제
CA03			/cart	cartview.html	o	o	o	장바구니 보기
CA04		구매	/buy	buy_pddis.html	o	o	o	구매상품 발견
CA05			/buy	pdord.php			o	주문
CA06		결제	/set	setinform.php			o	결제정보 확인
CA07			/set	set-ok.html	o	o	o	결제 승인
CA08			/set	setpay.php			o	대금지급
BO01	게시판	공지사항과 질의응답	/board	input.html	o	o	o	입력 창
BO02			/board	write.php			o	글쓰기
BO03			/board	view.html	o	o	o	글 보기
BO04			/board	mod.php			o	수정
BO05			/board	reply.php			o	답변
BO06			/board	del.php			o	삭제

<그림 13-3> 사이트 맵의 예

13.3.3 스토리 보드

1. 스토리 보드의 개념

스토리 보드는 웹 기반 시스템을 구축할 시 각각의 웹 페이지마다 배경과 주변 설정을 어떻게 배치하고, 콘텐츠를 어떻게 표현할 것인가를 미리 나타내 주는 시나리오 즉, 개략적인 계획서를 의미한다.

2. 스토리 보드의 역할

이와 같은 스토리 보드는 웹 기반 시스템의 작업지시서나 설계도의 역할을 하며, 웹 기반 시스템의 제작 과정 중에서 발생할 수 있는 모든 문제점들을 줄일 수 있는 역할을 한다.

이 이외에도 개발하고자 하는 웹 기반 시스템의 전체적인 구도를 파악할 수 있게 해주고, 개발할 웹 기반 시스템에 대해서 상세한 설계를 할 수 있게 하고, 이에 적합한 자료를 준비할 수 있도록 지원해 주며, 주제와 멀티미어디 요소, 웹 페이지 간의 관련성 및 연결 관계를 파악하는 것도 가능하게 해준다.

3. 스토리 보드 작성 절차

가. 전체 구조도 작성 :

아래 <그림 13-4>와 같이 개발하고자 하는 웹 기반 시스템의 전체 모습을 한눈에 파악할 수 있도록 전체 구조도가 포함된 스토리 보드를 우선 작성한다.

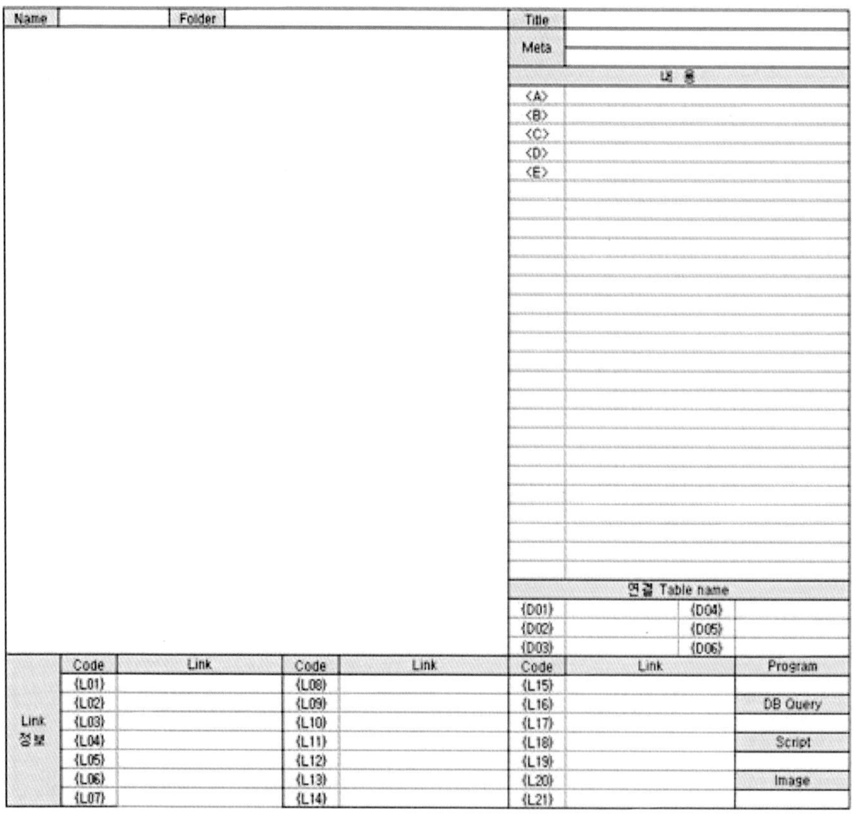

<그림 13-4> 전체 구조도 작성

나. 화면 구성

전체 구조도가 작성되면 각 웹 페이지에 대한 화면 구성을 한다. 여기에는 웹 페이지 한 장에 들어갈 모든 콘텐츠 정보들이 포함되어야 한다. 전체 구조도에는 화면의 레이아웃, 화면 인터페이스에 대한 정확한 설명, 콘텐츠 및 각종 정보원을 표시해야 한다.

다. 화면 구성의 구체적인 작성 내용

화면에는 화면 이름, 화면 번호, 작성자, 작성일자, 파일명 등을 기입한다. 이외에도 아래의 내용을 기입한다.

화면 내용 : 화면에 표현할 내용을 작성한다.

화면 분할 : 한 화면 내에서의 화면 분할을 나타낸다.

화면 설명 : 화면을 구성하는 요소에 관하여 기술한다.

화면 진행 사항 : 다음(이전) 웹 페이지로의 진행을 나타내는 화면이다.

번호를 기입 ; 화면의 번호를 기입한다.

또한 제작시의 유의사항, 텍스트, 색상 등을 기입한다.

메인 웹 페이지에 대하여 스토리 보드를 작성한 예를 아래 <그림 13-5>에 나타내 두었다.

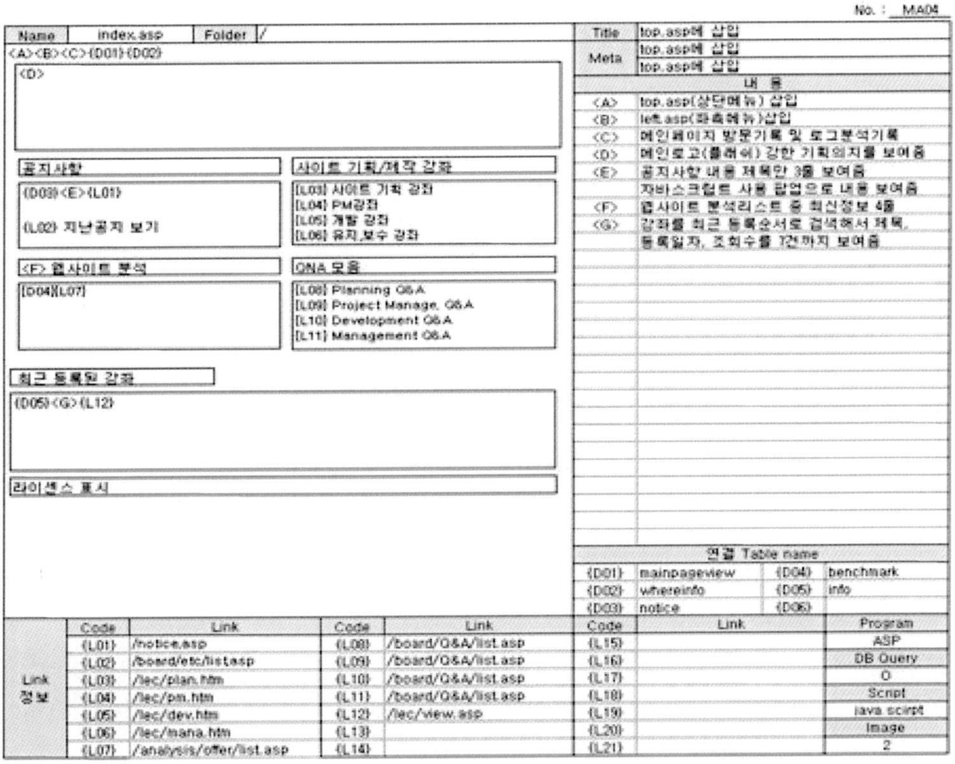

<그림 13-5> 메인 웹 페이지에 대한 스토리 보드 작성의 예

(자료; 오종혁, 『웹 기획&웹 프로젝트 매니지먼트』, 영진닷컴, 2005.9)

13.3.4 구조 설계

1. 구조 설계의 개요

전체적인 웹 기반 시스템의 구조는 이들을 개발하기 위해 설정된 목표, 제공될 콘텐츠, 방문할 사용자들, 그리고 설정된 내비게이션과 밀접한 관계를 가지고 있다. 따라서 웹 기반 시스템의 구조를 설계할 시에는 위의 내용들을 참조하여 전형적인 5가지의 서로 다른 구조 즉, 선형구조, 그리드 구조, 계층적 구조, 네트워크 구조, 혼합구조 중에서 선택하여 설계를 해야 하며, 이들에 대해서 아래에 좀 더 구체적으로 살펴두었다.

2. 선형 구조

선형(또는 순차) 구조는 아래 <그림 13-6>과 같이 정해진 순서에 따라 앞뒤로 이동할 수 있는 구조를 의미한다. 또한 선형 구조는 특정한 하나의 주제에 대하여 순차적인 논리로 접근할 때 사용하며, 파일의 크기가 큰 논문이나 발표를 할 시 주로 사용되는 구조이다. 중요한 정보를 놓치지 않고 볼 수 있으며, 연결 속도가 빠르다는 장점이 있으나, 웹의 장점인 쌍방향 커뮤니케이션을 충분히 살릴 수 없다는 단점도 있다.

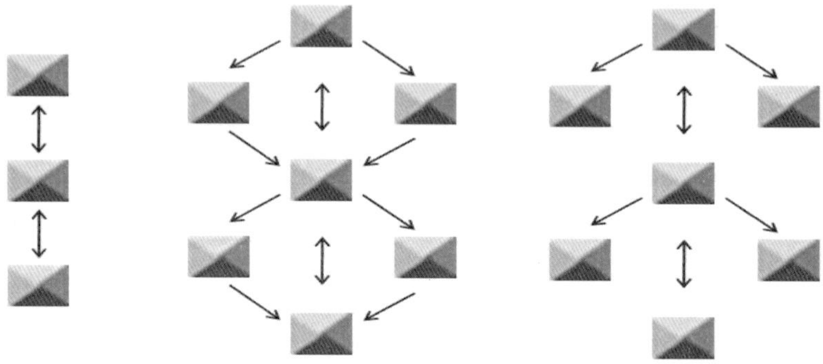

<그림 13-6> 선형구조의 예

3. 그리드 구조

그리드(또는 행렬) 구조는 아래 <그림 13-7>과 같이 웹 기반 시스템의 구조가 행렬구조로 되어 있는 형태이다. 그리드 구조는 규칙적인 콘텐츠들이 포함될 때 유용하다.

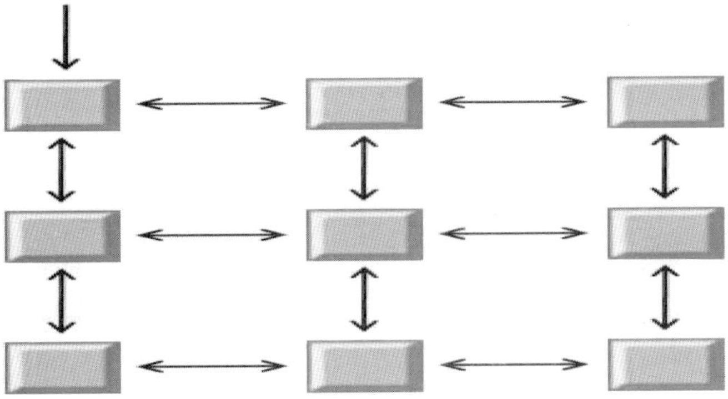

<그림 13-7> 그리드(또는 행렬) 구조

4. 계층적 구조

계층적 구조는 아래 <그림 13-8>와 같이 카테고리 별로 웹 기반 시스템 구조가 점차 세분화되는 형태의 구조를 의미한다. 웹 기반 시스템 구조는 상위 메뉴와 상위 메뉴를 세분화한 하위메뉴로 구성되며, 웹 기반 시스템의 전체적인 내용을 구조적으로 잘 보여 줄 수 있는 것이 장점이며, 또한 웹 기반 시스템이 크고 복잡하여 메뉴가 많은 경우에는 비슷한 내용의 메뉴끼리 묶어서 구성하면 효과적이다.

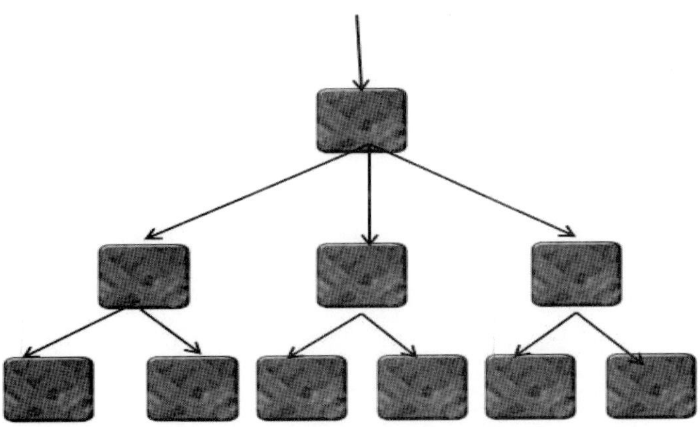

<그림 13-8> 계층적 구조

5. 네트워크 구조

네트워크 구조는 아래 <그림 13-9>과 같이 특별한 구조적인 형식이 없이 상호 관련된 웹 페이지들끼리 연결하며, 또한 하이퍼텍스트 기능을 사용하여 모든 웹 페이지를 거미줄처럼 연결한 형태이다. 전체 웹 기반 시스템 구조를 네트워크 구조로 구성하는 것은 좋지 않으나, 부분적으로 연결하는 것은 때로는 유용할 때가 있다. 네트워크 구조는 찾고자 하는 웹 페이지를 쉽게 찾을 수 있다는 장점이 있다.

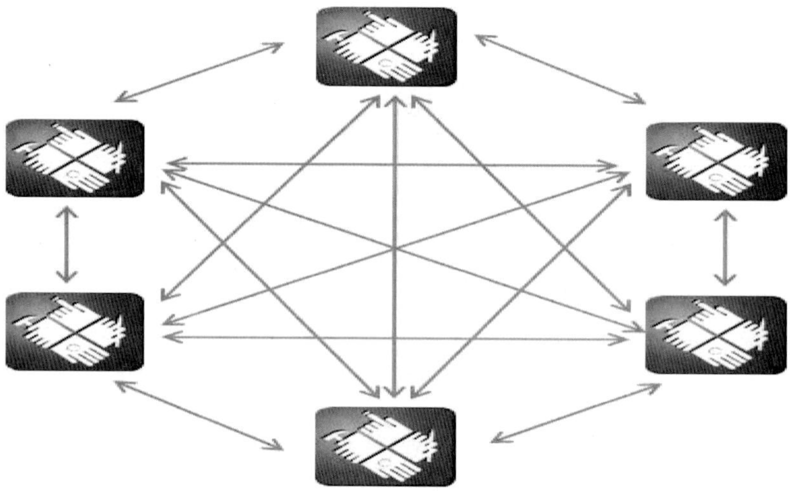

<그림 13-9> 네트워크 구조

6. 혼합 구조

혼합 구조는 아래 <그림 13-10>과 같이 위에서 살펴본 웹 기반 시스템의 구조를 2가지 이상 혼합하여 구성한 형태이다. 혼합 구조는 웹 문서를 제작하는데 주로 사용되고, 웹 페이지의 수가 많고 전달하려는 정보의 양이 많더라도 체계적으로 구성 할 수 있다는 장점이 있다.

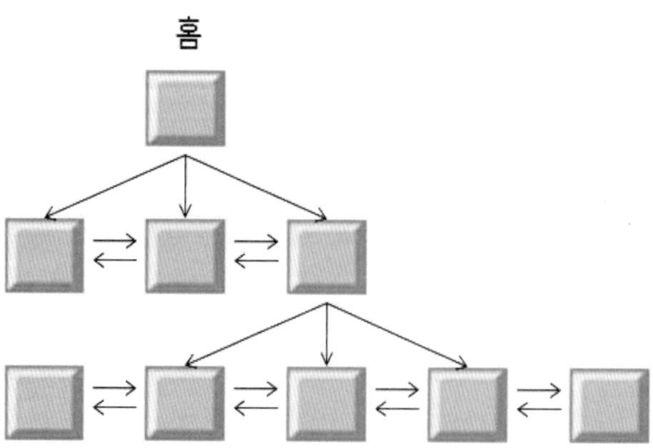

<그림 13-10> 혼합 구조

13.3.5 내비게이션 설계

1. 내비게이션 설계의 개념

내비게이션은 웹 기반 시스템 안에서 자유자재로 돌아다닐 수 있는 모든 방법을 말하며, 항해라고도 한다. 이는 웹 기반 시스템 이용의 가장 기본적인 흐름이다. 이와 같은 내비게이션을 잘 설계하기 위해서는 고객이 웹 기반 시스템에 들어와서 자신이 원하는 곳을 자유롭게 찾아갈 수 있게 하거나, 웹 기반 시스템 목적에 부합되는 행동을 할 수 있도록 이동을 돕는 방법을 제공해야 한다. 이러기 위해서 아래에 여러 가지 내비게이션 설계 방법에 대해서 살펴 두었다.

2. 내비게이션 설계의 종류

가. 메인 메뉴

메인 메뉴는 아래 <그림 13-11>와 같이 고객들이 가장 먼저 웹 기반 시스템을 파악하는 것으로서 웹 기반 시스템의 전체 구성을 가장 쉽게 볼 수 있도록 설계해 놓은 것이다. 메인 메뉴는 보통 전체 콘텐츠의 논리적 구성과 이용하는 고객들이 웹 기반 시스템을 쉽게 파악하고, 자신이 원하는 정보로 쉽게 이동할 수 있도록 판단하는 접근성의 기본이 되기 때문에 다른 웹 기반 시스템과 같이 상단에 위치하는 것이 좋다. 또한 전체 구성을 쉽게 파악할 수 있도록 크고 읽기 쉽도록 설계하는 것이 좋다.

<그림 13-11> 여행상품과 정보를 제공하는 웹 기반 시스템의 메인 메뉴

나. 서브 메뉴

하나의 웹 기반 시스템 내에서도 다양한 콘텐츠를 제공하기 때문에 메인 메뉴만으로는 정의할 수 없는 경우가 많아 각 메인 메뉴 당 서브 메뉴를 사용하고, 그 서브 메뉴에 또 다른 서브 메뉴를 추가할 수 있도록 설계한다. 서브 메뉴의 깊이는 보통 7±2에 근거하는데, 7에서 2를 빼면 5이고, 7에서 2를 더하면 9가 된다. 즉, 서브 메뉴의 깊이는 5~9사이가 이론적으로는 가능하나, 통상 5단계까지 깊이로 설계한다. 서브 메뉴의 깊이가 깊어질수록 원하는 서비스를 찾기 위해 여러 단계를 이동해야 하므로 시간이 많이 소요된다. 따라서 가능하면 깊지 않은 서브 메뉴 단계나 집중적인 메인 메뉴의 구성이 바람직하다. 서브 메뉴의 예는 아래 <그림 13-12>과 같다.

<그림 13-12> 데브 뱅크의 상단 메뉴

위의 <그림 13-12>은 데브 뱅크의 상단 메뉴에 마우스 커서를 올렸을 때 바로 아래에 해당하는 서브 메뉴가 보이도록 설계하는 방법이다.

반면에 메인 메뉴에서 서브 메뉴로 들어가서 해당 웹 페이지를 보고 있는 중에 마우스를 다른 곳으로 옮기면 서브 메뉴가 사라져버린다. 이때 사라진 서브 메뉴를 다시 선택하려면 상단 메뉴에 마우스를 가져가서 해당 서브 메뉴가 나타나면 이것을 선택해서 원하는 곳으로 가져가야 하기 때문에 마우스 사용이 익숙하지 않은 장년층에게는 불편한 점이 있다. 이러한 점을 보완하기 위해 아래 <그림 13-13>과 같이 좌측에 서브 메뉴와 병행해서 사용할 수 있도록 설계한다.

메뉴의 깊이가 3단계인 경우의 예를 들어 보면 상단에 메인 메뉴가 나타나고, 메인 메뉴를 선택하면 좌측에 2단계의 서브 메뉴가 나타나며, 2단계의 서브 메뉴를 선택했을 때 2단계와 3단계의 서브 메뉴가 구분되도록 하여 3단계의 메뉴가 나타난다.

<그림 13-13> 데브 뱅크의 좌측 서브 메뉴의 예

다. 검색창 형태의 내비게이션

검색창 형태의 내비게이션은 아래 <그림 13-14>와 같이 메인 메뉴 아래에 검색어를 입력할 수 있는 텍스트 박스와 검색 버튼이 있는데 이곳에 찾고자 하는 내용의 검색어(Keyword)를 입력하면 관련된 웹 페이지들을 찾을 수 있도록 설계해 놓은 것이다. 일반적으로 정보를 제공하는 웹 기반 시스템이나 뉴스를 제공하는 웹 기반 시스템들에 많이 적용하는 경향이 있다. 이 방법의 장점으로는 많은 정보를 메뉴를 통해 찾기가 힘든 경우에 매우 유용하지만, 단점으로는 웹 페이지의 정보들이 데이터베이스에 담겨져 있거나, 인덱스(Index)서버를 사용해야 한다는 것이다.

<그림 13-14> 검색창 형태의 내비게이션

라. 모든 웹 페이지에 들어가는 회사 소개형 내비게이션

아래 <그림 13-15>과 같이 주로 회사 소개나 사이트 맵, 개인정보 보호정책, 광고 안내 등을 표시할 때 많이 사용하는 설계 형태의 내비게이션이다.

<그림 13-15> 엠플의 회사 소개형 내비게이션

이 방법은 꼭 보여주어야 하는 중요한 메뉴들이지만, 메인 메뉴에 넣기에는 분량도 많고 이 내용을 메인 메뉴에 삽입했을 경우 전체적인 메뉴의 통일성을 잃어버릴 수도 있는 형태의 메뉴들을 설계할 시 주로 이용한다. 또한 이 내비게이션은 메인 메뉴 가장 상단이나 하단에 위치하며, 모든 웹 페이지에 일괄적으로 들어가는 것이 특징이다.

모든 웹 페이지에 들어가는 회사 소개형 내비게이션의 또 다른 예로 롯데닷컴 쇼핑몰의 경우인데, 아래 <그림 13-16>과 같이 롯데닷컴 쇼핑몰의 회사 소개형 내비게이션이 상단에 표시되어 있으며, 이런 형태의 내비게이션은 모든 웹 페이지에 들어가기는 하지만 고객들의 시선을 잘 끌지 못하기 때문에 고객들의 주제가 되는 중요한 콘텐츠들을 넣는 것은 삼가 하는 것이 좋다.

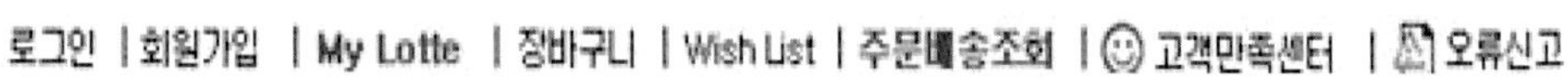

<그림 13-16> 롯데 닷컴의 회사 소개형 내비게이션

마. 드롭다운 형태의 내비게이션

이 방법은 드롭다운 형태의 폼에 링크를 제공하여 언제든지 원하는 웹 페이지로 이동할 수 있도록 설계한 내비게이션이다. 일반적으로 메인 메뉴의 보조적 역할을 수행하며, 공간을 많이 절약할 수 있는 장점이 있다.

바. 현재 위치를 표시하는 내비게이션

이 방법은 현재 웹 페이지의 위나 아래쪽에 현재 보여주는 웹 페이지의 위치를 알 수 있도록 설계해 놓은 내비게이션이다. 아래 <그림 13-17>은 옥션 사이트인데, 현재 웹 페이지가 "홈 ➔ 여성의류 ➔ 원피스 / 정장 ➔ 캐쥬얼 원피스"에 있음을 알 수 있다. 이 방법은 자신이 현재 보고 있는 웹 페이지를 알려줌으로써 전체적으로 길을 잃지 않고 원활히 웹 기반 시스템을 볼 수 있도록 지원해 주며, 메뉴의 단계가 깊은 경우 자신이 원하는 상위 단계로 한 번에 이동할 수 있는 편리한 점이 있다.

<그림 13-17> 현재 위치를 표시하는 내비게이션

사. 관련된 문서를 보여주는 내비게이션

이 방법은 아래 <그림 13-18>와 같이 어떤 웹 페이지를 읽는 도중에 그 웹 페이지와 관련된 문서 또는 메뉴를 보여주고 링크를 걸어줌으로써 횡적으로 내비게이션을 이룰 수 있도록 설계해 놓은 것이다. 주로 기사형의 콘텐츠나 뉴스, 게시판 등에서 많이 사용하는 방법이고, 고객의 편의를 많이 반영하는 설계 방법이다.

<그림 13-18> 관련된 문서를 보여주는 내비게이션

아. 언어 및 지역에 관련된 내비게이션

아래 <그림 13-19>과 같이 다국적 언어가 지원될 수 있도록 설계해 놓은 내비게이션이다. 우측 상단에 중국어, 영어, 일본어 표시가 있는데, 이는 고객들이 한국인 일 수도 있고, 외국인 일 수도 있는 웹 기반 시스템이므로 해당하는 언어를 선택할 수 있도록 링크를 걸 수 있도록 해주고 있다.

<그림 13-19> 다국적 언어 지원 내비게이션

자. 강조하거나 최신 정보를 보여주는 내비게이션

대부분 웹 기반 시스템의 메인 메뉴는 웹 기반 시스템 전체에서 강조하고 싶은 부분이나 새로운 정보를 보여주고, 해당 웹 페이지로 직접 이동할 수 있도록 내비게이션 기능을 제공하고 있다. 아래 <그림 13-20>은 메인 페이지 중앙 부분에 최신기사나 가장 인기 있는 기사를 쉽게 찾아 볼 수 있도록 링크를 걸어줌으로써 고객들에게 편리함을 제공하고, 처음 방문하는 고객들에게는 해당 웹 기반 시스템의 전체적인 내용을 간접적으로 표현해 준다.

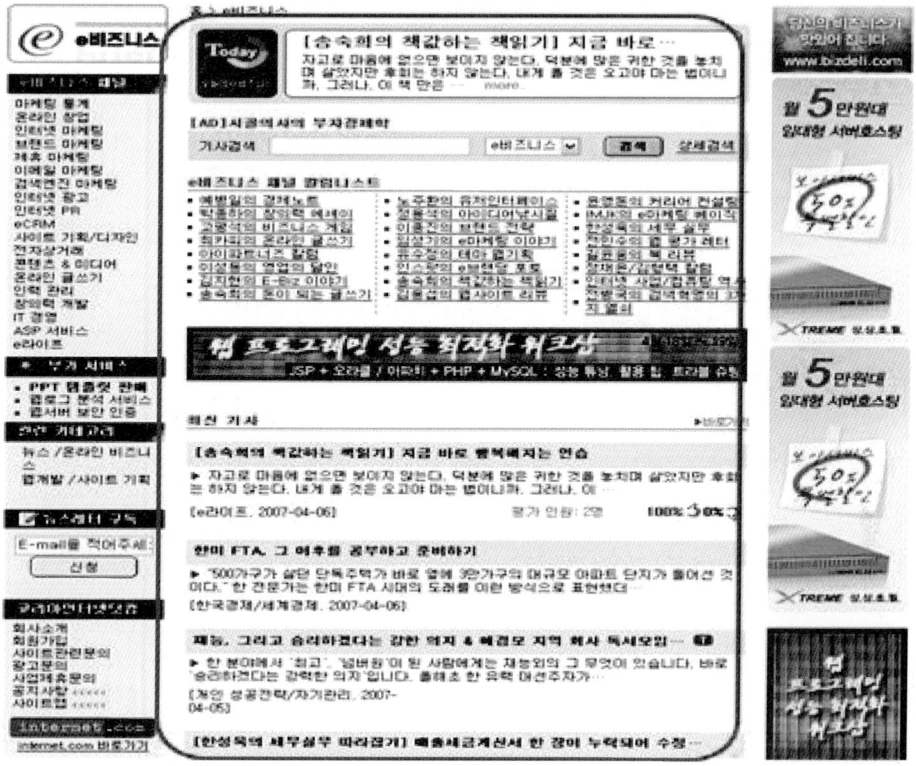

<그림 13-20> 강조하거나 최신 정보를 보여주는 내비게이션

13.3.6 인터페이스 설계

1. 인터페이스 설계의 개요

웹 기반 시스템의 사용자 인터페이스는 웹 기반 시스템의 "첫인상"이므로, 기능적인 측면과 심미적인 측면을 잘 고려하여 설계를 해야 한다. 따라서 인터페이스 설계 지침에 대해서 아래에 좀 더 구체적으로 고찰하여 두었다.

2. Nielsen과 Wagner의 인터페이스 설계 지침

Nielsen과 Wagner의 웹 기반 시스템을 위한 인터페이스 설계 지침은 다음과 같다.

① 서버에서는 아무리 사소한 오류가 발생하더라도 고객들은 그 웹 기반 시스템을 떠나 자신들이 원하는 정보나 서비스를 다른 웹 기반 시스템에서 찾는 경향이 있으므로 서버의 오류는 없어야 한다.

② 컴퓨터 화면 상에서의 읽는 속도는 종이에 인쇄를 해서 읽는 속도보다 대략 25%정도 느리기 때문에 화면에 출력할 시에는 주의를 기울려야 한다.

③ 특별히 텍스트로 웹 기반 시스템의 동작을 설명하거나 내비게이션에 도움을 주려고 할 때에는 사용자가 너무 많은 양의 텍스트를 읽지 않도록 해야 한다.

④ 가급적이면 화면에 "공사 중"이라는 표시를 피하라. 이것은 고객들로 하여금 기대감을 불러일으키며, 오랜 기간 동안 화면에 출력시켜 두면 고객들을 실망시킬 수 있다.

⑤ 고객들은 여러 개의 화면에 출력되는 현상 즉, 스크롤 하는 것을 좋아하지 않는다. 중요한 정보는 전형적인 브라우저 윈도우의 영역 내에 포함 시켜야 한다. 가급적이면 한 페이지 내에 포함시키는 것이 좋다.

⑥ 내비게이션 바와 헤드 바는 일관되게 설계되어야 하고, 사용자가 이용하는 모든 웹 페이지에 통일성이 있어야 한다.

⑦ 인터페이스 설계는 내비게이션을 지원하는 브라우저의 기능에 의존하지 말아야 한다.

⑧ 절대로 미적인 내용이 기능성을 방해하지 않아야 한다. 즉, 기능적인 측면과 심미적인 측면을 잘 고려하여 설계를 해야 한다

⑨ 내비게이션 옵션들은 해당 웹 기반 시스템을 방문하는 초보자들에게도 잘 이해가 되도록 설계를 해야 한다.

13.3.7 웹 페이지 구성

웹 페이지는 크게 머리말(Header), 본문(Body), 꼬리말(Footer)로 구성되는데 이들에 대하여 아래에 좀 더 구체적으로 살펴 두었다.

1. 머리말

머리말은 웹 페이지의 상단에 위치하며, 웹 기반 시스템의 제목이나 상징 및 이미지 등으로 구성된다. "제목"은 웹 기반 시스템을 나타내는 이름이며, 제목 밑에 부제목을 부여할 수도 있다. 머리말에는 해당 웹 기반 시스템을 상징하는 이미지나 심볼 및 로그 등이 함께 사용될 수 있다.

2. 본문

본문(Body)은 메뉴 버튼을 이용하여 문자를 비롯한 이미지 · 사운드 · 동영상 등의 콘텐츠로 구성된다.

3. 꼬리말

꼬리말(Footer)은 웹 페이지 하단에 위치하며, 소속기관 및 연락처 · 관리자의

E-mail · 제작일 · 최종 수정일 · 저작권 · 방문객 카운터 등으로 구성된다.

그러므로 웹 기반 시스템을 구축할 시에는 위의 머리말, 본문, 꼬리말 부분에 대해 잘 설계를 해두어야 한다.

13.3.8 색상 설계

각 색상에 대한 색채의 의미를 아래 <그림 13-21>에 요약하여 두었다. 웹 기반 시스템을 설계할 시에는 이들 개별 색채의 의미를 고려하여야 한다.

색 이 름	색채의 의미
빨 간 색	관용, 사랑, 순교, 격정, 열정, 희열, 활동적
오렌지색	에너지, 성과, 쾌락, 원기, 온정
노 란 색	무욕, 겸허, 희망, 명랑, 성실, 발전
녹 색	신앙, 불멸, 생명, 정숙, 젊음, 안락
자 색	존엄, 정의, 위엄, 신비, 온화
청 록 색	안식, 우울, 불안, 온화
청 색	성실, 믿음, 신성함, 침착, 침묵
청 자 색	신비, 숭고, 고독
흰 색	기쁨, 순수, 부드러움
회 색	불사, 침착, 불안
검 정 색	음울, 불안, 불길함, 인연
주 색	영광, 힘, 부, 열렬, 격정, 정열
분 홍 색	활기, 책임, 애정, 상냥함
다 색	침착

<그림 13-21> 색채의 의미

13.3.9 문자 설계

1. 문자의 의미

본문에 사용되는 문자는 폰트(Body Font), 헤드라인(Headline), 타이틀(Title), 메뉴의 라벨(Label Pont), 이미지에 사용되는 폰트 등이 있으며, 이들 문자들은 용도에 따라 잘 선택을 하여 설계를 하여야 된다. 일반적으로는 사용자 시스템에서 문자를 지정하도록 되어 있다. 그러나 자신의 스타일을 강조하기 위하여 특정 글자체의 조합을 사용할 수도 있고, 판독성과 가독성, 조직성을 고려하여 문자를 선택 또는 조합하여 사용할 수도 있다. 한 문서 내에서는 혼란을 피하기 위하여 글자체의 종류와 크기는

3가지 이내로 하는 것이 좋다. 한 문자의 길이는 한글의 경우에는 30자 내외, 영문자의 경우에는 40~60자 내외로 하는 것이 좋다.

2. 문자 설계의 예

여러 가지 문자들에 대한 설계의 예를 아래 <그림 13-22>에 요약하여 두었다.

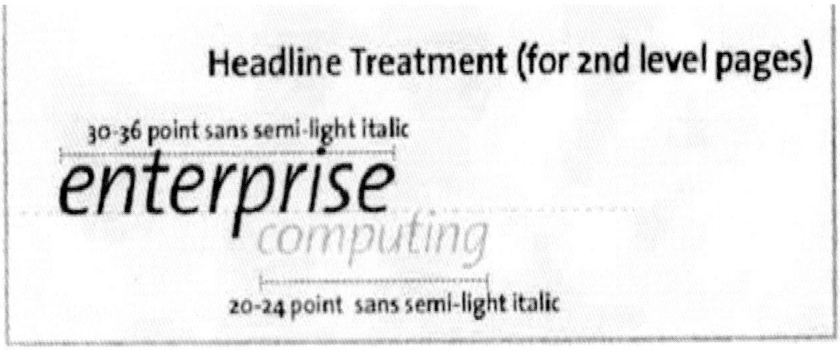

<그림 13-22> 문자 설계의 예

13.3.10 로고 설계

1. 로고의 개념

로고(Logo)는 회사나 기관 또는 제품을 상징하기 위해 사용되는 고유한 도형이나 문자열 등의 심볼(Symbol)을 말한다. 이와 같은 로고는 로고를 이용하는 회사나 제품의 브랜드 이미지를 높일 수 있다. 로고는 이미지 중심의 마케팅 활동과 연결이 되도록 설계를 해야 한다.

2. 로고 설계 시 고려요인

로고를 설계할 시에는 단순하고 명료하게 표현함으로써 시각적으로 쉽게 인식이 되도록 해야 한다. 또한 표준형을 사용하여 의사전달과 의미를 명확하게 전달해야 한다. 국제적으로 통용되는 형태와 의미를 사용하여 범세계적으로 호환이 될 수 있어야 한다. 실생활에서의 행동 양식이나 형태 등을 비유적으로 표현하면 좋다.

3. 로고 설계의 예

여러 가지 로고를 설계한 예를 아래 <그림 13-23>에 요약하여 두었다.

<그림 13-23> 로고 설계의 예

13.3.11 배경 설계

배경 설계는 웹 페이지의 안정성을 도모하는데 그 목적이 있다. 웹 기반 시스템의 내용을 충실히 보충하고 콘텐츠들을 적절히 강화시켜 줄 수 있도록 배경 설계를 해야 한다. 배경 설계에 대한 예는 아래 <그림 13-24>와 같다.

<그림 13-24> 배경 설계에 대한 예

13.3.12 그래픽 환경

웹 기반 시스템에 접속하는 고객들의 그래픽 환경과 맞지 않는다면, 해당 웹 기반 시스템의 신뢰도를 하락시키는 요인이 될 수 있다. 그러므로 고객들로부터 해당 웹 기반 시스템의 신뢰도를 얻기 위해서는 다음과 같은 사항을 고려하여 설계를 해야 한다.

첫째, 고객 모니터의 디더링(Dithering)을 고려해야 한다.

둘째, 고객 모니터의 비트 심도를 고려해야 한다.
셋째, 그래픽을 첨가할 때 계단 현상을 고려해야 한다.
넷째, 안정된 색상을 사용해야 한다.
다섯째, 확장의 형식은 .gif나 .jpg 또는 .jpeg형식으로 처리해야 한다.
여섯째, 최신의 브라우저에서만 지원되는 확장자는 가급적 피하는 것이 좋다.
일곱째, 너무 큰 이미지는 잘라서 처리하는 것이 좋다.

13.4 웹 기반 시스템 구축모형

13.4.1 구축모형의 개요

웹 기반 시스템의 속성은 웹 기반 시스템 구축모형에 많은 영향을 준다. 신속성과 짧은 수명주기에 의해 웹 기반 시스템의 릴리스들은 반복적이고 병행적이며, 점증적인 구축모형을 강조한다. 웹 기반 시스템들은 콘텐츠 중심이기 때문에 기능 보다는 때로는 미적 감각에 중점을 두기도 한다. 웹 기반 시스템 구축모형 내에서 개별 활동들은 병렬적으로 계획 될 수도 있다. 웹 기반 시스템은 동적이면서 사용자와 상호작용하기 때문에 경영학과 심리학 및 공학의 원리 적용이 필수적이다.

따라서 이러한 내용들을 종합하여 웹 기반 시스템을 구축하기 위한 체계적인 구축모형이 절실히 요구된다.

13.4.2 웹 기반 시스템 구축모형

웹 기반 시스템 구축모형에는 여러 유형이 있는데, 여기서는 4가지 유형에 대해서만 살펴보기로 한다.

1. 구축모형(1)

구축모형(1)은 아래 <그림 13-25>과 같이 폭포수 모형에 근거하여 웹 기반 시스템을 구축하기 위한 모형이다. 각 단계에 대한 내용은 다음과 같다.

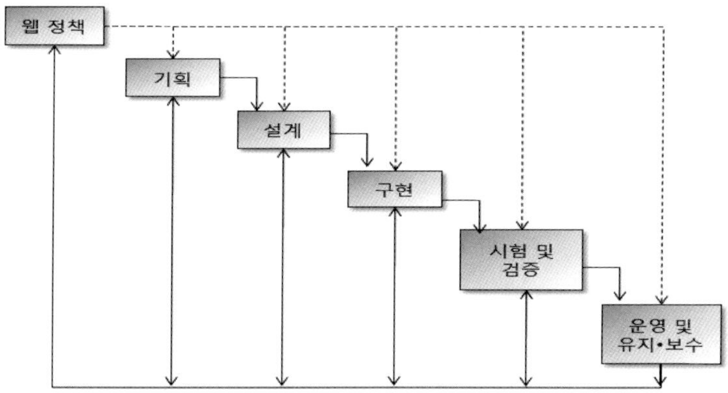

<그림 13-25> 구축모형(1)

가. 웹 정책 수립 단계

이 단계에서는 웹 기반 시스템을 구축하기 위한 하드웨어 및 소프트웨어 시스템 구성, 투자비용대 효과분석 등 정책을 수립하기 위한 단계이다. 특히 이 단계에서는 서버와 클라이언트 시스템을 구성하기 위한 정책 수립 등을 해야 한다.

나. 기획 단계

이 단계에서는 웹 기반 시스템의 구축 목적을 정하고, 구축 목적이 정해지면 구축 목적에 맞추어 개발 대상 및 범위를 선정하고, 환경 분석 등의 작업을 수행한다. 기획 과정에서는 두 가지 측면을 고려해야 하는데, 첫째, 사업성을 진단해 보는 프로젝트 기획을 수립하는 과정과 둘째, 사업성 판단이 된 프로젝트에 대해서 내용 기획과, 콘텐츠 제작 기획을 수립하는 것이다. 제대로 된 콘텐츠 기획이 되기 위해서는 반드시 프로젝트 기획이 우선되어야 한다. 기획수립이 종료되고 나면 기획보고서를 작성한 후 검토 회의를 진행한다.

다. 설계 단계

기획 단계에서 정의된 사항들에 따라 전체 사이트 맵 및 스토리 보드를 작성하고, 화면설계를 하며, 설계에 필요한 원시자료의 수집 및 분석 작업을 수행한다.

설계 시에 고려요인은 다음과 같다.

첫째, 호환성과 대중성을 고려하여 적절한 표현 수단을 찾아 설계를 해야 한다.

둘째, 효율적인 정보 전달과 빠른 로딩 속도를 고려해야 한다.

셋째, 최적화된 내비게이션을 통해 정보 전달을 신속하게 하여 이용자들의 편의를 도모해야 한다.

넷째, 다양한 기능의 CGI와 데이터베이스 구동을 통해 이용자와의 상호작용을 고려해야 한다.

다섯째, 지속적인 업데이트가 필요하다.

라. 구현 단계

여기서는 설계단계에서 작성한 설계 도면을 참조하여 프로그램 작성을 하는 단계이다. 구현 단계의 작업이 모두 끝나면 개발 보고서를 작성하여 검토회의를 수행한다. 검토회의가 종료되면 웹 서비스를 제공할 시스템을 설치한다. 웹 서버 설치가 정상적으로 완료되면 작성된 프로그램, 그림 파일 등 콘텐츠들을 시스템에 설치하여 운영하면 된다.

마. 시험 및 검증 단계

구현한 웹 기반 시스템에 대해서 사용자 인터페이스 측면의 사용의 편리성 등을 시험해 보아야 한다. 또한 구현된 시스템에 대해 사용자의 요구를 만족하는지 여부 등에 대해서도 시험을 해야 한다. 이를 위해서 우선 시험할 사용자 인터페이스 대상을 구체화하고, 적절한 시험 방법을 선택하여 시험을 실시함과 동시에 그 결과를 분석해야 한다. 시험 방법은 제 10장에서 공부한 내용을 참조하기 바란다.

시험 단계에서 확인해야 할 부분은 구축 대상 및 범위, 전체화면 구성, 데이터의 활용, 시스템의 정상적인 작동 여부 등이다.

바. 운영 및 유지·보수

운영 및 유지·보수 지침은 전체적인 웹 정책에 따라 작성해야 하고, 웹 기반 시스템 구축 이전에 결정되는 것이 바람직하다. 운영 조직의 구성 및 역할 등이 명시되어야 하고, 내용에 대한 유지·보수 계획도 포함되어야 한다. 운영 및 유지·보수 지침에서 포함되는 사항들로는 운영 조직의 구성 및 역할, 자료의 갱신 및 내용 관리, 예산, 보안 지침, 장애처리 모니터링 등이다.

2. 구축모형(2)

구축모형 (2)는 아래 <그림 13-26>와 같다.

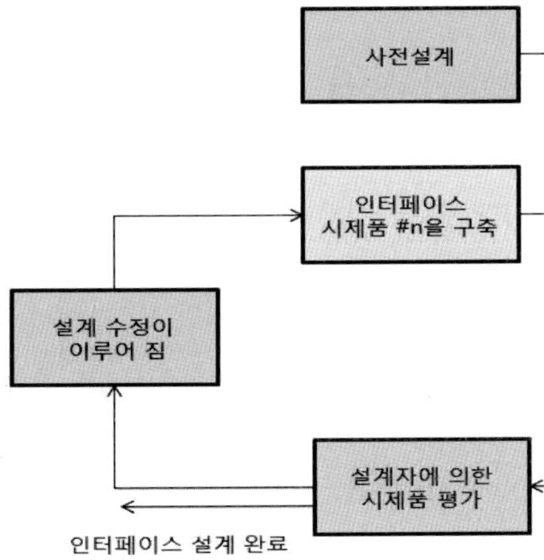

<그림 13-26> 구축모형(2)

위의 <그림 13-27>을 보면 웹 기반 시스템 구축을 위하여 우선 전반적인 사전설계를 한다. 사전설계를 기반으로 인터페이스 시제품 #1을 개발한 후 사용자들에게 평가를 받는다. 평가 결과는 웹 디자이너가 연구검토를 한 후 수정할 사항이 있으면 시제품을 수정하여 다시 시제품 #2를 제작한다. 이러한 과정을 사용자가 만족할 때까지 반복하여 시제품 #n을 제작한 후 이를 바탕으로 웹 기반 시스템을 구축한다.

3. 구축모형(3)

구축모형 (3)은 아래 <그림 13-27>과 같다.

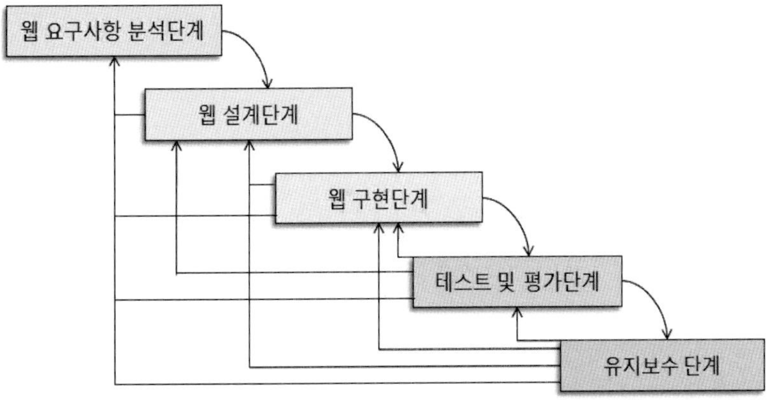

<그림 13-27> 구축모형(3)

위의 <그림 13-28>의 웹 기반 시스템 구축모형에 대해서는 제 2장에서 살펴보았기 때문에 여기서는 설명을 생략하기로 한다.

4. 구축모형(4)

구축모형(4)는 아래 <그림 13-28>와 같고, 이들 각 단계에 대한 내용을 아래에 좀 더 구체적으로 살펴 두었다.

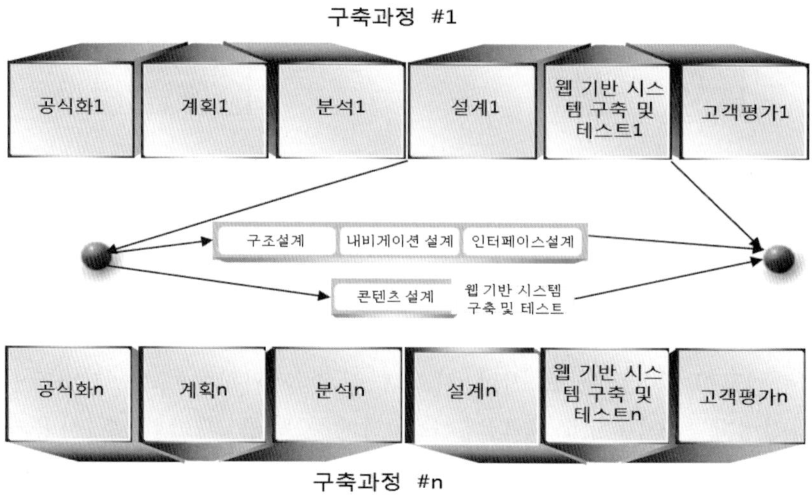

<그림 13-28> 구축모형(4)

가. 공식화 단계 :

이 단계는 웹 기반 시스템의 목적과 목표 그리고 범위를 정하는 단계이다.

나. 계획 단계 :

여기서는 전체 웹 기반 시스템 개발 프로젝트의 개발일정과 비용을 예측하고, 개발과 관련된 리스크를 파악하는 단계이다.

다. 분석 단계 :

이 단계에서는 웹 기반 시스템 구축에 필요한 기술적인 요구사항들을 분석하고, 웹 기반 시스템에 적용할 7C를 파악하며, 웹 디자인에 필요한 요구사항 등을 분석하는 단계이다.

라. 설계 단계 :

여기서는 웹 기반 시스템을 구축하기 위한 웹 설계를 하는 단계인데, 콘텐츠 디자인과 제품 디자인은 예술적인 감각이 있는 디자인 팀이 수행한다. 기술적인 작업에 해당하는 구조 설계, 내비게이션 설계, 인터페이스 설계는 별도의 설계 팀이 담당한다.

마. 웹 기반 시스템 구축 단계 :

이 단계를 구현 단계라고도 하는데 앞 단계에서 설계한 설계 명세서를 토대로 자동화 도구나, 프로그래밍 언어를 이용하여 실제적으로 웹 기반 시스템을 구축하는 단계이다. 여기서는 개발팀에서 개발한 컴포넌트 및 인터페이스와 설계팀에서 설계한 설계 명세서를 통합하여 웹 기반 시스템을 구축한다.

바. 테스트 단계 :

여기서는 앞 단계에서 구축한 웹 기반 시스템에 대해 프로그램 구조도, 링크 두절율, 검색속도, 오류율, 입·출력양식 등에 대해 시험한다.

사. 고객 평가 단계 :

웹 기반 시스템 구축과정이 반복될 때마다 사용자에게 평가를 받아야 하며, 사용자들이 평가한 내용은 다음 웹 기반 시스템 구축과정에 반영되어야 한다.

위의 구축과정은 첫 번째 구축과정에서부터 n번째 구축과정까지 병렬적으로 그리고 점증적으로 구축해 나갈 수 있다.

13.4.3 구축 도구

웹 기반 시스템을 구축할 시에는 여러 가지 도구들이 활용되는데, 여기서는 몇 가지만 고찰하여 두었다.

1. HTML

HTML은 인터넷 웹 페이지의 하이퍼텍스트 문서를 만들기 위해 사용되는 기본 언어로서 문서의 글자크기 · 글자 색 · 글자 모양 · 그래픽 · 문서의 이동(또는 하이퍼링크)등을 정의하는 명령어로서 홈페이지를 작성하는데 주로 이용되며, 태그(tag)라는 명령어로 구분하여 사용한다. 이때, 문서가 별도의 코드를 인식하여 완벽한 하이퍼텍스트를 작성할 뿐만 아니라 단어 또는 단문을 인터넷의 다른 장소나 파일로 연결시킬 수도 있다.

2. 웹 에디터

웹 에디터는 인터넷 홈페이지르 제작할 수 있게 해주는 홈페이지 전문 저작 도구이며, 여러 가지 명령어로 구성되어 있고, 문자는 물론 그림이나 동영상 및 소리, 홈페이지나 웹사이트 연결까지 가능한 HTML문서를 만들어 주는 프로그램이며, 대표적인 웹 에디터로는 나모 웹 에디터, 드림위버 등이 있다.

3. Adobe Photoshop

포토샵은 원하는 그림을 그릴 수 있는 페인팅 프로그램이며, 여러 가지 이미지 작업과 필터링 기능을 이용하여 영상 처리 작업을 수행할 수 있다.

4. GIF file Animator

이는 움직이는 파일을 만들어 주는 역할을 하며, 고객들의 시선을 끌기 위한 애니메이션 파일을 만들어 주는 도구이다.

5. 이미지 맵 작성용 소프트웨어

이미지 맵은 한 곳의 이미지에 여러 곳의 링크 장소를 설정해 두고 어떤 곳을 클릭하면 그 장소로 이동하는 것을 말한다. 문자보다는 시각적인 곳에 중점을 두며, 웹 설계자에게는 널리 이용되고 있는 도귀다. 보통의 이미지에서 할 수 없는 두 군데 이상의 장소를 링크시킬 때 자주 사용한다.

6. 자바 스크립트

자바 스크립트(Java Script)는 넷스케이프에서 개발한 인터프리터 형 프로그래밍 또는 스크립트 언어로서 HTML 문장 안에 삽입되어서 사용자와 상호 작용하는 인터프리터 형 언어이다. 이 언어는 웹 사이트에서의 사용으로 많이 알려졌지만, 다른 응용프로그램의 객체기반 프로그래밍에도 접근할 수 있는 기능을 가지고 있다.

7. 자바 애플릿

자바 애플릿(Java Applet)은 자바 스크립트와 혼동되어서는 안 되며, 자바 스크립트보다 배우기는 쉽지만 이식성이나 바이트 코드의 실행 속도에서 자바보다 다소 떨어지는 경향이 있다. 작성된 프로그램을 다시 컴파일 하지 않고도 거의 모든 운영체계에서 실행이 가능하며, 운영체제 고유의 확장판이나 변형이 없어 웹의 응용프로그램을 개발하는데 주로 많이 이용된다. HTML에 포함되어 웹브라우저에서 실행되는 자바 프로그램을 애플릿이라고 한다. 또한 크기가 작아서 네트워크에서의 전송에 적합하고, 월드 와이드 웹(www)을 사용하여 배포할 수 있다.

8. PERL

PERL(Practical Extraction and Report Language)은 C언어와 구문이 비슷하며, 스크립

트 프로그래밍 언어이며, 인터프린터 형 언어이다. 문서 파일을 읽고 필요한 정보들을 추출하여 그것을 바탕으로 보고서를 출력할 수 있는 언어로서 CGI 구현을 위한 언어라고도 할 수 있다.

9. CGI

CGI(Common Gateway Interface)는 웹 브라우저와 웹 서버 사이의 정보 전달을 위한 인터페이스 기능을 제공하며, 사용자의 요구를 응용프로그램에 전달하고, 그 결과를 사용자에게 되돌려주는 역할을 한다.

10. 플래시

플래시(flash)는 매크로미디어사가 개발한 저작용 소프트웨어로서 전체화면 인터페이스와 그래픽 삽화 그리고 단순한 상호작용 등이 수반되는 벡터 기반의 애니메이션을 만드는데 사용한다. 크기가 작고, 화면상에서 확대・축소가 가능한 파일을 만들어주며, 속도가 빠르고 그래픽 표현이 부드러워서 여러 웹 기반 시스템에서 플래시 기능을 쉽게 발견할 수 있다.

11. ASP(Active Server Page)

ASP(Active Server Page)는 마이크로소프트사가 개발한 저작용 도구로서 HTML과 스크립트와 액티브 서버 컴포넌트를 이용하여 동적 페이지를 만들어 내는 도구라 할 수 있다. 주로 서버에서 실행되는 스크립트를 지원한다.

13.5 웹 기반 시스템의 테스트

웹 기반 시스템을 구축하기 위하여 지금까지 웹 기반 시스템의 개요와 분석 및 설계, 그리고 구축 모형에 대해서 살펴보았다. 이상 고찰한 내용을 토대로 웹 기반 시스템을 구축하였다면 구축된 시스템에 대하여 오류가 있는지 등에 대한 테스트를 해야 되는데, 여기에 관한 내용들을 아래에 고찰하여 두었다.

13.5.1 웹 테스팅을 위한 접근법

1. 오류를 찾아내기 위해 웹 기반 시스템에 대한 콘텐츠 모델을 검토

테스트는 구축된 웹 기반 시스템에서 숨겨진 오류를 찾는 작업이다. 대규모 웹 기반 시스템은 타이핑 오류와 문법적인 오류, 콘텐츠 일관성에서의 오류, 그래픽 표현에서의 오류, 상호참조 오류 등이 있는데 이들을 찾아내기 위해 웹 기반 시스템에 대한 콘텐츠 모델을 검토해야 한다.

2. 내비게이션 오류를 찾아내기 위해 웹 기반 시스템에 대한 설계 모델을 검토

내비게이션 링크들이 각 사용자 역할에 대한 각 SNU내에 명시된 사항과 일치하는지를 검토해야 한다.

3. 선택된 프로세싱 구성요소와 웹 페이지들에 대해 단위 테스트를 수행

일반적으로 단위 테스트의 단위는 웹 페이지이다. 웹 기반 시스템에 대한 웹 페이지 수준의 테스트는 그 웹 페이지에 포함된 콘텐츠, 프로세싱, 링크들을 기반으로 단위 테스트를 수행 한다.

4. 아키텍처를 구축하고 통합 테스트를 수행

단위 테스트가 종료되고 나면 통합 테스팅을 위한 아키텍처를 구축하고, 이를 바탕으로 구축된 웹 기반 시스템에 대해 통합 테스트를 수행 한다.

5. 전체 기능성과 콘텐츠를 조립한 웹 기반 시스템을 테스트

단위 테스트와 통합 테스트가 완료되면 구축된 웹 기반 시스템에서 사용자가 볼 수 있는 동작들과 사용자가 인식할 수 있는 출력에 초점을 맞추어 사용자들의 요구사항들을 전부 반영했는지 여부에 대해 테스트를 수행한다.

6. 호환성에 대한 테스트

구축된 웹 기반 시스템이 다른 환경에서도 작동이 되는지 여부를 테스트해야 한다.

7. 최종 사용자들에 의한 테스트

마지막으로 구축된 웹 기반 시스템을 실제 사용하는 최종 사용자들이 콘텐츠와 내비게이션, 링크두절, 사용의 편리성, 신뢰성, 성능 등에 대하여 테스트를 해야 한다.

13.5.2 테스트 방법

구축된 웹 기반 시스템은 분석한 내용이 제대로 반영되었는지, 설계명세서대로 구현이 되었는지 등에 대해 테스트를 해야 한다. 설계단계를 평가하는 방법에는 "분석적(Analytic) 방법"을 적용하고, 웹 구현단계 이후에는 "실증적(Empirical) 방법"을 적용한다.

1. 분석적 방법

분석적 방법은 웹 기반 시스템의 목표와 작동여부, 운영방법 및 각종 처리 규칙 등에 대한 테스트 방법인데, 이를 GORMS(Goals, Operators, Method, Selection rules)방법이라고도 한다. 이 방법 이외에도 발견적 학습방법을 적용하는 휴리스틱 테스트(Heuristic Test)방법이 있다.

2. 실증적 방법

실증적 방법에는 실험을 하여 테스트를 하는 방법이 있다.

13.5.3 테스트의 유형

구축된 웹 기반 시스템에 대해 테스트할 유형들을 아래에 요약하여 두었다.

1. 다운로드 속도 테스트

인터넷 접속 속도를 달리하여 각각의 웹 페이지를 다운로드 받는 속도와 다운로드 중에 사용자들의 콘텐츠를 받을 수 있는 상황에 대한 테스트를 실시하는 것을 의미한다.

2. 링크 테스트

웹 기반 시스템의 웹 페이지 간 또는 다른 웹 기반 시스템에 대한 링크가 처음 설계대로 되어 있는지 여부를 테스트 하는 것을 의미한다.

3. 기능 테스트

웹 기반 시스템에서 제공하는 거래 처리, 채팅, 게시판 등의 기능이 제대로 작동하는지, 사용의 편리성, 신뢰성, 정확성, 호환성 등이 제대로 작동하는지를 테스트하는 것이다.

4. 페이지 뷰 테스트

클라이언트 시스템, 브라우저, 모니터 등의 사용자 환경을 달리해 보면서 색상, 그래픽, 구조, 내비게이션, 이미지가 설계할 때의 의도대로 표현되었는지를 테스트하는 것이다.

13.5.4 테스트 항목

구축된 웹 기반 시스템에 대해 테스트할 항목들을 아래에 요약하여 두었다.

1. 구축할 웹 기반 시스템의 목적이 명확한가?
2. 구축할 웹 기반 시스템의 개념이 잘 나타나 있는가?
3. Update는 잘 되고 있는가?
4. 다운로드 속도는 적당한가?
5. 웹 마스터에게 오는 질문 메일에는 답장을 잘하고 있는가?
6. 내비게이션의 기능에는 문제가 없는가?
7. 모든 브라우저에서 웹 페이지는 잘 보이는가?
8. 불필요한 정보를 제공하지는 않는가?
9. 멀티미디어 데이터를 적절하게 활용하고 있는가?
10. 사용자가 편리하고 쉽게 사용할 수 있는가?
11. 프레임 구성은 적당한가?
12. 화면에 표시된 문서는 적당한 양인가?

구축된 웹 기반 시스템은 위와 같은 항목들에 대하여 테스트를 받아야 한다.

13.6 웹 기반 시스템의 평가

13.6.1 평가의 개요

웹 기반 시스템의 평가는 웹의 본연의 기능이다. 예를 들면, 전자 상거래사이트의 경우에는 상거래 활동들의 수행 정도가 웹 기반 시스템 평가의 기본 척도가 될 수 있다. 최종적인 성과가 실현되기 위해서는 정보 기술적 기준이나 디자인적 기준들이 사전에 충족되어야 한다. 웹 기반 시스템의 안정성이 의문시되거나 응답속도가 매우 느릴 경우에는 당연히 고객들이 해당 웹 기반 시스템을 신뢰할 수 없게 되고, 상거래도 거의 발생하지 않을 것이다. 웹 디자인이 조악한 웹 기반 시스템의 경우에도 고객들이 해당 웹 기반 시스템에 대하여 매력을 느끼지 않을 것이며, 거래 수행 빈도도 또한 저하될 것이다.

따라서 웹 기반 시스템의 평가는 기술적인 측면, 설계측면, 비즈니스 기능 측면 등의 다양한 각도에서 이루어져야할 것이다.

13.6.2 평가의 유형

아래에 구축된 웹 기반 시스템의 평가 유형에 대해 고찰하여 두었다.

1. 개발 일정의 평가

웹 기반 시스템 개발 일정은 상대적으로 짧은 기간이기 때문에, 개발 일정은 매우 상세하게 정의되어야 한다. 수행 작업들과 세세한 개발일정은 일정 계획표에 기록되어 있어야 한다.

2. 범위 평가

웹 기반 시스템은 개발이 진행됨에 따라 범위가 변경될 가능성이 매우 높기 때문에, 개발 범위를 융통성 있게 설정해 두어야 한다.

3. 기술적 평가

웹 기반은 시스템은 안정성, 응답속도, 자동화, 최적화 등을 포함한다. 또한 웹 기반 시스템의 가장 큰 목적은 안정적인 서비스를 제공함으로써 고객들에게 신뢰감을 심어주는 것이고, 무한정의 전산 자원(서버 용량, 대역폭 등)을 투입할 수 없기 때문에 시스템의 최적화 또한 동시에 고려해야 한다. 따라서 이들 분야에 대한 평가가 이루어 져야 한다.

4. 설계 평가

웹 기반은 시스템은 내용이 명쾌하게 전달되고 방문자들이 몰입할 수 있도록 설계되어 있어야 한다.

5. 비즈니스 기능적 평가

웹 기반 시스템의 평가에서 비즈니스에 대한 기능적 평가는 아주 중요한 요소이다. 이것은 웹 기반 시스템이 비즈니스 활동을 효과적으로 수행할 수 있는 기능을 보유하고 있는가를 평가하는 것인데, 웹 기반 시스템 운영을 위한 전략, 마케팅 방법들도 기능적 평가에 포함된다.

13.6.3 고객의 평가

웹 기반 시스템에 대해 고객들이 평가하는 항목들에 대해 아래에 요약하여 두었다.

1. 사용자 인터페이스

사용이 편리한 우수한 웹 기반 시스템은 내비게이션과 웹 기반 시스템 구조가 쉽게 설계되어 있어야 한다. 내용도 쉽게 작성되어져 있어야 사용의 편리성을 향상 시킬 수 있다. 웹 기반 시스템을 사용하는 사용자들은 다양한 정보를 수집(Collect)하여 비교(Compare)를 한다. 그러므로 원하는 정보를 선택(Choose)하는 형태를 띠게 되므로 사용의 편리성, 웹 기반 시스템의 구조, 내비게이션은 웹 기반 시스템의 평가 영역 중 중요한 부분이라 할 수 있다.

아래에 사용자 인터페이스(User Interface) 평가 항목들에 대하여 좀 더 구체적으로 살펴 두었다.

가. 사용의 편리성

사용의 편리성은 웹 기반 시스템의 성패를 좌우할 만큼 중요한 요소이다. 사용의 편리성을 높이기 위해서 웹 기반 시스템은 인터랙션을 줄이고 다양한 플러그인으로 인한 다운로드를 줄일 필요가 있다. 웹에서 사용되고 있는 멀티미디어의 파일 포맷 특성을 고려하여 웹 페이지 당 로딩 속도를 최소화 시키는 노력도 필요하다. 웹 이용자들의 취향, 목적, 용도에 맞는 설계가 우선시 되어야 한다. 웹에서 머무를 수 있는 계기를 만들어 둘 수 있는 쌍방향성의 커뮤니케이션 형태로 진행되어 고객의 몰입에 도움을 줄 수 있어야 한다.

나. 웹 기반 시스템의 구조

웹 기반 시스템에서 제공되는 정보는 일반적으로 메뉴방식을 선택한 계층구조, 네트워크 구조, 그리드 구조 등을 선택하게 된다. 어떠한 구조를 사용하던 웹 기반 시스템의 효율적인 구조형태는 중요한 내용에 대한 분류, 목록에 대한 우선순위를 부여하여 중요한 정보는 위에 두거나 눈에 띄게 상위 레벨로 다루어 구조에 관계없이 사용자의 관심을 묶어 둘 필요가 있다. 구조의 단계에서도 원하는 정보까지의 경로를 짧게 설계하여 사용자의 호기심의 한계를 붙잡아 둘 수 있는 형태가 적합하다.

다. 내비게이션

웹 기반 시스템의 사용자 들은 클릭만으로 서비스를 찾아다닌다. 원활한 내비게이션이 되기 위해서는 사용자의 서비스의 위치정보 표시와 다음 링크 목적지의 연결에 대한 정보, 사이트 서핑에 대한 정보를 표시하는 것이 중요한 요소이다. 웹 기반 시스템의 중요 정보에 대한 검색 서비스를 지원하거나 페이지 당 로딩 속도를 줄여 정보 검색에 대한 시간을 최소화 시켜 사용자들의 편리를 높이는 것은 내비게이션의 중요한 기능이라 할 수 있다.

2. 콘텐츠

콘텐츠(Contents)는 웹 기반 시스템에서 제공되는 정보, 상품, 서비스를 말하는 것으로 사용자에게 올바른 콘텐츠를 제공하기 위해서는 신속성, 관리성, 전달성, 차별성 등의 구성요소를 가지는데 이들에 대하여 아래에 좀 더 구체적으로 고찰하여 두었다.

가. 신속성

웹 기반 시스템의 모든 콘텐츠는 최신의 정보를 유지해야 하며, 메뉴의 첫 단계에서 해당 웹 기반 시스템의 이슈가 되는 항목이나 수정된 새로운 정보들을 눈에 띠게 배치한다. 또한 인기 있는 아이템을 돋보이게 하여 콘텐츠를 부각시켜야 한다.

나. 관리성

웹 기반 시스템의 콘텐츠가 오래도록 유용한 정보를 남기기 위해서는 기획 단계에서부터 업데이트의 상황을 고려하여 웹을 관리하는 것이 중요하다. 콘텐츠를 수정할 때나 웹 기반 시스템의 일부분이 변경되었을 때 적절한 안내와 지침을 사용자에게 이해시켜 웹 기반 시스템의 신뢰가 유지 될 수 있게 해야 한다.

다. 전달성

웹 기반 시스템에서 제시된 내용이나 기법들은 어렵지 않아야 한다. 화면도 두 번 이상의 스크롤 현상을 피해 지루함이 느껴지지 않도록 해야 한다. 두 번 이상의 스크롤이 필요할 때에는 스크롤 정지 상태를 느껴지지 않도록 설계해야 한다. 전달성을 높일 수 있는 조건으로는 강조된 키워드 표현, 문장의 주제에 대한 명확한 명시, 간결하고 명확한 문장, 사이트 맵을 통한 웹 기반 시스템의 항해, 뒤로 버튼을 이용하거나 정보이용에 도움을 주는 쉬운 화면 전환 등이 필요하다.

라. 차별성

웹 기반 시스템은 특성에 맞는 콘텐츠로 독창적이고 양질의 서비스가 가능해야 한다. 독창성은 타 웹 기반 시스템과 동떨어진 컬러 사용이나 디자인을 의미하는 것이 아니다. 콘텐츠 안의 서비스 형태, 고객 참여 유도, 사이트의 원활한 정보 활용이 가능한 형태의 독창성을 의미한다.

3. 설계

웹 기반 시스템은 고객의 흥미와 호기심을 유발 할 수 있는 설계로 인해 해당 웹 기반 시스템으로의 몰입성, 일관성을 줄 수 있도록 해야 한다.

가. 몰입성

초기에 웹 기반 시스템에서 사용자의 시선을 붙잡아 둘 수 있는 독창성과 해당 웹 기반 시스템의 핵심을 느낄 수 있는 요소를 배열하도록 설계되어져야 한다. 좋은 설계는 사용자가 접속하는 순간 몰입하게 되므로 해당 웹 기반 시스템으로의 유도가 쉽다. 이미지의 빠른 디스플레이, 콘텐츠의 유용성, 다양한 사용자와의 인터페이스를 고려하여 설계되어져야 한다. 지나친 플래쉬 사용을 자제하고, 내용에 혼잡을 줄 수 있는 화면의 그래픽 사용은 몰입성을 방해할 수 있다.

나. 일관성

웹 기반 시스템은 다양한 내비게이션으로 화면과 연결되어 있으며, 고객들이 웹 페이지 간 상호 관련성이 있다고 느껴질 수 있도록 화면을 설계해야 한다. 즉, 일관성 있는 텍스트의 사용과 구성요소의 배열 등 고객들과의 친화적인 형태로 설계되어져야 한다.

4. 마케팅 전략

웹 기반 시스템의 가치가 아무리 유용하다 할지라도 고객들이 외면하면 무용지물이 된다. 고객들이 해당 웹 기반 시스템에 쉽게 접근하여 마케팅을 할 수 있다면 해당 웹 기반 시스템의 생명력은 활성화될 것이다. 마케팅 전략으로서 해당 웹 기반 시스템에 방문한 고객들이 재방문할 수 있도록 가치를 부여해야 하고, 고객 맞춤형 서비스와 고객들의 소리를 들을 수 있는 게시판의 활용 및 메일링 리스트를 활용하여야 한다. 또한 인기 있는 검색엔진에 링크가 될 수 있도록 등록을 하고, 적절한 도메인 선택 및 여러 웹 기반 시스템에 배너광고 등을 통한 홍보를 병행해야 한다.

5. 커뮤니티

웹 기반 시스템에 방문한 고객들은 자신이 방문한 사이트에서의 존재감을 느끼고 싶어 한다. 해당 웹 기반 시스템의 내용이 고객들의 요구에 부합되었다면 고객들은 해당 웹 사이트의 일부분에 참여하기를 원하게 된다. 즉, 해당 웹 기반 시스템에 지속적인 관심을 가지고 많은 정보를 공유한다. 해당 웹 기반 시스템이 비즈니스가 주목적이라면 이러한 고객들의 행위는 마케팅의 수단이 되기도 하고, 지속적인 홍보의 가치가 되기도 한다.

6. 신뢰성

웹 기반 시스템에서 신뢰성을 갖는 일은 고객들의 경험에서 축적되어 온 서비스의 결과로 웹 기반 시스템 생명력과도 같은 것이다. 신뢰를 얻는 방법으로는 보안성을 높여 소비자를 보호하는 방법과 웹 기반 시스템 이용에 대한 신뢰를 들 수 있는데 이들에 대해서 아래에 좀 더 구체적으로 살펴 두었다.

가. 보안성

보안성은 웹 기반 시스템 이용자들을 보호하는 중요한 요소이다. 웹 기반 시스템이 신뢰를 갖기 위해서는 해당 사이트 이용자들을 최대한 스팸으로부터 보호를 해주어야 한다. 또한 고객의 신상이나 거래에 대해 편리성과 안정성 및 보안성을 제공해 주어야 한다.

나. 신뢰성

구축된 웹 기반 시스템이 신뢰성을 얻으려면 유용한 콘텐츠의 구성, 양질의 설계, 내비게이션의 명확성, 이메일을 통한 서비스 지원, 고객들이 물건을 구매했을 때 배송경로 명시, 고객 우선적인 서비스 제공, 물건에 대한 신뢰를 줄 수 있는 상세한 안내, 지속적인 서비스 보장, 품질 개선, 타사와의 비교 우위 등이 필요하다.

13.7 향후 과제

향후 과제로는 웹 기반 시스템을 구축할 시 개발팀을 어떻게 구성하느냐 하는 것이다. 개발에 참여하는 모든 요원을 스테이크홀더(Stakeholders)라고 하는데, 여기에 참여하는 사람들은 프로젝트 관리자, 시스템 분석 및 설계자, 프로그래머, 웹 디자이너, 네트워크 담당자, 데이터베이스 관리자. 운영요원, 스폰서, 실무요원 등이다. 그러므로 웹 기반 시스템을 구축할 시에는 어느 개인이 개발한다는 것은 불가능하며, 위와 같은 스테이크홀더들이 참여하여야 한다. 또한 공학과 경영학 및 심리학 등의 융합된 이론과 기술이 필요하다.

이제는 웹 기반 시스템도 어느 정도 일반화가 되었다. 요즈음은 앱 공학(App Engineering)과 서비스 소프트웨어 공학(Service Software Engineering)이 대두되고 있고, 한창 활성화 되고 있다. 그러므로 여기에 대한 이론 정립과 개발 기술이 절실히 필요하다 하겠다. 향후 본 교재가 개정할 경우에는 이 분야에 대한 전문기술과 이론을 소개할 것이다.

참고문헌

권영직, 강의자료, 자체개발, 2009. 02

송영재 외 5인, "소프트웨어 공학", 이한출판사, 2004. 02

e-INNOVATOR 3.0/e-build, "웹 개발방법론", 삼성 SDS 자료, 2002

김만중 "웹 공학 방법론을 적용한 개발 프로세스 및 웹 서버 시스템 구축", 2002

최성, "소프트웨어 공학", 응보출판사, 2001

우치수외 2인, "소프트웨어 공학", 사이텍미디어, 1998

우치수외 3인, "소프트웨어 공학", McGraw-Hill Korea, 2001. 08

이강수 "웹공학과 웹 기반 시스템 분석 및 설계 방법론", 2002-춘계 한국멀티미디어학회 튜토리얼 자료, 2002. 05

이은령, 이황규, 허계범 공저, "성공하는 E-Business를 위한 전자상거래 시스템", 이한출판사, 2001. 03

김성원, "인터넷 비즈니스 성공전략", 도서출판 혜지원, 1999. 10

조동훈, "개정판 전자상거래개론", 한올출판사, 2008. 01

허계범, "E-비즈니스 & 전자상거래 시스템 구축 및 응용", 이한출판사, 2007. 03

오종혁, "웹기획&웹프로젝트 매니지먼트", ㈜영진닷컴, 2004. 02

http://www.modetour.co.kr/mode/main.asp?MLoc=00

http://www.visualstory.co.kr/ebizsite/skill/skill_02_03.htm

http://www.tourvis.com/

http://www.devbank.co.kr/

http://www.naver.com/

http://www.mple.com/

http://www.lotte.com/lotte/sitemap/lotte_index.jsp?check=N

http://www.hani.co.kr/arti/culture/book/201130.html

http://korea.internet.com/channel/index.asp?cid=3

http://kr.yahoo.com/

http://www.samjin.com

http://korea.internet.com/channel/index.asp?cid=3

http://www.auction.co.kr/

http://cafe.naver.com/novelwithme.cafe

bbs.freecount.net/bbs

연습문제

1. 웹 공학의 개념에 대해 간단하게 기술하세요.
2. 웹 기반 시스템의 구성 요소는?
3. 웹 기반 시스템의 유형은?
4. 웹 기반 시스템의 품질 속성의 유형은?
5. 웹 기반 시스템의 기술 속성의 유형은?
6. 웹 기반 시스템의 분석의 유형은?
7. 웹 기반 시스템의 설계의 원리에 대해서 요약하세요.
8. Berstein. M이 제시한 하이퍼텍스트 수준의 설계 패턴을 요약하세요.
9. 사이트 맵이란?
10. 스토리 보드란?
11. 웹 기반 시스템의 5가지 구조의 유형은?
12. 내비게이션 설계의 유형은?
13. Nielsen과 Wagner가 제안한 인터페이스 설계의 지침은?
14. 웹 페이지의 구성요소는?
15. 각각의 색에 대한 의미는?
16. 문자의 의미는?
17. 로고 설계 시 고려 요인은?
18. 배경 설계의 목적은?
19. 그래픽 환경 설계 시 고려요인은?
20. 웹 기반 시스템의 각 구축 모형에 때한 개발 절차를 간단하게 기술하세요.
21. 웹 기반 시스템의 구축 도구의 유형에 대해 간단하게 기술하세요.
22. 웹 테스팅을 위한 접근법은?
23. 웹 테스트의 유형을 요약하세요.
24. 웹 기반 시스템의 평가 유형을 요약하세요.
25. 웹 기반 시스템에 대한 고객의 평가 유형을 요약하세요.